数据素养与Excel应用基础

主　编　胡玉霞　骆舒萍

DATA ACCOMPLISHMENT
EXCEL APPLICATION

厦门大学出版社 国家一级出版社
XIAMEN UNIVERSITY PRESS 全国百佳图书出版单位

图书在版编目(CIP)数据

数据素养与Excel应用基础 / 胡玉霞，骆舒萍主编. -- 厦门：厦门大学出版社，2023.6
ISBN 978-7-5615-8971-7

Ⅰ. ①数… Ⅱ. ①胡… ②骆… Ⅲ. ①信息素养－高等职业教育－教材②表处理软件－高等职业教育－教材 Ⅳ. ①G254.97②TP391.13

中国版本图书馆CIP数据核字(2023)第058251号

出 版 人　郑文礼
责任编辑　潘　瑛
美术编辑　李嘉彬
技术编辑　朱　楷

出版发行　厦门大学出版社
社　　址　厦门市软件园二期望海路39号
邮政编码　361008
总　　机　0592-2181111　0592-2181406(传真)
营销中心　0592-2184458　0592-2181365
网　　址　http://www.xmupress.com
邮　　箱　xmup@xmupress.com
印　　刷　厦门金凯龙包装科技有限公司

开本　787 mm×1 092 mm　1/16
印张　19.5
插页　1
字数　463千字
版次　2023年6月第1版
印次　2023年6月第1次印刷
定价　59.00元

本书如有印装质量问题请直接寄承印厂调换

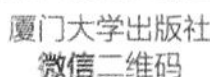

厦门大学出版社
微信二维码

厦门大学出版社
微博二维码

前 言

随着大数据时代的到来，数据作为一种新型的生产要素，已经成为具有重要战略意义的新经济资源，在推动数字经济发展中发挥着重要作用。在这一背景下，为适应当前社会对数据处理与分析人才的高度需求，培养具有数据思维、数据处理和数据分析能力的人才以契合时代的发展，许多高校推出了Excel数据处理和应用的相关课程，为学生将来从事数据处理和分析的相关工作打下坚实基础。

党的二十大报告指出，教育是国之大计、党之大计。培养什么人、怎样培养人、为谁培养人是教育的根本问题。习近平总书记指出，育人的根本在于立德，要坚持社会主义办学方向，培养德智体美劳全面发展的社会主义建设者和接班人。各高校要全面贯彻党的教育方针，落实立德树人的根本任务，应积极将课程思政建设作为高等教育立德树人的重要载体，融入人才培养体系。本教材将思政教学内容融入专业知识点，坚持思想引领、价值引领、文化引领，让学生不仅能够掌握 Excel 软件进行日常办公和数据处理、数据分析等技术和实践技能，同时也能塑造学生的社会主义核心价值观、企业价值观、个人价值观，成为一名具有使命感和社会责任感的应用型人才。

本教材主要特点如下：

(1)案例中蕴含思政内容，形式新颖。教材将知识教育与价值教育有效融合，从政治认同、家国情怀、制度自信、文化自信、宪法法治、道德修养等方面挖掘课程思政元素，有针对性地收集相关的文本、图片、数据等教学素材。教材中每一个案例都有明确的课程思政目标，并且有细化的阐述，思政元素有机融入教学内容，在培养学生能力的同时对其价值观加以正确引领，实现立德树人。

(2)清晰的讲解步骤，图文并茂。教材以图解式的教学方式，完整地呈现案例设计的每个操作步骤，并配合清晰的过程图，让学生可以轻松地了解和掌握。

(3)任务驱动模块化设计，深入浅出。教材内容分为两大模块：知识讲解和综合实训。其中知识讲解部分主要依据Excel数据处理分析功能将内容分为七大模块，即数据素养与Excel基础知识、数据输入与编辑、公式的编辑与应用、函数的应用、图表分析、数据管理、数据透视分析。综合实训则将这些知识应用到实际问题当中，提升学生的综合数据素养和数据分析能力。

(4)多渠道的数据来源，真实有效。数据主要选自国家统计局、各地方省市统计局及相关产业的真实数据，通过对真实数据的处理，让学生在掌握Excel功能的同时，对国家经济、产业的发展有着更深的理解。

(5)产教融合，校企合作“双元”开发。本书为黎明职业大学“十四五”校企共建项目，教材在编写过程中得到了九牧王股份有限公司和泉州德润新能源科技有限公司的大力支持，充分体现了产教融合，校企“双元”育人的人才培养模式。

教材由胡玉霞、骆舒萍担任主编，同时得到泉州职业技术大学商学院姚宏伟院长的指导和大力支持，在此表示感谢。虽然编者在编写本书的过程中倾注了大量心血，但由于水平有限，难免存在疏漏，恳请广大读者批评指正。

目　录

第 1 章　数据素养与 Excel 基础知识

课程思政案例导入与教学目标

课程思政案例：

2021 年《政府工作报告》提出“加快数字化发展，打造数字经济新优势”“培养数智化人才”。这意味着社会对人才的需求有了更高的标准。随着大数据时代的到来，如何利用数据观察世界、思考与解决分析问题，建立大数据的基本概念并培养基于数据的思维方式，提升自身素养就显得尤为重要。通过数据我们可以了解国内各个行业的现状和差距，了解事物发展的基本状态和变化趋势；通过数据我们可以透过现象看本质，因为数据没有情节，它仅代表客观事实，数据激发的更多的是理性思考，使我们更容易、更便捷、更清楚地分析事物。培养数据分析能力，充分借助数据工具解决学习或工作中的问题，是我们学习 Excel 的意义所在。

课程思政教学目标：

本章通过对数据素养和数据的说明以及 Excel 基础知识的介绍，启发我们掌握数据工具的重要性。工欲善其事，必先利其器，在现实生活中，工匠们都是不断打磨利器，追求完美，打造精品。面对海量的数据，如何保持对数据的严谨态度，用好 Excel 这个数据处理的利器，需要我们不断践行，不断学习。

1.1　数据素养的相关概念

2021 年初，国家统计局需要招聘一名数据分析工作人员，主要工作是根据各级单位报送的相关数据，对 2020 年中国各行业的发展情况做全面的统计分析，并且形成分析报告。我们可以思考一下：如果你作为一名应聘者，需要具备什么样的数据素养呢？

数据素养是大数据时代人们必备的素养，是人们有效且正当地发现、评估和使用数据信息的一种意识和能力，数据素养能力对于社会、工作和生活都具有重要意义。作为数据搜集者、数据分析者、数据使用者，应该具备什么样的数据素养呢？

首先，在思想上要求政治素质高，政治立场坚定，有正确的世界观、人生观、价值观和利益观，并能用于指导自己的学习、工作和生活实践，实事求是，能够辩证、理性地看待事物和问题。具备数据意识和数据敏感性,知道数据安全的重要性,明白一旦数据泄露或被买卖,可能会对用户人身财产、国家和公司的安全造成威胁。

其次,在能力上应具备数据获取能力、数据处理能力、数据展现能力和数据分析能力,能够读懂、处理、使用、分析和反思日常工作以及生活中的相关数据,能够认识数据统计的偏差和谬误,提倡科学正确地应用数据,最终能够利用数据为社会服务。

1.2 数据的作用

如今,我们生活在大数据时代,数据正在改变着我们的生活以及理解世界的方式。数据无处不在,它为我们提供了一个可度量的维度,让一切有迹可循、有源可溯。用数据说话已经成为一种社会习惯,利用好数据不仅能帮助我们把复杂的事情数量化,从而快速地做出预测和分析,而且能够节约时间,提高效率。我们可以通过几个案例看到数据在各种情况下发挥的不同作用。

一是数据可以帮助我们了解事物发展的基本状态和变化趋势。2021 年全国脱贫攻坚总结表彰大会于 2 月 25 日上午在北京人民大会堂隆重举行,习近平总书记发表了重要讲话,并庄严宣告脱贫攻坚战取得全面胜利。为了解中国脱贫攻坚战的成效,小王搜集了脱贫攻坚的一些相关数据,如图 1-1 和图 1-2 所示。

农村贫困人口情况		
年份	贫困人口/万人	贫困发生率/%
2010	16567	17.2
2011	12238	12.7
2012	9899	10.2
2013	8249	8.5
2014	7017	7.2
2015	5575	5.7
2016	4335	4.5
2017	3046	3.1
2018	1660	1.7
2019	551	0.6
2020	全部脱贫	全部脱贫

图 1-1　2010—2020 年我国农村贫困人口情况表

图 1-1 为我国 2010 年至 2020 年 10 年间农村贫困人口的相关数据,我们可以从中直观地看到农村贫困人口逐年减少直至完全消除的过程。图 1-2 为全国各省脱贫时间线及

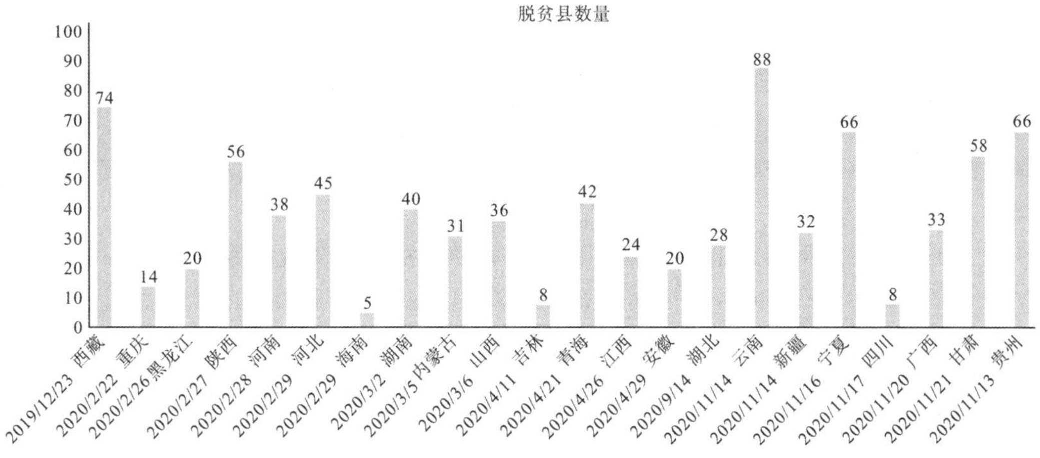

图 1-2 全国各省脱贫时间线及脱贫县数量柱状图

脱贫县数量柱状图，从中我们可以看到，自 2019 年 12 月西藏率先实现清零起，直至 2020 年 11 月贵州省脱贫收尾，全国共有来自 22 个省市区的 832 个贫困县实现脱贫，我国贫困县“摘帽”计划已经全部完成。图 1-2 中的数据震撼人心，体现了脱贫工作取得的巨大成效，说明经过全党和各族人民的共同努力，在中国共产党成立 100 周年的重要时刻，我国脱贫攻坚战取得了全面胜利。可以说，这些数据见证了中国脱贫的奇迹，是我国向世界交出的一份亮眼的减贫成绩单。

二是数据可以帮助我们透过现象看本质，探索数据背后隐藏的信息，更好地发现问题和解决问题。图 1-3 是某个班级排名前十的学生单元考试成绩表。

2020—2021 学年单元考试成绩统计					
姓名	总分	语文	数学	平均分	名次
王勇	194	98	96	97	1
周佳	189	97	92	94.5	2
许珊	188	95	93	94	3
李芳芳	187	96	91	93.5	4
叶玉兰	184	99	95	92	5
陈强	183	96	87	91.5	6
黄志强	183	97	86	91.5	6
王勇	182	92	90	91	7
李云龙	181	99	82	90	8
周正海	180	94	86	90	9
罗玲玲	179	91	88	89.5	10

图 1-3 某班级排名前十的学生单元考试成绩表

从图 1-3 中我们可以很清晰地看到每个学生各科目考试的成绩、总分、平均分、名次等情况，从数据上我们可以看到学生近期的学习状况，如哪些科目存在不足，哪些方面需要改进。但是数据只能反馈问题，不能解决问题，我们不能只以分数定输赢、下结论，因为数据只能体现学生某一段时间的成长状态，并不能决定他的未来。所以，我们除了要关注通过数据暴露出来的问题外，更需要关注数据背后体现出来的学生的学习态度、学习习惯、心理健康以及品质的形成，这才能帮助学生全面成长。

三是数据可以帮助企业发现经营问题，为科学化决策提供有价值的数据参考。数据对企业自身的运营而言是非常宝贵的资源，例如销售业绩数据、财务运营数据、生产数据、出入库数据等，这些数据对企业战略决策将形成重要影响。阿里巴巴正是有了各种数据的支持，才能一路纠正错误，不断矫正前进的方向，成为中国互联网电商的霸主。假如你所在的服装电子商务企业希望对自己经营的用户有更为清晰的了解，能够围绕产品进行人群细分，确定产品的核心人群，那么你该如何做？此时我们可以通过用户画像数据分析用户的属性，从而更好地实现商业转化，如根据用户需求进行产品定位、优化用户体验，更好地实现产品的精准投放等。其实我们这里说的用户画像就是海量数据的标签化，借助它能从各个维度对用户或者产品特性进行刻画，然后分析挖掘潜在的价值信息，从而抽象出一个用户的信息全貌，以帮助企业更精准地定位目标客户。用户画像中的数据包括性别、年龄、地域等自然属性，还包括商品需求品类、价格偏好等行为属性，如图 1-4 所示，会员用户画像分析数据表简单列了一些相关数据字段帮助大家理解。

会员用户画像分析数据表										
用户	性别	地域	年龄	职业	婚姻情况	教育程度	收入水平	购买偏好	积分	活跃度
王亮	男	北京	≥50 岁	管理人员	已婚	本科	一万元以上	衬衫	300	沉睡会员
陈云	男	广州	31 岁～40 岁	公务员	已婚	硕士	5000～1 万	衬衫	0	流失会员
张彩霞	女	深圳	≥50 岁	家庭主妇	已婚	高中	5000 以下	裙子	5000	活跃会员
陈辉煌	男	泉州	41 岁～50 岁	教师	已婚	博士	5000～1 万	夹克	3000	一般会员
陈小娟	女	厦门	31 岁～40 岁	公司职员	大专	未婚	5000 以下	毛衣	8000	活跃会员
黄悦	女	天津	21 岁～30 岁	自由职业	未婚	本科	5000～1 万	裙子	200	沉睡会员
王刚	男	武汉	≤20 岁	学生	未婚	大专	5000 以下	运动套装	12000	活跃会员
张芸芸	女	福州	41 岁～50 岁	事业单位	已婚	本科	5000～1 万	女士大衣	4500	一般会员

图 1-4　会员用户画像分析数据表

通过以上案例我们可以看出数据对我们学习、工作以及生活的帮助。大数据时代，我们需要频繁地与数据打交道，且随着信息化水平的不断提高，需要处理的数据会越来越复杂，对数据处理的要求也越来越高。能够选择合适的工具并完成数据处理的需求，实现学习或工作的快捷、高效、精细，是我们需要掌握的一项能力。

Excel 2016 是微软办公软件套装 Office 的一个重要组成部分，是目前应用最普及的数据处理软件之一。它作为数据处理的工具，拥有强大的计算、分析、传递和共享功能，可以实现数据记录整理、数据加工与计算、数据统计与分析、数据图形报表的呈现以及数据信息的传递和共享等，可以帮助我们高效地完成各种表格和图表的设计，并将繁杂的数据转化为信息。掌握 Excel 这个办公利器，我们的学习和工作将事半功倍，简捷高效。

1.3　Excel 基础知识

在日常生活中，Excel 是最常被用来存储、分析数据的工具，它被广泛应用于行政、会计、财务、统计等众多行业中，从而大大提高了用户对数据的处理效率。接下来，我们将学习 Excel 的基础知识。

Excel 中三个重要组成框架是工作簿、工作表和单元格，它们之间是包含和被包含的关系。工作簿和工作表的关系就像书本和页面的关系，每一个工作簿都可以拥有若干个不同的工作表，工作簿中最多可建立 255 个工作表，每个工作表中又可以由若干个单元格组成。本章主要介绍 Excel 的工作界面，以及工作簿、工作表和单元格的基本编辑和操作。

1.3.1 Excel 2016 的工作界面

Excel 2016 的工作界面主要由标题栏、功能区、编辑栏、工作区、状态栏等部分组成，如图 1-5 所示。

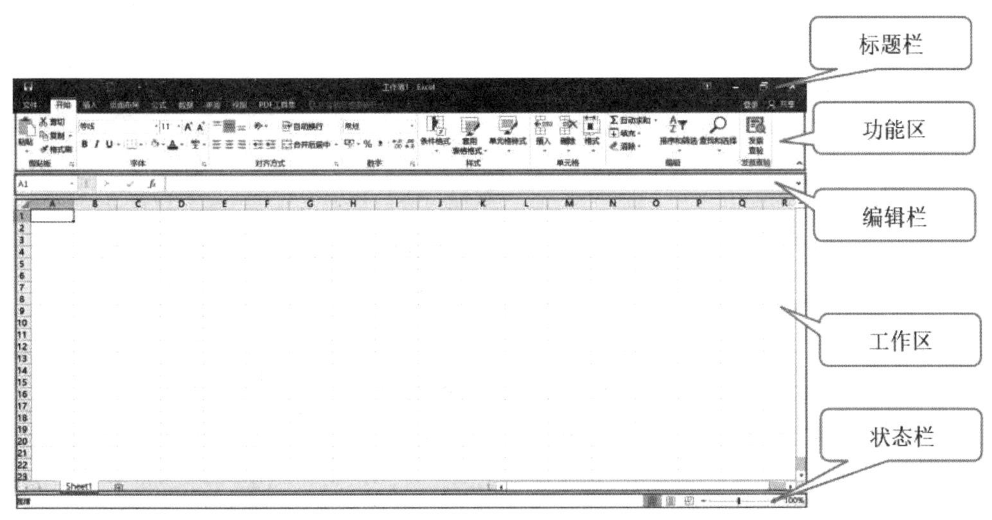

图 1-5　Excel 2016 的工作界面

标题栏最左侧是快速访问工具栏，默认包含“保存”、“撤销”和“恢复”命令按钮。单击下拉箭头“▼”，可以自定义快速访问工具栏中的命令，如图 1-6 所示。标题栏的正中间显示当前表格的文件名称，默认文件名为“工作簿 1”，标题栏的右侧为功能区显示选择按钮和文档窗口控制按钮，包括最大/最小化、关闭、向下还原等功能，如图 1-7 所示。

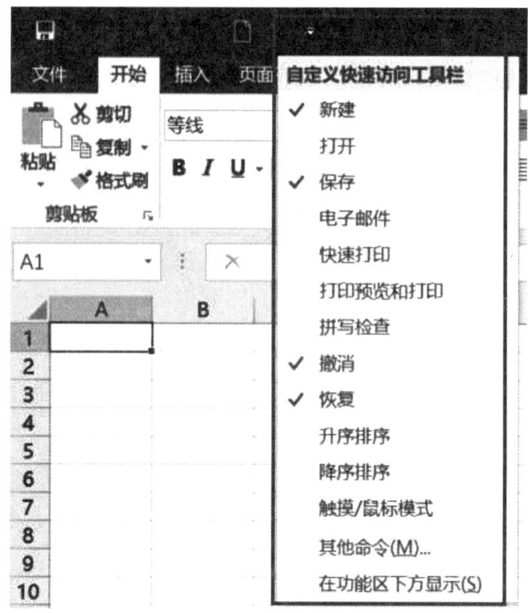

图 1-6　自定义快速访问工具栏

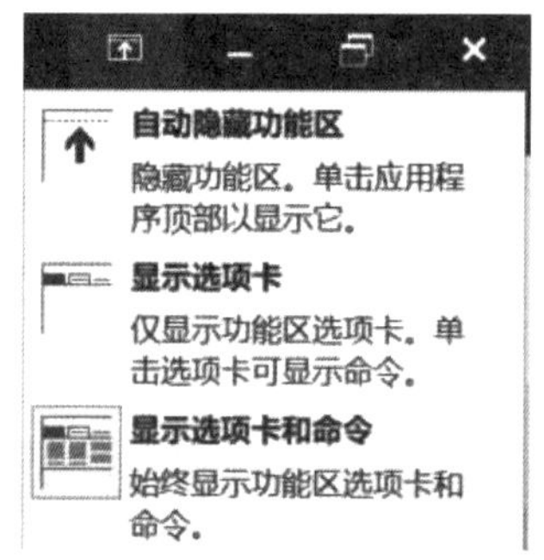

图 1-7　标题栏右侧功能区

功能区位于标题栏的下方，是 Excel 窗口最重要的组成部分，由各种选项卡和命令按钮与控制按钮组成，利用它可以轻松对文档进行各种具体的功能操作。

编辑栏位于功能区和工作区之间，用来显示和编辑当前活动单元格中的名称、数据或公式。默认情况下，从左到右包含名称框、插入函数按钮“× ✓ fx”和编辑框。

工作区位于编辑栏的下方，是 Excel 编辑数据的主要区域，主要用于编辑和输入不同的数据，它由单元格组成，包含大写英文字母标识的行号、阿拉伯数字标识的列标、工作表标签等。

状态栏位于整个工作界面的最下方，可以实时显示操作的状态，如编辑状态、页面显示方式、页面显示比例等。

1.3.2 工作簿的基本操作

通常所说的 Excel 文档其实指的就是工作簿文件。工作簿是用来储存并处理工作数据的文件，它是 Excel 工作区中一个或多个工作表的集合。在一个工作簿中，不同的工作表之间可以进行切换。在计算机中，工作簿以文件的形式独立存在，其扩展名在 Excel 2016 中为“.xlsx”；在 Excel 2003 之前的版本中，其扩展名为“.xls”。

1.工作簿的创建

在 Excel 中，所有的数据操作都是在工作簿进行并完成的。使用 Excel 创建任何数据表格之前，首先要创建一个工作簿，通常可以用以下两种方法实现。

方法一：启动 Excel 2016 时创建新工作簿。

选择【开始】菜单，即单击 Windows 桌面任务栏上最左侧的【开始】按钮“■”，在弹出的所有程序列表中选择【Excel 2016】，如图 1-8 所示。单击启动 Excel 2016，在打开的界面单击右侧【空白工作簿】选项，创建一个空白工作簿，如图 1-9 所示。

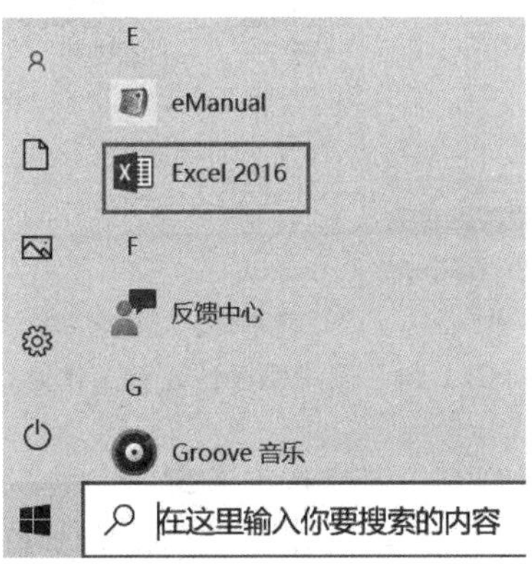

图 1-8　开始菜单的所有程序列表

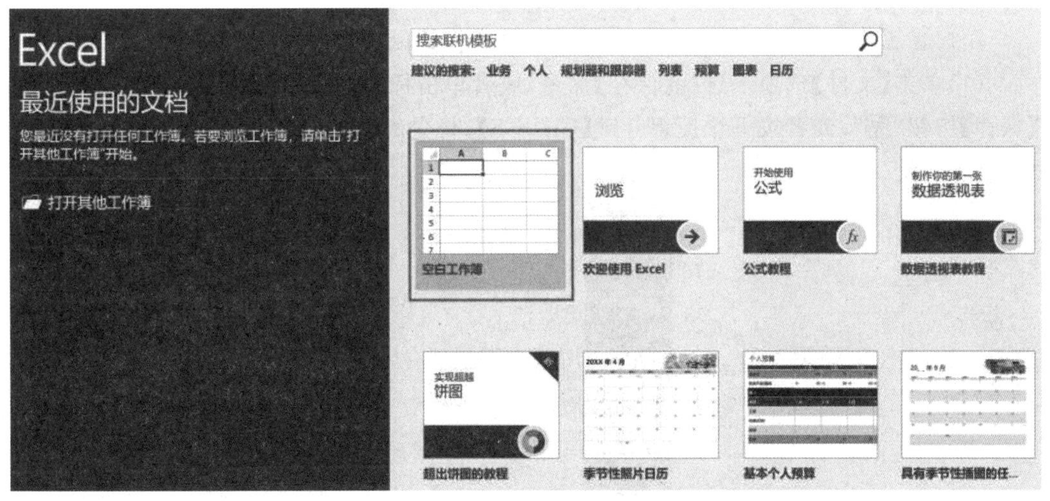

图 1-9　创建空白工作簿

方法二：启动 Excel 2016 后创建新工作簿。

若已经启动了 Excel 2016，想要创建新的工作簿，可以依次选择【文件】、【新建】、【空白工作簿】选项；或者单击标题栏中的快速访问工具栏中的【新建】按钮；也可以按快捷键

【Ctrl+N】,实现快速新建一个空白的工作簿。

方法三:使用系统自带的模板创建新工作簿。

使用系统自带的模板或搜索联机模板也能实现新工作簿的创建,如图 1-10 所示。

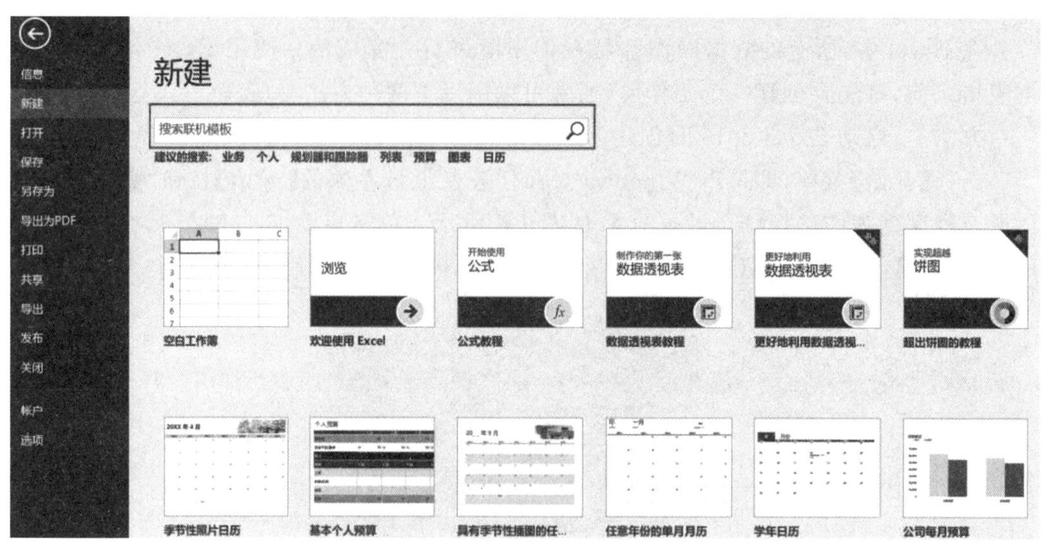

图 1-10 使用模板创建新工作簿

方法四:利用桌面快捷菜单方式创建新工作簿。

在桌面或文件夹的空白处右击鼠标,在弹出的快捷菜单中依次选择【新建】、【xlsx 工作表】,也可以创建新工作簿。

2.工作簿的保存

用户在工作簿进行数据编辑完成后需要将工作簿保存,具体操作步骤如下:

(1)单击【文件】选项卡选择【保存】命令;或者单击标题栏中左侧快速访问工具栏上的【保存】按钮“”;或者按下快捷组合键【Ctrl+S】,将会出现如图 1-11 所示的界面。

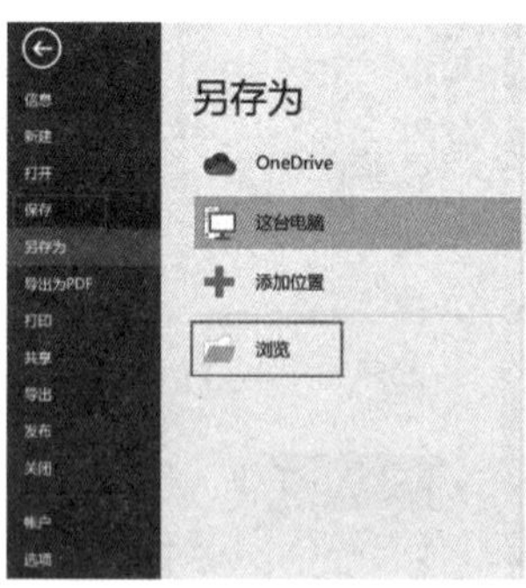

图 1-11 保存工作簿

(2)在图 1-11 的右侧【另存为】区域单击【浏览】,弹出【另存为】对话框,如图 1-12 所示。在对话框中选择文件的存储位置,通常情况下,默认保存路径为【我的文档】文件夹。在此也可以对默认保存路径进行更改,在【文件】选项卡选择【选项】命令,弹出如图 1-13

所示的【Excel 选项】对话框，在左侧选项中单击【保存】，在右侧对话框中的“默认本地文件位置”填写想要保存的路径信息，即可修改默认文件保存路径。

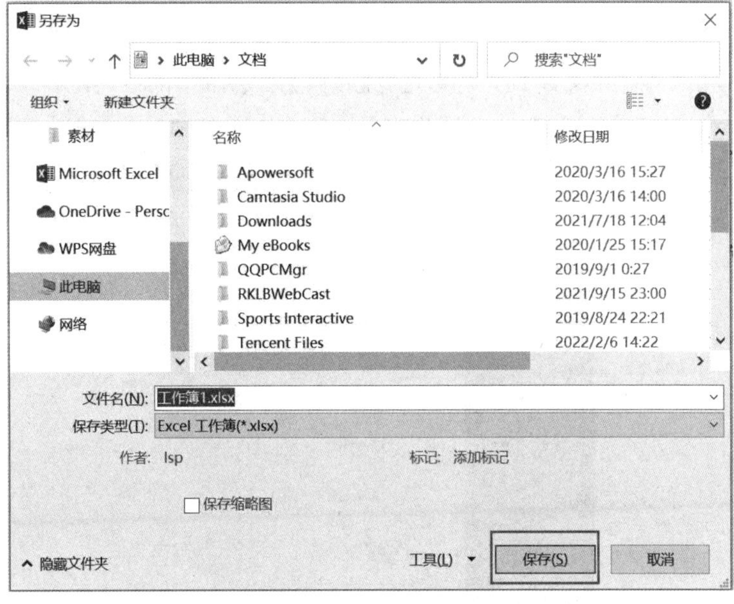

图 1-12　“另存为”对话框

图 1-13　设置默认保存路径

(3)在图 1-12【另存为】对话框中的【文件名】框中输入要保存的工作簿文件名，保存类型为默认保存的文件类型“.xlsx”，最后单击【保存】按钮，即可完成工作簿的保存操作。

3.工作簿的打开与关闭

(1)工作簿的打开

方法一:双击一个已保存的 Excel 文档的图标,系统将启动 Excel 2016 软件,同时打开该工作簿。

方法二:单击工作簿【文件】选项卡,选择【打开】命令,如图 1-14 所示。在右侧打开界面中的"最近"选项,选择并单击最近打开的 Excel 工作簿名称,即可打开该工作簿。这种方式方便用户快捷地打开最近使用过的工作簿,而不用通过路径查找。

图 1-14 打开工作簿

方法三:单击工作簿【文件】选项卡,选择【打开】命令,如图 1-14 所示,在右侧打开界面单击【浏览】选项,找到要打开的 Excel 工作簿保存位置,选择打开该工作簿文件。

(2)工作簿的关闭

方法一:单击 Excel 2016 窗口右上角的【关闭】按钮"✖",这是比较常用的一种方式。

方法二:单击工作簿【文件】选项卡的【关闭】选项,如图 1-15 所示。

图 1-15 关闭工作簿

4.工作簿的保护

Excel 工作簿做好后，我们需要考虑数据安全问题。为了防止工作簿被意外更改、破坏或者不想其他人随意查看工作簿中的数据信息，用户有必要采取一些保护措施。可以通过设置保护工作簿的操作来控制其他人对该工作簿进行更改。单击【文件】选项卡中的【信息】选项，在右侧【信息】界面中单击【保护工作簿】，可以看到在下拉列表中有六种保护工作簿的方式，如图 1-16 所示。

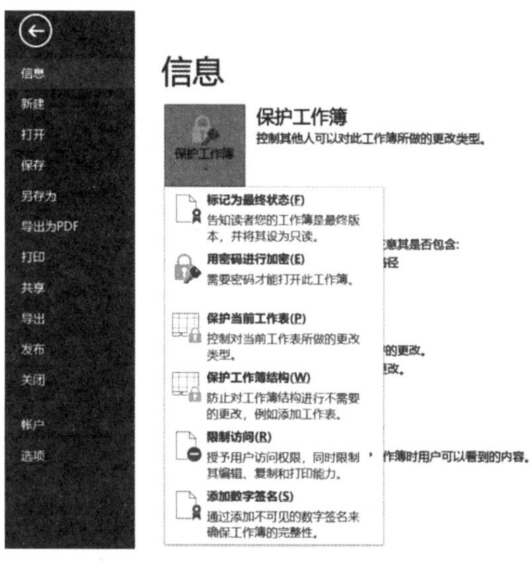

图 1-16　保护工作簿

这里以为工作簿设置密码保护为例，具体操作步骤如下：

步骤一：单击【文件】选项卡中的【信息】选项，然后单击【保护工作簿】，选择【用密码进行加密】。

步骤二：在弹出的【加密文档】对话框中输入加密密码，然后单击【确定】按钮，如图 1-17所示。

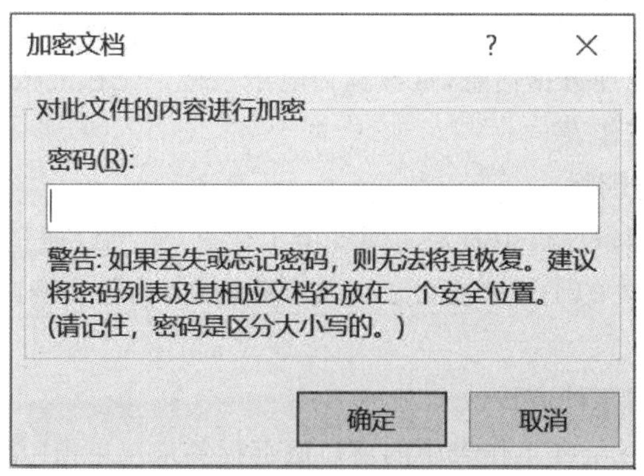

图 1-17　“加密文档”对话框

步骤三：在弹出的【确认密码】对话框中再次确认，输入加密密码，最后单击【确定】按钮完成工作簿的加密操作,如图 1-18 所示。

确认密码 ? ×
对此文件的内容进行加密
重新输入密码(R):
警告: 如果丢失或忘记密码,则无法将其恢复。建议将密码列表及其相应文档名放在一个安全位置。
(请记住,密码是区分大小写的。)
确定 取消

图 1-18 “确认密码”对话框

密码保护设置完成后,要打开该工作簿时将弹出输入密码的对话框,如图 1-19 所示,只有输入正确的密码方可打开,如果输入有误,将无法打开此文件,这样就有效地保护了工作簿,防止重要数据被盗。

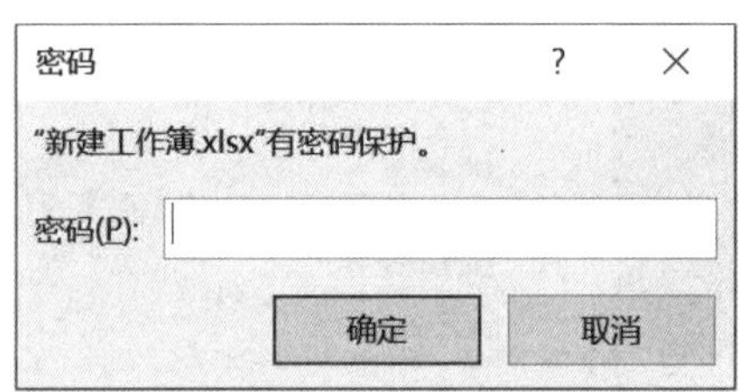

图 1-19 密码保护设置对话框

如果需要解除工作簿文件密码,需要在打开该工作簿后按照上述步骤,在【加密文档】对话框中删除现有密码,再单击【保存】即可。

这里需要提醒的是,如果需要设置工作簿文件密码,一定要牢记密码,否则需要其他的软件工具或者编程方法解决,这样就比较浪费时间和精力。

1.3.3 工作表的基本操作

工作表主要用于处理数据信息,常被称为电子表格。工作表依附在工作簿中,默认一个工作簿只包含一张工作表。

1.工作表的新建与删除

如果用户在数据编辑过程中需要使用多个工作表,则可以通过新建工作表来增加工作表的数量,对于不需要的工作表也可以将其删除,以节约系统资源。

(1)工作表的新建

新建工作表主要有三种方法。

方法一:在打开的 Excel 工作表中的窗口底部标签末尾单击“新建工作表”按钮⊕,即可插入新的空白工作表,如图 1-20 所示。

图 1-20　使用工作表标签新建工作表

方法二：在打开的 Excel 工作表中的窗口底部随机选择现有的工作表标签，在其上单击鼠标右键，在弹出的快捷菜单中选择【插入】命令，如图 1-21 所示。在打开的【插入】对话框中的【常用】选项卡中选择【工作表】选项，然后单击【确定】按钮，即可在选择的现有的工作表前面插入新的空白工作表，如图 1-22 所示。若在【插入】对话框中选择【电子表格方案】选项卡，则可以在其中插入基于模板的工作表。

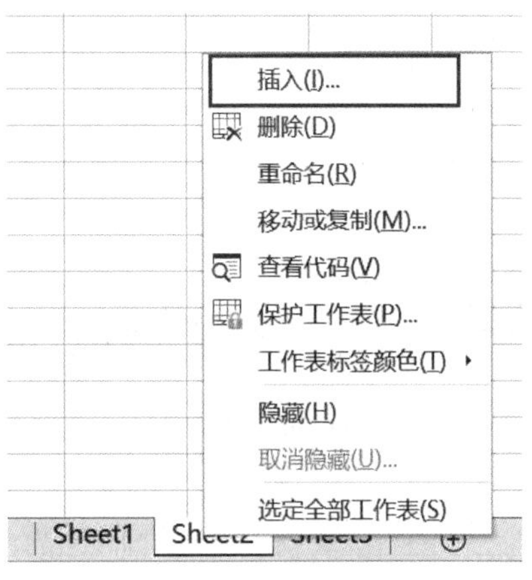

图 1-21　使用“插入”命令新建工作表

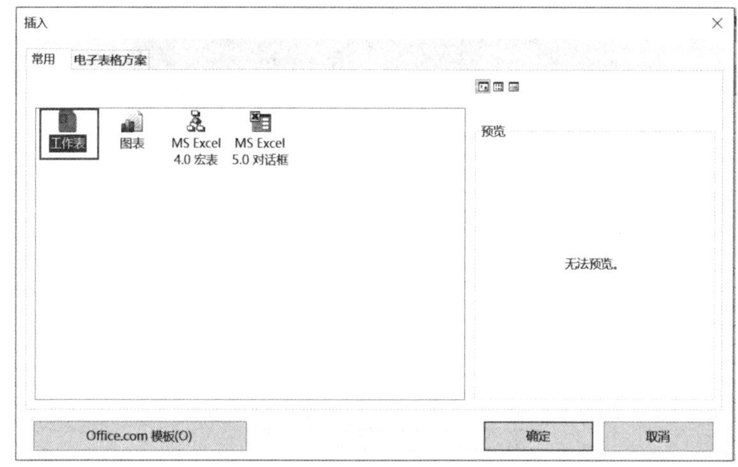

图 1-22　插入基于模板的工作表

方法三：在打开的 Excel 工作表中，点击【开始】选项卡，在功能区的【单元格】选项组中单击【插入】按钮，在弹出的下拉列表中选择【插入工作表】命令，即可在当前选中的工作表前面插入新的空白工作表，如图 1-23 所示。

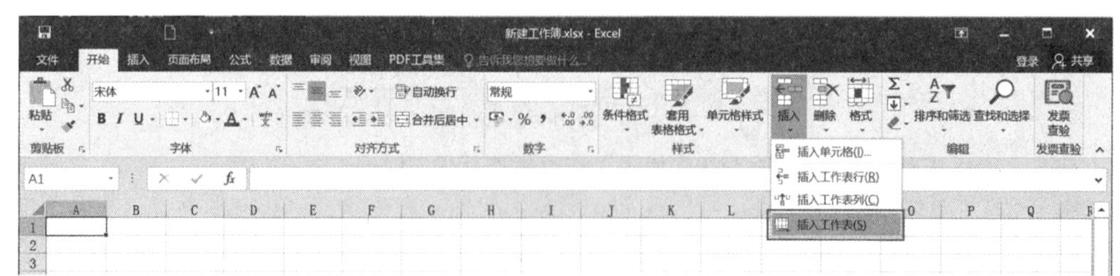

图 1-23　使用功能区中的“插入”按钮新建工作表

(2)工作表的删除

当工作簿中存在多余或者不再使用的工作表时，可以将其及时删除。删除工作表有两种方法。

方法一：使用【删除工作表】命令。选中要删除的工作表，然后点击【开始】选项卡，在功能区的【单元格】选项组中，单击【删除】按钮。若要删除多个工作表，则按住【Ctrl】键不放，同时单击鼠标左键选择要删除的工作表，在弹出的下拉列表中选择【删除工作表】，如图 1-24 所示。

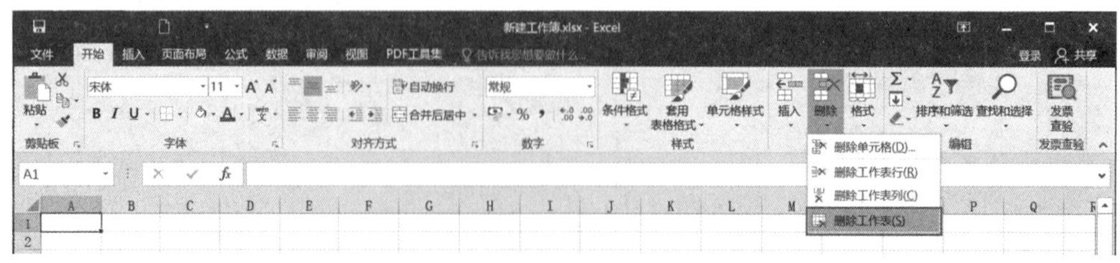

图 1-24　使用功能区中的“删除”按钮删除工作表

方法二:使用快捷菜单删除。选中要删除的工作表,在其标签上单击鼠标右键,在弹出的快捷菜单中选择【删除】命令,即可将选择的工作表删除,如图 1-25 所示。

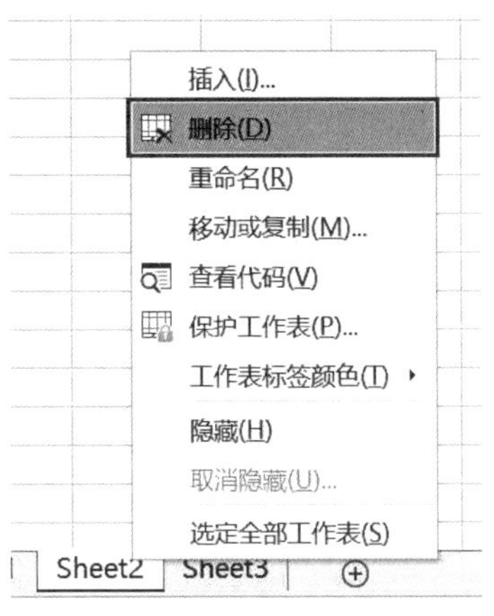

图 1-25　删除工作表

2.工作表的重命名

每个工作表都有自己的名称,默认新的工作表以英文"Sheet"后面跟数字命名,如"Sheet1""Sheet2"……事实上这种命名方式不利于区别和管理工作表内容,所以,为了方便查询和管理工作表,可以对工作表进行重新命名,具体操作如下:

步骤一:双击要重命名的工作表标签,或在工作表标签上单击鼠标右键,在弹出的快捷菜单中选择【重命名】命令,如图 1-26 所示。此时该工作表标签进入可编辑状态,名称自动呈灰底黑字显示,光标在名称右侧闪动,如图 1-27 所示。

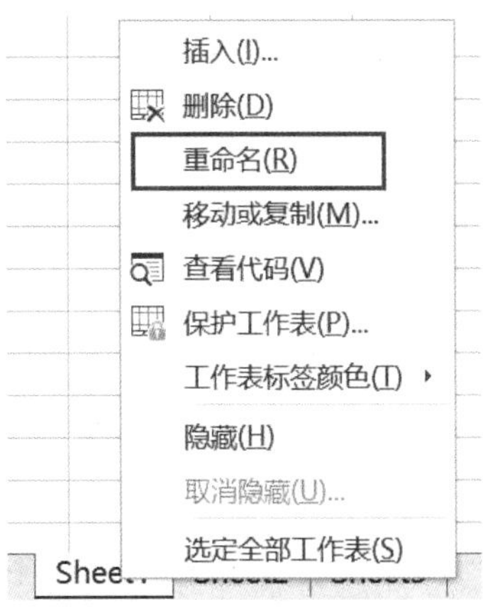

图 1-26　使用"重命名"命令

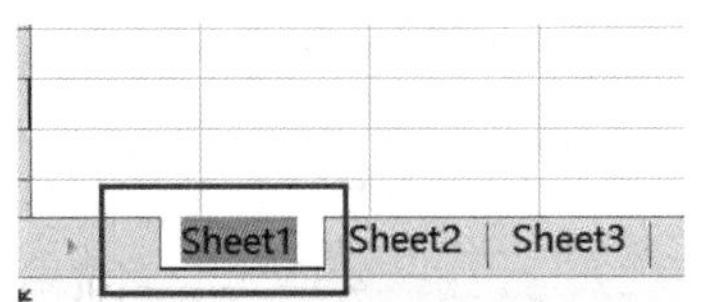

图 1-27　工作表标签的编辑

步骤二：输入工作表新的标签名后，按【Enter】键或在工作表的任意位置单击即可退出编辑，完成工作表的重新命名操作。

3.工作表的移动与复制

Excel 中工作表的位置并不是固定不变的，同时为了避免重复制作相同的工作表，经常需要改变工作表位置或者快速添加多个相同的工作表，因此移动或复制工作表是常用到的操作。

(1)工作表的移动

方法一：利用快捷菜单移动。

步骤一：选择要移动的一个或多个工作表，在按住【Shift】键的同时单击鼠标左键即可选择多个连续的工作表；而按住【Ctrl】键的同时单击鼠标左键则可以选择多个不连续的工作表。

步骤二：在选中的工作表标签上单击鼠标右键，在弹出的快捷菜单中选择【移动或复制】命令，如图 1-28 所示。

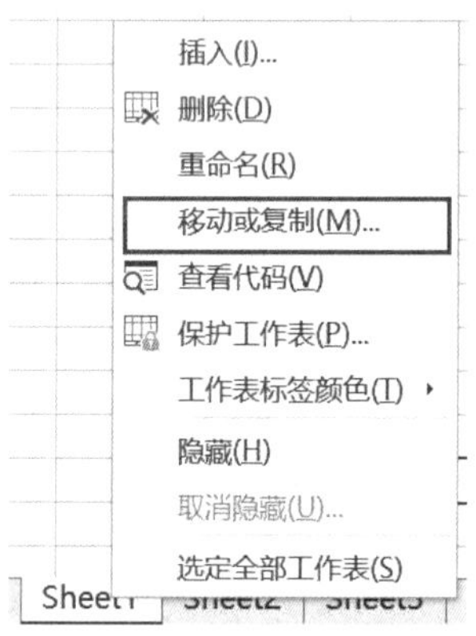

图 1-28 使用快捷菜单中的“移动或复制”命令

步骤三：在弹出的【移动或复制工作表】对话框的【下列选定工作表之前】列表框中选择要移动的位置，单击【确定】按钮，即可将当前工作表移动到指定位置，如图 1-29 所示。

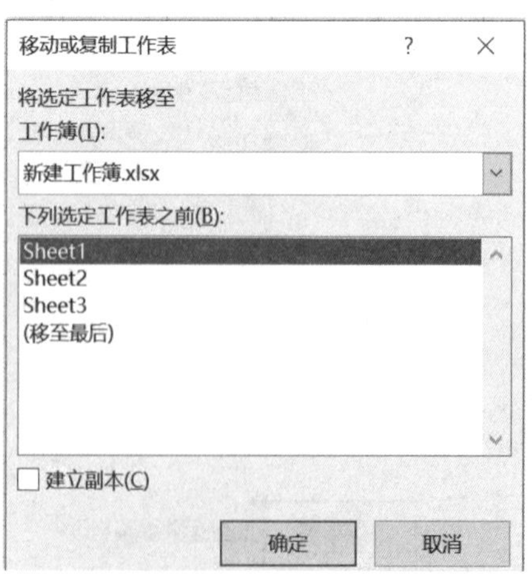

图 1-29 “移动或复制工作表”对话框中的“移动工作表”

方法二：利用鼠标拖动移动。

选择要移动的工作表，用鼠标左键按住该工作表标签不放，拖拽鼠标，即可在标签处看到一个黑色倒三角随鼠标指针移动而移动，将移动倒三角拖动到目标位置处后，放开鼠标左键，该工作表即可移动到指定位置。

(2)工作表的复制

方法一：利用快捷菜单复制。

步骤一：选择要复制的工作表，在选中的工作表标签上单击鼠标右键，在弹出的快捷菜单中选择【移动或复制】命令，如图 1-28 所示。

步骤二：在弹出的“移动或复制工作表”对话框中，在工作簿列表框中选择要复制到的目标工作簿，若要复制到其他工作簿，则该工作簿要打开，在工作簿列表框中选择该工作簿的名称。在【下列选定工作表之前】列表框中选择要复制插入的位置，同时勾选【建立副本】复选框，如图 1-30 所示，然后单击【确定】按钮，即可完成对工作表的复制。

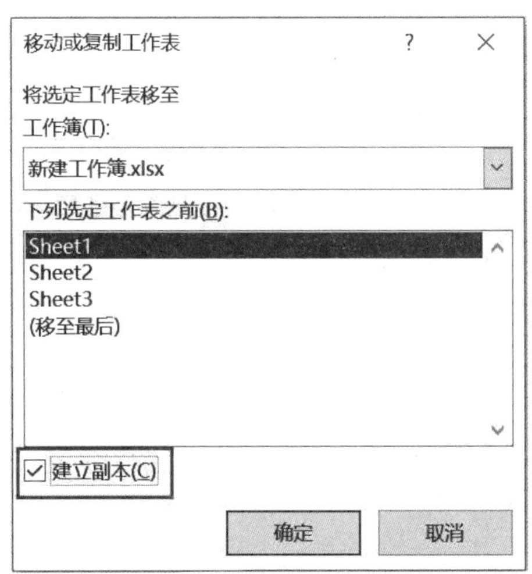

图 1-30　“移动或复制工作表”对话框中的“复制工作表”

方法二：利用鼠标复制。

选择要复制的工作表，用鼠标左键按住该工作表标签不放的同时按住【Ctrl】键，拖拽鼠标，即可在标签处看到一个黑色倒三角随鼠标指针移动而移动，将黑色倒三角拖动到目标位置处后，放开鼠标左键，该工作表即可复制到指定位置。

4.工作表的窗格冻结

有时因为数据量比较大，在工作表中经常会出现行和列无法在一个屏幕里同时查看的情况。为了在滚动工作表的同时也能查看表头、关键行或者关键列与数据之间的对应关系，可以通过冻结窗格来实现。具体操作如下：

步骤一：选择要冻结的行和列分界线交叉的单元格作为冻结中心。

步骤二：在【视图】选项卡中的【窗口】组中单击【冻结窗格】按钮，在打开的下拉列表框中进行选择，有三种冻结方式，如图 1-31 所示。

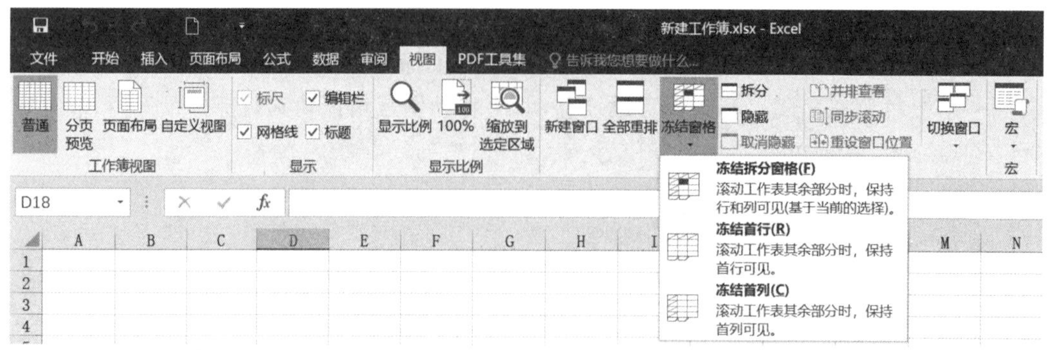

图 1-31　冻结窗格下拉框

(1)冻结拆分窗格:在 Excel 工作表中单击任意单元格,选择【冻结拆分窗格】,这样在上下和左右拖拉工作表时,作为冻结中心单元格的左侧列和上方行内容均冻结可见,位置固定不变。

(2)冻结首行:在 Excel 工作表中单击任意单元格,选择【冻结首行】,这样在上下滚动工作表查看数据时,首行始终保持可见状态。

(3)冻结首列:在 Excel 工作表中单击任意单元格,选择【冻结首列】,这样在左右滚动数据时,A 列始终保持可见状态。

5.工作表的保护

为防止一些重要的工作表数据被他人恶意修改或删除,可以设置保护工作表,这样其他用户只能查看工作表数据,不能修改。具体操作步骤如下。

步骤一:选中要保护的工作表,在【审阅】选项卡中的【更改】组中,单击【保护工作表】按钮;或者在工作表标签处点击鼠标右键,在弹出的快捷菜单中,选择【保护工作表】命令,如图 1-32 所示。

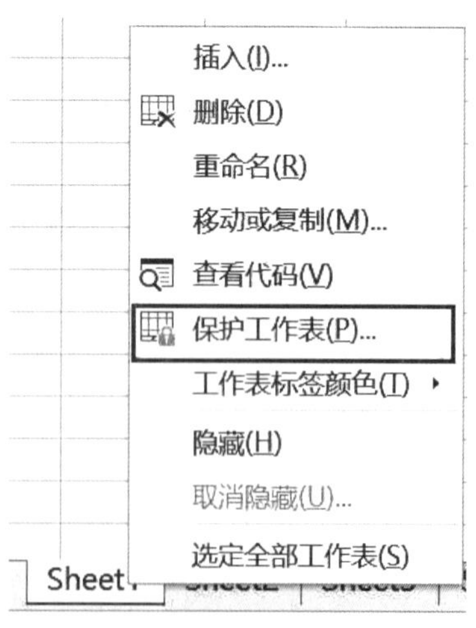

图 1-32　快捷菜单“保护工作表”命令

步骤二:在打开的【保护工作表】对话框的【取消工作表保护时使用的密码】文本框中输入密码,在【允许此工作表的所有用户进行】列表中选择允许用户更改的选项,然后单击

【确定】按钮，如图 1-33 所示。

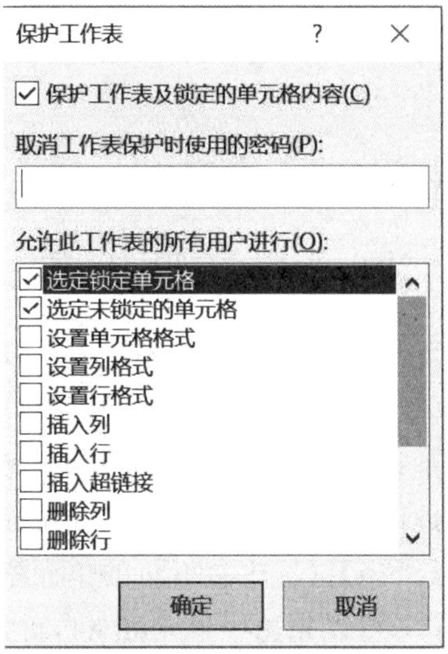

图 1-33　“保护工作表”对话框

步骤三：在打开的【确认密码】对话框的【重新输入密码】文本框中输入与前面相同的密码进行密码确认，然后单击【确定】按钮，即完成工作表的保护操作。

工作表设置保护后，当他人要对其试图进行修改时，系统会弹出如图 1-34 所示的对话框，提示用户该单元格受到保护，无法修改。若要撤销工作表的保护，可以在工作表标签处单击鼠标右键，在弹出的快捷菜单中选择【撤销工作表保护】命令，输入密码完成撤销工作表保护后即可对该工作表进行编辑操作。

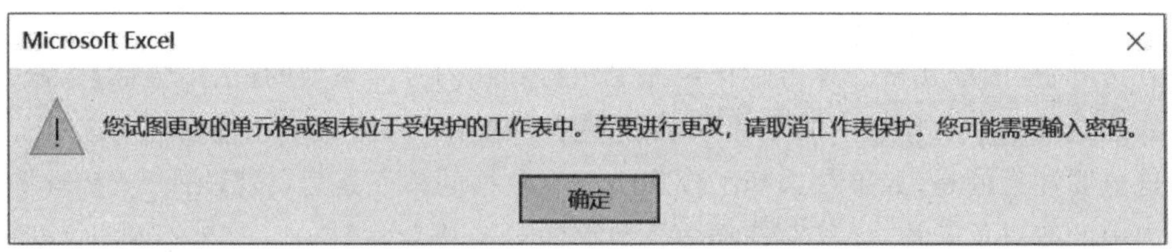

图 1-34　工作表保护提示对话框

1.3.4 单元格的基本操作

单元格是表格中行与列的交叉部分，它是组成表格的最小单位，可拆分或合并。它是 Excel 的基本数据存储单位，单个数据的输入和修改都是在单元格中进行的。

1.单元格的选择

要对单元格进行编辑操作，首先应选择要输入数据的单元格或者单元格区域，默认情况下，当启动 Excel 创建新的工作簿时，单元格 A1 处于自动选中状态。我们通常在使用 Excel 时，选取单元格是最基本的操作，下面介绍选择单元格的六种方法。

方法一：选择单个单元格。单击某个单元格，使该单元格成为活动单元格，此时该单元格即被选中，其边框变为绿色矩形边框；或者在编辑栏的名称框中输入目标单元格的地址，即行号和列号后按【Enter】键，也可选中该单元格，如图 1-35 所示，选中的是第 D 列和第 2 行交汇处的单元格。

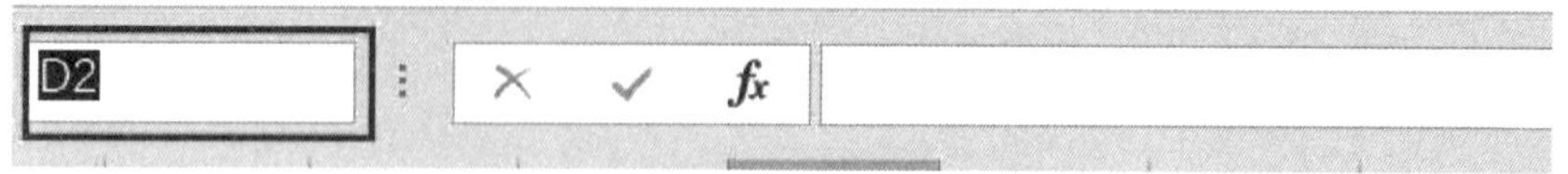

图 1-35 编辑栏单元格选择

方法二：选取连续多个单元格。我们可以直接使用鼠标从左上角滑动到右下角，这个时候选择的区域就是一个矩形的区域。一般连续区域的单元格地址标识一般使用“左上角单元格地址：右下角单元格地址”来表示。但有时表格本身比较大，甚至超过了屏幕，这样操作就变得不那么方便了，此时可以借助【Shift】键轻松完成大区域的选择。只需先选中左上角的单元格，然后按住【Shift】键选中右下角的单元格，就可以选择整个矩形区域。例如，要选取单元格区域 A1：C5，可以先选中单元格 A1，再找到单元格 C5，在按住【Shift】键的同时点击选中 C5 单元格，就可以选中（A1：C5）的整个单元格区域。

方法三：选取多个非连续的单元格。如果想选非连续的单元格或者单元格区域，可以借助键盘上的功能键【Ctrl】，先选中一部分单元格或区域，然后按住【Ctrl】键的同时选择另一部分单元格或区域就可以选择不连续的两个部分。

方法四：选择整行和整列。选择整行或者整列可以使用点击行序号或者列序号来实现。将鼠标指针移动到要选中行的行号上，当鼠标指针变成向右的黑色箭头状态时，单击即可选中整行，如单击行数 1、2、3，可以分别选中第 1 行、第 2 行、第 3 行。将鼠标指针移动到要选中列的列标上，当鼠标指针变成向下的黑色箭头状态时，单击即可选中整列，如单击列数 A、B、C，可以分别选中 A 列、B 列、C 列。

方法五：全选单元格。单击工作表左上角行号和列号交叉处的【选中全部】按钮“◢”，即可快速选中整个工作表中的全部单元格；或按快捷组合键【Ctrl＋A】也可全选所有单元格。这里要注意的是，如果在选择工作表中没有数据的单元格后，按【Ctrl＋A】键，将选择工作表中的所有单元格；如果在选择包含数据的单元格后按【Ctrl＋A】键，则将只选择有数据的区域。

方法六：快捷键方式选取单元格或单元格区域。在选择某行后，按【Ctrl＋Shift＋↑】组合键将从当前行开始向上选择所有行，按【Ctrl＋Shift＋↓】组合键将从当前行开始向下选择所有行；在工作表中选择某列，按【Ctrl＋Shift＋←】组合键可以选择从该列开始到第一列的所有列，按【Ctrl＋Shift＋→】组合键则可以选择从当前选择列开始向右的所有列；在工作表中单击选择单元格，按【Shift＋方向】组合键同样能上下左右选择单元格；若想快速选择所在单元格右下角所有区域，则按【Ctrl＋Shift＋End】组合键即可实现。

2.单元格的插入与删除

（1）单元格的插入

步骤一：选中要插入的空白单元格位置，若要插入多个单元格，则选取的单元格数量要和插入的单元格数据数量一致，点击【开始】选项卡下【单元格】组中的【插入】命令，或单击鼠标右键，在弹出的快捷菜单中选择【插入】命令。

步骤二：在弹出的下拉框中单击【插入单元格】，打开【插入】对话框，如图 1-36 所示。根据需要进行相应的选择设置后，单击【确定】按钮即完成单元格的插入，如图 1-37 所示。

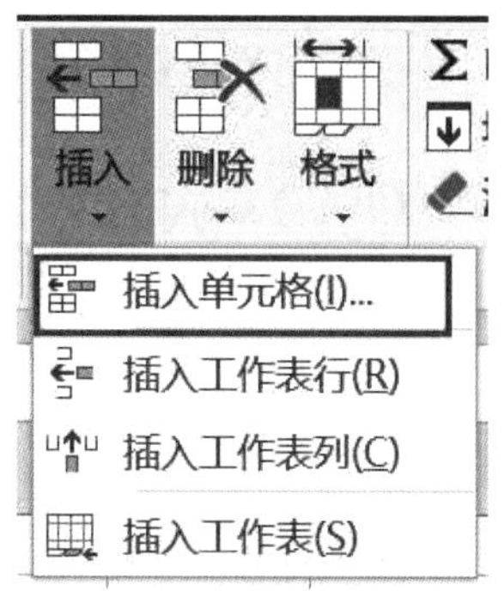

图 1-36　“插入单元格”命令

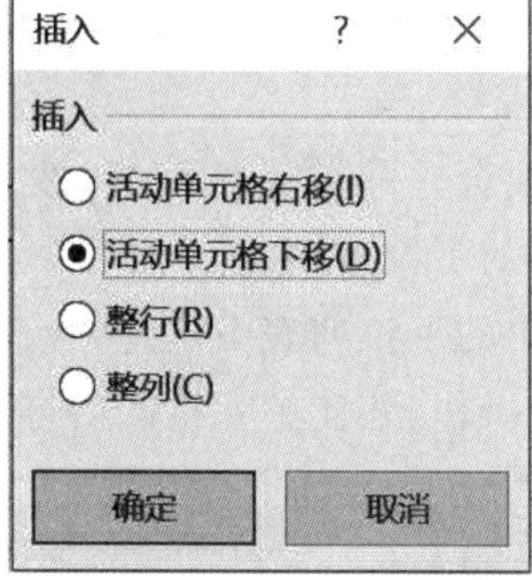

图 1-37　“插入”对话框

(2)单元格的删除

步骤一：选中要删除的单元格或者单元格区域，点击【开始】选项卡下【单元格】组中的【删除】命令，或者单击鼠标右键，在弹出的快捷菜单中选择【删除】菜单命令。

步骤二：在弹出的下拉框中选择【删除工作表行】或【删除工作表列】，即可删除整行或整列单元格，如图 1-38 所示；选择【删除单元格】，则打开【删除】对话框，如图 1-39 所示，然后根据需要进行相应的选择设置后，单击【确定】按钮即完成单元格的删除。

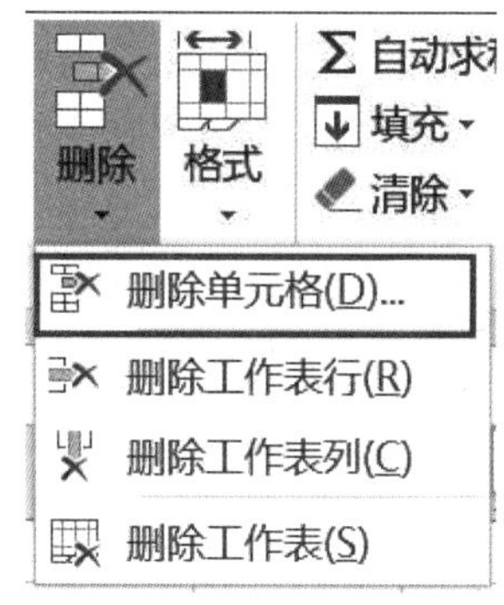

图 1-38　“删除单元格”命令

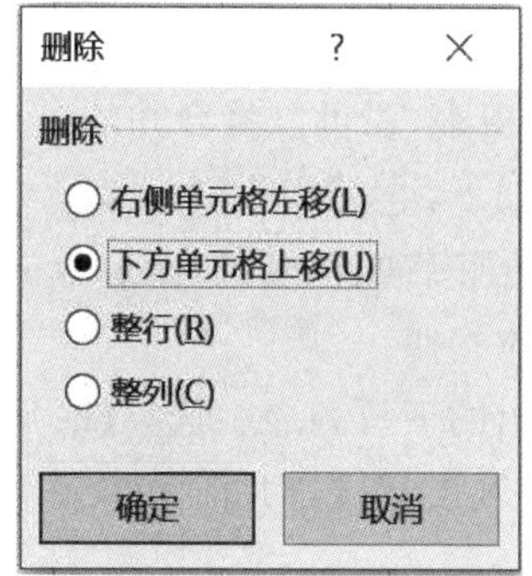

图 1-39　“删除”对话框

3.插入行或列

插入行或列的方法与插入单元格的方法类似，定位需要插入行或者列的单元格位置后，有两种方法实现插入行或列。

方法一：单击【开始】选项卡下【单元格】组中的【插入】命令，选择【插入工作表行】或【插入工作表列】即可插入整行或整列单元格。

方法二：单击鼠标右键，在右键的快捷菜单中选择【插入】菜单命令，弹出【插入】对话框，选中【整行】或【整列】单选项后，单击【确定】按钮，即可在选中单元格的上方插入整行或在选中单元格的右侧插入整列单元格。

4.单元格的合并和拆分

为了满足用户编辑表格数据的需求，同时在编辑过程中使表格结构看起来更加合理，层次更加清晰，整体呈现效果更为美观，有时需要合并和拆分单元格。

(1)单元格的合并

可以将两个或者多个选定的单元格合并成一个单元，以满足排版设计需求，具体操作如下：

步骤一：选择要合并的单元格区域，然后单击【开始】菜单下【对齐方式】选项组中的【合并后居中】右侧的下拉按钮。

步骤二：在弹出的下拉列表中选择“合并单元格”命令，如图 1-40 所示，即可将所选单元格区域进行合并操作，并使单元格的内容居中显示。

图 1-40 “合并单元格”命令

(2)单元格的拆分

在 Excel 工作表中，还可以将合并的单元格拆分成多个单元格，方法与合并单元格完全相反，具体步骤如下：

步骤一：选择合并后的单元格，然后单击【开始】菜单下【对齐方式】选项组中的【合并后居中】右侧的下拉按钮。

步骤二：在弹出的下拉列表中选择【取消单元格合并】命令，如图 1-41 所示，即可将拆分的所选单元格区域恢复成合并前的单元格。

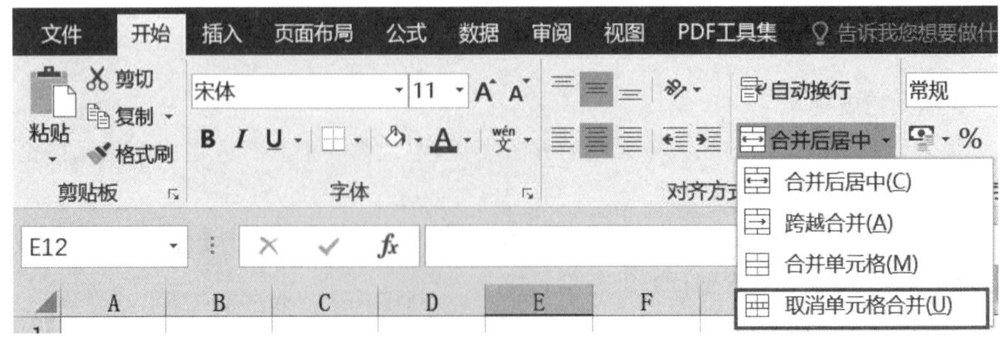

图 1-41 “取消单元格合并”命令

5.单元格格式的设置

用户在输入数据后，通常要根据需求对单元格格式进行相关的设置，以美化表格，满足识别和查看的需要。Excel 2016 提供了丰富的单元格格式设置方法，让我们既可以对工作表的所有单元格进行同样的格式设置，也可以对部分单元格进行各不相同的格式设置，具体操作方法有三种。

方法一：通过工作表功能区中【开始】选项卡的快捷菜单实现，如图 1-42 所示。

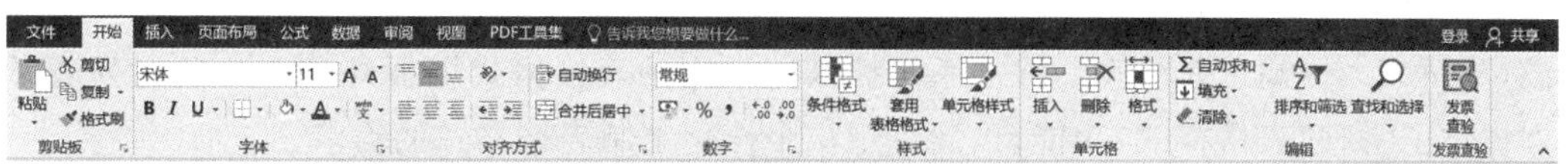

图 1-42　“开始”选项卡

(1)设置单元格字体

通过【开始】选项卡【字体】选项组进行设置，可以设置字体的类型、大小、加粗、斜体、下划线、颜色等。

(2)设置对齐方式

通过【开始】选项卡【对齐方式】选项组进行设置，对齐方式设置包括左对齐、右对齐、居中等，同时可以对单元格文字的方向、自动换行等进行设置。

(3)设置单元格数字格式

通过【开始】选项卡【数字】选项组进行设置，单元格数字类型有常规、数值、货币、会计专用、日期、时间、百分比、分数、科学计数、文本和自定义等，能满足不同数据格式输入的需求，【数字】选项组提供了一些快捷设置按钮，方便用户快速设置单元格数字格式。

(4)设置单元格样式

通过【开始】选项卡【样式】选项组进行设置。【样式】选项组提供了条件格式、套用表格格式和单元格样式三个功能设置。

①条件格式

条件格式的设置可以帮助用户从眼花缭乱的数据中精准筛选出所需要的数据，如图 1-43 所示。若单元格满足条件要求，则按条件设置单元格格式，反之则不设置。通过【条件格式】中的【突出显示单元格规则】命令可以按照标识重复(唯一)值、标识一定范围内的值、标识包含指定内容的值、标识排名情况和按平均值进行标识等条件进行条件格式设置；通过【条件格式】中的“数据条”“色阶”“图标集”可以将单元格数据图形化。通过在单元格背景中显示条形图、颜色和小图标来展示数据值的大小，从而更直观地展示数据，这里要注意的是，这三个选项只针对数值型数据；通过【条件格式】中的【新建规则】命令也可自行设定条件格式。

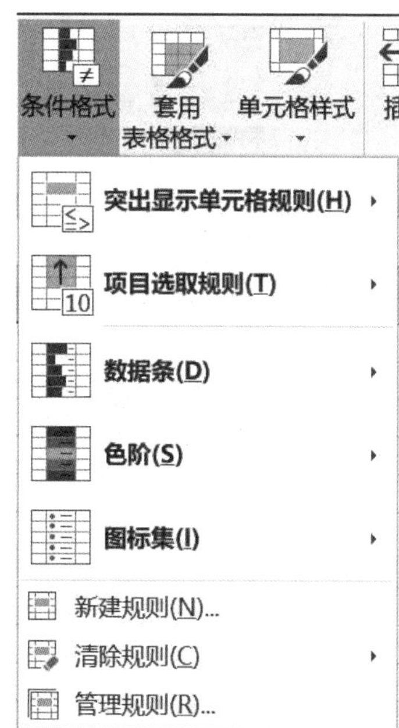

图 1-43　“条件格式”命令

当不需要突出显示单元格数据时，可以通过【条件格式】下拉菜单的【清除规则】按钮下的“清除所选单元格的规则”按钮即可。

②套用表格格式

Excel 2016 预置了 60 种常用的表格格式模板供用户选择使用，分为浅色、中等深浅和深色三组，如图 1-44 所示。用户可以从这些预设好的表格样式选择一种样式套用，只需要将鼠标指针指向不同的格式模板即可预览表格样式效果。选定后，单击鼠标右键确定套用表格样式，在弹出的“套用表格格式”对话框中确定数据来源，点击【确定】即可完成，从而大大提高工作效率。除了系统提供的常用的表格格式模板外，Excel 还在列表下方提供了“新建表格样式”功能，以满足用户个性化定制表格格式的需求。

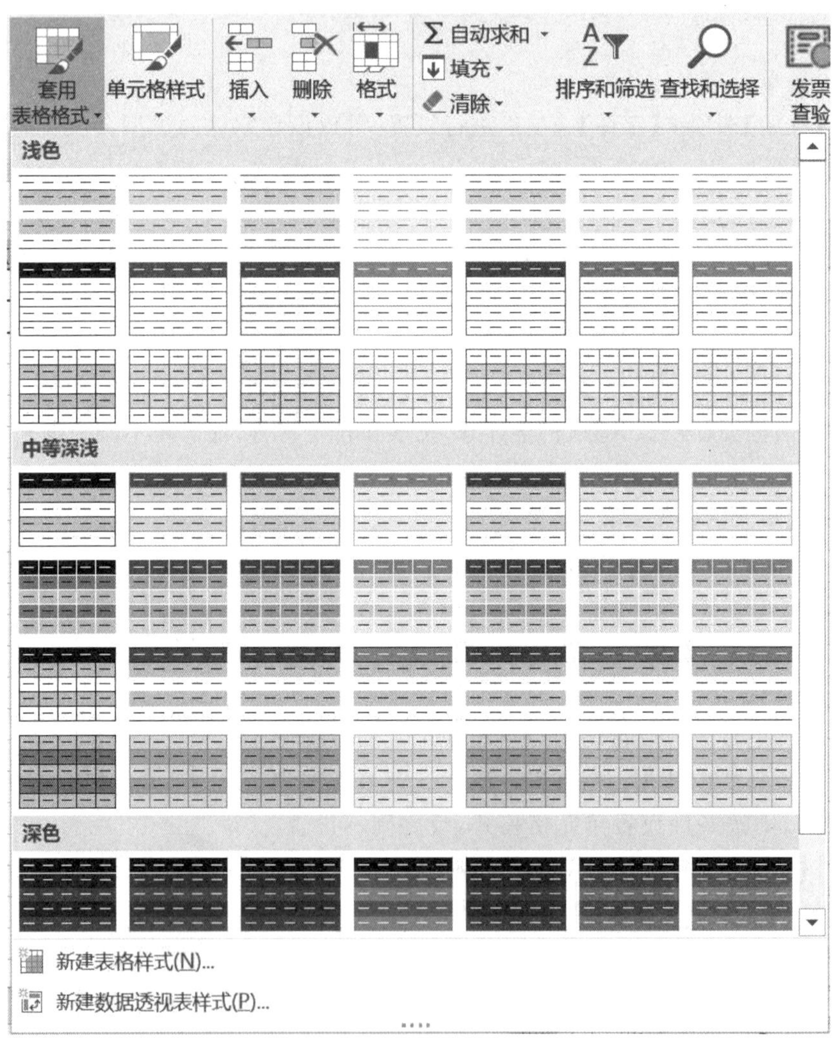

图 1-44 “套用表格格式”命令

③单元格样式

Excel 2016 中内置有“好”“差和适中”“数据和模型”“标题”“主单元格样式”“数字格式”等多种单元格样式，用户可以根据需要选择合适的样式套用，也可以通过“新建单元格样式”自行定制个性化样式。

方法二：通过“设置单元格格式”对话框进行单元格格式的设置，如图 1-45 所示。可以通过单击【开始】选项卡【字体】、【对齐方式】或【数字】选项组中右下角的扩展按钮，或单击【开始】选项卡【单元格】选项组中的【格式】按钮，在下拉列表中选择【设置单元格格式】选项，或者在选中的单元格单击鼠标右键，在弹出的快捷菜单中选择【设置单元格格式】选项，或使用快捷键【Ctrl+1】，均可打开【设置单元格格式】对话框。

“设置单元格格式”对话框包含“数字”“对齐”“字体”“边框”“填充”“保护”六个选项卡。

(1)“数字”选项卡

数字选项卡可设置数字格式，对话框左边“分类”列表框列出了数字格式的类型，右边显示该类型的格式和示例，如图 1-45 所示。

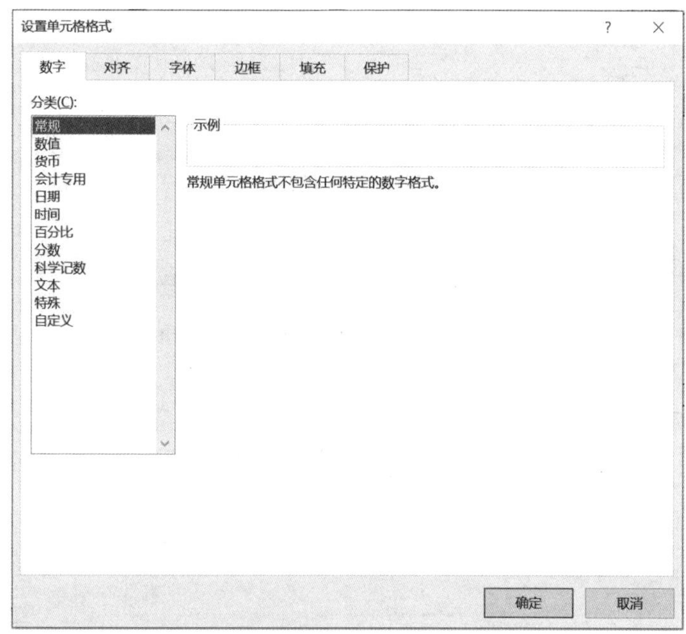

图 1-45　“设置单元格格式”对话框中的“数字”选项卡

Excel 中常用的数字格式有：

①数值格式：数值格式有整数、小数及负数格式。

②货币格式：货币格式除具有数值的格式外，还可以在数值前面加货币符号“￥”等。

③日期格式：可以按照多种日期格式显示日期。

④时间格式：可以按照多种时间格式显示时间。

⑤百分比格式：将数值的小数点向右移动两位，并加“%”，如 0.1234 经设置后可以显示为 12.34%。

⑥分数格式：如 0.15 经设置后可以显示为 1/4。

⑦科学记数格式：如输入 123456，可以显示为 1.23E+05。

(2)“对齐”选项卡

在【水平对齐】下拉列表框中有常规、靠左(缩进)、居中、靠右(缩进)、填充、两端对齐、跨列居中、分散对齐(缩进)八种可供选择的方式;在【垂直对齐】下拉列表框中有靠上、居中、靠下、两端对齐、分散对齐五种可供选择的方式。此外,还包括文本控制、文字方向等设置,如图1-46所示。

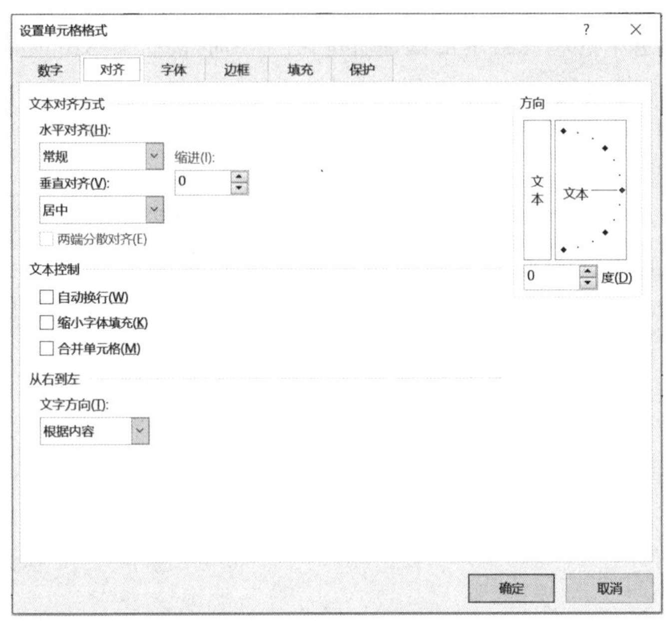

图1-46 "设置单元格格式"对话框中"对齐"选项卡

(3)"字体"选项卡

"字体"选项卡可设置单元格字体、字形、字号、颜色等,如图1-47所示。

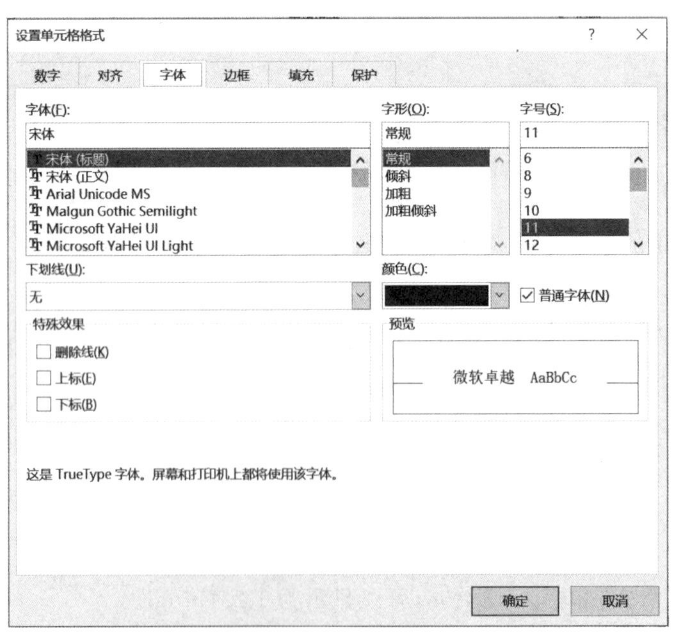

图1-47 "设置单元格格式"对话框中"字体"选项卡

(4)“边框”选项卡

“边框”选项卡可设置单元格或单元格区域的边框，如图 1-48 所示。Excel 2016 工作表默认的边框为淡虚线，打印时将不显示，用户可根据需要和喜好为单元格或工作表选择边框线条的样式和颜色。

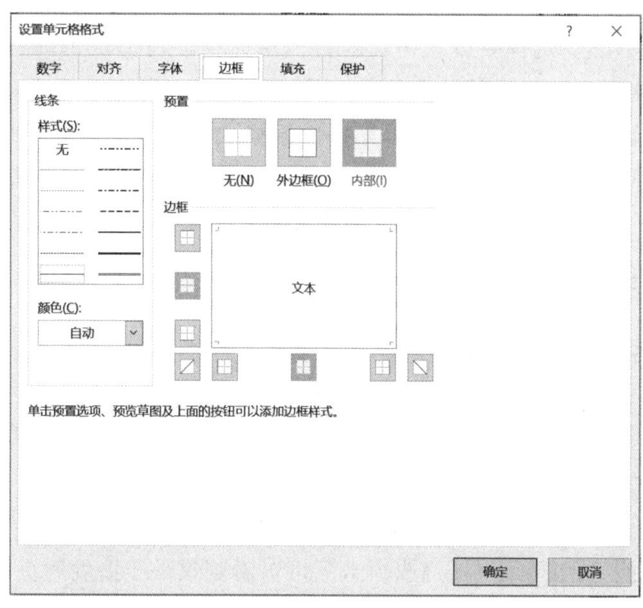

图 1-48　“设置单元格格式”对话框中“边框”选项卡

(5)“填充”选项卡

“填充”选项卡可以对单元格背景色的颜色和图案等进行定义，如图 1-49 所示。

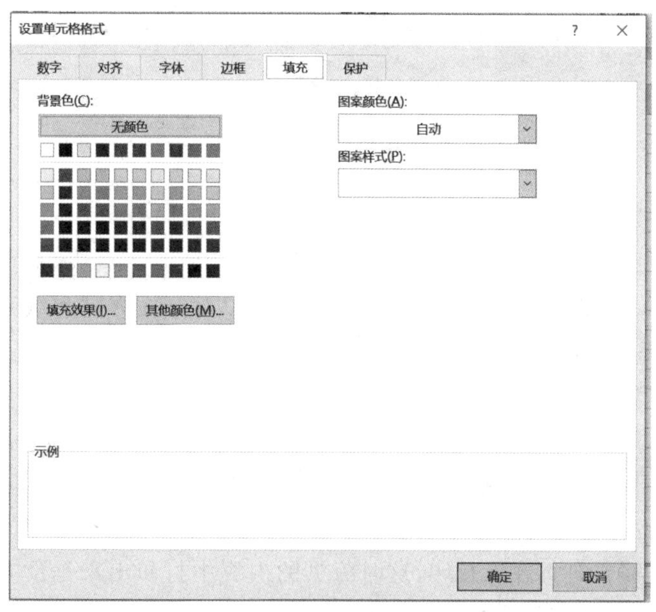

图 1-49　“设置单元格格式”对话框中“填充”选项卡

“保护”选项卡:可以对单元格进行保护设置。保护单元格包括“锁定”和“隐藏”。“锁定”的功能是防止单元格被移动、改变等;“隐藏”的功能是隐藏公式。只有在工作表被保护的情况下,锁定单元格或隐藏公式设置才有效。

方法三:通过快速复制格式的方法实现单元格格式的设置。单元格的格式信息可以被复制,先选择被复制格式的单元格,再单击【开始】选项卡【单元格】选项组【剪贴板】按钮中的【格式刷】命令,然后选择要设置格式的目标单元格便可完成单元格格式的复制。要设置格式的单元格会和被复制的单元格的字体、颜色、对齐、边框、填充和数据显示等格式一样。如果要连续复制多个单元格或单元格区域格式,则同样先选择被复制格式的单元格,再双击【格式刷】命令,然后逐一选择要设置格式的单元格,复制结束再单击【格式刷】即可生效。

1.3.5 工作表的打印

在 Excel 表格的编辑过程中,用户经常需要将工作表打印出来,为了打印出来的工作表符合要求,便于查看,就需要对打印页面进行相应的设置。

1.打印设置

在进行 Excel 工作表打印之前,用户可以对纸张的大小和方向进行设置。同时,也可以对打印文字与纸张边框之间的距离,即页边距进行设置,这里介绍两种打印设置方法。

方法一:在功能区的【页面布局】选项卡下可以看到 Excel 提供的页面设置按钮,如图 1-50 所示,包含了页边距、纸张方向、纸张大小等一些快捷键,可以直接在打开的下拉菜单中进行快速打印设置。

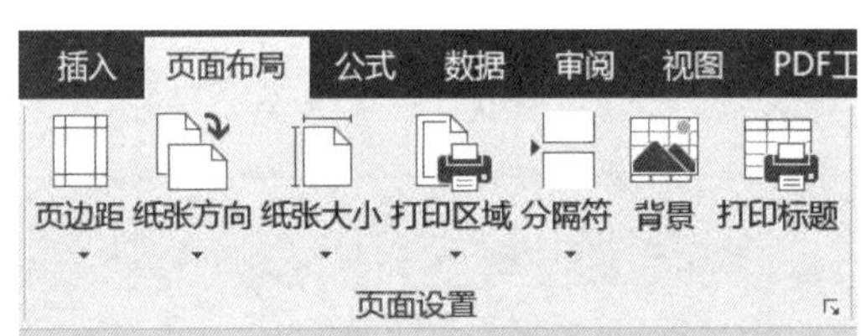

图 1-50 页面布局功能区

方法二:在【页面设置】选项卡中设置。单击【页面布局】选项卡右下角的“◲”,打开【页面设置】对话框,如图 1-51 所示。在这里我们可以对页面、页边距、页眉/页脚和工作表进行相应的设置。在对话框的【页面】选项卡中可以对页面方向和纸张大小进行设置;单击【页边距】标签打开该选项卡,在选项卡的“上”“下”“左”“右”微调框中输入数值即可设置文本边界距离页面四周边界的距离;在对话框的【页眉/页脚】选项卡中可以在页面顶部和底部设置内容,如标题、页码、打印日期等信息;在对话框的【工作表】选项卡中可以设置打印区域、打印标题行、打印顺序等。

以如何设置打印标题为例,一般情况下,打印机只会打印工作表中的内容,如果工作表的内容比较多,需要跨页才能打印,这时跨页的内容中打印出来是没有标题的,从而造成浏览困难。我们可以为每一页都设置标题,方便用户在其他页中浏览,具体操作步骤如下:

图 1-51　页面设置对话框

步骤一：单击【页面布局】选项卡区域中的【打印标题】按钮，进入【工作表】选项卡，如图 1-52 所示。

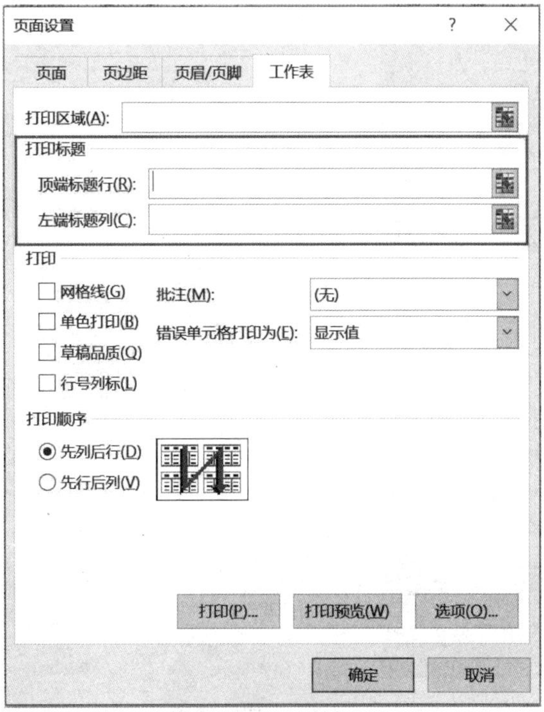

图 1-52　设置打印标题

步骤二：在【工作表】选项卡下的"顶端标题行"后的文本框中单击鼠标左键，在电子表格中选择用作标题的行，设置后单击【确定】按钮。

步骤三：单击预览按钮，可以看到第一页以外的其他页也有标题了。

2.打印工作表

在打印工作表之前，许多用户都会先对文档执行打印预览，看一看打印效果是否符合要求，以便及时进行调整，减少打印错误，打印预览的效果就是实际打印的效果，打印预览无误后再打印文件，具体操作步骤如下：

步骤一：单击【文件】选项卡上的【打印】按钮，进入打印预览窗口，如图 1-53 所示。左侧部分为打印设置，右侧为打印预览。

步骤二：设置打印份数。单击打印【份数】右侧的上下箭头指定打印份数。

步骤三：选择打印机。在【打印机】下拉列表中选择打印机，注意计算机需要事先安装驱动程序并且连接到打印机才能在此处进行选择。

步骤四：指定打印范围。可选择打印当前工作表内容或整个工作簿或仅打印当前选定的区域。如图 1-53 所示。

步骤五：单击预览窗口底部的左右两个三角箭头按钮，可以查看不同页面。

步骤六：设置完毕，单击左上角的【打印】按钮进行打印输出。

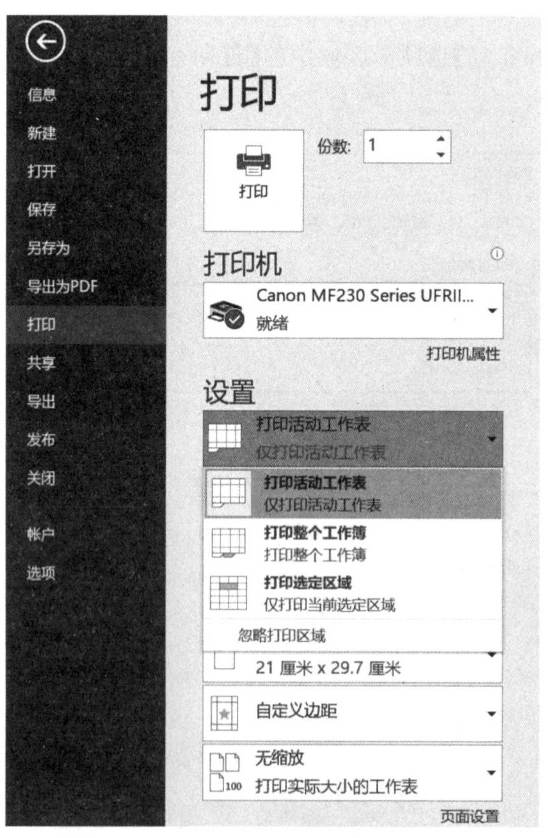

图 1-53 打印工作表

练习题

一、单选题

1.关于工作簿,下列说法中正确的是(　　)。

A.工作簿是由单元格组成的　　B.工作簿是由工作表组成的

C.工作表可以单独存盘　　D.一个工作簿只能由三个工作表组成

2.在 Excel 中,当前录入的内容是存放在(　　)内。

A.单元　　B.编辑栏　　C.活动单元格　　D.状态栏

3.在 Excel 中不可以打印的内容是(　　)。

A.选定区域　　B.整个工作簿　　C.选定工作表　　D.Word 文档

4.关于打印说法错误的是(　　)。

A.打印内容可以是整张工作表　　B.可以将内容打印到文件

C.不可以打印整个工作簿　　D.可以一次性打印多份

5.在 Excel 环境中,用来储存并处理工作表数据的文件称为(　　)。

A.单元格　　B.工作区　　C.工作簿　　D.工作表

6.Excel 中工作簿的基础是(　　)。

A.文件　　B.图表　　C.单元格　　D.对话框

7.Excel 的基础是(　　)。

A.工作簿　　B.工作表　　C.数据　　D.报表

8.在 Excel 编辑栏中的公式栏中显示的是(　　)。

A.删除的数据　　B.被复制的数据

C.当前单元格的数据　　D.没有显示

9.在 Excel 中,一般工作文件的默认文件类型为(　　)。

A..doc　　B..xls　　C..mdb　　D..ppt

10.在 Excel 中,所有文件数据的输入及计算都是通过(　　)来完成的。

A.工作簿　　B.工作表　　C.窗口　　D.单元格

11.在 Excel 的工作簿中可输入(　　)。

A.文字　　B.符号　　C.数字　　D.以上都可以

12.下列关于保存工作簿的方法,叙述不正确的是(　　)。

A.单击“文件”按钮并选择“保存”选项

B.按“Ctrl+S”组合键

C.单击快速访问工具栏上的“保存”按钮

D.按“Ctrl+D”组合键

13.关于冻结窗格,下面说法中正确的是(　　)。

A.将无法输入数据

B.一旦冻结就无法取消

C.拖动滚动条,标题行会消失

D.可同时冻结选定单元格上面的行和左边的列

14.在 Excel 工作簿中,有关移动和复制工作表的说法,正确的是(　　)。

A.工作表只能在所在工作簿内移动,不能复制

B.工作表只能在所在工作簿内复制,不能移动

C.工作表可以移动到所在工作簿内,也可复制到其他工作簿内

D.工作表可以移动到所在工作簿内,不能复制到其他工作簿内

15.Excel 的工作簿中可以有多个工作表,下列关于对工作表操作的描述,不正确的是(　　)。

A.一次不能选中所有的工作表

B.一次可以将一个工作表移动到指定位置

C.工作表可以重命名,但要求工作簿中的所有工作表不能重名

D.可以在工作簿中插入新的工作表,也可以删除已有的工作表

16.下列关于工作表的删除,说法正确的是(　　)。

A.不能删除加保护的工作表

B.工作簿内的工作表可以全部删除

C.可以通过编辑菜单,选择删除工作表命令删除选定工作表

D.可以通过右键单击工作区中的任何一个单元格,选择删除命令来删除工作表

17.要采用另一个文件名来存储文件时,应选“文件”菜单的(　　)命令。

A.“关闭文件”　B.“保存文件”　C.“另存为”　D.“保存工作区”

18.下列关于页面布局的说法,正确的是(　　)。

A.在选择纸张时只能选择 A4

B.在“页面布局”选项卡中可以更改页面边距

C.在“页面布局”选项卡中不可以更改纸张方向

D.在“页面布局”选项卡中不可以更改纸张大小

19.下列关于在 Excel 工作表中进行页面设置的说法中,错误的是(　　)。

A.页面方向可设置为横向或纵向

B.打印预览状态下无法进行页边距调整

C.设置打印顶端标题行能为每一页添加标题行

D.设置“页脚”能为每一页在页面底部添加页码

20.Excel 的三个主要功能是(　　)。

A.文字输入、表格、公式　B.公式计算、图表、表格

C.电子表格、图表、数据库　D.图表、电子表格、公式计算

二、判断题

1.在 Excel 中,只能在单元格内编辑输入的数据。(　　)

2.在 Excel 中,同一工作簿中不能引用其他表。(　　)

3.在 Excel 中,直接处理的对象为工作表,若干工作表的集合称为工作簿。(　　)

4.Excel 中的删除操作只是将单元格的内容删除,而单元格本身仍然存在。(　　)

5.在 Excel 中,剪切到剪贴板的数据可以进行多次粘贴。(　　)

6.在 Excel 工作簿中最多可设置 12 张工作表。(　　)

7.Excel 编辑栏中含快捷工具按钮。(　　)

8.页面设置对话框有页边距选项卡。(　　)

9.在 Excel 窗口中,单元格内容可以在文本框中修改。(　　)

10.在 Excel 中,工作表可以重命名但标签颜色不可以改变。(　　)

三、填空题

1.默认情况下,一个工作簿中只包含一张工作表,其名称是________________。

2.B2:C6 表示____。

3.在工作表中,行和列相交构成__________,用于__________和__________。

4.编辑栏包括__________、__________、__________和__________四部分。

5.一个工作簿可包含__________张工作表,每张工作表包含__________个单元格。

第2章　数据输入与编辑

课程思政案例导入与教学目标

课程思政案例：

自新冠肺炎疫情暴发以来，各国都面临着严峻的医疗卫生水平考验。有的国家因为各方面的压力选择“躺平”，而我国则采取了截然不同的应对方式，坚决拒绝“躺平”，始终把“生命至上”“人民至上”放在首位，坚持“动态清零”和“精准防控”，誓要打赢这场疫情防控阻击战。在这场无硝烟的持久战役中，从武汉保卫战、湖北保卫战到常态化疫情防控，再到迎战德尔塔、奥密克戎，在以习近平同志为核心的党中央的领导下，我国医务人员和医疗机构顶住压力，经受住了考验，取得疫情防控工作的巨大成效。

我国在疫情防控的显著成效不仅体现了我国特色社会主义制度巨大的优势，更是展现了我国医疗卫生事业的发展速度及累累硕果。为更好地让同学们了解我国医疗卫生的发展水平，李坤决定和同学们一起对我国医疗卫生资源发展情况做一个较为全面的统计。他首先选取了“卫生技术人员数”“医疗卫生机构床位数”“医院数”“医疗卫生机构数”“卫生总费用”“人均卫生费用”等指标，然后发动同学们通过查阅文献等方法获取近年来的相关数据，最后他将不同来源的数据录入、统计、整理成一份表格，并在此基础上做相应的数据分析。为更好更快地完成数据统计整理工作，李坤同学充分利用Excel软件关于数据输入、导入、编辑等功能，使得“医疗卫生发展数据表”中的数据更美观。

课程思政教学目标：

通过“医疗卫生发展数据表”的数据，同学们很直观地了解到我国医疗卫生发展水平，了解到我国政府在医疗卫生领域的支出，了解到我国政府在推进健康中国建设、保障人民生命安全、提升人民生活水平质量方面做出的努力，并深刻体会到我国医疗卫生事业发展取得的巨大成就，这充分展现了社会主义制度的优越性，增强了同学们的制度自信，提升了民族自豪感和幸福感。

2.1　数据输入

数据输入是Excel中最经常使用的一项基本功能，也是Excel进行数据分析、数据处理的基础。针对不同规律、不同类型的数据，采用不同的输入方法，不仅能减少数据输入的工作量，也能保障输入数据的正确性。如果我们能够掌握数据输入和编辑的一些方法和技巧，就能极大地简化数据输入的操作，高效地完成数据录入。

一般来说，在 Excel 工作表中的数据主要有三种类型：数值、文本和日期时间。数据输入有两种方法：手动输入数据和自动填充数据。

2.1.1 数据的手动输入

通常在 Excel 单元格中，输入的数据格式有三种基本形式：常量、公式和函数。其中，常量主要指数值、文本、日期和时间等数据，每种数据都有它特定的格式和输入方法，而公式和函数在输入之前必须在单元格中先输入“＝”号。

1.数值的输入

进行数值计算是 Excel 最基本的功能，在输入数值时，数值将显示在活动单元格和编辑栏中，通常在默认情况下，输入的数值将自动以右对齐方式显示。我们在 Excel 电子表格中提到的数值除了通常理解的由 0 到 9 组成的数字外，还包括数学符号（＋、－、％）、小数点、千位分隔符号（，）、货币符号（￥、＄），以及科学记数符号（E、e）等。这些数值的输入方式和技巧如下：

（1）正、负数值的输入

如果输入的数值是正数，可以直接输入数字，前面的正号“＋”可以省略；如果输入的是负数，则应在数字前面添加负号“－”，或者也可以将该数字放在括号“（　　）”里来标识，例如在单元格中输入“(66)”，回车后，则会自动显示为“－66”。

（2）分数的输入

通常分数格式用斜杠（/）来分隔分子与分母，但在 Excel 中如果在单元格中输入“3/4”，按回车键后并不能得到分数，而是显示“3 月 4 日”，因为在 Excel 中日期的输入方式也是用斜杠来区分年月日的。为了避免混淆输入的日期和分数，我们在输入分数时要注意：

①如果分数大于 1 时，在整数和分数之间添加单个空格隔开，例如，在单元格输入“2 1/2”，则编辑栏中显示数值“2.5”。

②如果分数小于 1 时，则在分数前面添加“0”和空格以示区别。例如，在单元格中输入“0 1/2”，则编辑栏中显示数值“0.5”。

（3）小数的输入

为了精确显示数据，经常需要在单元格中输入带有小数位数的数值，此时直接在单元格中输入即可。在 Excel 中默认的小数位数是两位，如果遇到需要输入不同的小数位数时，为了使数据内容更规范，也更美观和专业，我们可以通过使用“增加或减少小数位数”的方式为数据增加或减少小数位数，具体方法如下：

方法一：选中单元格中的数值，在 Excel 菜单栏【开始】选项卡的【数字】选项组中，单击“←.0 .00”按钮增加小数位数，单击“.00 →.0”按钮减少小数位数，如图 2-1 所示。

方法二：如图 2-1 所示，单击菜单栏【开始】选项卡【数字】选项组右下角的“↘”按钮，打开【设置单元格格式】对话框，在【数字】选项卡中可以设置需要的小数位数，如图 2-2 所示。

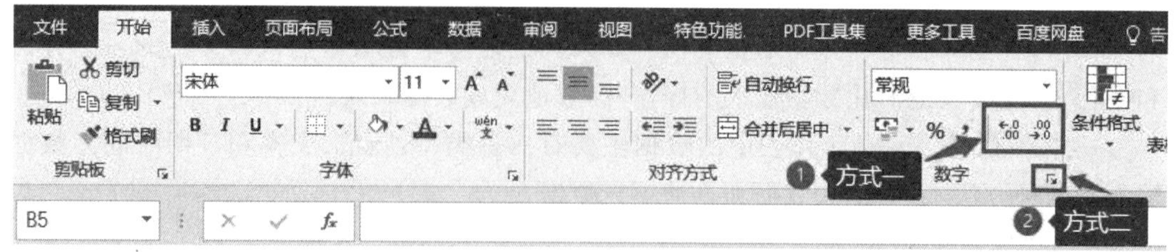

图 2-1　Excel 2016 菜单栏界面

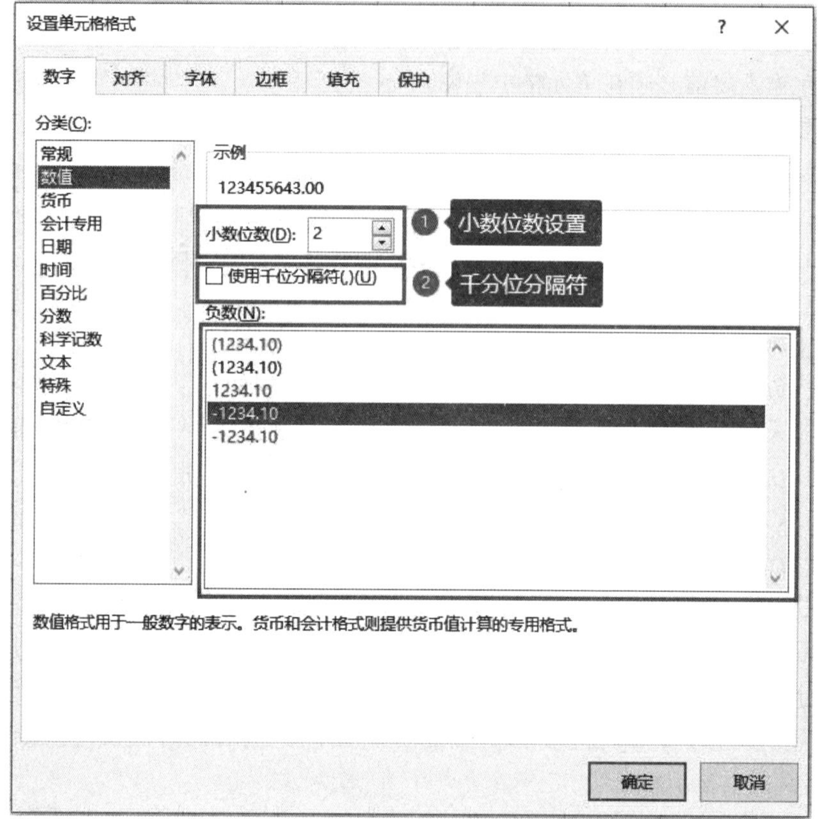

图 2-2　"设置单元格格式"对话框

(4)货币值的输入

Excel 支持大部分的货币值输入，如人民币(￥)、美元($)等，我们可以很方便地在单元格中输入各类货币值。例如将"我国 2016—2020 年卫生总费用年度数据"中的数据用货币值的形式表示，选择含有数值的单元格区域 B1:F7，在 Excel 菜单栏【开始】选项卡的【数字】选项组中，单击"[icon] ▾"按钮，选择第一个"套用人民币货币格式"，默认保留两位小数，即完成货币格式的更改，如图 2-3 所示。其他格式可以单击"[icon] ▾"按钮右侧箭头，在下拉列表进行设置，若选择【其他会计格式】，将打开【设置单元格格式】对话框，可以进行小数位数的设置和更多货币符号的选择，如图 2-4 所示。

如果要输入人民币符号，我们也可以用快捷方式，选中单元格，按住【Alt】键的同时在数字键盘上按数字"0165"，即可输入人民币符号"￥"。

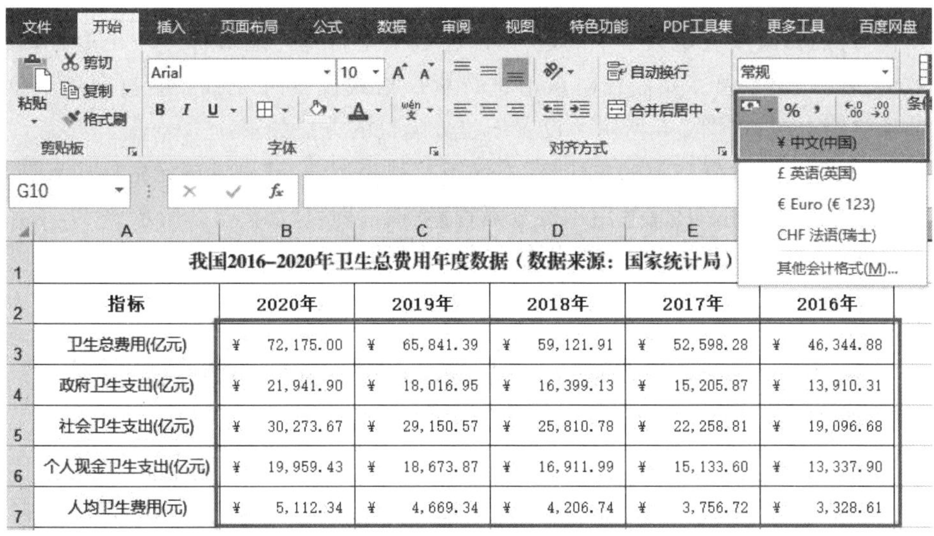

	A	B	C	D	E	F
1	我国2016–2020年卫生总费用年度数据（数据来源：国家统计局）					
2	指标	2020年	2019年	2018年	2017年	2016年
3	卫生总费用(亿元)	¥ 72,175.00	¥ 65,841.39	¥ 59,121.91	¥ 52,598.28	¥ 46,344.88
4	政府卫生支出(亿元)	¥ 21,941.90	¥ 18,016.95	¥ 16,399.13	¥ 15,205.87	¥ 13,910.31
5	社会卫生支出(亿元)	¥ 30,273.67	¥ 29,150.57	¥ 25,810.78	¥ 22,258.81	¥ 19,096.68
6	个人现金卫生支出(亿元)	¥ 19,959.43	¥ 18,673.87	¥ 16,911.99	¥ 15,133.60	¥ 13,337.90
7	人均卫生费用(元)	¥ 5,112.34	¥ 4,669.34	¥ 4,206.74	¥ 3,756.72	¥ 3,328.61

图 2-3　数据以货币形式表示

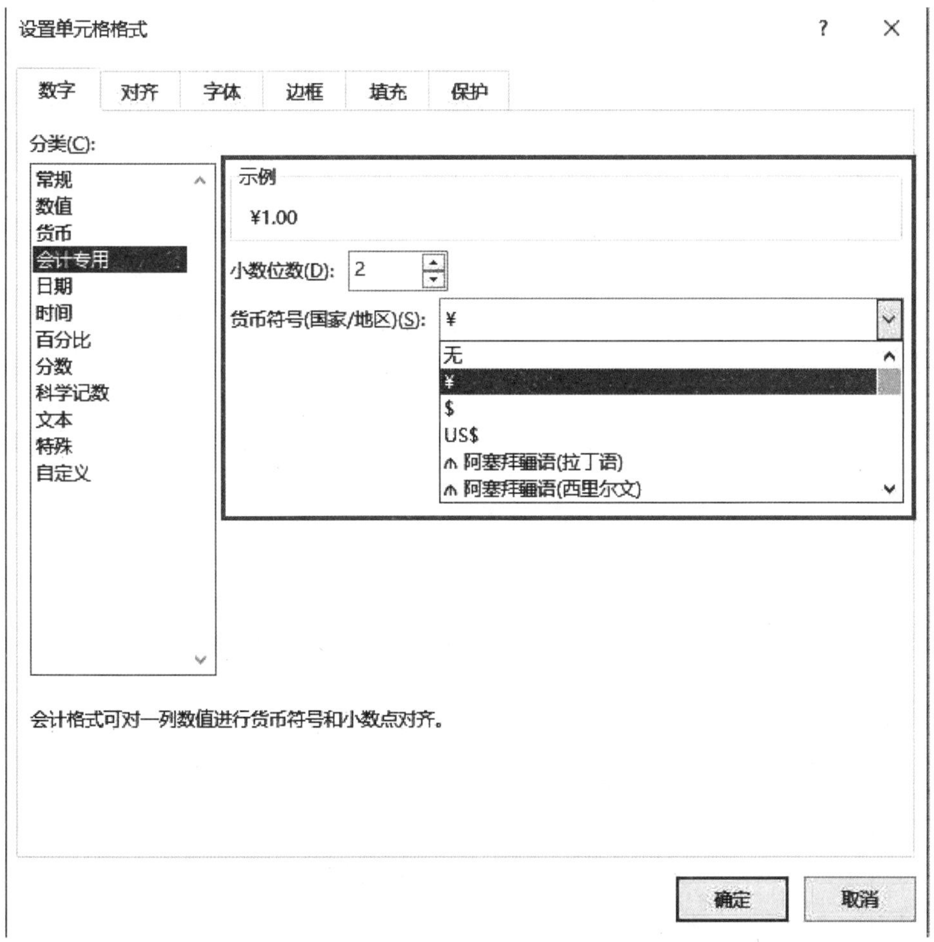

图 2-4　小数位数的设置和更多货币符号的选择

(5)千位分隔符的使用

千位分隔符,其实就是数字中的逗号,即在数字中每隔三位数标注一个逗号,以便数字位数太多时认出数值。我们在对数值进行货币格式设置时,Excel 会自动用千位分隔符对数值进行分隔,如图 2-5 所示。设置千位分隔符的方法如下:

方法一:选中要设置数值的单元格,右键下拉列表里选择【设置单元格格式】,打开【设置单元格格式】对话框,勾选【使用千位分隔符】复选框即可,如图 2-2 所示。

方法二:如图 2-5 所示,选中要设置数值的单元格 A1,在 Excel 菜单栏【开始】选项卡的【数字】选项组中,单击 , 按钮,即可完成设置,默认显示小数点后两位。

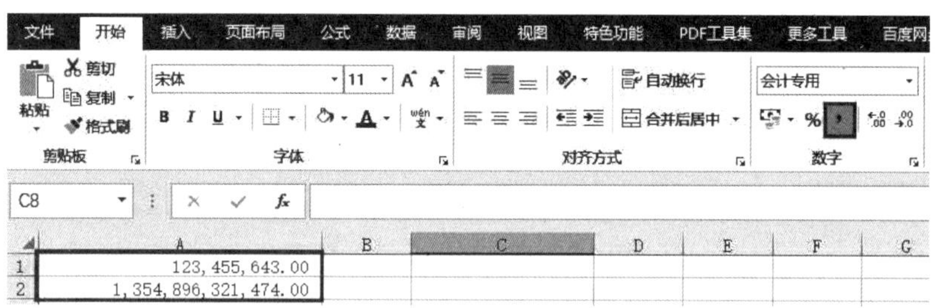

图 2-5 设置千位分隔符

(6)科学记数法的使用

在 Excel 表中,如果输入的数字很大或者很小,系统将以科学记数法显示。这里有几种情况需要注意:

①在单元格里输入数据位数在 11 位及以下的数字时,如果单元格宽度足够,数据是可以完全显示出来的;如果单元格宽度不足,则该数据将以科学记数法显示,如图 2-6 所示。在单元格 A1 和 B1 输入相同的 11 位数字"12345678998",因为单元格宽度的不同,显示的结果不同。

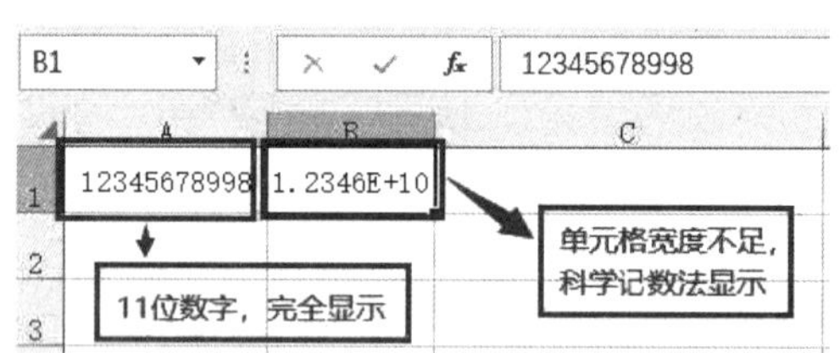

图 2-6 数据位数在 11 位及以下数字的科学记数法显示

②在单元格里输入数据位数达到 12 位以上时,该数据将以科学记数法显示,如图 2-7 所示。在单元格 A1 中输入数字"123456789987",科学记数法显示为"1.23457E+11"。

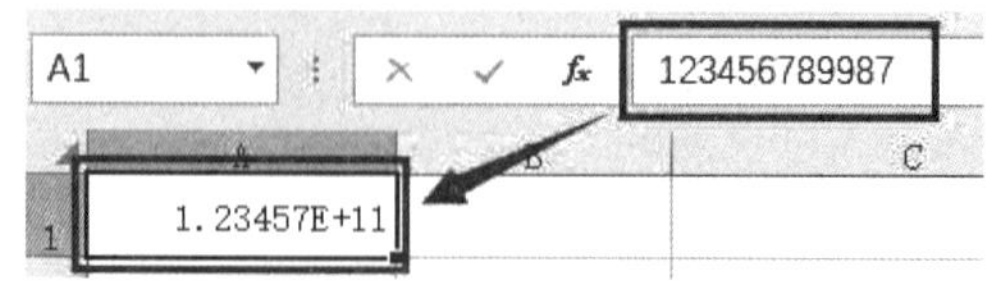

图 2-7 数据位数达到 12 位以上的科学记数法显示

③每一个单元格中可以填写的最大数字精度只有 15 位有效数字。如果输入的整数超出 15 位,则超出的部分系统会自动变成 0,如图 2-8 所示。在单元格 A1 中输入 18 位数字“123456789987654321”,Excel 实际输入变为“123456789987654000”,超出的后 3 位全部转换为 0。如果输入的小数超过 15 位,系统会自动将小数 15 位之后的数字舍去。例如,输入“0.123456789987654321”,单元格中的实际值是“0.123456789987654”。

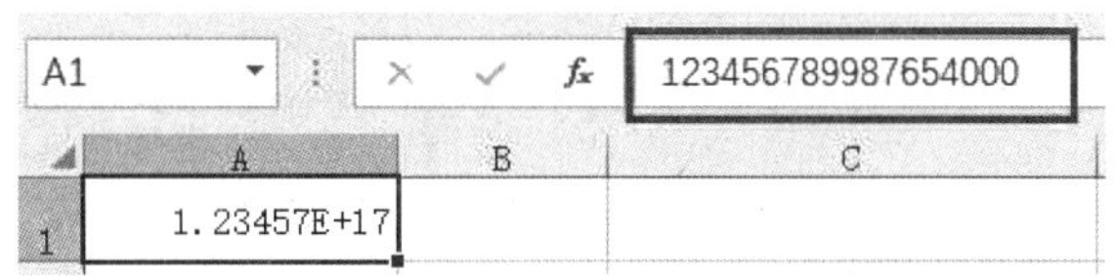

图 2-8　输入的整数超出 15 位的科学记数法显示

(7)超宽度数值的处理

有时在输入一个较长数值时,会碰到单元格显示成“# # # # #”的情况,这表示输入数值的长度大于单元格宽度,即单元格列宽不够,不足以容纳整个数字,所以显示不出来。此时只要增加单元格列宽即可正确显示数值。

2.文本的输入

Excel 单元格中的文本包括汉字、英文字母、空格以及其他键盘能输入的符号等,另外,很多看上去是数字,其实不具备数学的四则运算功能的数字也可以作为文本来处理。例如,身份证号、门牌号、学号、手机号码等如果输入时不采用文本格式的话,会被默认为超长数字,超过 15 位的部分将直接显示为 0,所以一定要在输入之前对单元格进行相应处理。这里要注意的是,虽然文本不能用于数值计算,但是可以比较大小的。文本输入时单元格默认以左对齐的方式显示。

下面介绍文本数据输入的一些方法和技巧:

(1)文字类文本的输入

在单元格 A1 中输入文本文字“医疗卫生发展数据表”,具体操作步骤如下:

步骤一:单击要输入文本的单元格 A1。

步骤二:输入文本内容“医疗卫生发展数据表”,输入的内容同时会显示在编辑栏中,如图 2-9(a)所示。

如果输入的文字过多,超过了单元格的宽度,则会出现如图 2-9(b)所示的情况,超出的文字会显示在右边相邻的单元格中。

如果右边相邻的单元格中也含有数据,那么输入文字中超出单元格的部分不会显示,即隐藏起来,如图 2-9(c)所示。

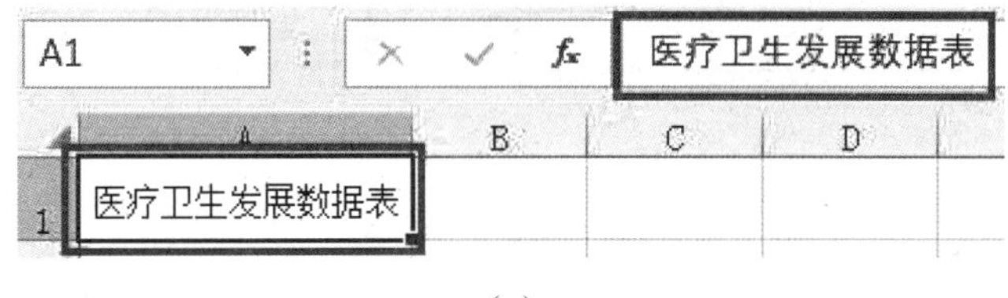

(a)

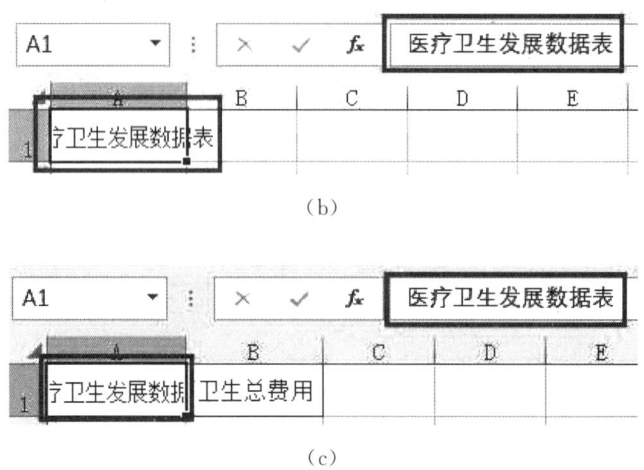

（c）

图 2-9　文字类文本的输入形式

遇到因为单元格宽度数据内容显示不全的情况，可以通过加大单元格列宽或者设置单元格格式自动换行的方式进行调整，调整后即可看到该单元格中的全部内容。

(2)数字类文本的输入

在实际工作中，有些数字需借用文本处理方式，譬如输入身份证号、准考证号等。

一般情况下，如果在打开的 Excel 表格里输入自己的身份证号码，发现它会自动显示成科学记数法的形式，那么这样输入身份证号码是有问题的。因为系统会将它默认为数值，而且如果我们输入的数字首位是 0，输入其余数字后 0 也会丢失，且系统会采用右对齐的显示方式。

针对这些问题，我们介绍三种方法将数字处理为文本：

方法一：在输入数字前先输入一个单撇号“'”，然后输入数字，此时在单元格的左上角会有一个绿色的三角符号，表明该数字为文本类型。如图 2-10(a)所示，准考证号“2022062010001001”可以输入为“'2022062010001001”。

方法二：在单元格中先输入一个等号，然后在数字的前后加上双引号。如图 2-10(b)所示，准考证号“2022062010001001”可以输入为“="2022062010001001"”。

这里需要注意的是，前面两种方法采用的是直接输入的方式，无论是单撇号还是双引号，都应该在英文输入法状态下进行输入。

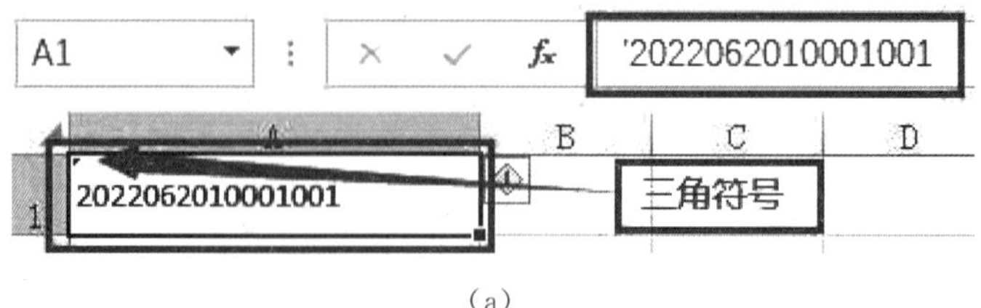

（a）

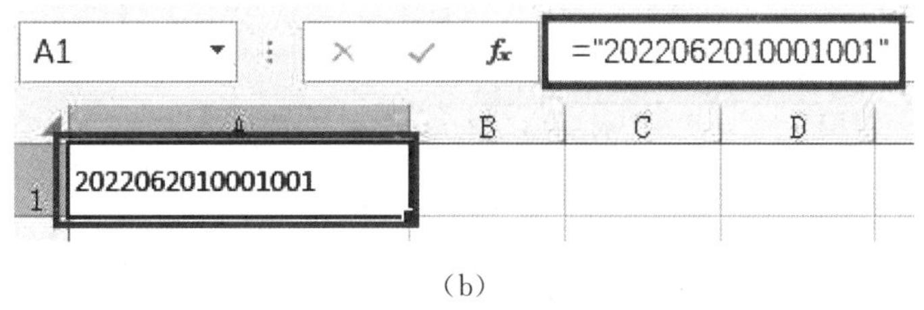

(b)

图 2-10　数字类文本的输入方式

方法三:通过设置单元格格式的方式。首先选定单元格,在 Excel 菜单栏【开始】选项卡的【数字】选项组中,单击【常规】右侧的下箭头,在下拉选项中选择【文本】,此时单元格中输入的数字将按照文本处理,如图 2-11 所示。或者选定好单元格,单击鼠标右键,在弹出的菜单中选择【设置单元格格式】,在打开的【设置单元格格式】对话框【数字】选项卡中的分类下,选择【文本】格式,同样能将输入的数字处理为文本格式。

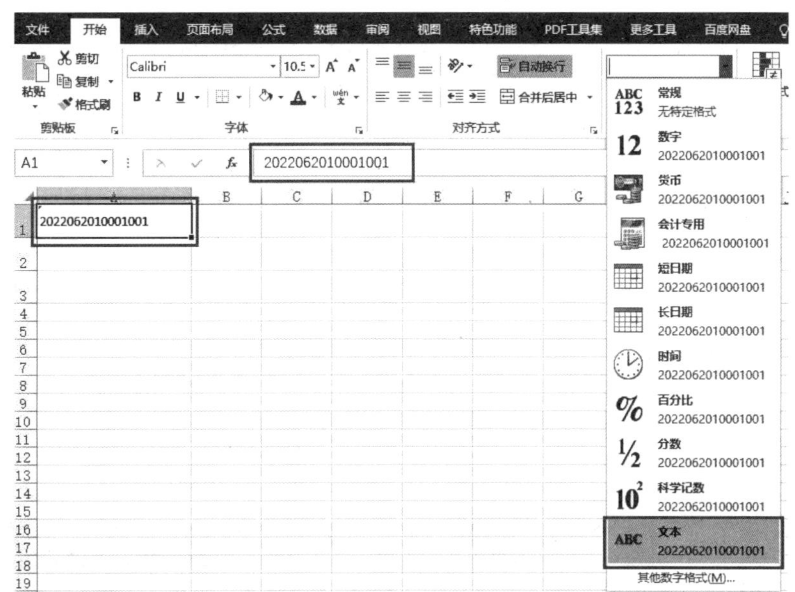

图 2-11　使用设置单元格格式输入数字类文本

例 2-1:在单元格中输入工位号数字串"020220808001008",比较数字按照数值与文本的不同方式输入的演示结果,观察其在 Excel 表格中呈现的差异。

首先,不做任何处理,直接输入工位号数字串"020220808001008"。

可以发现,如果不做任何处理,在单元格输入这个数字串,Excel 默认它是数值类型,那么显示出来的结果如图 2-12 单元格 A1 所示,数值是右对齐的,且第 1 位的 0 丢失了,因为该数值长度达到 12 位以上,所以系统自动以科学记数法显示。

接下来,如果我们运用上面介绍的几种方法将这个数字进行文本处理,那么显示出来的结果如图 2-12 单元格 A2 所示,即文本左对齐,且首位的 0 不会丢失。

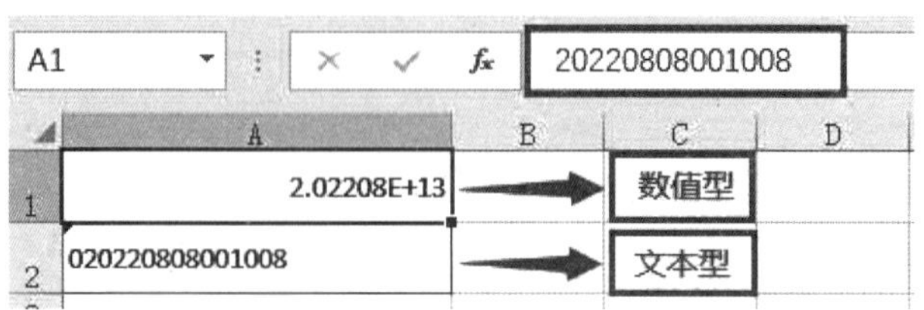

图 2-12　数字按照数值与文本的不同方式输入的演示结果

(3)文本自动换行

在 Excel 单元格中,如果输入的文本过长,则超出单元格列宽以外的文本会被隐藏起来,且文字内容在单元格中都是一行显示,不会自动换行。通常在不改变列宽的情况下,为了完整显示出单元格中的所有文本,可以设置单元格文字自动换行。如图 2-13 所示,单元格 A1 的文本数据很长,不便于查看文本内容,此时可以通过文本自动换行进行编辑。具体操作如下:

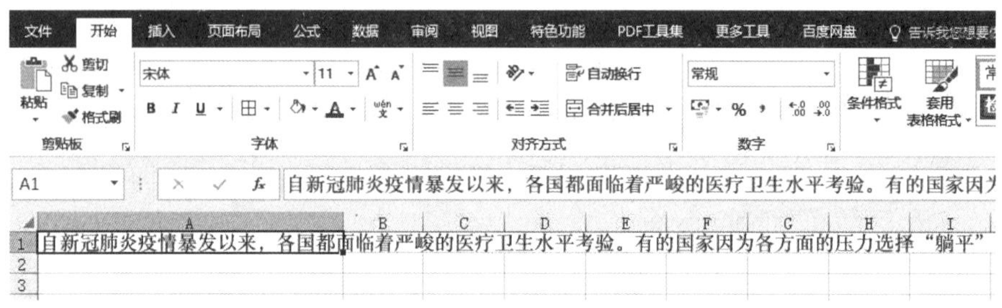

图 2-13　文本数据过长

方法一:首先选择需要进行文本换行的单元格 A1,单击菜单栏【开始】选项卡的【对齐方式】选项组中的【自动换行】按钮即可完成自动换行,文本内容将全部显示出来,显示效果如图 2-14 所示。

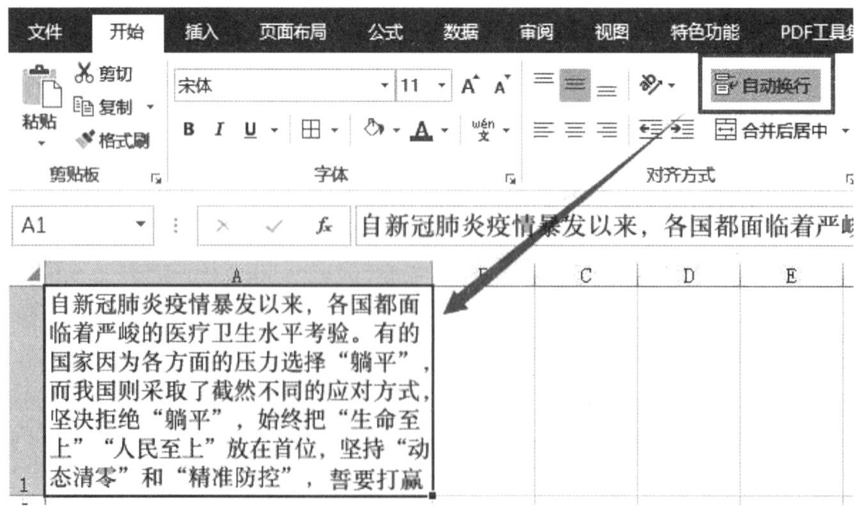

图 2-14　文本自动换行

方法二：首先选择需要进行文本换行的单元格 A1，单击鼠标右键，在弹出的菜单中选择【设置单元格格式】，在打开的【设置单元格格式】对话框【对齐】选项卡中【文本控制】下勾选【自动换行】前面的复选框即可实现文字自动换行，如图 2-15 所示。

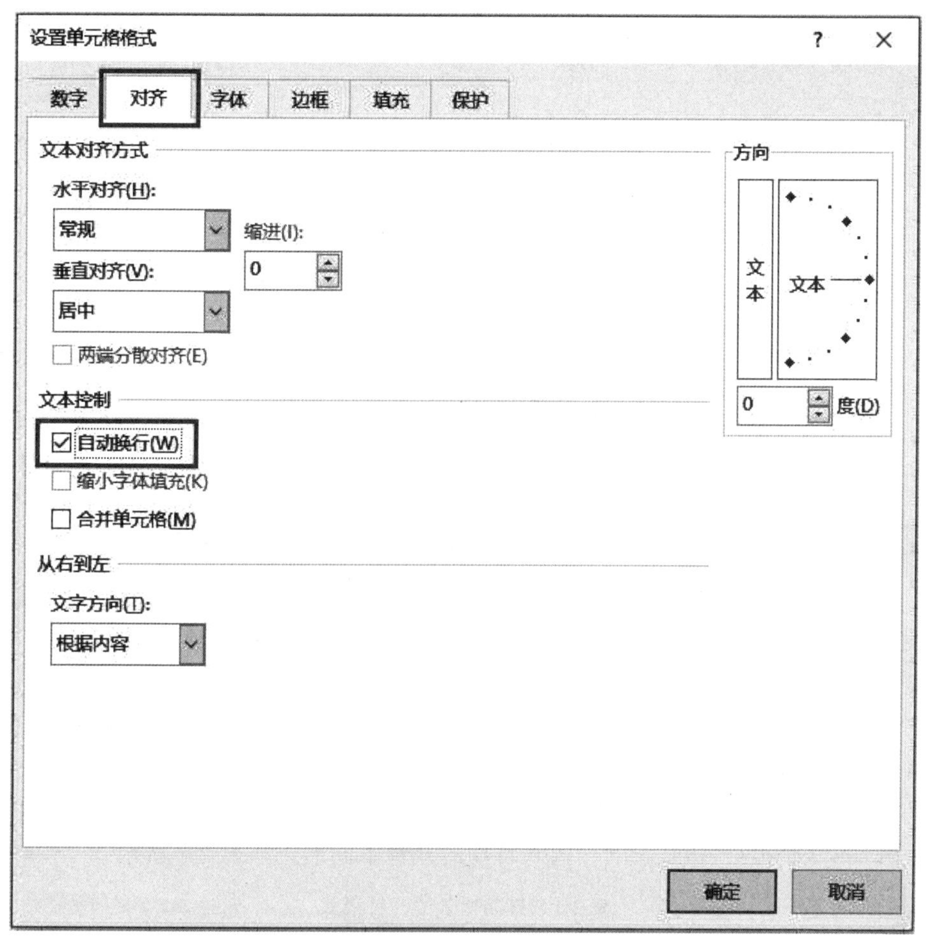

图 2-15　"设置单元格格式"对话框中的自动换行

方法三：利用快捷键。将光标移到 A1 单元格的文本最后，按【Alt＋Enter】组合键，就可得到文本自动换行的效果。

方法三中用的【Alt＋Enter】组合键除了可以进行设置文本自动换行外，还可以用于文本的手动换行，实现在文本的任何位置进行换行的效果。具体操作如下：在输入文本时只需要按【Alt＋Enter】组合键即可换行。对于已经输入好的单元格文本，也可以用该方法，首先选择需要进行换行的文本单元格，然后将鼠标定位到文本中需要换行的位置，按【Alt＋Enter】组合键即可在光标所在处完成定点换行。

例如，图 2-13 所示单元格 A1 的文本，要在第一句话结束后强制进行换行，则将光标移动到"自新冠肺炎疫情暴发以来，各国都面临着严峻的医疗卫生水平考验。"这句话的句号后面，按【Alt＋Enter】组合键，即可得到定点强制换行的效果，如图 2-16 所示。

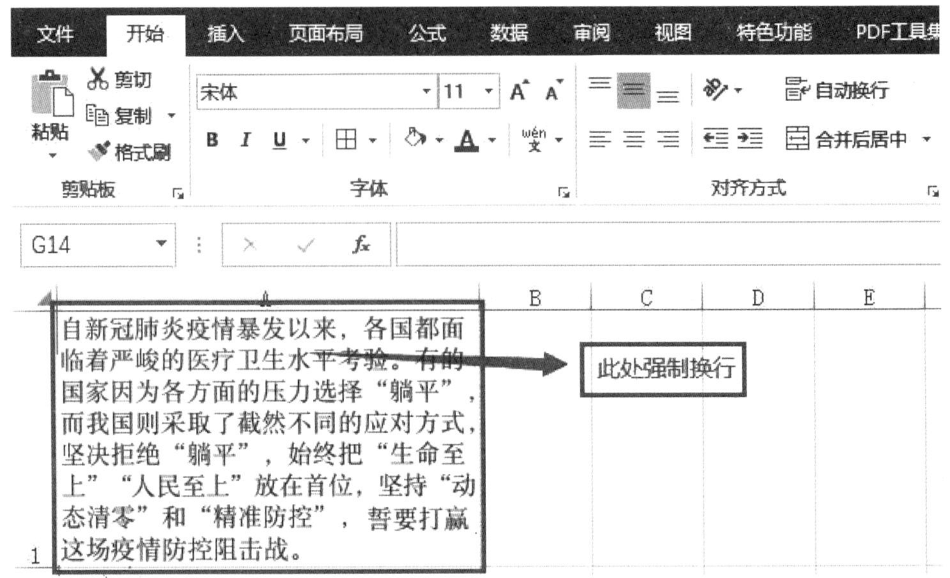

图 2-16　文本强制换行的效果

3.日期和时间的输入

在 Excel 中编辑或统计表格数据时，经常需要输入日期和时间，Excel 中的日期和时间是被作为数字处理的，可以参与运算。日期和时间需要用特定的格式定义，在 Excel 中可以显示成各种各样的格式。

(1)日期输入

日期输入格式一般为“年/月/日”或者“年－月－日”，即使用斜杠“/”或连字符“－”分隔日期中的年、月、日部分。例如，要输入“2020 年 8 月 8 日”，可以在单元格中输入“2020/08/08”或“2020－08－08”。输入日期的几种不同形式如表 2-1 所示。

表 2-1　日期输入的几种形式

输入形式	输入的日期数据	系统识别的日期
斜杠(/)或连字符(－)	2020/8/8 或 2020－8－8	2020 年 8 月 8 日
	20/8/8 或 20－8－8	2020 年 8 月 8 日
	20/8 或 20－8	2020 年 8 月 1 日
	8/8 或 8－8	系统当前年份的 8 月 8 日
年月日	2020 年 8 月 8 日	2020 年 8 月 8 日
	20 年 8 月 8 日	2020 年 8 月 8 日
	2020 年 8 月	2020 年 8 月 1 日
	8 月 8 日	当前系统年份的 8 月 8 日
英文月日	Aug 8、Aug/8、Aug－8	当前系统年份的 8 月 8 日
	8 Aug、8/Aug、Aug－8	
	August8、August/8、August－8	

日期设置的方式具体如下：

①利用快捷键【Ctrl＋1】打开【设置单元格格式】对话框，在【数字】选项卡下的【日期】中指定日期的类型和区域设置(国家/地区)，如图 2-17 所示。

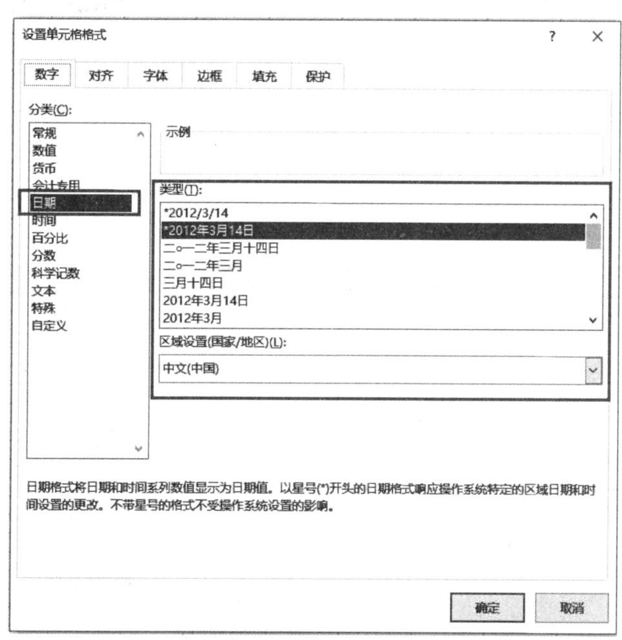

图 2-17　使用“设置单元格格式”对话框设置日期

②设置“短日期”。如图 2-18 所示，首先选择单元格，然后在 Excel 菜单栏【开始】选项卡的【数字】选项组中，单击“常规”右侧的下箭头，在下拉列表选项中选择“短日期”，然后输入日期“2020－08－08”，回车后显示为“2020/08/08”，如图 2-19 所示。

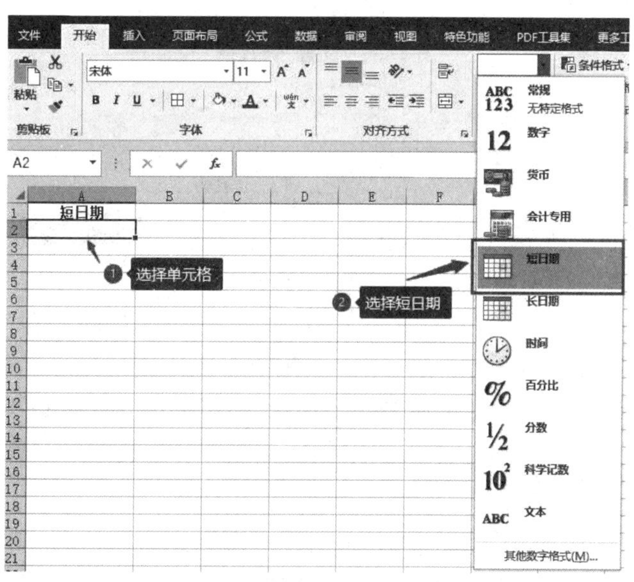

图 2-18　设置“短日期”

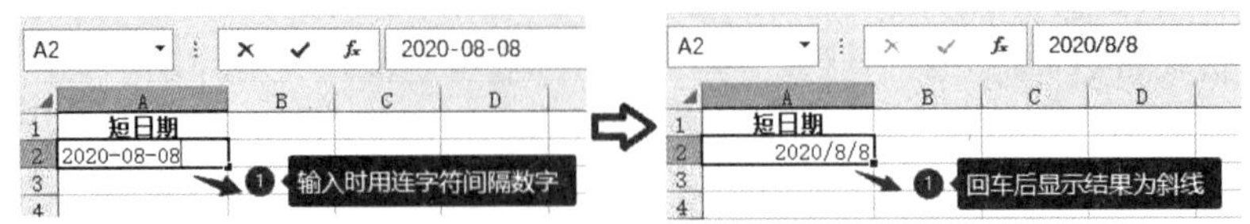

图 2-19　设置“短日期”的效果

③设置“长日期”。如图 2-20 所示，首先选择单元格，然后在 Excel 菜单栏【开始】选项卡的【数字】选项组中，单击“常规”右侧的下箭头，在下拉列表选项中选择“长日期”，然后输入日期“2020－08－08”，回车后显示为“2020 年 8 月 8 日”，如图 2-21 所示。

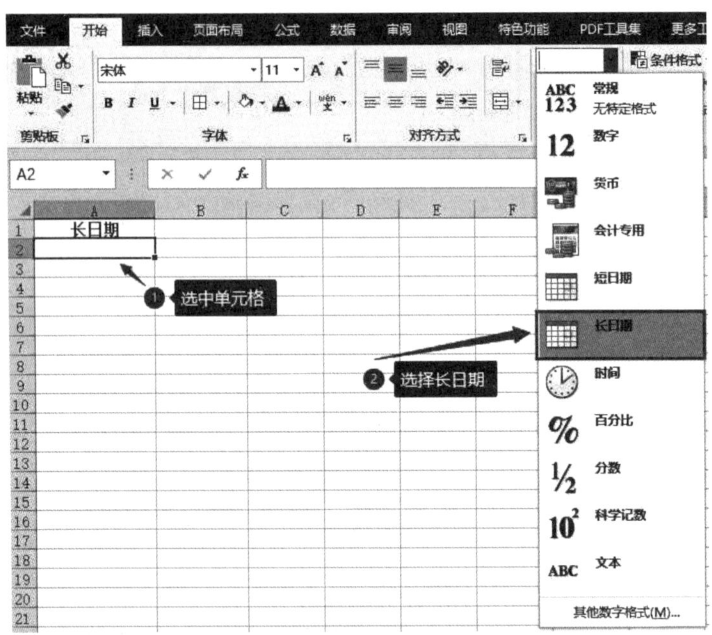

图 2-20　设置“长日期”

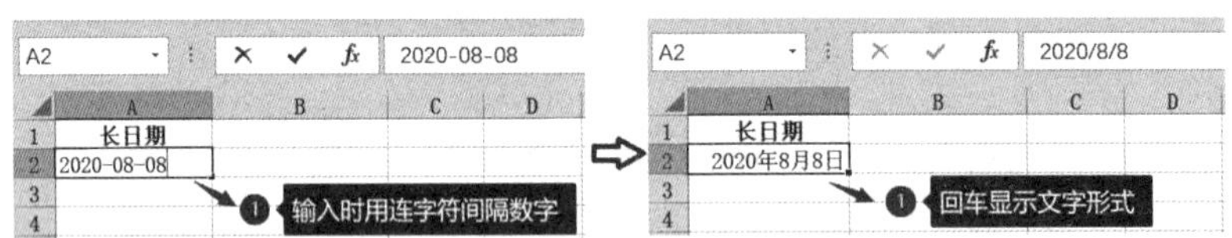

图 2-21　设置“长日期”的效果

④输入当前日期。按【Ctrl＋;】组合键，可输入当前日期。

⑤获取动态日期。可以使用函数 TODAY ()进行输入，即在编辑栏中输入“＝TODAY ()”。

(2)时间输入

时间输入是使用冒号“:”分隔时间的时、分、秒部分，例如，输入“12:12:12”。系统默认的输入时间为 24 小时制，如果要采用 12 小时制，则需要在输入时间的后面键入一个空格再输入“AM”或者“PM”(或者 A 或 P)，“AM”代表上午，“PM”代表下午。例如输入时间“8:00 PM”和“20:00”表达的时间是一样的。时间设置的方式具体如下：

①利用快捷键【Ctrl+1】打开【设置单元格格式】对话框，在【数字】选项卡下的【时间】中选择时间的类型和区域设置(国家/地区)，如图 2-22 所示。

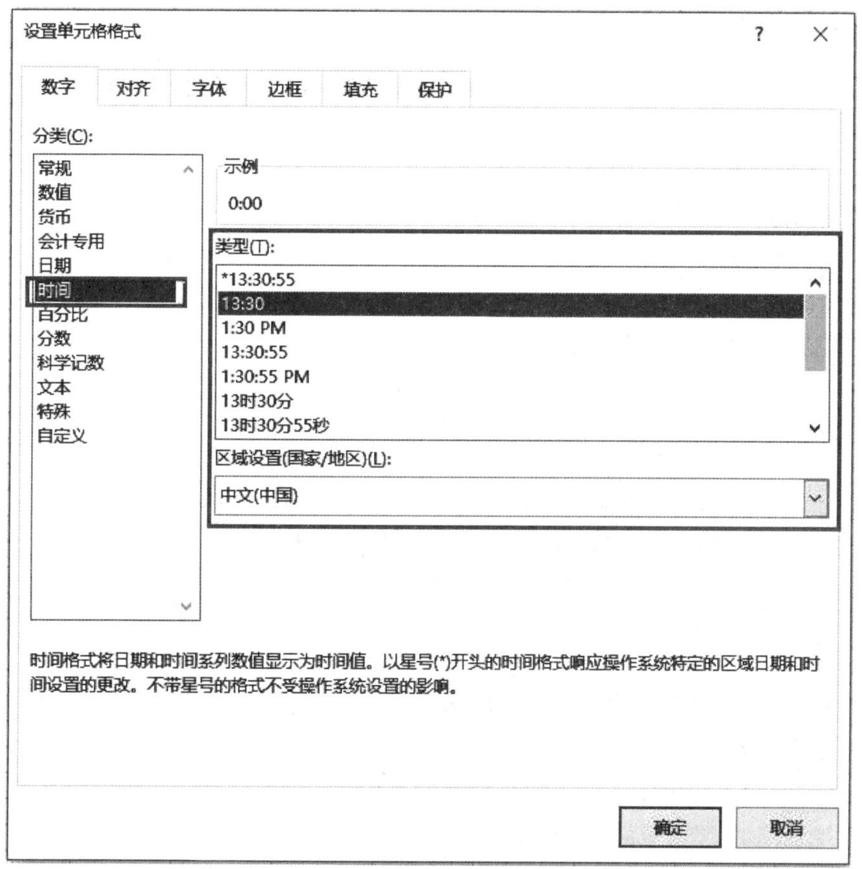

图 2-22　设置时间类型和区域

②通过菜单设置“时间”。首先选择单元格，然后在 Excel 菜单栏【开始】选项卡的【数字】选项组中，单击“常规”右侧的下箭头，在下拉选项中选择【时间】，然后输入日期“8:08”，回车后显示为“8:08:00”。

③如果需要在同一个单元格里同时输入日期和时间，可以用空格来分隔日期和时间。例如，输入“2020/08/08 12:12:12”，显示效果如图 2-23 所示。

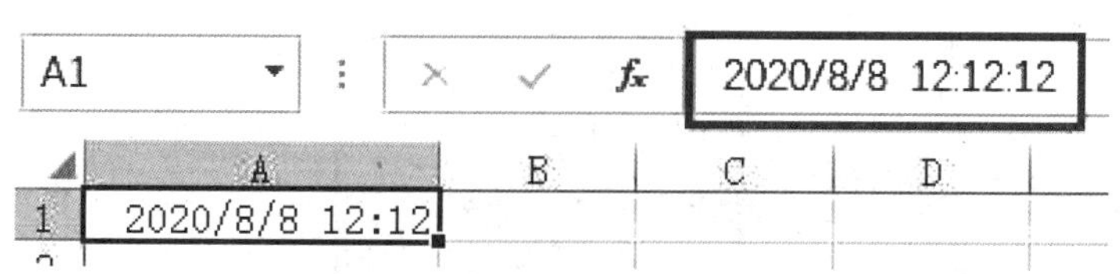

图 2-23　设置时间格式效果

④输入当前时间。按住组合键【Ctrl+shift+;】，可输入当前时间。如果需要输入当

前日期和时间,即先按住组合键【Ctrl+;】,输入当前日期,接着按空格键,再按住组合键【Ctrl+shift+;】,即可输入当前时间。

⑤获取动态日期和时间。可以使用函数NOW(),在编辑栏中输入"=NOW()"。

2.1.2 自动填充数据

在输入数据时,Excel除了支持通过手动输入数据的方式外,还可以帮助我们快速准确地输入相同或具有关联性和规律性的数据,例如序列号、月份等的输入,此时通过"自动填充功能"能够快速实现这一效果,从而帮助我们提高输入效率。

1.填充方法

(1)使用填充柄

如图2-24所示,当选中一个或多个单元格后,在位于选定区域的右下角有一个绿色小方块,这就是填充柄。具体操作步骤如下:

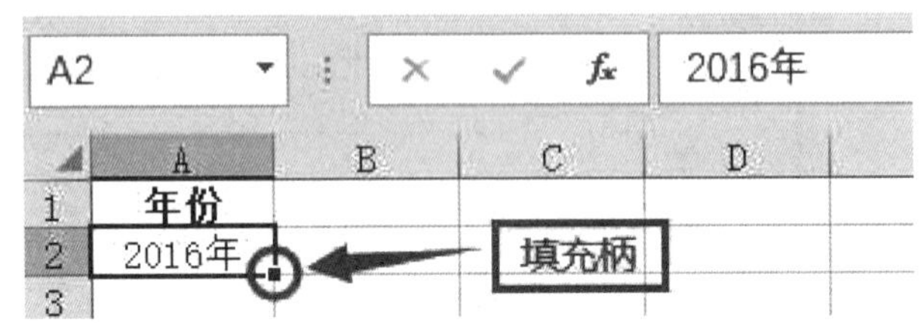

图2-24 使用填充柄

步骤一:选择需要复制的单元格或单元格区域,将鼠标移到填充柄位置时,鼠标的指针将变成黑十字形状。

步骤二:此时按住鼠标左键向需要填充数据的单元格方向拖动,然后放开鼠标左键,此时会出现如图2-25所示的【自动填充选项】按钮。

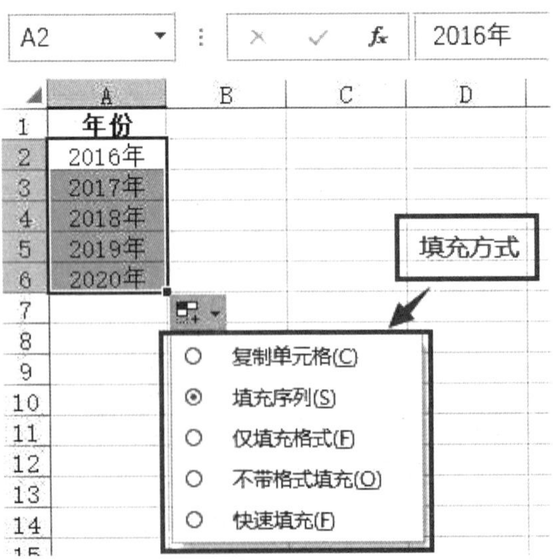

图2-25 填充区域的填充方式

步骤三：单击【自动填充选项】按钮，在弹出的列表中选择更改填充区域的填充方式，如图 2-25 所示。一般情况下 Excel 默认的填充方式是复制单元格，对数据和格式进行复制。

(2)使用填充按钮

单击【开始】选项卡中【编辑】选项组中的【填充】按钮，在弹出的下拉菜单中选择需要的自动填充功能，如图 2-26 所示。单击【向下】【向右】【向上】【向左】可以进行不同方向的填充；单击【序列】，会弹出如图 2-27 的对话框，可根据实际需要设置类型和步长值。

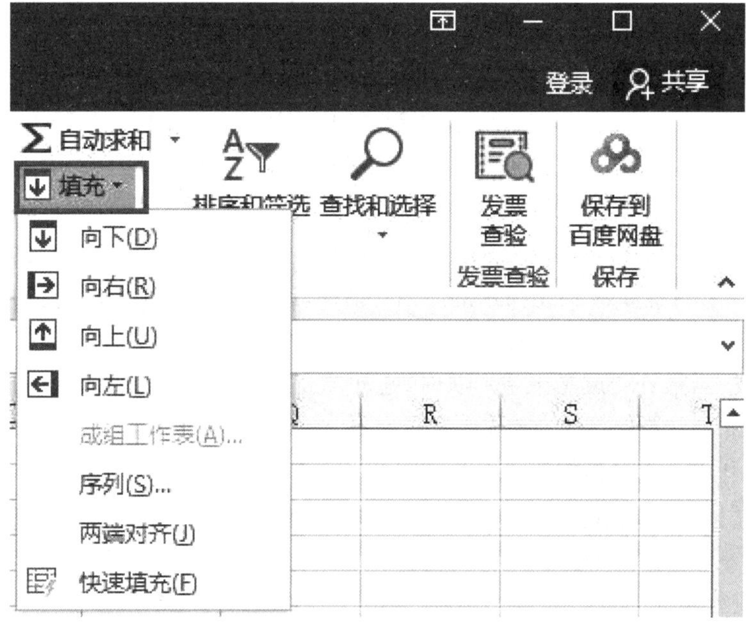

图 2-26　使用填充按钮

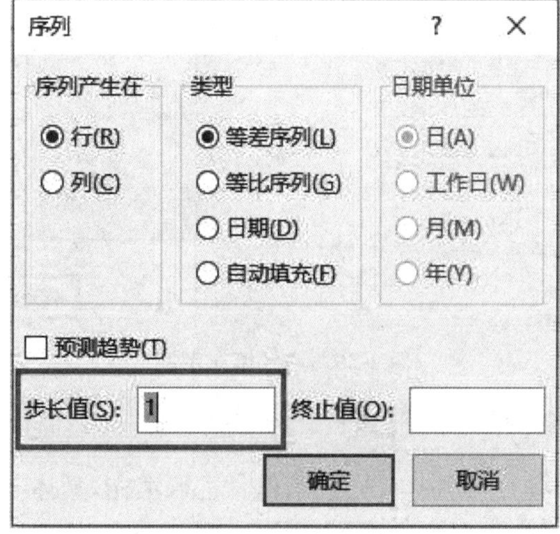

图 2-27　“序列”对话框

(3)使用快捷键

要快速在单元格中填充内容,可以使用三种填充快捷键。使用快捷键【Ctrl+D】可以填充来自上方单元格的内容;使用快捷键【Ctrl+R】可以填充来自左侧单元格的内容;使用快捷键【Ctrl+E】,可以实现快速填充。

2.常用的几种填充技巧

(1)序列的填充

序列是表格中最常用到的字段,所以序列填充经常用到。序列的起始值可以是任意值,不一定从"1"开始填充。序列填充的方式有几种:

方法一:输入一个起始数据后,移动光标到填充柄的位置,然后拖动填充。一般通过填充柄拖动填充默认情况下只是对输入数据的复制填充,要想实现序列填充需要再单击【自动填充选项】按钮,如图 2-25 所示选择【填充序列】。

方法二:输入两个起始数据,如"1"和"2",选中这两个数据,再通过填充柄拖动填充,系统就会根据这两个数之间的步长按默认的等差序列进行填充。

方法三:使用填充按钮中的【序列】功能。输入起始数据后,选中包含起始数据和所有需要填充的单元格,打开如图 2-27 所示的序列对话框,设置好参数,单击【确定】完成填充。

方法四:利用【Ctrl】键。输入一个起始数据后,按住【Ctrl】键的同时,移动鼠标光标到填充柄的位置,当指针变成黑十字形状时,拖动填充到最后一个目标单元格即可完成序列填充,此时填充默认的是等差序列,且公差为 1。

方法五:利用双击鼠标左键进行填充。例如,在单元格 A2 和 A3 中输入数字"1""2",然后选中单元区域 A2:A3,将鼠标移动到单元格 A3 右下角,当指针将变成黑十字形状时,双击鼠标左键,即可快速完成序列填充,如图 2-28 所示。这种方法在针对需要向成百上千条记录进行填充时,相比用填充柄拖动填充的方法来得更高效。要注意的是,这种双击填充法一般只在行数比较多且相邻列有数据的情况下使用。

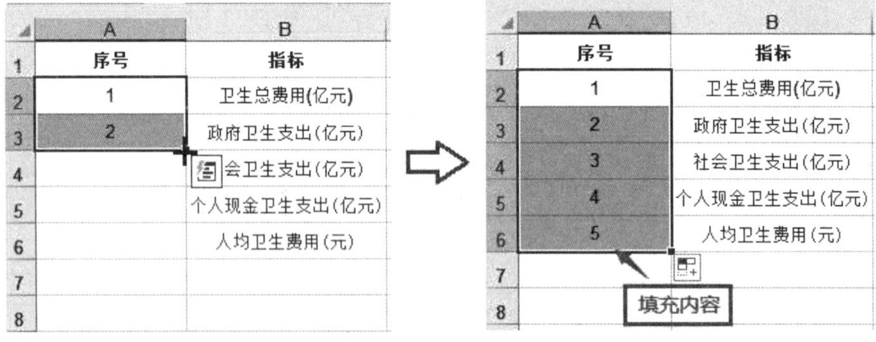

图 2-28 序号填充示例

(2)日期的填充

日期的填充可分别按月份、按年份、按工作日进行填充,具体步骤如下:

步骤一:在起始的目标单元格中输入起始日期。

步骤二:选中起始的目标单元格,拖动该目标单元格的填充柄至最后一个目标单元格。

步骤三：单击【自动填充选项】按钮，在【自动填充选项】的下拉列表中选择“以年填充”、“以月份填充”或者“以工作日填充”等，如图 2-29 所示。这里值得注意的是，“自动填充选项”会随着填充的数据类型不同而有所变化。

	A	B	C	D
1	按年填充	按月填充	按工作日填充	
2	2020/8/1	2020/8/1	2020/8/1	
3	2021/8/1	2020/9/1	2020/8/3	
4	2022/8/1	2020/10/1	2020/8/4	
5	2023/8/1	2020/11/1	2020/8/5	
6	2024/8/1	2020/12/1	2020/8/6	
7	2025/8/1	2021/1/1	2020/8/7	
8	2026/8/1	2021/2/1	2020/8/10	

- 复制单元格(C)
- 填充序列(S)
- 仅填充格式(F)
- 不带格式填充(O)
- 以天数填充(D)
- 以工作日填充(W)
- 以月填充(M)
- 以年填充(Y)
- 快速填充(F)

图 2-29　日期填充格式设置

另外，想要快速填充指定范围内的日期，也可以利用图 2-27 所示的序列对话框，具体步骤如下：

步骤一：先在目标单元格中输入日期的起始值，如“2020 年 8 月 1 日”，之后选中该单元格。

步骤二：单击【开始】选项卡中【编辑】选项组中的【填充】按钮，在弹出的下拉菜单中选择【序列】，打开【序列】对话框。

步骤三：在【序列】对话框中，选择【序列产生在】中的【列】，并在右下角【终止值】文本框中输入序列的最大值，如“2020 年 8 月 10 日”，然后单击【确定】即完成快速填充指定范围内的日期。

(3)快捷键的智能填充

有时我们需要对表格里的大量信息进行的拆分、提取或填充，如出生日期，字符串中手机号、姓名等的提取，包括单元格的合并、位置的互换、大小写的转换等，我们都可以使用智能填充快捷键【Ctrl+E】键来实现拆分数据、合并数据、提取数据等，下面介绍几种简单的应用场景。

①拆分数据

要拆分单元格中数据信息，可以使用快捷键【Ctrl+E】。如图 2-30 所示，要拆分卫生总费用表格里面的统计指标，将指标跟单位分离。首先在单元格 B2 和 C2 中分别输入“卫生总费用”和“亿元”，然后在要填充单元格区域 B2:B6 中，按下快捷键【Ctrl+E】，即可将单元格区域A3:A6中的指标信息提取出来填充到单元格区域B2:B6中;同理,选中单元格C2,按下快捷键【Ctrl+E】,即可将单元格区域A3:A6中的单位信息提取出来填充到单元格区域C2:C6中。

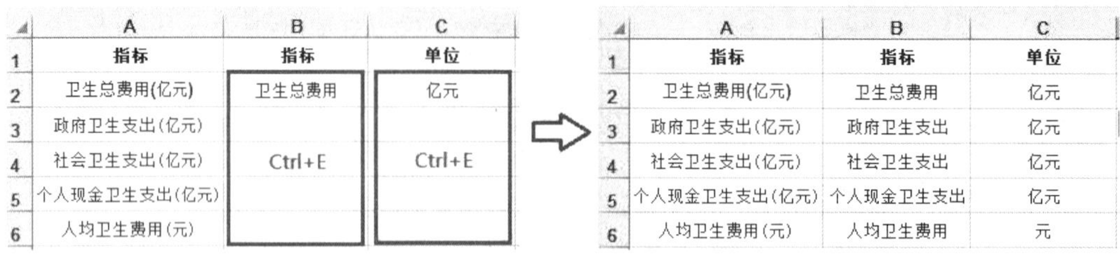

	A	B	C
1	指标	指标	单位
2	卫生总费用(亿元)	卫生总费用	亿元
3	政府卫生支出(亿元)		
4	社会卫生支出(亿元)	Ctrl+E	Ctrl+E
5	个人现金卫生支出(亿元)		
6	人均卫生费用(元)		

	A	B	C
1	指标	指标	单位
2	卫生总费用(亿元)	卫生总费用	亿元
3	政府卫生支出(亿元)	政府卫生支出	亿元
4	社会卫生支出(亿元)	社会卫生支出	亿元
5	个人现金卫生支出(亿元)	个人现金卫生支出	亿元
6	人均卫生费用(元)	人均卫生费用	元

图2-30 拆分数据示例

②合并数据

要将两个单元格的数据合并,可以使用快捷键【Ctrl+E】。如图2-31所示,将单元格区域A2:A6和B2:B6中的数据合并后放到单元格区域C2:C6中。首先在单元格C2中输入"卫生总费用(亿元)",然后在单元格区域C2:C6中,按下快捷键【Ctrl+E】,系统将按规律自动填充到单元格区域C3:C6中。

	A	B	C
1	指标	单位	指标
2	卫生总费用	亿元	卫生总费用(亿元)
3	政府卫生支出	亿元	Ctrl+E
4	社会卫生支出	亿元	
5	个人现金卫生支出	亿元	合并数据
6	人均卫生费用	元	

	A	B	C
1	指标	单位	指标
2	卫生总费用	亿元	卫生总费用(亿元)
3	政府卫生支出	亿元	政府卫生支出(亿元)
4	社会卫生支出	亿元	社会卫生支出(亿元)
5	个人现金卫生支出	亿元	个人现金卫生支出(亿元)
6	人均卫生费用	元	人均卫生费用(元)

图2-31 合并数据示例

③提取数据

要提取单元格中的部分数据,可以使用快捷键【Ctrl+E】。例如,要从身份证号中提取出生年月。如图2-32所示,先在单元格C2中输入刘丽的出生日期,然后在单元格区域C3:C6中,按下快捷键【Ctrl+E】,系统将按规律自动提取单元格区域B3:B6中的出生年月填充到单元格区域C3:C6中。

	A	B	C
1	姓名	身份证号	出生年月
2	刘丽	350521200106300435	20010630
3	王军	352601199012255526	Ctrl+E
4	张伟	350981198906017552	
5	陈铭	350322199512183826	提取出生日期
6	宋毅	350503198503130710	

	A	B	C
1	姓名	身份证号	出生年月
2	刘丽	350521200106300435	20010630
3	王军	352601199012255526	19901225
4	张伟	350981198906017552	19890601
5	陈铭	350322199512183826	19951218
6	宋毅	350503198503130710	19850313

图2-32 提取数据示例

④位置互换

使用快捷键【Ctrl+E】,可实现单元格中数据之间位置的互换。例题如图2-33所示。

	A	B	C
1	序号	名单	名单
2	1	刘丽教务处	教务处刘丽
3	2	王军人事处	Ctrl+E
4	3	张伟学生处	
5	4	陈铭后勤处	位置互换
6	5	宋毅财务处	

	A	B	C
1	序号	名单	名单
2	1	刘丽教务处	教务处刘丽
3	2	王军人事处	人事处王军
4	3	张伟学生处	学生处张伟
5	4	陈铭后勤处	后勤处陈铭
6	5	宋毅财务处	财务处宋毅

图 2-33　位置互换示例

⑤大小写转换

使用快捷键【Ctrl＋E】，可实现英文字母大小写的转换。例题如图 2-34 所示。

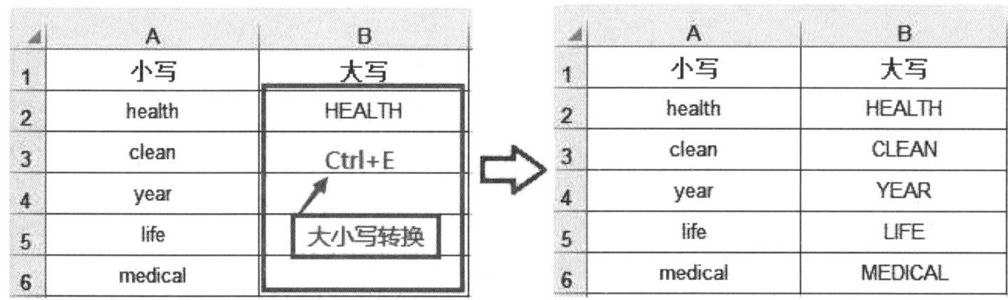

	A	B
1	小写	大写
2	health	HEALTH
3	clean	Ctrl+E
4	year	
5	life	大小写转换
6	medical	

	A	B
1	小写	大写
2	health	HEALTH
3	clean	CLEAN
4	year	YEAR
5	life	LIFE
6	medical	MEDICAL

图 2-34　大小写转换示例

(4)批量填充相同数据

在 Excel 工作表中，有时会遇到需要批量输入相同数据的情况，用鼠标拖动填充可以满足相邻单元格的快速填充输入，但对于不相邻的多个单元格的填充却不好用，此时要实现一键快速录入多个不相邻单元格的数据，可以组合键【Ctrl＋Enter】。具体方法如下：

步骤一：首先选择需要输入数据的单元格。按住【Ctrl】可以同时选择不相邻的单元格，并在单元格中输入数据，如图 2-35(a)所示。

步骤二：数据输入后，按组合键【Ctrl＋Enter】，即可在选择的所有单元格区域内同时输入相同的数据，如图 2-35(b)所示。

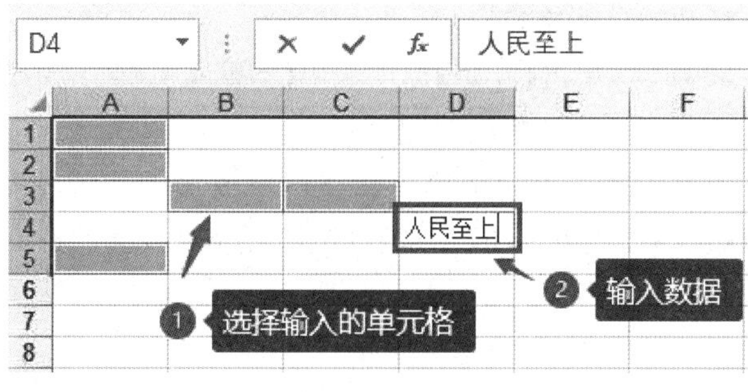

(a)

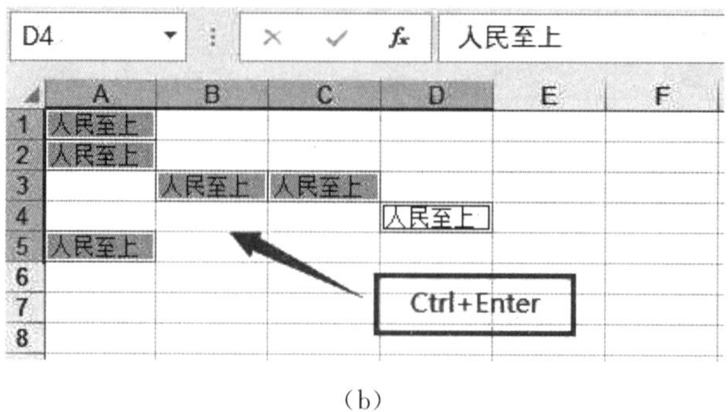

(b)

图 2-35 批量填充相同数据

2.2 数据编辑

2.2.1 数据的移动和复制

在 Excel 工作表中，我们可以根据需要在当前工作表、不同工作表以及不同工作簿直接进行单元格数据的移动或复制。在移动或复制单元格时，Excel 将移动或复制包括单元格公式及其结果值、单元格格式和批注等所有信息。

1.数据的移动

数据的移动有三种方法：

方法一：鼠标拖动法。

步骤一：选中要移动的单元格，或单元格区域。

步骤二：将鼠标光标移至所选单元格或单元格区域的边框，当指针变为黑色带方向的十字箭头形状即"✥"时，按住鼠标左键，直接将选中的单元格或单元格区域拖动到目标区域即可完成数据的移动。

方法二：使用"剪切"功能。

步骤一：选中要移动的单元格，或单元格区域。

步骤二：如图 2-35 所示，单击【开始】选项卡中【剪贴板】选项组中的【剪贴】按钮，或单击鼠标右键，在弹出的菜单栏中选择【剪切】按钮。

步骤三：选中将数据粘贴的单元格或单元格区域或单元格区域左上角单元格，单击【开始】选项卡中【剪贴板】选项组中的【粘贴】按钮即可完成数据的移动。

方法三：使用快捷键。

步骤一：选中要移动的单元格，或单元格区域。

步骤二：使用快捷键【Ctrl＋X】进行数据的剪切。

步骤三：将数据粘贴的单元格或单元格区域或单元格区域左上角单元格，使用快捷键【Ctrl＋V】进行数据的粘贴。

2.数据的复制

数据的复制有三种方法：

方法一：鼠标拖动法。

步骤一：选中要复制的单元格，或单元格区域。

步骤二：将鼠标光标移至所选单元格或单元格区域的边框，当指针变为黑色带方向的十字箭头形状即"⇱"时，按住鼠标左键拖拽的同时按住【Ctrl】可以直接将选中的单元格或单元格区域复制到目标区域。

方法二：使用"复制"功能。

步骤一：选中要复制的单元格，或单元格区域。

步骤二：如图 2-36 所示，单击【开始】选项卡中【剪贴板】选项组中的【复制】按钮，或单击鼠标右键，在弹出的菜单栏中选择【复制】按钮。

图 2-36　"剪切/复制/粘贴"菜单

步骤三：选中将数据粘贴的单元格或单元格区域或单元格区域左上角单元格，单击【开始】选项卡中【剪贴板】选项组中的【粘贴】按钮即可完成数据的复制。

方法三：使用快捷键。

步骤一：选中要移动的单元格，或单元格区域。

步骤二：使用快捷键【Ctrl＋C】进行数据的复制。

步骤三：选中将数据粘贴的单元格或单元格区域或单元格区域左上角单元格，使用快捷键【Ctrl＋V】进行数据的粘贴。

2.2.2 数据的清除和删除

在进行 Excel 表格的编辑过程中，有时会需要对单元格数据进行清除和删除。

在 Excel 中清除和删除属于两种不同的操作，这两者的区别在于：删除指的是删除单元格对象，即删除单元格本身，包括单元格中的数据、格式以及批注等；清除指的是清除单元格中的全部内容，而非单元格对象。

1.清除

下面介绍两种常见的清除方法：

方法一：从单元格本身着手操作。

步骤一：选定需要清除数据的单元格或单元格区域。

步骤二：单击鼠标右键，在弹出的快捷菜单中选择【清除内容】选项；或者直接按【Delete】键。这两种操作效果一样，都是只删除数据内容，不删除单元格格式。

方法二：从功能区着手操作。

步骤一：选定需要清除的单元格或区域。

步骤二：在【开始】选项卡中【编辑】选项组中的【清除】按钮，弹出如图2-37所示的下拉列表，根据清除需要选择对应的选项。下拉列表中包括如下选项：

(1)全部清除：清除所选单元格的全部内容、格式等一起全部删除。

(2)清除格式：只删所选单元格的格式，不删除内容。

(3)清除内容：只删除所选单元格的内容，不删除格式。

(4)清除批注：只删除所选单元格的批注，不删除格式及内容。

(5)清除超链接：只删除所选单元格的超链接，不删除格式及内容。

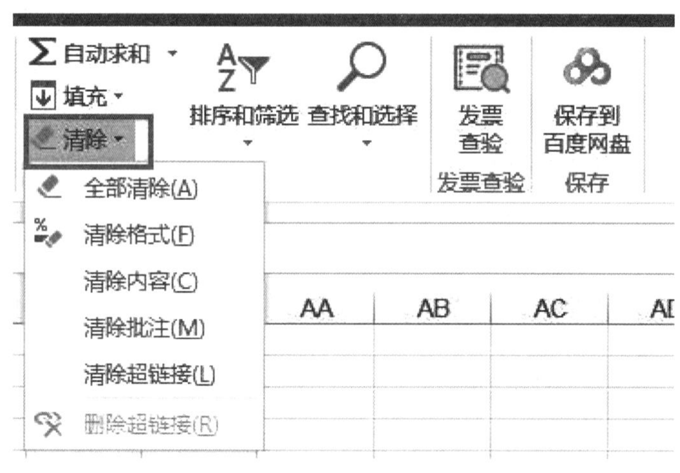

图2-37 “清除”菜单

2.删除

数据的删除一般是指单元格或者单元格区域的删除，这在第1章单元格的基本操作中已经做了介绍。这里我们要介绍几种快速删除的小技巧。

(1)删除重复数据值

有时我们会碰到当工作表录入数据量大时需要多人分工录入的情况，此时很有可能会出现重复录入数据的现象。如果工作表中出现内容完全一致的数据行，这个数据行称为重复数据行。通过人工查找删除重复数据行浪费时间且容易出错，利用Excel进行操作能够快速删除重复数据行。如图2-38所示，在“2016年至2020年我国各类卫生人员人数”的工作表中存在重复行数据，快速删除的具体操作步骤如下：

步骤一：点击工作表中任意数据单元格，然后单击菜单栏【数据】选项卡中【数据工具】选项组中的【删除重复项】，打开【删除重复项】的设置界面，如图2-39所示。

步骤二：设置界面中默认【全选】，即下方列表中的列选项都是勾选上的，表示系统将自动对所有列的数据进行查询并删除。另外，也可以单击【取消全选】，根据需要在删除重复项的下方列表设置框勾选需要的列，系统会按照勾选的列进行查询，并删除勾选列下的重复数据所在的整行，这里我们默认【全选】。

步骤三：单击“确定”即可直接删除所有列都完全相同的数据行，如图2-40所示。

	A	B	C	D	E	F
1	指标	2020年	2019年	2018年	2017年	2016年
2	卫生人员数(万人)	1347.5	1292.83	1230.03	1174.9	1117.29
3	卫生技术人员数(万人)	1067.8	1015.4	952.92	898.82	845.44
4	执业(助理)医师数(万人)	408.57	386.69	360.72	339	319.1
5	执业医师数(万人)	340.17	321.05	301.04	282.9	265.14
6	注册护士数(万人)	470.87	444.5	409.86	380.4	350.72
7	执业医师数(万人)	340.17	321.05	301.04	282.9	265.14
8	注册护士数(万人)	470.87	444.5	409.86	380.4	350.72
9	药师数(万人)	49.68	48.34	46.77	45.3	43.92
10	乡村医生和卫生员数(万人)	79.55	84.23	90.71	96.86	100.03
11	其他技术人员数(万人)	52.96	50.39	47.66	45.15	42.62
12	管理人员数(万人)	56.12	54.38	52.9	50.91	48.32
13	工勤技能人员数(万人)	91.07	88.43	85.84	83.16	80.88

图 2-38　2016 年至 2020 年我国各类卫生人员人数工作表

数据来源:国家统计局。

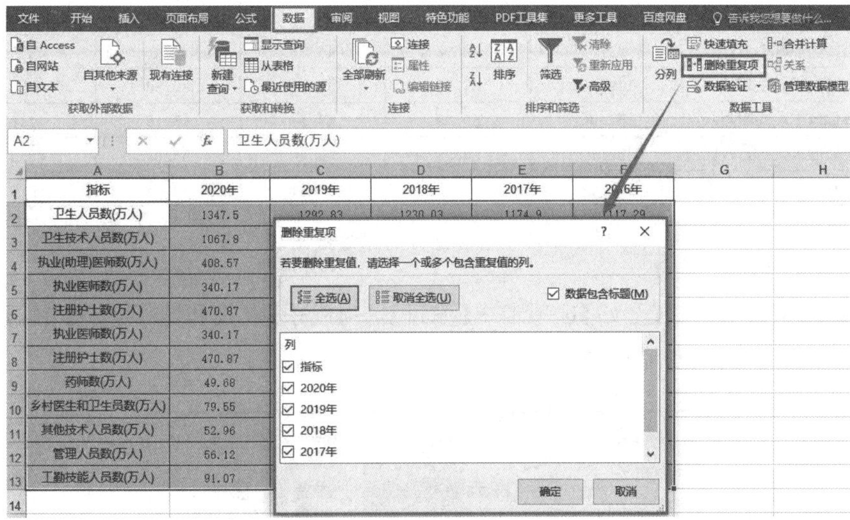

图 2-39　"删除重复项"的设置

	A	B	C	D	E	F
1	指标	2020年	2019年	2018年	2017年	2016年
2	卫生人员数(万人)	1347.5	1292.83	1230.03	1174.9	1117.29
3	卫生技术人员数(万人)	1067.8	1015.4	952.92	898.82	845.44
4	执业(助理)医师数(万人)	408.57	386.69	360.72	339	319.1
5	执业医师数(万人)	340.17	321.05	301.04	282.9	265.14
6	注册护士数(万人)	470.87	444.5	409.86	380.4	350.72
7	药师数(万人)	49.68	48.34	46.77	45.3	43.92
8	乡村医生和卫生员数(万人)	79.55				100.03
9	其他技术人员数(万人)	52.96				42.62
10	管理人员数(万人)	56.12				48.32
11	工勤技能人员数(万人)	91.07				80.88
12						
13						

Microsoft Excel

发现了 2 个重复值，已将其删除；保留了 10 个唯一值。

确定

图 2-40　"删除重复项"结果提示

(2)删除空行

有时候我们会遇到工作表中包含多个空行的情况,这样会导致在打印或者显示时都很不美观,手动逐一删除费时也容易遗漏,此时需要将工作表中的空行进行批量删除。

具体操作步骤如下:

步骤一:选中包含空行的单元格区域 A1:F14,如图 2-41 所示。

	A	B	C	D	E	F
1	指标	2020年	2019年	2018年	2017年	2016年
2	卫生人员数(万人)	1347.5	1292.83	1230.03	1174.9	1117.29
3	卫生技术人员数(万人)	1067.8	1015.4	952.92	898.82	845.44
4						
5	执业(助理)医师数(万人)	408.57	386.69	360.72	339	319.1
6						
7	执业医师数(万人)	340.17	321.05	301.04	282.9	265.14
8						
9	注册护士数(万人)	470.87	444.5	409.86	380.4	350.72
10	药师数(万人)	49.68	48.34	46.77	45.3	43.92
11	乡村医生和卫生员数(万人)	79.55	84.23	90.71	96.86	100.03
12	其他技术人员数(万人)	52.96	50.39	47.66	45.15	42.62
13	管理人员数(万人)	56.12	54.38	52.9	50.91	48.32
14	工勤技能人员数(万人)	91.07	88.43	85.84	83.16	80.88

图 2-41　包含空行的原始数据表

步骤二:单击菜单栏【开始】选项卡中【编辑】选项组中【查找和选择】按钮,在下拉列表中选择【定位条件】,如图 2-42 所示。

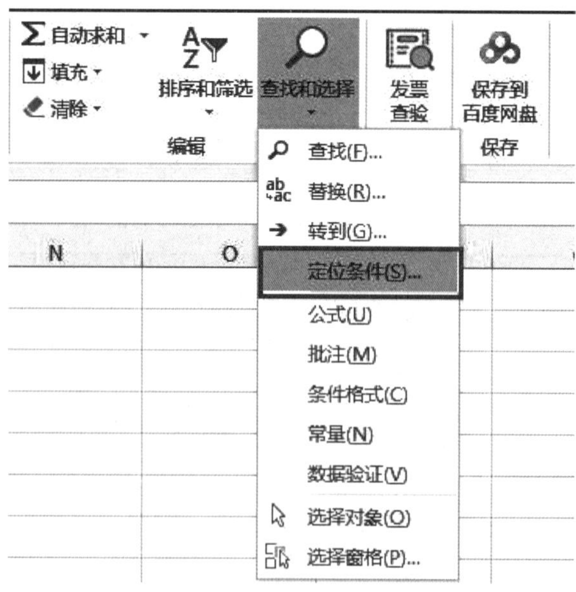

图 2-42　选择定位条件

步骤三：如图 2-43 所示，在弹出的【定位条件】对话框中选择【空值】选项，单击【确定】按钮后，系统会选中单元格区域 A1:F14 中的全部空白单元格。

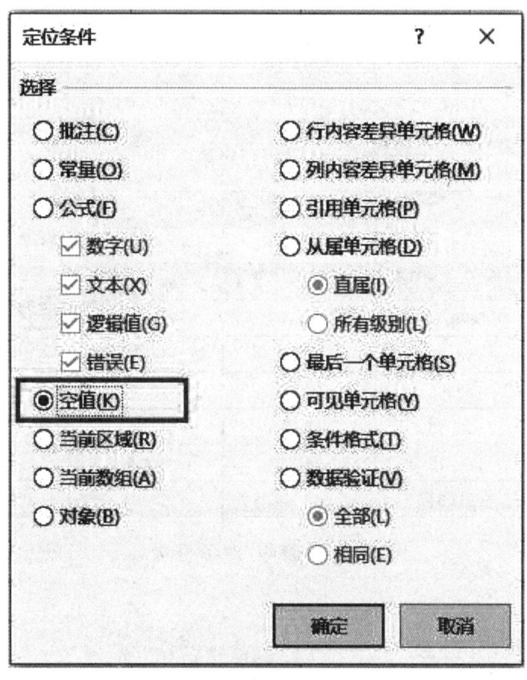

图 2-43　“定位条件”对话框

步骤四：单击【开始】选项卡下【单元格】组中的【删除】按钮，在下拉列表中选择【删除工作表行】，如图 2-44 所示。或者单击鼠标右键，在弹出的快捷菜单中选择【删除】菜单命令，将会打开【删除】对话框，选择【整行】，如图 2-45 所示。单击【确定】后所有包含空值的行将全部被删除。

	A	B	C	D	E	F
1	指标	2020年	2019年	2018年	2017年	2016年
2	卫生人员数(万人)	1347.5	1292.83	1230.03	1174.9	1117.29
3	卫生技术人员数(万人)	1067.8	1015.4	952.92	898.82	845.44
4						
5	执业(助理)医师数(万人)	408.57	386.69	360.72	339	319.1
6						
7	执业医师数(万人)	340.17	321.05	301.04	282.9	265.14
8						
9	注册护士数(万人)	470.87	444.5	409.86	380.4	350.72
10	药师数(万人)	49.68	48.34	46.77	45.3	43.92
11	乡村医生和卫生员数(万人)	79.55	84.23	90.71	96.86	100.03
12	其他技术人员数(万人)	52.96	50.39	47.66	45.15	42.62
13	管理人员数(万人)	56.12	54.38	52.9	50.91	48.32
14	工勤技能人员数(万人)	91.07	88.43	85.84	83.16	80.88

图 2-44　选择“删除工作表行”

A4 | × ✓ f_x

	A	B	C	D	E	F
1	指标	2020年	2019年	2018年	2017年	2016年
2	卫生人员数(万人)	1347.5	1292.83	1230.03	1174.9	1117.29
3	卫生技术人员数(万人)	1067.8	1015.4	952.92	898.82	845.44
4						
5	执业(助理)医师数(万人)	408.57	386.69	360.72		19.1
6						
7	执业医师数(万人)	340.17	321.05	301.04		65.14
8						
9	注册护士数(万人)	470.87	444.5	409.86		50.72
10	药师数(万人)	49.68	48.34	46.77		3.92
11	乡村医生和卫生员数(万人)	79.55	84.23	90.71		00.03
12	其他技术人员数(万人)	52.96	50.39	47.66		2.62
13	管理人员数(万人)	56.12	54.38	52.9	50.91	48.32
14	工勤技能人员数(万人)	91.07	88.43	85.84	83.16	80.88

删除 ? ×

删除

○ 右侧单元格左移(L)

○ 下方单元格上移(U)

◉ 整行(R)

○ 整列(C)

确定 取消

图 2-45 “删除”对话框选项

2.2.3 数据的查找和替换

在我们日常进行数据整理的工作中,经常需要从大量数据中查找特定数据或者对特定数据进行标记或者修改。在数据量较大或数据较分散的情况下,通过手工方式查找或修改数据费时费力,效率低。而 Excel 提供的查找和替换功能则可以快速、准确完成数据的批量查找和修改。

在 Excel 中,“查找”和“替换”功能位于同一个对话框中的不同选项卡,具体操作步骤如下:

步骤一:确定查找的目标范围。如果要在某一单元格区域中进行查找,需要先选取该单元格区域。如果要在整个工作表或工作簿的范围内进行查找,则只需单击工作表中的任意一个单元格。

步骤二:单击【开始】选项卡【编辑】选项组中的【查找和选择】按钮,在弹出的下拉列表中选择【查找】选项;或使用快捷键【Ctrl+F】,也可以打开【查找和替换】对话框,如图 2-46 所示。如果单纯查找数据,在【查找和替换】对话框的【查找】选项卡中,只要在【查找内容】文本框中输入要查找的内容,然后单击【查找下一个】按钮,就可以定位到活动单元格之后的第一个包含查找内容的单元格。如果单击【查找全部】按钮,对话框将扩展显示出所有符合条件结果的列表。

在打开的【查找和替换】对话框中,单击【选项】,可以对查找的范围、搜索的形式、大小写等进行进一步的设置,如图 2-47 所示。

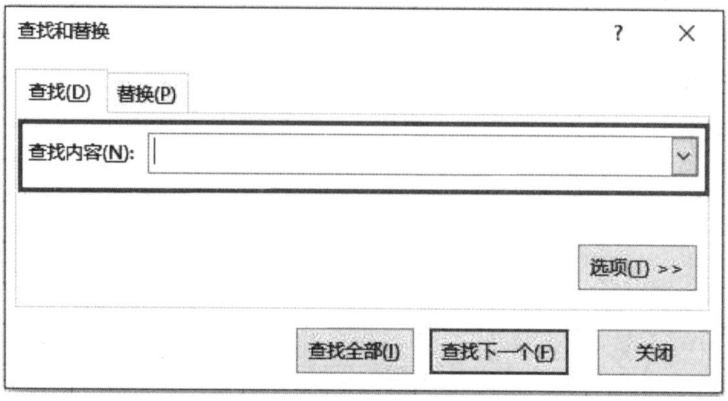

图 2-46　“查找和替换”对话框

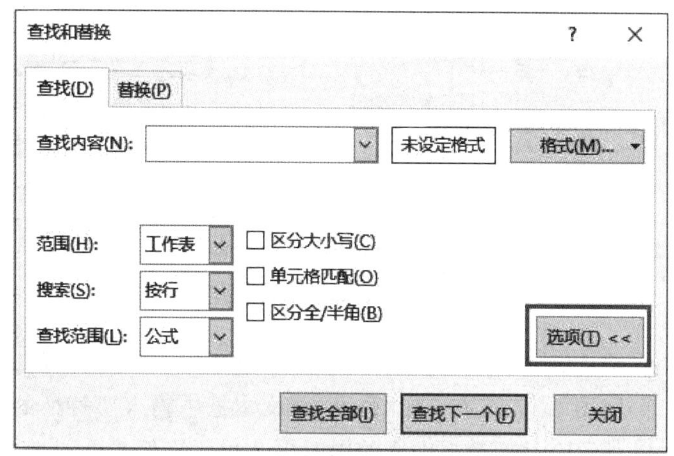

图 2-47　“查找和替换”对话框选项设置

各选项的含义如下：

• 范围：查找的目标范围是指当前工作表还是整个工作簿。

• 搜索：查找时的搜索顺序，可以选择“按行”或者“按列”。“按行”即行号小的优先搜索，“按列”则搜索顺序相反，列号小的优先搜索。

• 查找范围：即查找对象的类型，可以选择“公式”、“值”和“批注”。“公式”指查找所有单元格数据及公式中包含的内容；“值”指的是仅查找单元格中的数值、文本及公式运算结果，但不包括公式中的内容。

例如，单元格 A1 为数值 6，单元格 A2 为公式“=6＊4”，在查找内容为“6”时，如果查找范围设置为“公式”，则单元格 A1 和 A2 都将被查找到。如果查找范国设置为“值”，则只有单元格 A1 会被查找到。

• 区分大小写：是指在查找时是否区分英文字母的大小写。

例如，在查找英语单词健康“Health”时，如果选择区分大小写，就不会查找到“health”的单元格。

• 单元格匹配：“单元格匹配”指的是单元格内容和查找内容完全一致，这样可以避免单元格中仅有部分内容等于查找内容而被替换。

例如，在查找英语单词健康“Health”时，勾选了“单元格匹配”，就不会查找到值为“Heathy”的单元格。

除以上查找设置选项外，还可以设置查找对象的格式参数，限定只查找与设置格式相匹配的单元格，如图 2-48 所示。

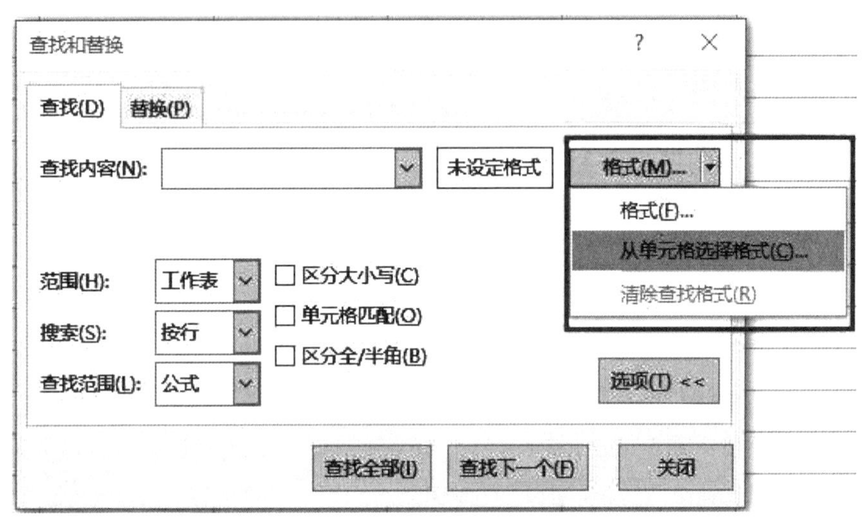

图 2-48 设置查找对象的格式参数

步骤三：使用快捷键【Ctrl+H】直接打开“替换”选项卡，或者点击【查找和替换】对话框的【替换】选项卡，如图 2-49 所示。在“替换为”文本框中输入要替换的内容，同时可设置替换对象的格式，使其在替换数据内容的同时更改单元格格式。如果将“查找内容”和“替换为”两个文本输入框均放空，仅仅设置“查找内容”和“替换为”的格式，可以实现快速替换单元格格式的操作。

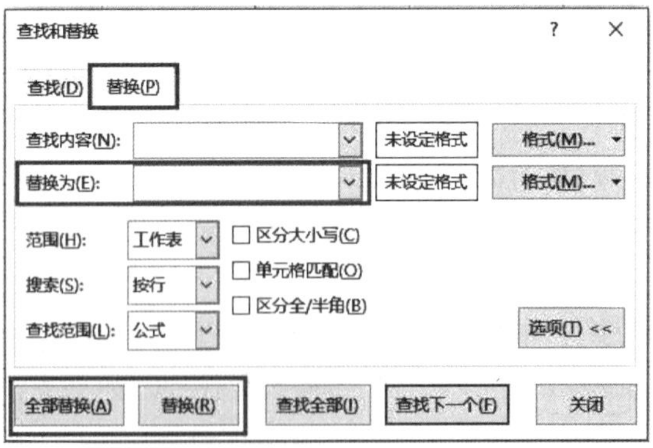

图 2-49 输入替换内容和格式

注意：在关闭 Excel 软件之前，【查找和替换】对话框会自动存储用户最近一次的查找设置。如果按格式查找替换操作后，要再次使用查找替换功能，需要在如图 2-48 的【查找和替换】对话框中单击【选项】，然后选择【格式】，在下拉列表中单击【清除查找格式】命令，清除之前的查找格式，否则将会影响后续查找和替换的准确性。

例 2-2：在工作表“我国各类医疗卫生机构病床使用率”年度数据中对 2018—2020 年部分指标的数据进行去除小数部分操作，效果对比如图 2-50 所示。

	A	B	C	D
1	**指标**	**2020年**	**2019年**	**2018年**
2	医院病床使用率(%)	72.3	83.6	84.2
3	综合医院病床使用率(%)	72.5	84.8	85.1
4	中医医院病床使用率(%)	72.3	83.5	84.8
5	中西医结合医院病床使用率(%)	67.9	78.2	80
6	专科医院病床使用率(%)	72.9	80.2	81.3
7	护理院病床使用率(%)	68.9	71.7	72.2
8	基层医疗卫生机构病床使用率(%)	49.2	56.3	58.4
9	卫生院病床使用率(%)	50.3	57.4	59.5
10	妇幼保健院(所、站)病床使用率(%)	56.9	68.9	67.9

	A	B	C	D
1	**指标**	**2020年**	**2019年**	**2018年**
2	医院病床使用率(%)	72	83	84
3	综合医院病床使用率(%)	72	84	85
4	中医医院病床使用率(%)	72	83	84
5	中西医结合医院病床使用率(%)	67	78	80
6	专科医院病床使用率(%)	72	80	81
7	护理院病床使用率(%)	68	71	72
8	基层医疗卫生机构病床使用率(%)	49	56	58
9	卫生院病床使用率(%)	50	57	59
10	妇幼保健院(所、站)病床使用率(%)	56	68	67

图 2-50　去除小数点示例

数据来源：国家统计局。

具体操作步骤如下：

步骤一：选中数据单元格区域 B2：D10，按【Ctrl＋H】打开【查找和替换】对话框，在“查找内容”文本框中输入“.＊”，这里的“＊”是通配符，可以代替任意多个字符，如果要代表单个字符，可以用通配符“?”，然后在【替换为】文本框中放空，这表示将单元格区域 B2：D10 数据中的小数点以及小数点之后的所有数字替换为空，这样就可以整体去除小数部分。

步骤二：可以先单击【查找全部】查看查找内容是否正确，最后单击【全部替换】即可，如图 2-51 所示。

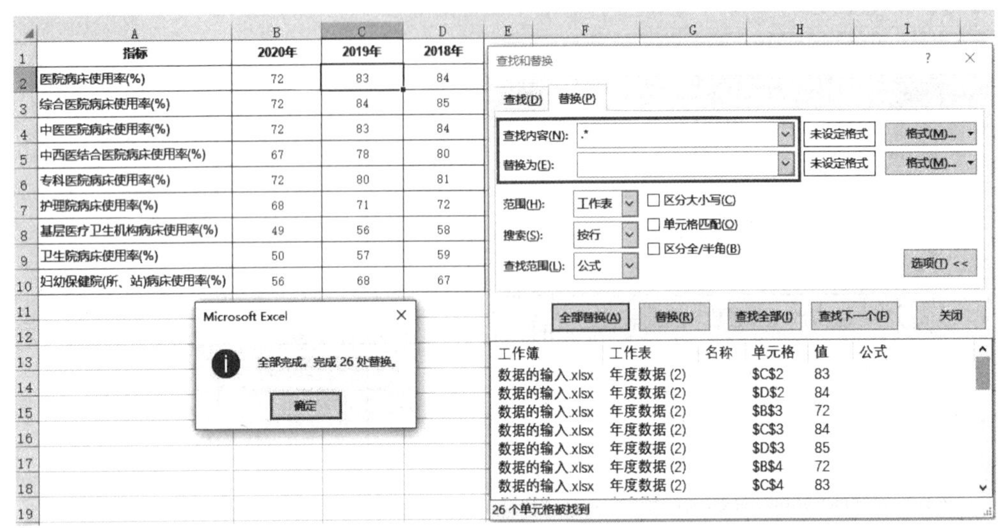

图 2-51　去除小数点操作

例 2-3：在工作表中利用查找和替换功能实现批量换行操作。在单元格 B2 的内容中需要在"；"处分行，可以用【Alt+Enter】快捷键完成单元格内容的强制换行。但当需要换行的内容比较多时，显然用快捷键会比较慢，此时可以利用【查找和替换】功能。效果对比如图 2-52 所示。

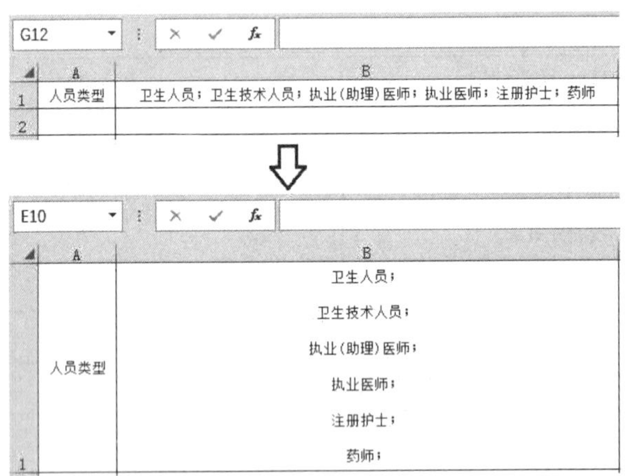

图 2-52　批量换行的效果对比

具体操作步骤如下：

步骤一：按【Ctrl+H】快捷键，打开【查找和替换】对话框。

步骤二：在【查找内容】文本框中输入【；】，在【替换为】文本框中先输入【；】，再按一下【Ctrl+J】，最后点击【全部替换】按钮。

步骤三：在弹出的提示对话框中点击【确定】，如图 2-53 所示。

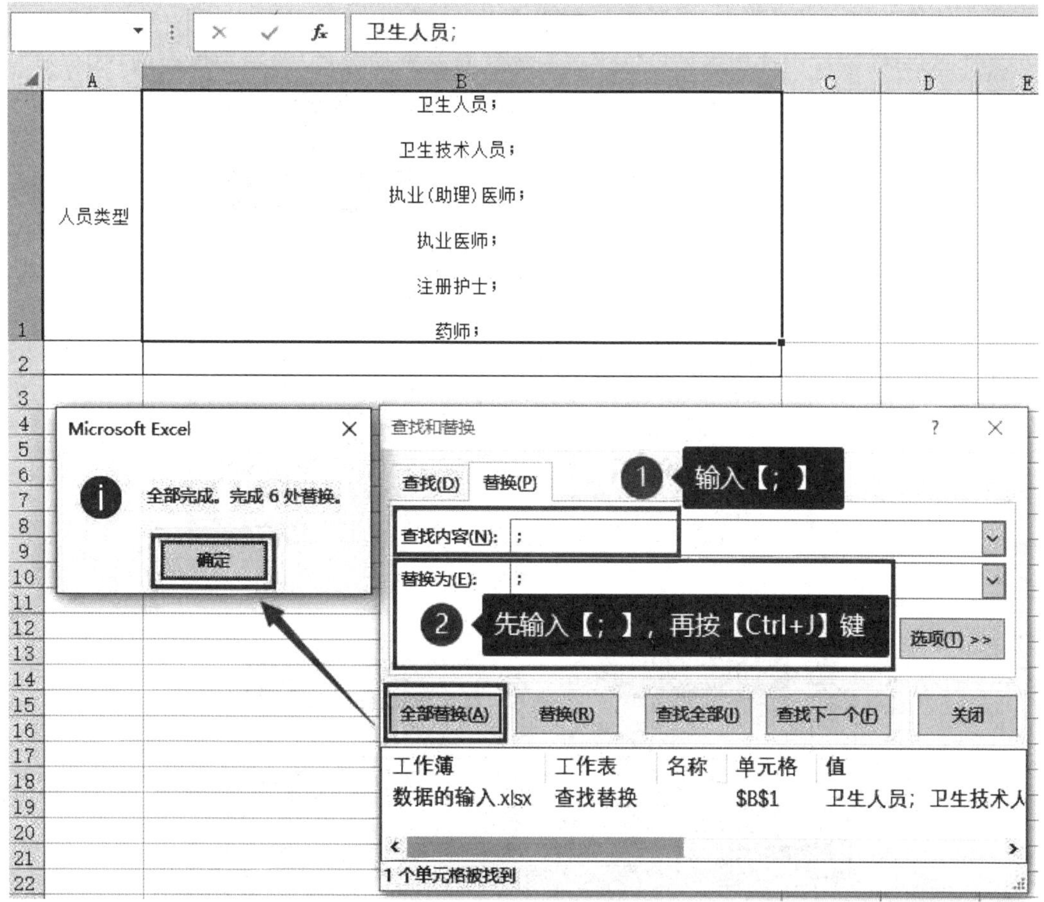

图 2-53　批量换行的操作

2.2.4 工作表行高与列宽的调整

默认状态下,单元格的行高和列宽是固定不变的。在用 Excel 工作表进行数据输入或者统计的时候,当我们根据需要增大单元格中的字体时,行高会自动适应字体的大小增加到合适的高度,而当输入的数据超过了单元格的宽度时,单元格不会自动增加宽度,此时输入的数据部分会被隐藏。为了防止单元格中输入的内容过长导致部分内容不能显示,同时为了使显示的内容更加美观和阅读视觉更为舒适,我们经常要根据内容对行高或列宽进行相应的调整。

方法一:利用鼠标拖拽整个工作表。

步骤一:打开 Excel 工作格,按【Ctrl+A】快捷键选中全部表格,或者单击工作表左上角行号和列标相交处的灰色小三角,也可以选中整个表格。

步骤二:将鼠标移动到列标或者行标的边缘处,当鼠标指针变成左右箭头或者上下箭头的形状时,直接按住鼠标左键向左或向右或向上或向下拖拽,即可调整整个工作表的列宽或行高。或者,当鼠标指针变成左右箭头或者上下箭头的形状时,双击鼠标左键也可实现快速调整所选中工作表的列宽或者行高，如图 2-54 所示。不过这里需注意的是，如果工作表的单元格中没有数据，则双击起不到任何调整的作用。

注意：虽然方法一使用鼠标可以快速调整行高或者列宽，但是精确度不高，无法对行高和列宽数值进行指定，如果需要精确调整固定值，则需采取其他方法。

	A	B	C
1	指标	2020年	2019年
2	卫生人员数(万人)	1347.5	1292.83
3	卫生技术人员数(万人)	1067.8	1015.4
4	执业(助理)医师数(万人)	408.57	386.69
5	执业医师数(万人)	340.17	321.05
6	注册护士数(万人)	470.87	444.5

(a)

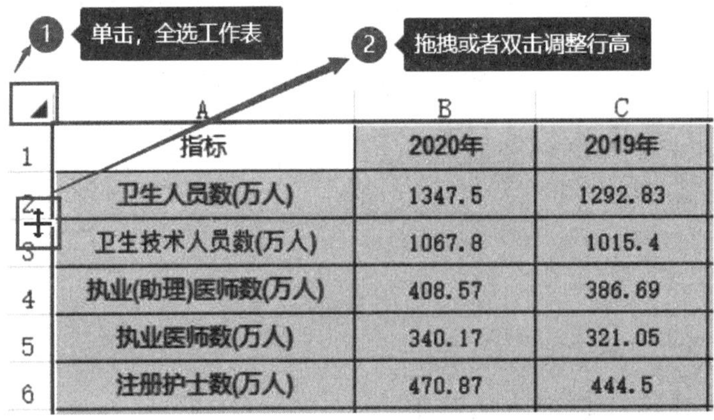

	A	B	C
1	指标	2020年	2019年
2	卫生人员数(万人)	1347.5	1292.83
3	卫生技术人员数(万人)	1067.8	1015.4
4	执业(助理)医师数(万人)	408.57	386.69
5	执业医师数(万人)	340.17	321.05
6	注册护士数(万人)	470.87	444.5

(b)

图 2-54　利用鼠标拖拽整个工作表

方法二：利用快捷菜单命令。

步骤一：打开 Excel 表格，选择需要调整的行或者列。

步骤二：单击鼠标右键，在弹出的快捷菜单中，选择【行高】选项或者【列宽】选项。

步骤三：在弹出的【行高】或者【列宽】对话框中，设置相应的参数，单击【确定】按钮即可完成行高或者列宽的调整，如图 2-55 所示。

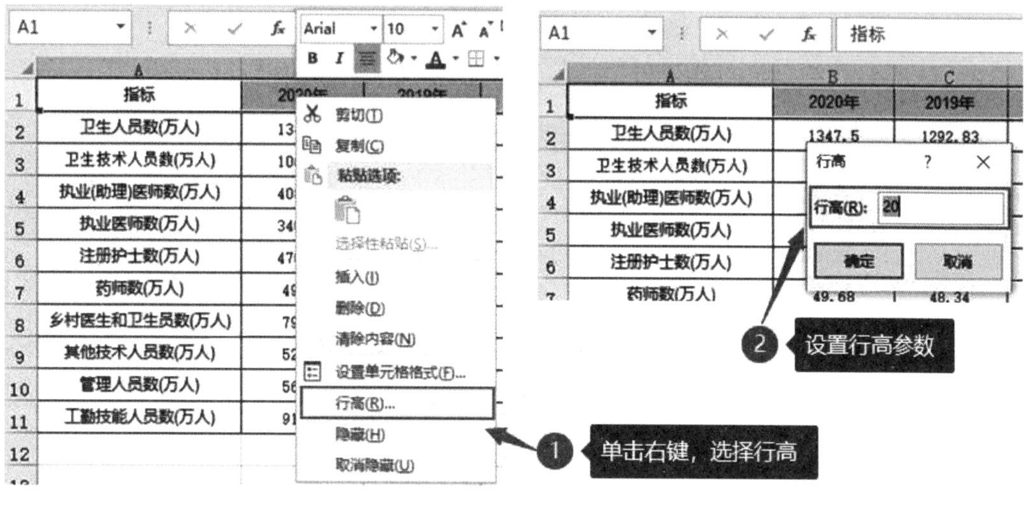

(a)

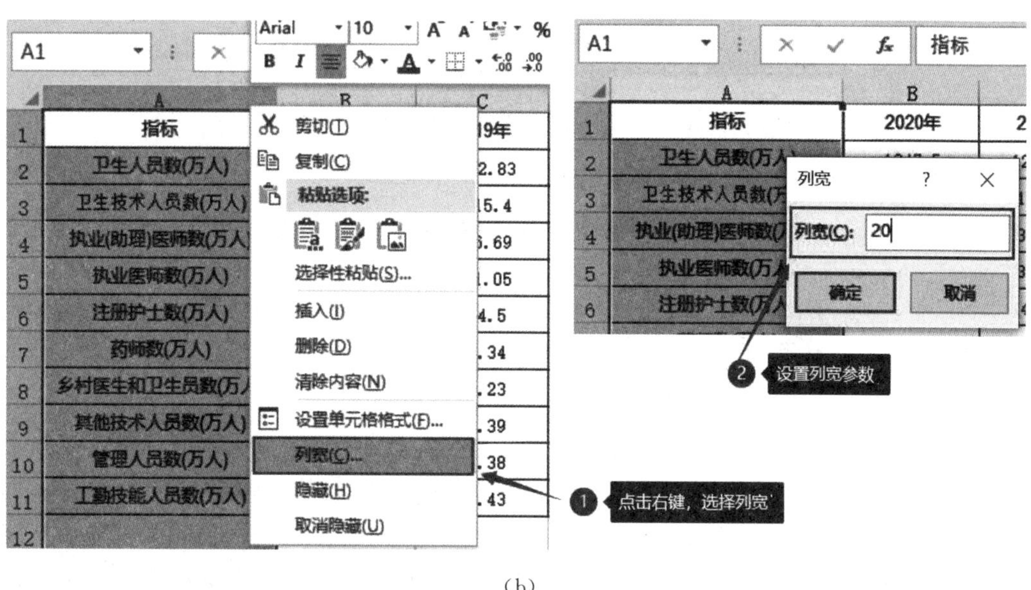

(b)

图 2-55　利用快捷菜单命令调整行高列宽

方法三：利用菜单栏单元格格式按钮。

步骤一：打开 Excel 表格，选择需要调整的行或者列。

步骤二：如图 2-56 所示，单击【开始】选项卡【单元格】选项组中的【格式】按钮，在弹出的下拉列表【单元格大小】选项中，根据需要选择【行高】或【列宽】选项，并输入相应的数值；如果选择【自动调整行高】，Excel 会根据单元格字体的大小，自动调整适应每一行的高度；而选择【自动调整列宽】选项，Excel 则会根据单元格内容的长度，自动调整每一列的宽度。

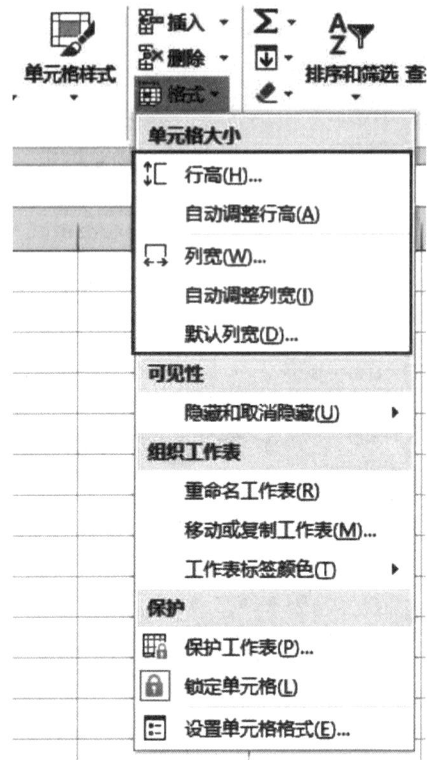

图 2-56　利用菜单栏单元格格式按钮调整行高列宽

2.3　数据导入

在计算机系统中，数据的来源是多方面的，有网页、文本、数据库等，这些数据以不同的文件格式存储。为了方便对这些数据的处理，在 Excel 中，我们可以使用数据导入功能将这些外部文件中的数据快速导入 Excel 表格中，如图 2-57 所示，以避免数据的重复输入，提高工作效率。

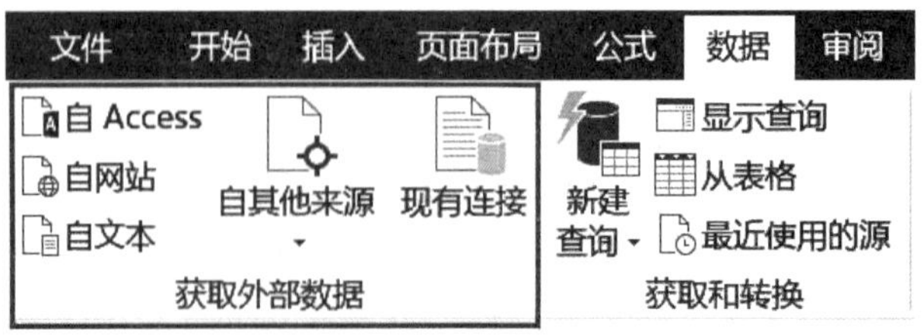

图 2-57　获取外部数据

2.3.1 导入文本文件的数据

在 Excel 中，用户可以将文本文件中的数据导入 Excel 工作表中进行数据处理。例如，将文件名为“卫生人员年度数据”的文本文件导入 Excel 的“卫生人员年度数据”工作簿中。

具体的操作步骤如下：

步骤一：新建一个名为“卫生人员年度数据”的 Excel 工作簿，在如图 2-57 所示的【数据】选项卡的【获取外部数据】选项组中，单击【自文本】选项，打开【导入文本文件】对话框。

步骤二：在“导入文本文件”对话框中选定需要导入的文本文件，例如选择“卫生人员年度数据.txt”，单击【确定】按钮。

步骤三：在弹出的【文本导入向导】对话框中，一共有 3 步，在“文本导入向导—第 1 步”对话框中选择【分隔符号】，单击【下一步】按钮，如图 2-58 所示。

图 2-58　文本导入向导第 1 步

步骤四：在弹出的“文本导入向导—第 2 步”对话框中，由于文本文件数据之间是按照 Tab 键进行分隔的，所以分隔符号选择【Tab 键】，在下面可以预览数据分隔的情况，单击【下一步】按钮，如图 2-59 所示。

步骤五：在弹出的“文本导入向导—第 3 步”对话框中，对选中的列数据格式进行设置，若没有特殊需求，我们通常就是默认的常规格式，这里将【指标】列数据格式选择【文本】，单击【完成】按钮，如图 2-60 所示。

文本导入向导 - 第 2 步，共 3 步

请设置分列数据所包含的分隔符号。在预览窗口内可看到分列的效果。

分隔符号

☑ Tab 键(T)

☐ 分号(M)

☐ 逗号(C)

☐ 空格(S)

☐ 其他(O):

☐ 连续分隔符号视为单个处理(R)

文本识别符号(Q): "

数据预览(P)

指标	2020年	2019年	2018年	2017年	2016年	2015年
卫生人员数(万人)	1347.5	1292.83	1230.03	1174.9	1117.29	1069.39
卫生技术人员数(万人)	1067.8	1015.4	952.92	898.82	845.44	800.75
执业(助理)医师数(万人)	408.57	386.69	360.72	339	319.1	303.91
执业医师数(万人)	340.17	321.05	301.04	282.9	265.14	250.84
注册护士数(万人)	470.87	444.5	409.86	380.4	350.72	324.15

取消 | < 上一步(B) | 下一步(N) > | 完成(F)

图 2-59　文本导入向导第 2 步

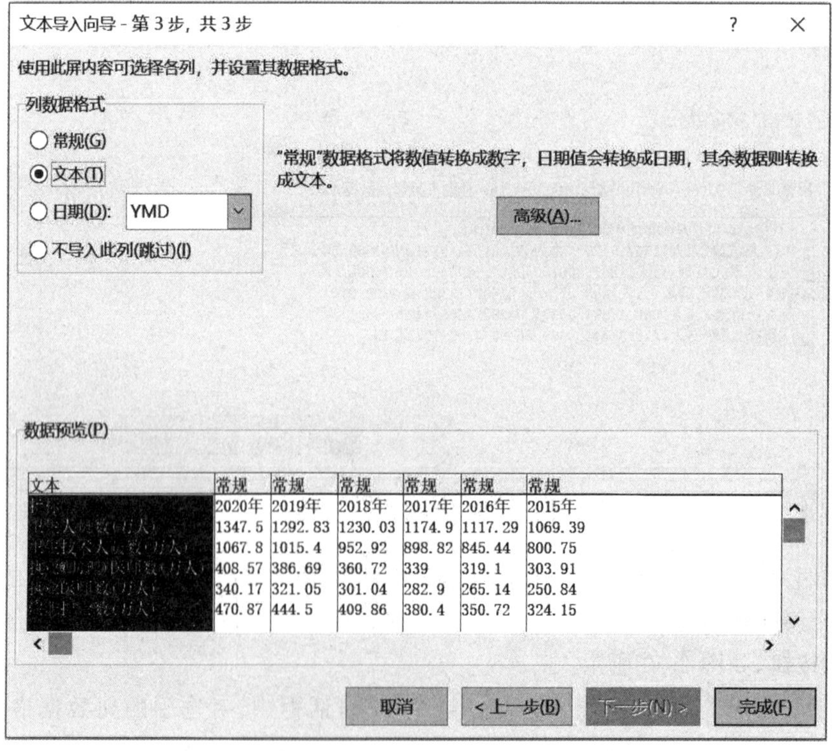

图 2-60　文本导入向导第 3 步

步骤六：在如图 2-61 所示弹出的【导入数据】对话框中，选择数据放置在“现有工作表”单元格 A1 开始的位置。单击“确定”按钮后，就可以显示导入后的结果。

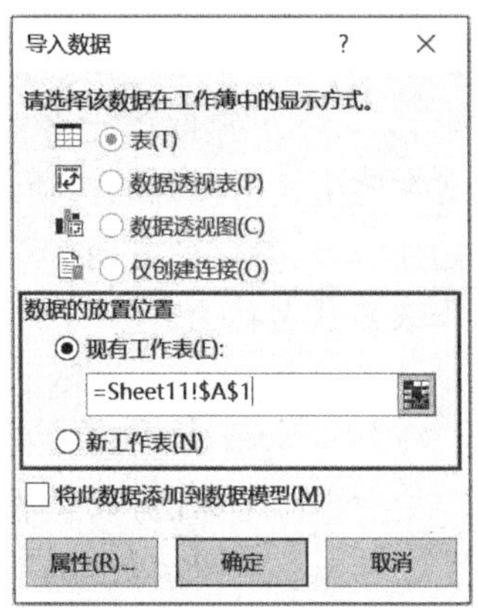

图 2-61　设置数据放置位置

2.3.2 导入数据库的数据

将 Access 数据库的数据导入 Excel 工作表中也是经常使用到的功能，具体操作步骤如下：

步骤一：在如图 2-57 所示【数据】选项卡的【获取外部数据】选项组中，单击【自 Access】选项，打开【选取数据源】对话框。

步骤二：选定 Access 数据库文件，单击【确定】按钮。

步骤三：如果导入的 Access 数据库中包含多个数据表，则弹出【选择表格】对话框，在该对话框中选择所需要的表格后单击【确定】按钮。

步骤四：在弹出的【导入数据】对话框中，选择数据放置的位置，单击【确定】按钮，即可完成 Access 数据库的导入。

练习题

一、判断题

1.在单元格输入较大数值时，可以加入逗号作为千位分隔符。

2.在单元格输入一个较长的数字时，如果显示“#####”，说明系统自动按照计算错误处理。

3.选定单元格有两种方法，使用鼠标和使用键盘。

4.文本是左对齐，而数字、日期和时间是右对齐，逻辑值则居中。

5.在单元格内允许自动分行显示内容。

二、选择题

1.在 Excel 中,将下列概念所表示的范围按由小到大排列,正确的次序是(　　)。

A.工作表、单元格、工作簿　　B.工作表、工作簿、单元格

C.工作簿、单元格、工作表　　D.单元格、工作表、工作簿

2.在 Excel 中,不属于设置文本框格式中包含的选项是(　　)。

A.保护　　B.页边距　　C.方向　　D.对齐

3.工作簿新建后,第一张工作表默认名称为(　　)。

A.BOOK　　B.表　　C.BOOK1　　D.SHEET1

4.在 Excel 中,单元格中(　　)。

A.只能包含数字　　B.可以是数字、字符、公式等

C.只能包含文字　　D.以上都不对

5.要实现选定整行的操作,只需在工作表上单击该行(　　)。

A.列号　　B.行号　　C.工作表　　D.工作簿

6.Excel 单元格中的数据可以是(　　)。

A.字符串　　B.一组数字　　C.一个图形　　D.A、B、C 都可以

7.选取全部单元格的组合建是(　　)。

A.Ctrl+C　　B.Ctrl+V　　C.Ctrl+A　　D.Ctrl+Z

8.在单元格中输入 6/7,Excel 会认为是(　　)。

A.日期　　B.小数　　C.分数　　D.表达式

9.如果某单元格显示"#DIV/0!",这表示(　　)。

A.公式错误　　B.格式错误　　C.行高不够　　D.列宽不够

10.要改变数字格式,可使用单元格格式对话框的(　　)选项。

A.对齐　　B.文本　　C.数字　　D.字体

11.在 Excel 中,"单元格格式"对话框中不能进行(　　)设置。

A.数值的显示格式　　B.对齐方式

C.边框设置　　D.单元格高度及宽度

12."&"符号表示(　　)。

A.算术运算符　　B.文字运算符　　C.引用运算符　　D.比较运算符

13.在编辑"艺术字"文字属性对话框中,不能实现的功能是(　　)。

A.字体　　B.字号　　C.加粗　　D.对齐

14.要突出显示数据中的重点数据,可进行(　　)设置。

A.条件格式　　B.数字格式　　C.对齐方式　　D.填充格式

15.在 Excel 中,默认每个工作簿文件会打开(　　)个工作表文件,分别用 SHEET1、SHEET2……来命名。

A.8　　B.10　　C.4　　D.3

三、填空题

1.在单元格中,输入公式和函数前必须先输入__________。

2.在单元格输入分数前,要在分数前面添加__________。

3.在单元格输入电话号码,避免输入的数字作为文本处理,需在开头输入__________。

4.在 Excel 中,不连续单元格的选择,需要按住__________键的同时,选中所需要的单元格。

5.工作表由__________组成,纵向称为列,横向称为行。

四、简答题

1.列举:可设置的单元格格式有哪些?

2.页面设置中包括设置什么?

3.简述当前工作表内的数据移动或复制方法。

第3章　公式的编辑与应用

课程思政案例导入与教学目标

课程思政案例：

在新冠肺炎疫情全球持续蔓延的背景下，2022年北京第二十四届冬季奥林匹克运动会如期开幕并圆满落下帷幕。这届冬奥会给世界带来了无数惊喜，也让国人感到无比的骄傲和感动，它让世界看到了一个更加自信、开放、生机勃勃、充满希望的中国，不仅再一次证明了中国近年来不断提升的综合国力，也向世界证明了中国作为大国的责任和担当，它必将是一届载入史册的奥运盛典。从1990年亚运会，到2008年奥运会，再到2022年冬奥会，北京这座与三届大型体育盛会交汇的城市，经过漫长的32年，打造了一张闻名世界的体育名片，也谱写了32年的体育强国梦。

翻开历史长卷，从1984年新中国重返奥运赛场后到2022年，每隔四年，奥运会都带给不同年代中国人新的精彩、奇迹和感动。从1984年许海峰在射击场上扣动扳机，实现了中国奥运金牌“零”的突破开始，一代代中华体育健儿砥砺奋进，一次次突破极限，创造佳绩，他们用“中国红”缔造了不同城市赛场上的奇迹。党的十八大以来，习近平总书记高度重视体育强国建设，推动落实全民健身国家战略。他指出，体育承载着国家强盛、民族振兴的梦想。体育强则中国强，国运兴则体育兴。国务院办公厅印发的《体育强国建设纲要》指出，到2035年，经常参加体育锻炼人数比例达到45%以上，人均体育场地面积达到2.5平方米。2014年，全民健身上升为国家战略；2017年，中共十九大报告提出广泛开展全民健身活动，加快推进体育强国建设；2022年，北京冬奥会上实现全项目参赛，取得我国冬奥会和冬残奥会参赛史上最好成绩。体育成为中华民族伟大复兴的标志性事业。我们可以看到，体育健儿们优秀成绩的取得，除了他们自身的不懈努力外，更源于他们身后正在建设体育强国路上奋进的伟大祖国，支撑他们的，是党和国家对体育事业的高度重视和全力推动。

小王感动于2022年冬奥会带给他的震撼，决定对我国历年参加奥运会获取奖牌数、体育基础场地建设情况和全民健身活动情况做数据收集和统计。为了能够更直观地管窥新中国体育的发展变迁，小王运用公式进行计算，得到相应的数据结果，图3-1所示，透过数据，我们可以感受到中华体育精神，我们与奥林匹克一路同行。

我国奥运会获奖情况统计表（1984年-2020年）

时间	奥运会名称	排名	金牌	银牌	铜牌	总数
1984年	洛杉矶奥运会	4	15	8	9	32
1988年	汉城奥运会	11	5	11	12	28
1992年	巴塞罗那奥运会	4	16	22	16	54
1996年	亚特兰大奥运会	4	16	22	12	50
2000年	悉尼奥运会	3	28	16	15	59
2004年	雅典奥运会	2	32	17	14	63
2008年	北京奥运会	1	48	22	30	100
2012年	伦敦奥运会	2	38	31	22	91
2016年	里约奥运会	3	26	18	26	70
2020年	东京奥运会	2	38	32	18	88

图 3-1　我国奥运会获奖情况统计表

课程思政教学目标：

通过我国历年参加奥运会获取奖牌数、体育基础场地建设情况和全民健身活动情况的数据以及计算结果，可以让我们清晰地了解到，中华体育精神作为中华民族精神的重要组成部分，是推动体育事业发展、实现体育强国梦的宝贵精神财富与动力支持；了解到我国从体育救国到健康中国，最后到体育强国的发展之路；充分理解了奥林匹克精神不止于奖牌；体育强国，强的也不仅仅是奖牌和成绩，更是精神和意志。我们每个人的梦想、体育强国梦都与中国梦紧密相连，作为新时代中国青年，我们更应当开放自信，勇于超越，用豪情挥洒梦想，靠拼搏写下荣光。

Excel 2016 具有强大的数据处理功能，其中公式是我们进行数据处理和计算的常用工具，它可以使我们处理各类复杂的数据工作变得简单和方便，而且运用公式进行处理的数据，其计算结果会随着被计算数据的变化而自动更新。在使用公式之前，我们需要了解公式的组成、运算符和公式的语法等。

3.1　公式的编辑

3.1.1 公式的组成

如图 3-2 所示，要计算我国在 1984 年洛杉矶奥运会获得的奖牌数量，需要将金、银、铜的奖牌数量进行相加，我们当然可以手动计算或借助计算器，但由于人工计算难免存在失误和差错，而且效率也比较低，正确率无法得到保证。此时，我们就可以利用 Excel 的公式功能进行处理计算。

	A	B	C	D	E	F	G
2	**时间**	**奥运会名称**	**排名**	**金牌**	**银牌**	**铜牌**	**总数**
3	1984年	洛杉矶奥运会	4	15	8	9	32

图 3-2　我国在 1984 年洛杉矶奥运会获得的奖牌数量

在 Excel 中,我们要计算奖牌总数,用单元格表示就是 D3+E3+F3,它实际上就是一个公式的表达式。如果使用"="作为开头连接这个表达式,就形成了一个 Excel 公式,也可以视为一个数学公式。公式由等号、运算数、运算符和括号组成,其中运算数可以是常数、单元格引用、单元格名称和工作表函数等,如表 3-1 所示。

表 3-1　公式的组成

常量	直接输入到公式中的数字或文本	如数值 468 或文本"奥运会"
单元格引用	引用工作表中某一个单元格或单元格区域中的数据	如 D3 或 A1:D3
工作表函数	运用 Excel 中提供的函数	如求和函数 SUM(D3:F3)或求平均值函数 AVERAGE(D3:F3)
运算符	特定的计算符号,是连接其他元素的关键,用于连接公式中常量、单元格引用、函数等	如"+"(相加)或者"*"(相乘)
单元格名称	引用定义了名称的单元格	如将 D2 的名称定义为金牌
括号	控制公式中的计算顺序。	

在输入公式时必须以等号"="开头,后面紧接公式的表达式,即运算数和运算符。根据计算需要,在单元格中输入公式,就可以进行相应的计算,然后返回结果。例如,要计算洛杉矶奥运会获得的奖牌总数量,并将计算结果放在单元格 G3,我们可以在单元格 G3 输入"=D3+E3+F3"这个公式,回车后便可得到计算结果。公式计算有个特点,就是它的计算结果会根据引用单元格中数值的变化而发生变化,这样,当数据发生变更的时候,结果也同步更新,这就赋予了工作表动态特征,方便了我们的数据更改,可以非常快捷地查看多种计算结果。

3.1.2 运算符及优先级

公式中的运算符用于对公式中的元素进行特定的计算,常用的运算符有四种类型,分别是引用运算符、算术运算符、文本运算符和比较运算符。

1.引用运算符

引用运算符主要用于合并单元格区域,即对单元格区域进行合并计算。其包含的运算符和功能如表 3-2 所示。

表 3-2　引用运算符

引用运算符名称	功能	应用举例
区域运算符:(冒号)	对区域运算符前后的两个单元格之间的所有单元格进行引用,并包含这两个引用在内	(A1:C4)指的是引用从 A1 到 C4 之间的所有单元格
联合运算符,(逗号)	将多个单元格或区域引用合并为一个引用	(A1:C4,D4:F6)指的是引用 A1:C4 和 D4:F6 这两个单元格区域的数据
交叉运算符　(空格)	引用两个单元区域中的交叉单元格	(A1:C4　C4:F4)指的是引用两个单元格区域的共有单元格,即引用 C4 单元格

2.算术运算符

算数运算符用于完成数学计算,运算结果为数值。其包含的运算符和功能如表 3-3 所示。

表 3-3　算数运算符

算数运算符名称	功能	应用举例
加号(+)	加法计算	(A1+C4)是指将 A1 和 C4 单元格的数值相加
减号(-)	减法计算或者负号	(A1-C4)是指将 A1 和 C4 单元格的数值相减;或者表示负数如-3
星号(*)	乘法计算	(A1*C4)是指将 A1 和 C4 单元格的数值相乘
斜杠(/)	除法计算	(A1/C4)是指将 A1 和 C4 单元格的数值相除
百分号(%)	百分比	20%
乘方(^)	乘方计算	(A1^3)是指计算 A1 单元格的数值的 3 次方

3.文本运算符

文本运算符是运用文本连接符号"&"将两个或多个文本字串符联起来。其包含的运算符和功能如表 3-4 所示。

表 3-4　文本运算符

文本运算符名称	功能	应用举例
连接符(&)	连接两个或多个文本字串,形成连续的文本	"中国"&"奥运会"结果为"中国奥运会"

4.比较运算符

比较运算符用于比较数值之间的大小关系,运算结果为逻辑值 TRUE 或者 FALSE。其包含的运算符和功能如表 3-5 所示。

表 3-5　比较运算符

比较运算符名称	功能	应用举例
大于号(＞)	大于	(A1＞C4)A1 单元格的数值比 C4 单元格的数值大，返回结果为 TRUE，否则 FALSE
小于号(＜)	小于	(A1＜C4)A1 单元格的数值比 C4 单元格的数值小，返回结果为 TRUE，否则 FALSE
等于号(＝)	等于	(A1＝C4)A1 单元格的数值等于 C4 单元格的数值，返回结果为 TRUE，否则 FALSE
大于等于号(＞＝)	大于等于	(A1＞＝C4)A1 单元格的数值大于等于 C4 单元格的数值，返回结果为 TRUE，否则 FALSE
小于等于号(＜＝)	小于等于	(A1＜＝C4)A1 单元格的数值大于等于 C4 单元格的数值，返回结果为 TRUE，否则 FALSE
不等于(＜＞)	不等于	(A1＜＞C4)A1 单元格的数值不等于 C4 单元格的数值，返回结果为 TRUE，否则 FALSE

5.运算符优先级

运算符有不同的优先级。当一个公式里包含了多个类型的运算符时，Excel 将遵循从高到低的优先级先后顺序进行计算，优先级顺序是：引用运算符优先于算术运算符，算术运算符优先于文本运算符，文本运算符优先于比较运算符。具体优先级别顺序如表 3-6 所示。

表 3-6　运算符优先级顺序

	运算符优先级(从高到低)	具体运算符号
从高到低	引用运算符	“：”“，”“空格”
	算术运算符	“－(负号)”“^(乘方)”“＊和/”“＋和－”
	文本运算符	“&”
	比较运算符	“＝”“＜”“＞”“＞＝”“＜＝”“＜＞”

如果要改变运算顺序，可以利用括号“()”将优先级别低的运算先括起来，这样软件就会先计算括号里面的，再按照运算符运算级别顺序进行计算。还可以进行括号的嵌套使用，即在括号里还可以有括号，此时软件会先计算最里面括号的内容。如果公式中包含了相同优先级别的运算符，则先进行括号内的运算，然后再从左到右依次计算。

例如：

不带括号的

公式 1：＝A1＋B1＊C1

按照运算符的优先级别，乘号的优先级别比加号高，所以先计算 B1 乘以 C1 的结果再与 A1 相加。

公式 2：＝4＜5－2

按照运算符的优先级别，先计算 5－2，结果为 3，然后再计算 4＜3，结果为 FALSE。

带括号的：

公式 3：=(A1+B1)＊C1

按照运算符的优先级别，乘号的优先级别比加号高，但在公式中使用了括号控制了运算的顺序，所以是先计算 A1 与 B1 相加的结果，然后再与 C1 相乘。

公式 4：=(4<5)−2

先计算括号里面的 4<5，结果为 TRUE，在逻辑运算中，逻辑值 TRUE 等同于 1，FALSE 等同于 0，所以最后结果为−1。

公式 5：=((A1+A2)+(B1−B2))＊A3

该公式是括号的嵌套使用，共有 3 组括号，其中 2 组括号嵌套在第 3 组括号里面。首先计算最里面括号的内容，即分别计算 A1+A2 和 B1−B2 的结果，再将这两个结果相加，相加得出的结果最后再与 A3 的值相乘得出公式的结果。

这里要注意的是，括号都是成对出现的，即每个左括号必须配备一个右括号。否则，当括号不匹配时，Excel 会出现错误提示，例如我们把公式 5 的右括号去除，软件将出现如图 3-3 所示的错误信息说明，并建议修正。此时确认点“是”，Excel 会对公式进行修改，但不一定符合原公式的计算要求，点“否”，则会提示公式中含有不对称括号，如图 3-4 所示，并且不允许用户输入公式。

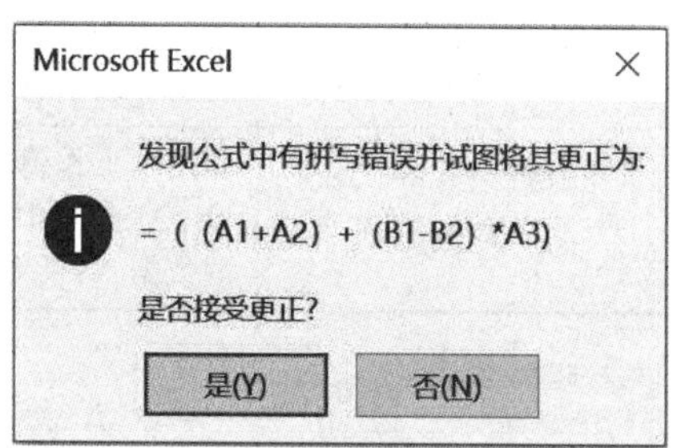

图 3-3　错误信息说明

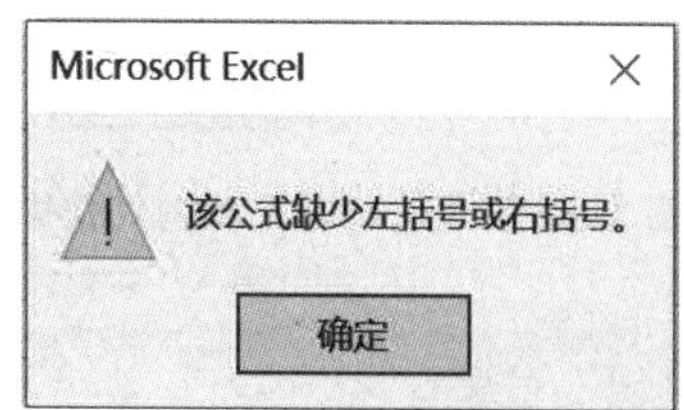

图 3-4　提示公式中含有不对称括号

3.1.3 单元格的引用

在使用公式计算数据前，要了解单元格引用的基础知识。单元格引用就是引用单元格的地址，即将单元格中的数据与公式关联起来，其作用是为公式指明所使用数据的单元格或单元格区域的位置。在公式中可以引用工作表中不同部分的数据，或是在几个公式中引用同一个单元格或单元格区域的数据。

Excel 2016 一般通过单元格的地址来引用单元格，单元格的地址由单元格的行号和列标组成。通常情况下，A1 引用样式是 Excel 2016 的默认引用样式，该样式引用是用字母来标识列，从 A 至 XFD，共 16384 列；用数字来标识行，从 1 至 1048576。在引用单元格的时候，列字母写前面，行数字写后面。可以引用工作表中一个或多个相邻单元格内的数据或者工作表中不同区域包含的数据或者同一工作簿的其他工作表中的数据等，例如表 3-7 单元格引用。

表 3-7 单元格引用

引用	公式举例	说明
引用一个单元格内的数据	=C3	引用了 C 列和第 3 行相交叉的单元格，即单元格 C3 中的值。（图 3-5）
引用多个相邻单元格内的数据	=A1:C3	引用 A1 至 C3 所有单元格区域中的值，但必须在键入公式后按【Ctrl+Shift+Enter】。（图 3-6）。
引用整行单元格	=3:5	引用第三行到第五行中的所有单元格，若引用同一行，则前后数字一样。（图 3-7）
引用整列单元格	=B:C	引用 B 列至 C 列的所有单元格，若引用同一列，则前后字母一样。（图 3-8）
引用同一工作簿的其他工作表中的数据	=Sheet2! A1	Sheet1 工作表中 C4 单元格引用了 Sheet2 工作表中 A1 单元格的值，引用的格式为：=工作表名称！单元格引用。（图 3-9）。
引用不同工作簿的工作表中的数据	=[我国奥运会奖牌数统计表.xlsx]Sheet1! $B$3	引用了工作簿“我国奥运会奖牌数统计表.xlsx”工作簿中 Sheet1 工作表中的 B3 单元格的数据，结果为“洛杉矶奥运会”。（图 3-10）

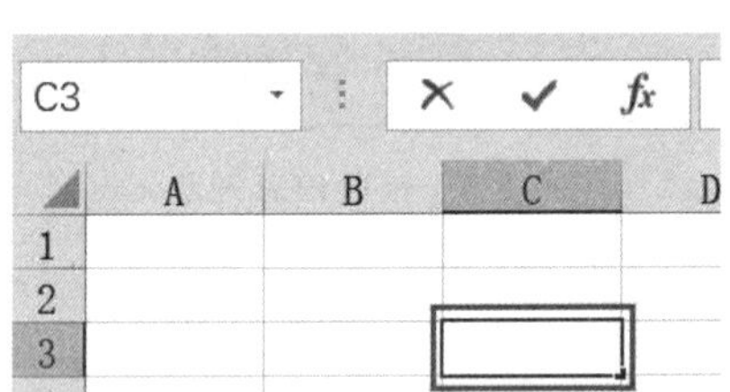

图 3-5 引用一个单元格内的数据

图 3-6 引用多个相邻单元格内的数据

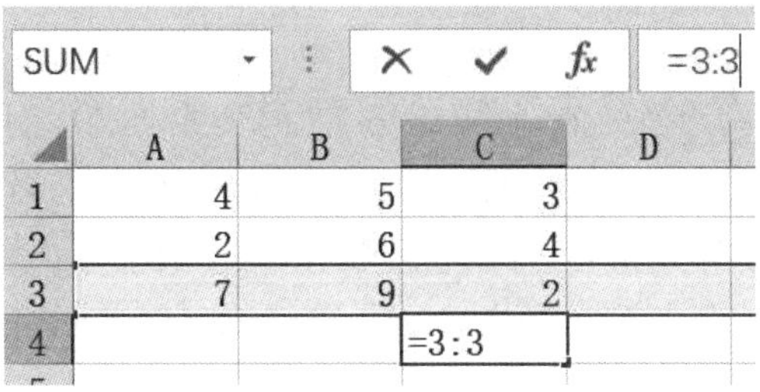

图 3-7　引用整行单元格

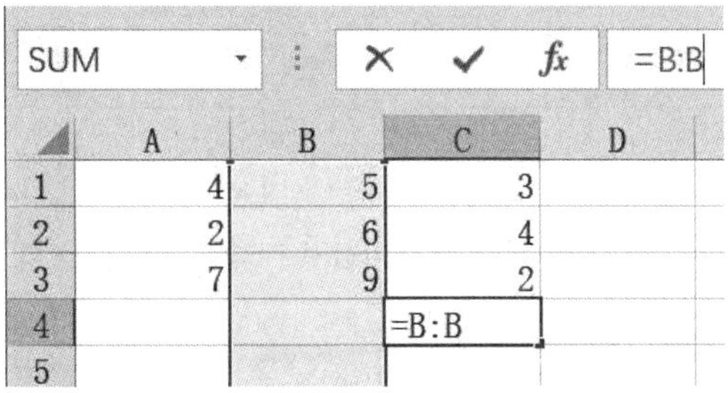

图 3-8　引用整列单元格

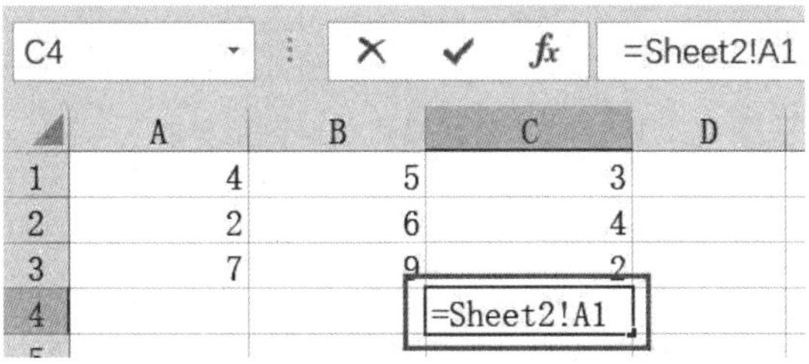

图 3-9　引用同一工作簿的其他工作表中的数据

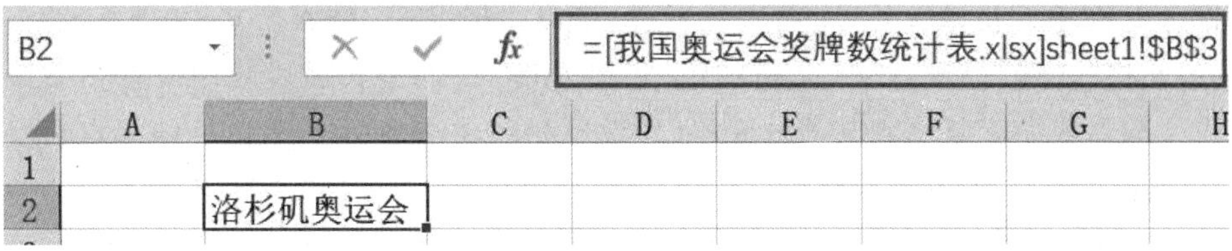

图 3-10　引用不同工作簿的工作表中的数据

通常 Excel 2016 单元格的引用可以分为相对引用、绝对引用、混合引用三种引用方式，不同的引用方式，得到的计算结果是不相同的。Excel 2016 中公式如果需要批量应用，复制、粘贴或者拖拉运用到其他区域当中，就一定要考虑使用哪种引用方式，从而确保公式运用的准确性。

1.相对引用

相对引用是指输入公式时单元格的引用会随公式所在单元格位置的变动而变动。它的格式为：列号行号。在复制或者剪切公式到其他单元格时，公式中引用的单元格地址不会照搬原来的单元格地址，而是会根据复制或者剪贴的目标位置发生相应的改变，推算出公式中引用单元格地址相对原来位置的变化。默认情况下,公式使用的是相对引用。

例 3-1:在单元格 A2 至 C4 输入数据源,在单元格 E2 中输入公式"=A2",此时 E2 的单元格的值就等于 A2 单元格的值,将单元格 E2 的公式通过复制或者粘贴或者填充的方式向左或向下复制到其他单元格时,此时效果如图 3-11 所示。当鼠标随机点击复制的单元格显示公式时,如点击单元格 G2,可以看到,G2 是带有公式的单元格,且 G2=C2,说明将单元格 E2 的引用公式复制到单元格 G2 时,并没有复制单元格 A2 的值,而是将内容自动调整为 C2,如图 3-12 所示。

	A	B	C	D	E	F	G
1	源数据				相对引用		
2	1	2	3		1	2	3
3	4	5	6		4	5	6
4	7	8	9		7	8	9

图 3-11 复制相对引用公式到其他单元格结果

	A	B	C	D	E	F	G
1	源数据				相对引用		
2	1	2	3		1	2	=C2
3	4	5	6		4	5	6
4	7	8	9		7	8	9

图 3-12 公式采用相对引用复制

2.绝对引用

绝对引用是指引用的是某一固定单元格的值,即在复制公式时,无论怎么改变公式的位置,公式中所引用单元格的地址均不会发生变化。绝对引用的格式为:$列号$行号,即在普通地址的前面加符号"$",如 A1 单元格的绝对引用形式是"$A$1"。

例 3-2:在单元格 A2 至 C4 输入数据源,在单元格 E2 中输入公式"=$A$2",此时 E2 的单元格的值就等于 A2 单元格的值,将单元格 E2 的公式通过复制或者粘贴或者填充的方式向左或向下复制到其他单元格时,效果如图 3-13 所示。当鼠标随机点击复制的单元格显示公式时,如点击单元格 G2,可以看到,G2=$A$2,说明将单元格 E2 的引用公式复制到单元格 G2 时,每个单元格引用的都是锁定 A2 单元格当中的值,如图3.14 所示。

	A	B	C	D	E	F	G
1	源数据				绝对引用		
2	1	2	3		1	1	1
3	4	5	6		1	1	1
4	7	8	9		1	1	1

图 3-13 复制绝对引用公式到其他单元格结果

	A	B	C	D	E	F	G
1	源数据				绝对引用		
2	1	2	3		1	1	=$A$2
3	4	5	6		1	1	1
4	7	8	9		1	1	1

图 3-14　公式采用绝对引用复制

3.混合引用

混合引用就是相对引用和绝对引用的共同引用。当需要固定行引用而改变列引用，或者固定列引用而改变行引用时，就需要用到混合引用。混合引用包含了两种形式，一种是列绝对、行相对，格式为：$ 列号行号，例如，“$ A1”表示锁定列，列不会发生变化，但是行会随着公式所在单元格的位置发生改变；另一种是列相对、行绝对，格式为：列号 $ 行号，例如“A $ 1”表示锁定行，行不会发生变化，但是列会随着公式所在单元格的位置发生改变。

如果在进行多行或多列公式复制时，即相对引用部分会自动调整，绝对引用部分保持不变。

例 3-3：在单元格 A2 至 C4 输入数据源，在单元格 E2 中输入公式“= $ A2”，此时 E2 的单元格的值就等于 A2 单元格的值，将单元格 E2 的公式通过复制或者粘贴或者填充的方式向左或向下复制到其他单元格时，效果如图 3-14 所示。当鼠标随机点击复制的单元格显示公式时，如点击单元格 G2，可以看到，G2= $ A2，即 A 列锁定，行进行变化，如图 3-15 所示。同理，如果在单元格 E2 中输入公式“=A $ 2”，按照上面同样的操作后，效果如图 3-16 所示，如点击单元格 G2，可以看到，G2=C $ 2，即第 2 行被锁定，列进行变化，如图 3-17 所示。

	A	B	C	D	E	F	G
1	源数据				混合引用-锁定列		
2	1	2	3		1	1	1
3	4	5	6		4	4	4
4	7	8	9		7	7	7

图 3-14　复制混合引用公式(列锁定)到其他单元格结果

	A	B	C	D	E	F	G
1	源数据				混合引用-锁定列		
2	1	2	3		1	1	=$A2
3	4	5	6		4	4	4
4	7	8	9		7	7	7

图 3-15　公式采用混合引用(列锁定)复制

	A	B	C	D	E	F	G
1	源数据				混合引用-锁定行		
2	1	2	3		1	2	3
3	4	5	6		1	2	3
4	7	8	9		1	2	3

图 3-16　复制混合引用公式(行锁定)到其他单元格结果

	A	B	C	D	E	F	G
1	源数据				混合引用-锁定行		
2	1	2	3		1	2	=C$2
3	4	5	6		1	2	3
4	7	8	9		1	2	3

图 3-17　公式采用混合引用(行锁定)复制

3.1.4 名称的编辑与应用

在使用公式的时候，有时需要引用某单元格、单元格区域或数组进行运算。通常情况下，单元格我们一般使用列号和行号进行命名，如单元格 A1，另外我们也可以给引用的单元格、单元格的区域或数组定义一个名称，编写公式时直接引用定义的名称即可，这样不仅使公式更加地简洁、直观，也方便我们管理并且快速使用它们。

1.名称的定义方式

例 3-4：在“2020 年全国球类运动场地主要数据表”(数据来源 2020 年全民健身活动状况调查公报)工作表中如果要给各类球场数量排序，需要引用单元格区域，我们可以将该区域定义为“各场地数量”，在输入公式时可直接引用此名称。定义名称有以下五种方法。

方法一：使用名称框定义名称。

步骤一：选中单元格区域。打开“2020 年全国球类运动场地主要数据表”工作表，选中需要定义单元格名称的区域，如图 3-18 所示，此处选择 C3:C8 单元格区域。

	A	B	C	D	E
1	2020年全国球类运动场地主要数据表				
2	指标名称	类型	数量（万个）	排名	占比
3	球类运动场地	足球场地	11.73		
4		篮球场地	100.58		
5		排球场地	9.13		
6		乒乓球场地	83.5		
7		羽毛球场地	20.24		
8		其他球类场地	8.36		
9	总数		233.54		

图 3-18　选择数据单元格区域(C3:C8)

步骤二：输入定义的名称。将鼠标指针定位到工作表左上侧的“名称框”中，然后输入自定义名称“各场地数量”，最后按【Enter】键确认完成名称的定义，如果 3.19 所示。

各场地数量　　fx　11.73

	A	B	C	D	E
1	2020年全国球类运动场地主要数据表				
2	指标名称	类型	数量（万个）	排名	占比
3	球类运动场地	足球场地	11.73		
4		篮球场地	100.58		
5		排球场地	9.13		
6		乒乓球场地	83.5		
7		羽毛球场地	20.24		
8		其他球类场地	8.36		
9	总数		233.54		

图 3-19　对选中区域自定义名称

方法二：使用“定义名称”功能。

步骤一：单击“定义名称”按钮。打开“2020 年全国球类运动场地主要数据表”工作表，单击菜单栏上【公式】选项卡中【定义的名称】选项组中的【定义名称】按钮，如图 3-20 所示。

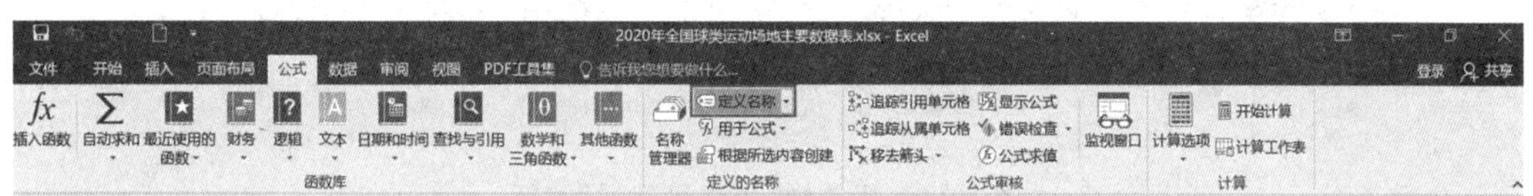

图 3-20　菜单栏“定义名称”按钮

步骤二：定义名称。在弹出的【新建名称】对话框中，在【名称】文本框中输入名称“各场地数量”，如图 3-21 所示。

新建名称

名称(N):　各场地数量

范围(S):　工作簿

备注(O):

引用位置(R):　=球类场地数据!$E$19

确定　取消

图 3-21　“新建名称”对话框

步骤三：在工作表中选择定义单元格区域。在【新建名称】对话框中，范围默认当前“工作簿”，单击“引用位置”右侧的折叠按钮，在打开的【新建名称－引用位置】对话框中，返回工作表中选中需要定义名称的单元格区域，此处选择 C3:C8 单元格区域，然后单击折叠按钮，如图 3-22 所示。

C3

2020年全国球类运动场地主要数据表				
指标名称	类型	数量（万个）	排名	占比
球类运动场地	足球场地	11.73		
	篮球场地	100.58		
	排球场地	9.13		
	乒乓球场地	83.5		
	羽毛球场地	20.24		
	其他球类场地	8.36		
总数		233.54		

新建名称 - 引用位置:

=球类场地数据!$C$3:$C$8

图 3-22　选择定义单元格区域

步骤四：返回【新建名称】对话框，单击【确定】按钮，完成名称定义。

方法三：使用“名称管理器”定义名称。

步骤一：单击【名称管理器】按钮。打开“2020 年全国球类运动场地主要数据表”工作表，单击菜单栏上【公式】选项卡中【定义的名称】选项组中的【名称管理器】按钮，如图 3-23 所示。

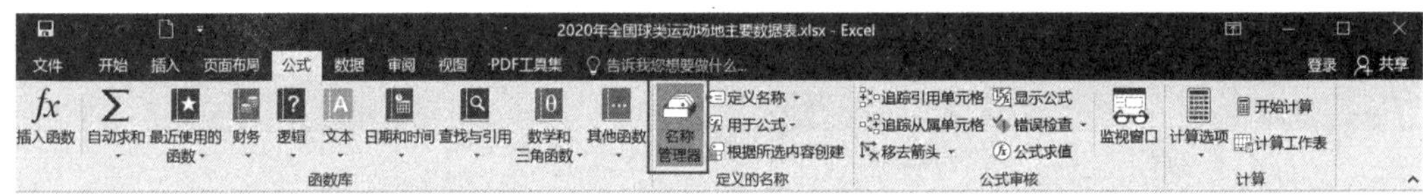

图 3-23　菜单栏“名称管理器”按钮

步骤二：定义名称。在弹出的【名称管理器】对话框中，单击左上角的【新建】按钮，如图 3-24 所示，在弹出【新建名称】对话框中，同样可设置单元格区域的名称。

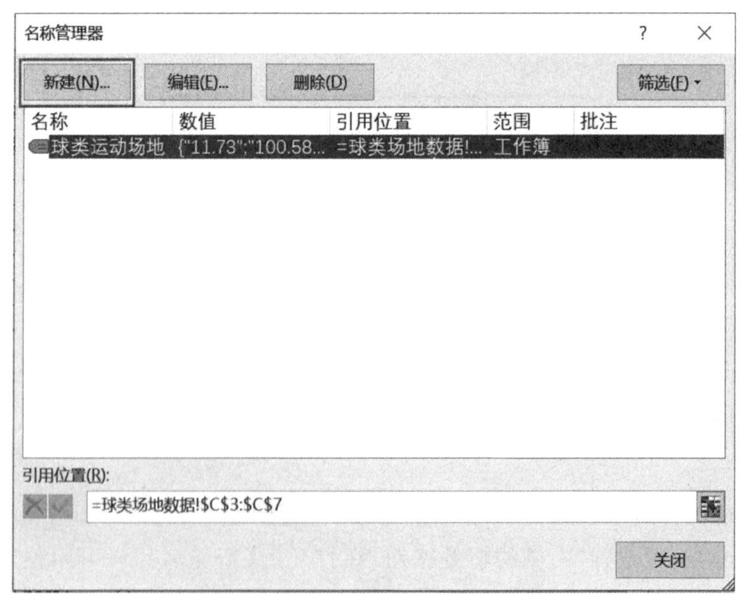

图 3-24　“名称管理器”对话框

方法四：使用快捷菜单定义名称。

步骤一：单击【定义名称】按钮。打开“2020 年全国球类运动场地主要数据表”工作表，选择要定义名称的单元格区域，此处选择 C3：C8 单元格区域，单击鼠标右键，在弹出的快捷菜单中选择【定义名称】按钮，如图 3-25 所示。

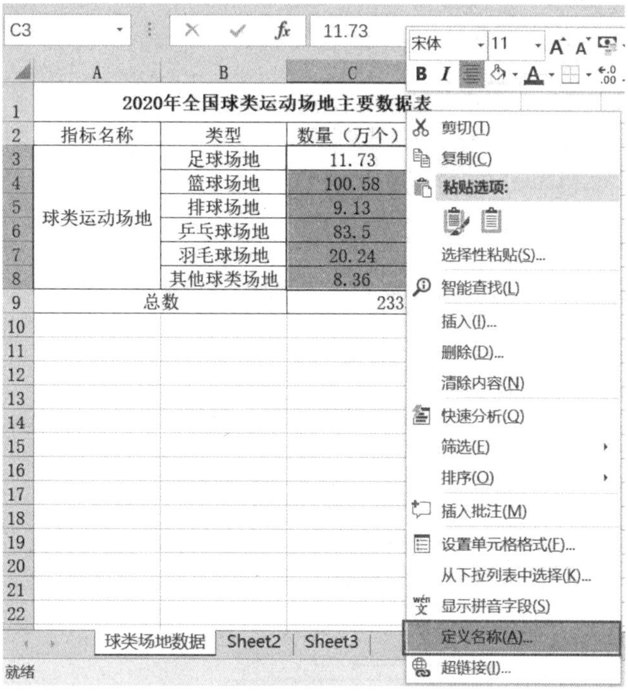

图 3-25　快捷菜单“定义名称”按钮

步骤二：定义名称。跟其他方法一样，在弹出的【新建名称】对话框中，在【名称】文本框中输入名称【各场地数量】，完成名称的定义。

方法五：根据所选的内容批量创建名称

我们经常会碰到工作表里的数据源有些在上面已经有既定字段名称的情况，此时可以将每个字段所在的区域创建为名称。

步骤一：单击【根据所选内容创建】按钮。打开“2020 年全国球类运动场地主要数据表”工作表，首先框选所有单元格区域，这里我们选择 B2：E8 单元格区域，然后单击菜单栏上【公式】选项卡中【定义的名称】选项组中的【根据所选内容创建】按钮，如图 3-26 所示。

步骤二：定义名称。在弹出的“以选定区域创建…”对话框中，在【以选定的区域创建名称】选项里面勾选首行就会给为选定的单元格区域定义名称，如 B3：B8 单元格区域定义名称为“类型”，C3：C8 单元格区域定义名称为“数量__万个”，D3：D8 单元格区域定义名称为“排名”，E3：E8 单元格区域定义名称为“占比”，如图 3-27 所示。

这样可以批量创建多个名称，此处我们一次性就创建了 3 个名称，通过【名称管理器】对话框可以查看名称被定义的情况，如图 3-28 所示。

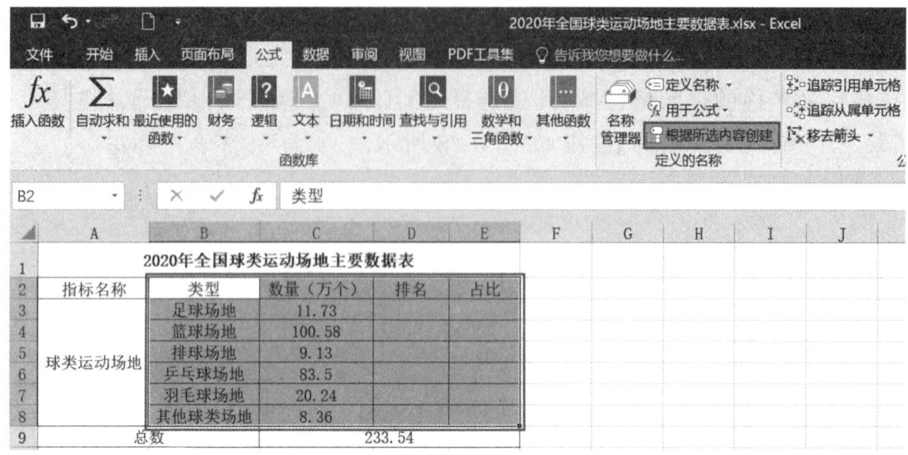

图 3-26　选择菜单栏“根据所选内容创建”按钮

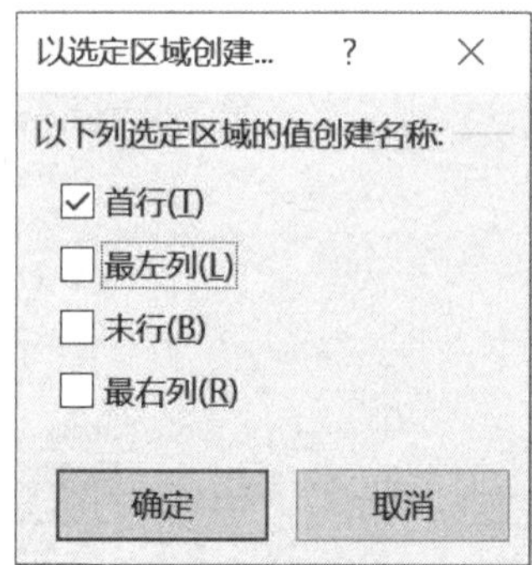

图 3-27　“以选定区域创建…”对话框

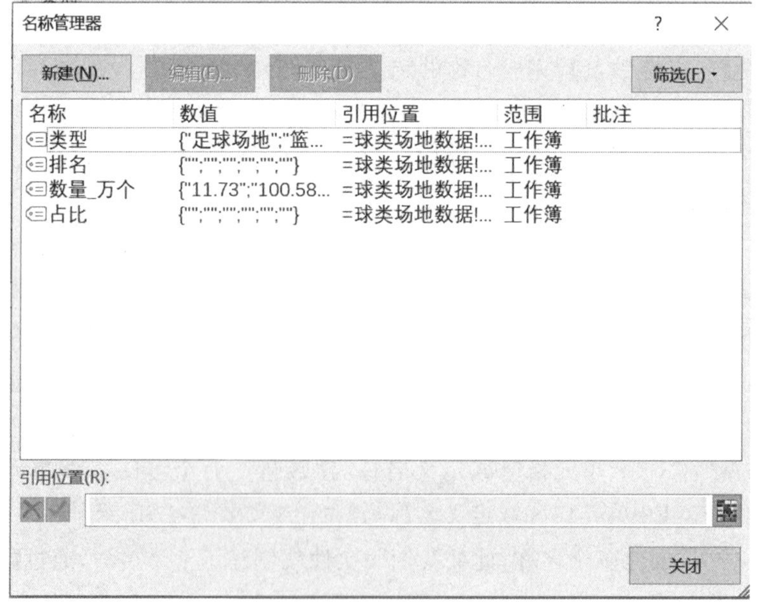

图 3-28　“名称管理器”对话框创建

2.定义名称的规则

在 Excel 中定义名称时，需要遵循一定的规则，否则系统将提示错误，如图 3-29 所示。定义名称的具体要求有：

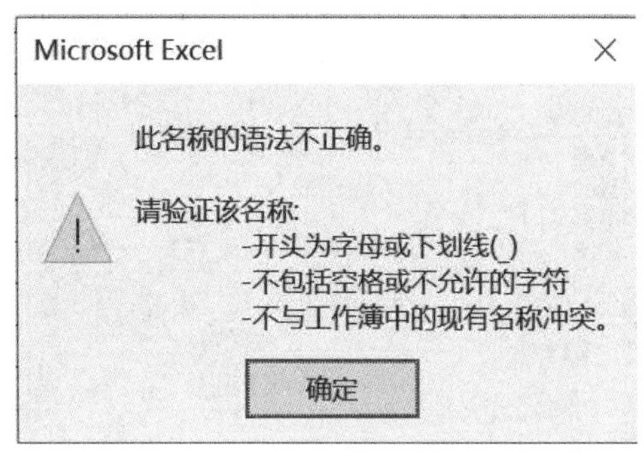

图 3-29　定义名称系统错误提示

(1)名称可以由任意的字符和数字组合，但不能以数字开头或者纯数字定义，特殊字符只限定下划线(_)、圆点(.)、反斜杠(\)和问号(?)这四个字符。

(2)定义的名称中不能包含空格符。

(3)名称中的字母不区分大小写。

(4)命名的时候不能以字母“R”、“r”、“C”或者“c”命名。

(5)名称不能和单元格地址相同。

(6)同一工作簿中定义的名称不能相同。

3.名称的编辑或删除

新建的名称 Excel 会将其归档到【名称管理器】中，通过【名称管理器】我们可以对已经定义的名称或者定义名称的引用范围进行管理，如名称查看、编辑或删除等。

(1)名称的查看

方法一：使用名称框。单击名称框右侧的下拉箭头，在下拉列表中会显示当前工作簿中创建的名称，选择其中一个就可以查看定义名称的引用范围。如图 3-30 所示。

名称框：类型（下拉列表：类型、排名、数量_万个、占比）　fx　足球场地

	A	B	C	D	E
1		2020年全国球类运动场地主要数据表			
2		类型	数量（万个）	排名	占比
3	球类运动场地	足球场地	11.73		
4		篮球场地	100.58		
5		排球场地	9.13		
6		乒乓球场地	83.5		
7		羽毛球场地	20.24		
8		其他球类场地	8.36		
9	总数		233.54		

图 3-30　使用名称框

方法二：使用定位。按下组合键【Ctrl+G】，在弹出的定位对话框中，会显示当前工作簿中创建的名称，选择其中的名称，双击就可以查看该名称的引用单元格范围，如图 3-31 所示。

图 3-31 "定位"对话框

(2)名称的编辑

步骤一：打开需要编辑名称的工作表，单击菜单栏上【公式】选项卡中【定义的名称】选项组中的【名称管理器】按钮。

步骤二：在打开的【名称管理器】对话框中，选择需要进行修改的名称，点击对话框上面的【编辑】按钮，弹出【编辑名称】对话框，可以重新设置名称和引用单元格区域，如图 3-32 和图 3-33 所示。

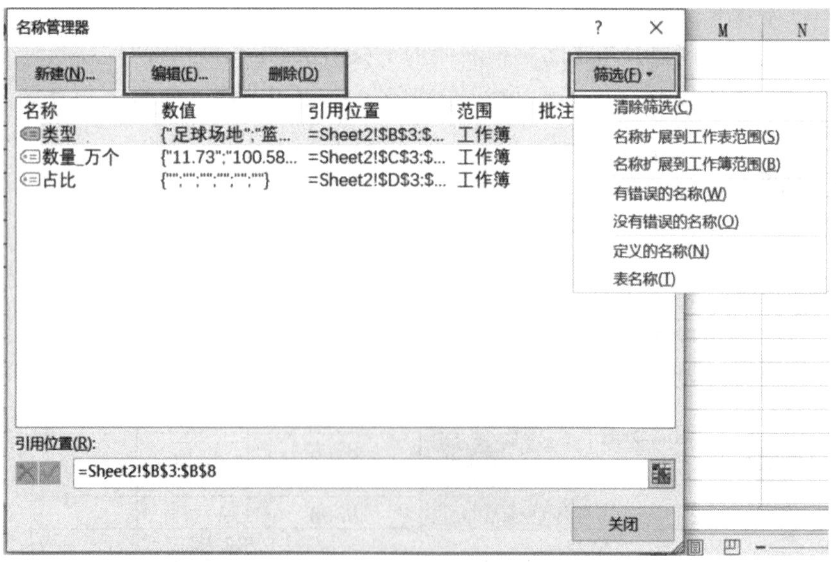

图 3-32 使用"名称管理器"对话框进行名称的编辑和删除

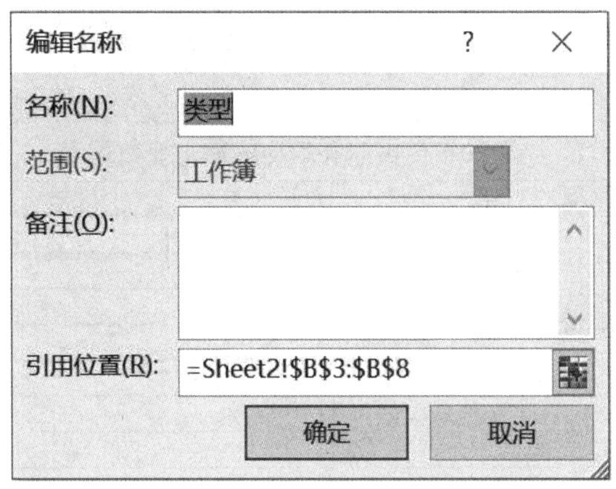

图 3-33　"编辑名称"对话框

(3)名称的删除

步骤一:打开需要删除名称的工作表,单击菜单栏上【公式】选项卡中【定义的名称】中选项组中的【名称管理器】按钮。

步骤二:在打开的【名称管理器】对话框中,选择需要删除的名称,点击对话框上面的【删除】按钮,在弹出的【是否要删除名称类型】的对话框中,单击【确定】按钮,即可将该名称删除。

4.名称的应用

例题 3-4:要统计各类球类场所数量的排名情况,定义完名称之后,我们可以将名称应用到公式中,使用"RANK"函数完成排名。具体操作步骤如下:

步骤一:输入公式。打开"2020 年全国球类运动场地主要数据表"工作表,选中 D3 单元格,输入计算公式"=RANK(C3,各场地数量)",如图 3-34 所示。因为排序的单元格范围一直都是 D3:D8,这里直接应用定义的名称输入,可以省去输入单元格区域和对其的绝对引用。

SUM　=RANK(C3,各场地数量)

	A	B	C	D	E
1	2020年全国球类运动场地主要数据表				
2	指标名称	类型	数量(万个)	排名	占比
3	球类运动场地	足球场地	11.73	=RANK(C3,各场地数量)	
4		篮球场地	100.58		
5		排球场地	9.13		
6		乒乓球场地	83.5		
7		羽毛球场地	20.24		
8		其他球类场地	8.36		
9	总数		233.54		

图 3-34　输入计算公式

步骤二:按【Enter】键,即会显示排名结果,如图 3-35 所示,足球场地排名第 4。

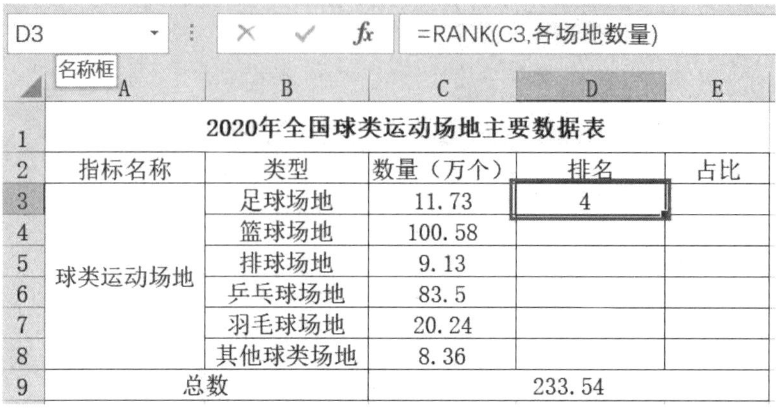

D3 =RANK(C3,各场地数量)

名称框

	A	B	C	D	E
1	2020年全国球类运动场地主要数据表				
2	指标名称	类型	数量（万个）	排名	占比
3	球类运动场地	足球场地	11.73	4	
4		篮球场地	100.58		
5		排球场地	9.13		
6		乒乓球场地	83.5		
7		羽毛球场地	20.24		
8		其他球类场地	8.36		
9	总数		233.54		

图 3-35　显示排名结果

步骤三：向下填充公式。将鼠标放在 D3 单元格的右下角，当鼠标变为十字形时即“＋”，按住鼠标往下拖动，将公式向下填充至 D8 单元格，即可得到应用定义名称计算各场地数量的排名结果，如图 3-36 所示。

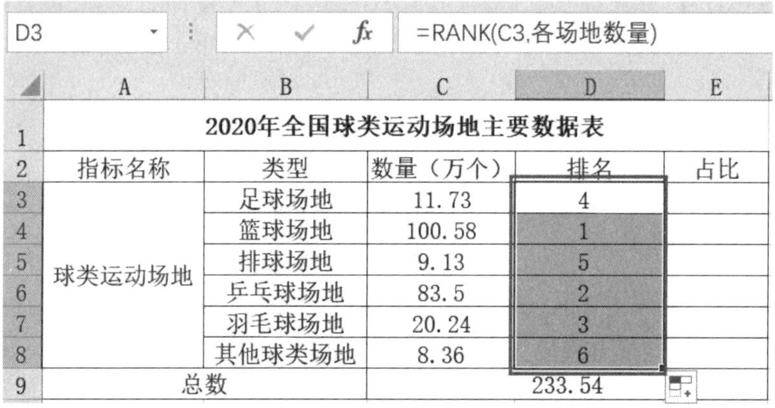

D3 =RANK(C3,各场地数量)

	A	B	C	D	E
1	2020年全国球类运动场地主要数据表				
2	指标名称	类型	数量（万个）	排名	占比
3	球类运动场地	足球场地	11.73	4	
4		篮球场地	100.58	1	
5		排球场地	9.13	5	
6		乒乓球场地	83.5	2	
7		羽毛球场地	20.24	3	
8		其他球类场地	8.36	6	
9	总数		233.54		

图 3-36　应用定义名称计算各场地数量的排名结果

3.2　公式的复制和显示

在计算工作表数据的过程中，我们经常会碰到多行或者多列采用相同的计算方式，如果手动逐行或逐列输入公式，工作量大，效率也低。此时我们可以采用复制公式的方式实现公式的快速输入和数据计算，从而避免了手动输入公式的麻烦。

1.公式的复制

Excel 中复制公式的方法有很多种，包括拖动填充复制、双击填充柄复制、使用快捷键【Ctrl＋C】等。

例 3-5：计算我国参加历届奥运会获奖奖牌总数。

方法一：拖动填充复制。

步骤一：选择要复制公式的单元格。选中 G3 单元格，它的计算公式是“＝D3＋E3＋F3”，如图 3-37 所示。

G3　=D3+E3+F3

	A	B	C	D	E	F	G
1	我国奥运会获奖情况统计表（1984年-2020年）						
2	时间	奥运会名称	排名	金牌	银牌	铜牌	总数
3	1984年	洛杉矶奥运会	4	15	8	9	32
4	1988年	汉城奥运会	11	5	11	12	
5	1992年	巴塞罗那奥运会	4	16	22	16	
6	1996年	亚特兰大奥运会	4	16	22	12	
7	2000年	悉尼奥运会	3	28	16	15	
8	2004年	雅典奥运会	2	32	17	14	
9	2008年	北京奥运会	1	48	22	30	
10	2012年	伦敦奥运会	2	38	31	22	
11	2016年	里约奥运会	3	26	18	26	
12	2020年	东京奥运会	2	38	32	18	
13							

图 3-37　输入计算公式

步骤二：将鼠标指针放到选中的单元格右下方填充处，即 G3 单元格的右下角，当鼠标指针成黑色实心十字形状时，按住鼠标左键拖动填充柄到指定位置，即单元格 G12，即可自动填充并应用公式，完成相应的计算，如图 3-38 所示。

G3　=D3+E3+F3

	A	B	C	D	E	F	G
1	我国奥运会获奖情况统计表（1984年-2020年）						
2	时间	奥运会名称	排名	金牌	银牌	铜牌	总数
3	1984年	洛杉矶奥运会	4	15	8	9	32
4	1988年	汉城奥运会	11	5	11	12	28
5	1992年	巴塞罗那奥运会	4	16	22	16	54
6	1996年	亚特兰大奥运会	4	16	22	12	50
7	2000年	悉尼奥运会	3	28	16	15	59
8	2004年	雅典奥运会	2	32	17	14	63
9	2008年	北京奥运会	1	48	22	30	100
10	2012年	伦敦奥运会	2	38	31	22	91
11	2016年	里约奥运会	3	26	18	26	70
12	2020年	东京奥运会	2	38	32	18	88
13							

图 3-38　利用填充完成相应计算

这里需要注意的是，因为选中要复制的 G3 单元格的公式采用的是相对引用，所以当将公式复制到其他单元格时，在编辑栏中可以看到公式中系统自动调整了所有移动单元格的引用位置，如 G4 单元格的公式自动变为“＝D4＋E4＋F4”，完全符合例题的计算要求。

如果 G3 单元格的公式采用的是绝对引用，即公式为“= $D$3+ $E$3+ $F$3”，那么不管将此公式复制到其他任何一个单元格，公式不会自动调整单元格的引用位置，公式仍为“= $D$3+ $E$3+ $F$3”，计算结果都一样，就是错误的，不符合要求，如图 3-39 所示。

G3　=$D$3+$E$3+$F$3

	A	B	C	D	E	F	G
1	我国奥运会获奖情况统计表（1984年-2020年）						
2	时间	奥运会名称	排名	金牌	银牌	铜牌	总数
3	1984年	洛杉矶奥运会	4	15	8	9	32
4	1988年	汉城奥运会	11	5	11	12	32
5	1992年	巴塞罗那奥运会	4	16	22	16	32
6	1996年	亚特兰大奥运会	4	16	22	12	32
7	2000年	悉尼奥运会	3	28	16	15	32
8	2004年	雅典奥运会	2	32	17	14	32
9	2008年	北京奥运会	1	48	22	30	32
10	2012年	伦敦奥运会	2	38	31	22	32
11	2016年	里约奥运会	3	26	18	26	32
12	2020年	东京奥运会	2	38	32	18	32

图 3-39　公式采用的是绝对引用的计算结果

在该例题中，我们可以看到，在进行公式复制时，变换的是单元格的行，列是没有发生变换的，所以可以采用混合引用，即绝对列、相对行的格式，同样能达到计算效果。在 G3 单元格中输入公式“= $D3+ $E3+ $F3”，效果如图 3-40 所示。

G3　=$D3+$E3+$F3

	A	B	C	D	E	F	G
1	我国奥运会获奖情况统计表（1984年-2020年）						
2	时间	奥运会名称	排名	金牌	银牌	铜牌	总数
3	1984年	洛杉矶奥运会	4	15	8	9	32
4	1988年	汉城奥运会	11	5	11	12	28
5	1992年	巴塞罗那奥运会	4	16	22	16	54
6	1996年	亚特兰大奥运会	4	16	22	12	50
7	2000年	悉尼奥运会	3	28	16	15	59
8	2004年	雅典奥运会	2	32	17	14	63
9	2008年	北京奥运会	1	48	22	30	100
10	2012年	伦敦奥运会	2	38	31	22	91
11	2016年	里约奥运会	3	26	18	26	70
12	2020年	东京奥运会	2	38	32	18	88

图 3-40　公式采用的是混合引用的计算结果

方法二：双击填充柄复制。

步骤一：选择要复制公式的单元格。选中 G3 单元格，它的计算公式是“=D3+E3+F3”，如图 3-37 所示。

步骤二：将鼠标指针放到选中的单元格右下方填充处，即 G3 单元格的右下角，当鼠标指针成黑色实心十字形状时，用鼠标左键快速双击填充柄，即可将公式自动复制至最后一行。

这种方法对于需要复制公式的数据行非常多的时候，操作起来更快，效率也更高，但该方法只适用于数据列的公式复制，即只能向下复制公式，具有一定的局限性。

方法三：使用快捷键【Ctrl＋C】。

步骤一：选择要复制公式的单元格。选中 G3 单元格，它的计算公式是“＝D3＋E3＋F3”，如图 3-37 所示，然后使用快捷键【Ctrl＋C】实现复制。

步骤二：选择要复制到的目标单元格区域后，使用快捷键【Ctrl＋V】进行粘贴即可。

这种方法可灵活选择要复制公式的单元格区域，但如果复制的目标区域如有非常多不连续的单元格区域时，会影响操作效率。

方法四：使用快捷键【Ctrl＋Enter】。

步骤一：选择要复制公式的单元格。然后选择要复制到的单元格目标区域，即同时选中 G3：G12 单元格区域。

步骤二：将光标定位到公式编辑栏后，按下快捷键【Ctrl＋Enter】即可实现公式的复制，如图 3-41 所示。

SUM　×　✓　fx　=D3+E3+F3 ← 光标定位在公式编辑栏中

	A	B	C	D	E	F	G
1	我国奥运会获奖情况统计表（1984年-2020年）						
2	时间	奥运会名称	排名	金牌	银牌	铜牌	总数
3	1984年	洛杉矶奥运会	4	15	8	9	=D3+E3+F3
4	1988年	汉城奥运会	11	5	11	12	
5	1992年	巴塞罗那奥运会	4	16	22	16	
6	1996年	亚特兰大奥运会	4	16	22	12	选中
7	2000年	悉尼奥运会	3	28	16	15	G2:G12
8	2004年	雅典奥运会	2	32	17	14	区域
9	2008年	北京奥运会	1	48	22	30	
10	2012年	伦敦奥运会	2	38	31	22	
11	2016年	里约奥运会	3	26	18	26	
12	2020年	东京奥运会	2	38	32	18	

图 3-41　使用快捷键复制公式

方法五：使用【开始】选项卡的【复制】和【粘贴】。

步骤一：选择要复制公式的单元格。选中 G3 单元格。在【开始】选项卡中的【剪贴板】选项组中，单击【复制】按钮，如图 3-42 所示。

步骤二：选择要复制到的目标单元格区域，在【开始】选项卡中的【剪贴板】选项组中，单击【粘贴】按钮即可复制公式和格式。

默认情况下，采用上面的方法复制（或剪切）并粘贴公式时，源单元格或区域中所有内容，如数据、格式、公式、验证、批注等，都将粘贴到目标单元格。这可能并不一定是我们所想要的，还有许多其他的粘贴选项，可能我们需要粘贴的是单元格的内容，而不是其格式；或者需要粘贴的是公式的结果，而不是公式本身；再或者是希望将粘贴的数据从行转置为

G3 =D3+E3+F3

	A	B	C	D	E	F	G
1	我国奥运会获奖情况统计表（1984年-2020年）						
2	时间	奥运会名称	排名	金牌	银牌	铜牌	总数
3	1984年	洛杉矶奥运会	4	15	8	9	32
4	1988年	汉城奥运会	11	5	11	12	
5	1992年	巴塞罗那奥运会	4	16	22	16	
6	1996年	亚特兰大奥运会	4	16	22	12	
7	2000年	悉尼奥运会	3	28	16	15	
8	2004年	雅典奥运会	2	32	17	14	
9	2008年	北京奥运会	1	48	22	30	
10	2012年	伦敦奥运会	2	38	31	22	
11	2016年	里约奥运会	3	26	18	26	
12	2020年	东京奥运会	2	38	32	18	

图 3-42　菜单栏的“复制”和“粘贴”按钮

列，此时我们可以点击在【开始】选项卡中的【剪贴板】选项组中【粘贴】按钮下方的箭头，如图 3-43 所示，通过选择粘贴选项来实现要复制的内容，具体各粘贴选项的含义如表 3-8 所示。

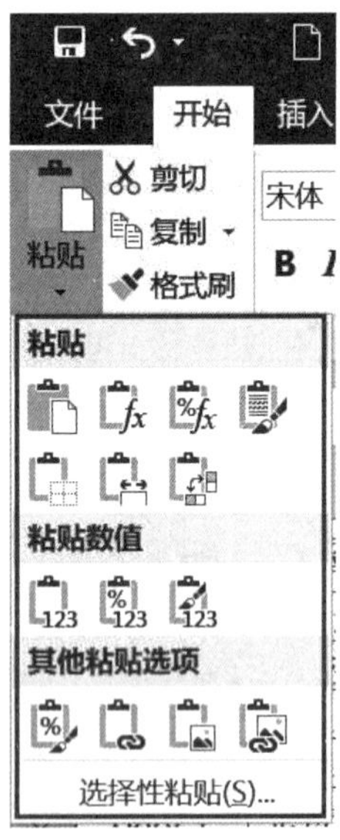

图 3-43　“粘贴”按钮的下拉选项

表 3-8 各粘贴选项的含义

图标	选项名称	粘贴结果	图标	选项名称	粘贴结果
	粘贴	默认方式，复制所有单元格内容		值	只复制公式的可视结果，而不是公式本身
	公式	复制公式，无格式或批注		值和数字格式	仅复制单元格中的值和数字格式，而非公式
	公式和数字格式	复制公式，保留数字格式		值和源格式	复制单元格中的值和格式
	保留源格式	复制源公式并保留源数据的格式		格式	是复制单元格的格式，包括条件格式
	无边框	复制单元格边框除外的所有内容		粘贴链接	引用源单元格而不是所复制的单元格的内容
	保留源列宽	复制的单元格内容及其列宽		图片	复制图片
	转置	复制时行列相互转置，行中的数据将复制到列中，反之亦然		链接的图片	带有原始单元格链接的所复制图像

此外，我们也可以使用【选择性粘贴】框中的选项，在【开始】选项卡中的【剪贴板】选项组中，点击【粘贴】按钮下方的箭头，然后选择下方的【选择性粘贴】，打开【选择性粘贴】对话框，如图 3-44 所示，根据具体需要选择粘贴方式，以下我们举几个例子进行说明。

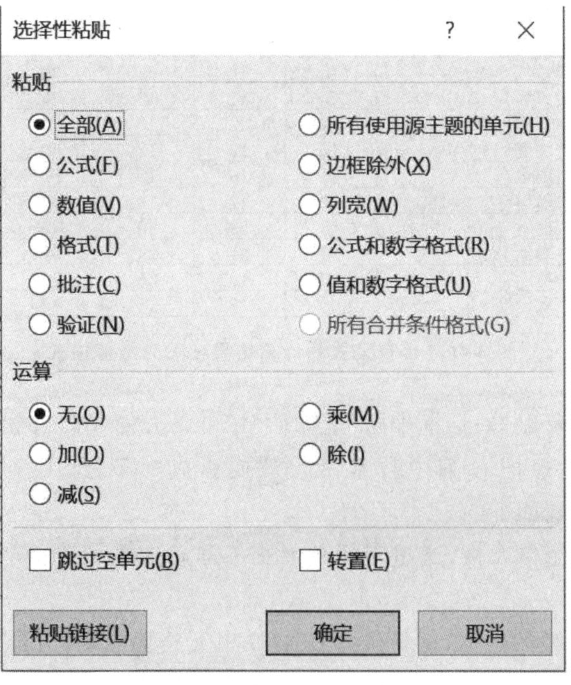

图 3-44 “选择性粘贴”对话框

例 3-6:"粘贴为数值"这个选项是选择性粘贴中最常用的功能。因为我们经常利用 Excel 工具做数据分析,需要把其他格式粘贴为数据格式才能进行数据运算,把带有公式的计算结果粘贴为数值格式可以使复制后的内容不会因为公式的变化而发生变化。如图 3-45 所示,把 G3:G12 单元格区域直接粘贴到 H3:H13 单元格区域,数据会发生变化,因为存在公式。而把 G3:G12 单元格区域粘贴为值的方式粘贴到 I3:I12 单元格区域就不会改变原有的数据,如图 3-46 所示。

H3 =E3+F3+G3

	A	B	C	D	E	F	G	H
1	我国奥运会获奖情况统计表(1984年-2020年)							
2	时间	奥运会名称	排名	金牌	银牌	铜牌	总数	总数
3	1984年	洛杉矶奥运会	4	15	8	9	32	49
4	1988年	汉城奥运会	11	5	11	12	28	51
5	1992年	巴塞罗那奥运会	4	16	22	16	54	92
6	1996年	亚特兰大奥运会	4	16	22	12	50	84
7	2000年	悉尼奥运会	3	28	16	15	59	90
8	2004年	雅典奥运会	2	32	17	14	63	94
9	2008年	北京奥运会	1	48	22	30	100	152
10	2012年	伦敦奥运会	2	38	31	22	91	144
11	2016年	里约奥运会	3	26	18	26	70	114
12	2020年	东京奥运会	2	38	32	18	88	138

图 3-45 带有公式的计算结果直接复制

I3 32

	A	B	C	D	E	F	G	H	I
1	我国奥运会获奖情况统计表(1984年-2020年)								
2	时间	奥运会名称	排名	金牌	银牌	铜牌	总数	总数	总数
3	1984年	洛杉矶奥运会	4	15	8	9	32	49	32
4	1988年	汉城奥运会	11	5	11	12	28	51	28
5	1992年	巴塞罗那奥运会	4	16	22	16	54	92	54
6	1996年	亚特兰大奥运会	4	16	22	12	50	84	50
7	2000年	悉尼奥运会	3	28	16	15	59	90	59
8	2004年	雅典奥运会	2	32	17	14	63	94	63
9	2008年	北京奥运会	1	48	22	30	100	152	100
10	2012年	伦敦奥运会	2	38	31	22	91	144	91
11	2016年	里约奥运会	3	26	18	26	70	114	70
12	2020年	东京奥运会	2	38	32	18	88	138	88

图 3-46 带有公式的计算结果粘贴为数值格式

例 3-7:"选择性粘贴"对话框中的"运算粘贴"可以方便我们对数据进行快速的换算。如图 3-47 所示,我们想把 C 列中数量"万个"换算成"个",即 C 列的数据要统一乘以 10000。具体操作步骤如下:

步骤一:随机找个单元格,这里选择单元格 G3,输入数值 10000,然后复制 10000 所在的单元格 G3。

步骤二:选中 C 列的数据,这里选择 C3:C9 单元格区域,打开【选择性粘贴】对话框,这里也可以使用快捷菜单的形式,通过点击鼠标右键打开【选择性粘贴】对话框,如图 3-48 所示。

C2　数量（万个）

	A	B	C	D	E
1	2020年全国球类运动场地主要数据表				
2	指标名称	类型	数量（万个）	排名	占比
3	球类运动场地	足球场地	11.73	4	5.02%
4		篮球场地	100.58	1	43.07%
5		排球场地	9.13	5	3.91%
6		乒乓球场地	83.5	2	35.75%
7		羽毛球场地	20.24	3	8.67%
8		其他球类场地	8.36	6	3.58%
9	总数(万个)		233.54		

图 3-47　对选中数据进行快速换算

2020年全国球类运动场地主要数据表			
指标名称	类型	数量（万个）	
球类运动场地	足球场地	11.73	10000
	篮球场地	100.58	
	排球场地	9.13	
	乒乓球场地	83.5	
	羽毛球场地	20.24	
	其他球类场地	8.36	
总数(万个)		233.54	

剪切(T)
复制(C)
粘贴选项:
选择性粘贴(S)...
智能查找(L)
插入复制的单元格(E)...
删除(D)...
清除内容(N)
快速分析(Q)
筛选(E)
排序(O)
插入批注(M)
设置单元格格式(F)...
从下拉列表中选择(K)...
显示拼音字段(S)
定义名称(A)...
超链接(I)...

粘贴
粘贴数值
其他粘贴选项
选择性粘贴(S)...

Sheet1　Sheet2　Sheet3

目标区域，然后按 ENTER 或选择"粘贴"

图 3-48　利用快捷菜单打开"选择性粘贴"对话框

步骤三：在【选择性粘贴】对话框中选择【乘】，然后点击【确定】就可以实现数量以"个"为单位的显示效果，如图 3-49 所示。

C3　117300

	A	B	C	D	E	F	G
1	2020年全国球类运动场地主要数据表						
2	指标名称	类型	数量（个）	排名	占比		
3	球类运动场地	足球场地	117300	4	5.02%		10000
4		篮球场地	1005800	1	43.07%		
5		排球场地	91300	5	3.91%		
6		乒乓球场地	835000	2	35.75%		
7		羽毛球场地	202400	3	8.67%		
8		其他球类场地	83600	6	3.58%		
9	总数(个)		2335400				

图 3-49　换算后的结果

除了乘法运算以外，加、减、除法类似的运算都可以运用这种复制性粘贴。

例 3-8：有时为了方便表格以另一种形式进行查看或者统计时，需要将工作表数据的行和列进行互换，此时我们可以在粘贴时选择【转置】把行和列进行转置，转置后的效果如图 3-50 所示，每列是奥运会名称，每行是奖牌，操作步骤如下：

	A	B	C	D	E	F	G	H	I	J	K
1	我国奥运会获奖情况统计表（1984年-2020年）										
2	时间	奥运会名称	排名	金牌	银牌	铜牌	总数				
3	1984年	洛杉矶奥运会	4	15	8	9	32				
4	1988年	汉城奥运会	11	5	11	12	28				
5	1992年	巴塞罗那奥运会	4	16	22	16	54				
6	1996年	亚特兰大奥运会	4	16	22	12	50				
7	2000年	悉尼奥运会	3	28	16	15	59				
8	2004年	雅典奥运会	2	32	17	14	63				
9	2008年	北京奥运会	1	48	22	30	100				
10	2012年	伦敦奥运会	2	38	31	22	91				
11	2016年	里约奥运会	3	26	18	26	70				
12	2020年	东京奥运会	2	38	32	18	88				
13											
14											
15	奥运会名称	洛杉矶奥运会	汉城奥运会	巴塞罗那奥运会	亚特兰大奥运会	悉尼奥运会	雅典奥运会	北京奥运会	伦敦奥运会	里约奥运会	东京奥运会
16	金牌	15	5	16	16	28	32	48	38	26	38
17	银牌	8	11	22	22	16	17	22	31	18	32
18	铜牌	9	12	16	12	15	14	30	22	26	18

图 3-50　行列转置效果

步骤一：选中 B2:B12 的单元格区域，按住【Ctrl】键的同时选中 D2:F12 单元格区域，在【开始】选项卡中的【剪贴板】选项组中，单击【复制】按钮。

步骤二：选择要粘贴的单元格位置 A15，选择图 3-43 中的转置图标“”，或者在图 3-44【选择性粘贴】对话框中勾选【转置】复选框，即可以将选中的单元格区域进行行列互换。

2.公式的显示

通常情况下，我们用了公式在单元格只是显示计算结果。当面对众多表格，有时不知道哪些单元格中使用了公式，如何让公式显示出来方便我们查看或者纠错呢？

方法一：在菜单栏【公式】选项卡中的【公式审核】选项组中，单击【显示公式】按钮，如图 3-51 所示。

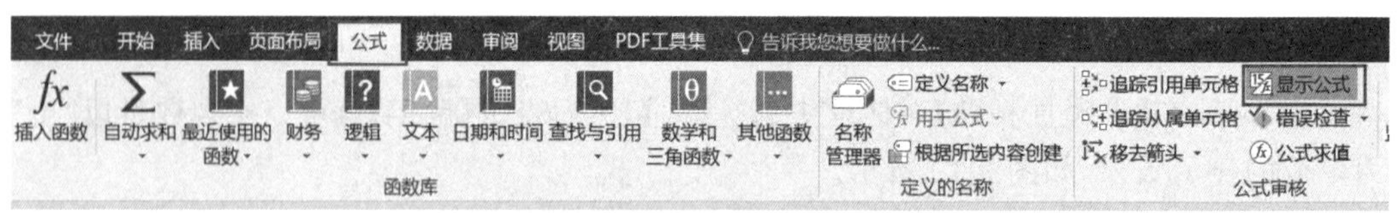

图 3-51　菜单栏的“显示公式”按钮

方法二：使用快捷键【Ctrl＋～】，可以让公式快速显示，公式显示结果如图 3-52 所示。

例 3-9：计算 2020 年各类球类运动场地的占比。

这道题的计算公式是：$占比=\frac{各类球类运动场地}{总球场数}$

步骤一：首先将 E3:E8 单元格区域格式设置为带两位小数的百分比，然后在单元格 E3 中输入公式“=C3/C9”，使用拖动填充对单元格区域 E4:E8 进行公式复制后，出现了如图 3-53 所示的错误“#DIV/0!”。

	A	B	C	D	E	F	G
1	我国奥运会获奖情况统计表（1984年–2020年）						
2	时间	奥运会名称	排名	金牌	银牌	铜牌	总数
3	1984年	洛杉矶奥运会	4	15	8	9	=D3+E3+F3
4	1988年	汉城奥运会	11	5	11	12	=D4+E4+F4
5	1992年	巴塞罗那奥运会	4	16	22	16	=D5+E5+F5
6	1996年	亚特兰大奥运会	4	16	22	12	=D6+E6+F6
7	2000年	悉尼奥运会	3	28	16	15	=D7+E7+F7
8	2004年	雅典奥运会	2	32	17	14	=D8+E8+F8
9	2008年	北京奥运会	1	48	22	30	=D9+E9+F9
10	2012年	伦敦奥运会	2	38	31	22	=D10+E10+F10
11	2016年	里约奥运会	3	26	18	26	=D11+E11+F11
12	2020年	东京奥运会	2	38	32	18	=D12+E12+F12

图 3-52　公式显示结果

E3　=C3/C9

	A	B	C	D	E
1	2020年全国球类运动场地主要数据表				
2	指标名称	类型	数量（万个）	排名	占比
3	球类运动场地	足球场地	11.73	4	5.02%
4		篮球场地	100.58	1	#DIV/0!
5		排球场地	9.13	5	#DIV/0!
6		乒乓球场地	83.5	2	#DIV/0!
7		羽毛球场地	20.24	3	#DIV/0!
8		其他球类场地	8.36	6	#DIV/0!
9	总数		233.54		

图 3-53　公式错误提示

步骤二：可以借助“公式显示”的功能将公式显示出来，如图 3-54 所示。发现因为公式中总球场数采用的是相对引用，所以在拖动填充公式的时，单元格自动调整了位置，因为求占比时总球场数要保持不变，所以导致计算出错。

E4　=C4/C10

	A	B	C	D	E
1	2020年全国球类运动场地主要数据表				
2	指标名称	类型	数量（万个）	排名	占比
3	球类运动场地	足球场地	11.73	=RANK(C3,各场地数量)	=C3/C9
4		篮球场地	100.58	=RANK(C4,各场地数量	=C4/C10
5		排球场地	9.13	=RANK(C5,各场地数量)	=C5/C11
6		乒乓球场地	83.5	=RANK(C6,各场地数量)	=C6/C12
7		羽毛球场地	20.24	=RANK(C7,各场地数量)	=C7/C13
8		其他球类场地	8.36	=RANK(C8,各场地数量)	=C8/C14
9	总数		233.54		

图 3-54　显示错误公式

步骤三：需要引用总球场数的单元格时需要采用绝对引用，即应将单元格 E3 中输入的计算公式改为“＝C3/＄C＄9”，然后重新将公式复制到单元格区域 E4:E8 中，因为采用了绝对引用,所以复制公式后C9单元格不会发生改变,即得到正确的结果,公式显示如图3-55所示。

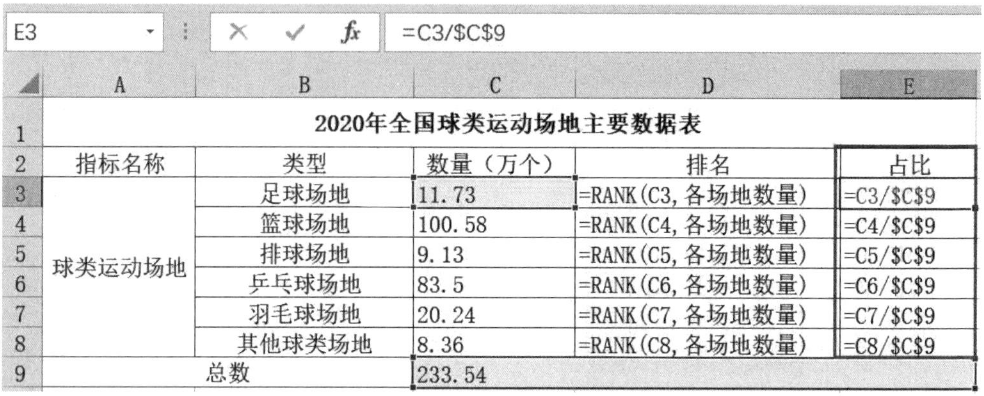

	A	B	C	D	E
1	2020年全国球类运动场地主要数据表				
2	指标名称	类型	数量(万个)	排名	占比
3	球类运动场地	足球场地	11.73	=RANK(C3,各场地数量)	=C3/$C$9
4		篮球场地	100.58	=RANK(C4,各场地数量)	=C4/$C$9
5		排球场地	9.13	=RANK(C5,各场地数量)	=C5/$C$9
6		乒乓球场地	83.5	=RANK(C6,各场地数量)	=C6/$C$9
7		羽毛球场地	20.24	=RANK(C7,各场地数量)	=C7/$C$9
8		其他球类场地	8.36	=RANK(C8,各场地数量)	=C8/$C$9
9	总数		233.54		

E3 =C3/$C$9

图3-55 修改后的公式计算

3.3 数组公式

1.数组

数组指的是一组数据,这些数可以是纵向的一组数,也可以是横向的一组数,也可以是二维数组,数组的表示一般为大括号"{}"所包括。数组可以是单元格的集合或是一组常数数值的集合。

一维数组是单行或单列多个单元格的集合。例如:单元格区域A1:A4是单列数组,A2:C2是单行数组。

二维数组是多行多列单元格的集合。例如:单元格区域A2:C5。

常数数组是包含在大括号"{}"内的常量,可以是数值、文本、日期、逻辑值或错误值,每个数值之间用","隔开。例如:{10,20,30,40}或者{优秀、良好、合格、不合格}。

2.数组公式

数组公式可以看成是有多重数值的公式,它是Excel对公式和数组的一种扩充。一个数组公式可以占用一个或多个单元格区域,与单值公式的不同之处在于它可以产生一个以上的结果。

数组公式的输入首先必须选择用来存放结果的单元格区域,也可以是一个单元格,然后在编辑栏输入公式,最后按组合键【Ctrl+Shift+Enter】锁定数组公式,系统将在数组公式的两边自动加上大括号"{}",同时数组公式将返回一组计算结果。

例3-10:利用数组计算我国参加历届奥运会获奖奖牌总数。

步骤一:选择存储运算结果的单元格区域G3:G12。

步骤二:在公式编辑栏中输入公式"=D3:D12+E3:E12+F3:F12",同时按下【Ctrl+Shift+Enter】组合键。此时G3:C12单元格区域将会被自动填充计算结果,同时在编辑栏会看到公式的外边多了一对大括号"{}",数组计算的结果如图 3-56 所示。

G3　fx　{=D3:D12+E3:E12+F3:F12}

	A	B	C	D	E	F	G
1	我国奥运会获奖情况统计表（1984年-2020年）						
2	时间	奥运会名称	排名	金牌	银牌	铜牌	总数
3	1984年	洛杉矶奥运会	4	15	8	9	32
4	1988年	汉城奥运会	11	5	11	12	28
5	1992年	巴塞罗那奥运会	4	16	22	16	54
6	1996年	亚特兰大奥运会	4	16	22	12	50
7	2000年	悉尼奥运会	3	28	16	15	59
8	2004年	雅典奥运会	2	32	17	14	63
9	2008年	北京奥运会	1	48	22	30	100
10	2012年	伦敦奥运会	2	38	31	22	91
11	2016年	里约奥运会	3	26	18	26	70
12	2020年	东京奥运会	2	38	32	18	88

图 3-56　数组计算

3.4　公式审核

Excel 的函数功能非常强大,如果在输入公式时发生错误,单元格就会返回一个错误值。我们除了可以利用错误值的类型判断公式出错的原因外,表 3-9 是单元格常见的几种错误类型提示和解决方法。另外,我们也可利用 Excel 中的公式审核功能来迅速找出错误,从而修改公式,得到正确的运算结果。

表 3-9　单元格常见错误类型提示

错误类型	错误原因	解决方法
#DIV/O!	公式中分母(或除数)为 0,或者除数引用的单元格为空值	修改作为除数的单元格中的数值不为 0
####	单元格内的数据(或计算结果)超出了列宽	调整单元格列宽
#VALUE!	公式中使用了错误的数据类型,如文本参与了数值计算	使用正确的数据类型
#N/A	公式中没有可用数值,目标或参数缺失。	将引用单元格中的数值补充完整
#REF!	单元格引用无效	检查引用的单元格是否被删除,更改公式,重新更新计数的引用区域
#NAME?	公式中使用了 Excel 不能识别的文本,如输入错误、单元格引用区域错误、数字类型错误不符合计数规则、文本引用未加双引号等	修改拼写错误

续表

错误类型	错误原因	解决方法
#NULL!	引用单元格区域的时候，单元格区域范围出现错误，如根据引用运算符指定共用区域的两个区域，但共用区域部不存在	检查数字是否超出限定区域，注意符号的使用。“:”区域运算符表示引用连续的单元格区域；“,”联合运算符表示引用不想交的两个区域；“”空格运算符表示引用两个有交集的区域
#NUM!	无效数据，超出Excel限定的数值计算范围	确认函数中使用的参数类型正确，或修改数值大小到函数能接受的范围

Excel菜单栏【公式】选项卡的【公式审核】选项组中提供了包括显示公式、错误检查、公式求值、追踪引用单元格和追踪从属单元格几种工具，如图3-57所示。我们可以通过运用错误检查找到公式不一致的单元格，借助追踪引用单元格显示出错误的引用，同时能够快速显示所有公式，查看函数计算过程等，这样有助于我们更快修订公式错误，了解函数运用。

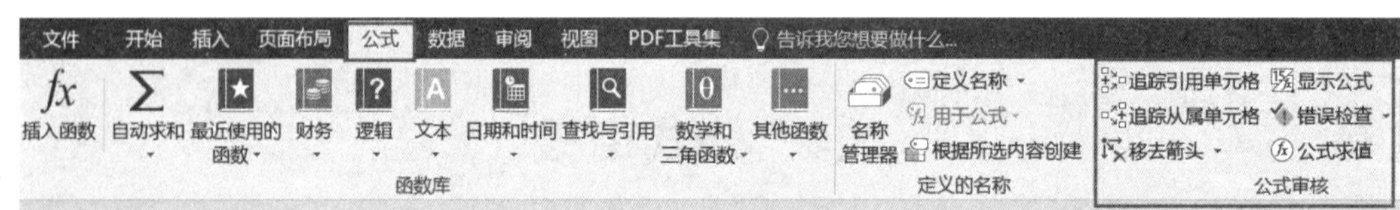

图3-57　菜单栏的“公式审核”选项卡

1.错误检查

“错误检查”功能可以对工作表中的所有公式进行错误检查，帮助我们定位错误，并提供有用的信息协助解决问题。

例题3-9：我们在计算2020年各类球类运动场地的占比时，遇到了单元格返回误差值的情况，可以通过返回值提示的错误类型“#DIV/O!”判断，原因是除数引用的单元格为空值，即分母引用错误导致出错。另外，我们可以使用错误检查功能，具体操作步骤如下：

步骤一：在菜单栏【公式】选项卡的【公式审核】选项组中，点击【错误检查】选项，会弹出【错误检查】对话框，如图3-58所示。这里提示的错误原因是“被零除”，根据错误提示我们分析原因是公式的除数出错了，进一步分析，根据计算要求，因为没有采用绝对引用，导致在复制公式的时候单元格引用出错。

步骤二：点击【错误检查】对话框中的【在编辑栏中编辑】即可对错误的公式进行修改。

步骤三：通过点击【上一个】或【下一个】按钮可以定位到其他错误的单元格公式，方便依次修改。

2.追踪引用单元格

Excel公式中经常会引用多个单元格数据，而且引用的单元格数据有时相互嵌套，即公式中引用的单元格数据又引用了其他单元格数据。追踪引用单元格，可以把公式引用的单元格全部标识出来，指明影响当前单元格值的单元格，从而帮助我们了解公式引用的数据源从哪里来。追踪引用单元格的具体操作步骤如下：

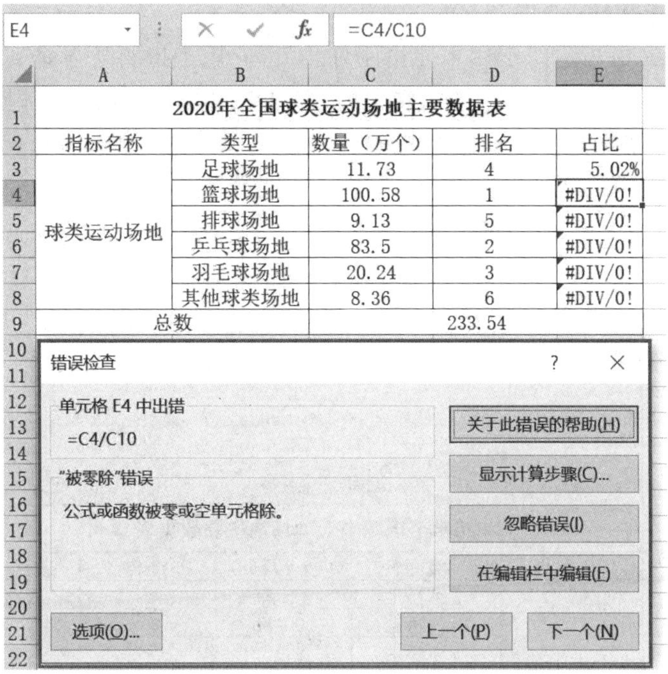

E4　=C4/C10

2020年全国球类运动场地主要数据表				
指标名称	类型	数量（万个）	排名	占比
球类运动场地	足球场地	11.73	4	5.02%
	篮球场地	100.58	1	#DIV/0!
	排球场地	9.13	5	#DIV/0!
	乒乓球场地	83.5	2	#DIV/0!
	羽毛球场地	20.24	3	#DIV/0!
	其他球类场地	8.36	6	#DIV/0!
总数		233.54		

错误检查

单元格 E4 中出错

=C4/C10

"被零除"错误

公式或函数被零或空单元格除。

关于此错误的帮助(H)　显示计算步骤(C)...　忽略错误(I)　在编辑栏中编辑(F)

选项(O)...　上一个(P)　下一个(N)

图 3-58　"错误检查"对话框

步骤一：选择公式所在的单元格。如图 3-59，我们想查看影响单元格 D3 和 E4 值的所有单元格，分别选中 D3 或 E4。

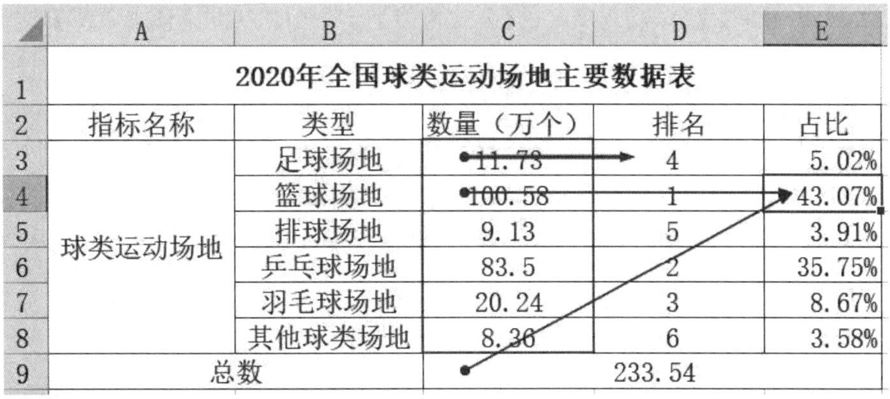

2020年全国球类运动场地主要数据表				
指标名称	类型	数量（万个）	排名	占比
球类运动场地	足球场地	11.73	4	5.02%
	篮球场地	100.58	1	43.07%
	排球场地	9.13	5	3.91%
	乒乓球场地	83.5	2	35.75%
	羽毛球场地	20.24	3	8.67%
	其他球类场地	8.36	6	3.58%
总数		233.54		

图 3-59　追踪引用单元格

步骤二：在菜单栏【公式】选项卡的【公式审核】选项组中，点击【追踪引用单元格】选项，如图 3-59 所示，显示了 D3 和 E4 公式中引用的单元格情况，蓝色追踪箭头代表单元格引用正确，红色追踪箭头代表单元格引用有误。若有嵌套引用单元格数据，可以通过多次单击【追踪引用单元格】按钮，直到显示所有公式的引用路径，包括直接和间接的引用路径，即完成操作。

步骤三：在菜单栏【公式】选项卡的【公式审核】选项组中，点击【移去箭头】选项，可以删除追踪的箭头。

3.追踪从属单元格

追踪从属单元格与追踪引用单元格刚好相反，它用于指明受当前单元格值影响的单元格，即该单元格是被哪个单元格公式所引用了。追踪从属单元格的具体操作步骤如下：

步骤一：选择需要查看被引用的单元格。如图 3-60，我们想查看单元格 C9 被哪些单元格公式引用，选中单元格 C9。

步骤二：在菜单栏【公式】选项卡的【公式审核】选项组中，点击【追踪从属单元格】选项，图 3-60 显示了引用了 C9 单元格的所有单元格 E2 至 E8。与追踪引用单元格一样，追踪从属单元格也分为直接引用和间接引用，若有嵌套引用单元格数据，可以通过多次单击【追踪从属单元格】按钮，直到显示所有公式的引用，即完成操作。

C9　fx　233.54

	A	B	C	D	E
1	2020年全国球类运动场地主要数据表				
2	指标名称	类型	数量（万个）	排名	占比
3	球类运动场地	足球场地	11.73	4	5.02%
4		篮球场地	100.58	1	43.07%
5		排球场地	9.13	5	3.91%
6		乒乓球场地	83.5	2	35.75%
7		羽毛球场地	20.24	3	8.67%
8		其他球类场地	8.36	6	3.58%
9	总数(万个)		233.54		

图 3-60　追踪从属单元格

步骤三：在菜单栏【公式】选项卡的【公式审核】选项组中，点击【移去箭头】选项，可以删除追踪的箭头。

4.公式求值

公式求值可以对公式中的各部分进行计算，将复杂的公式分解，帮我们看到公式求值的详细过程，及时发现公式中存在的问题，进行修正。如图 3-61 所示，当将单元格 E3 的公式复制到其他单元格出现公式错误时，我们可以利用公式求值功能查看公式计算步骤，方便找出错误原因，具体操作步骤如下：

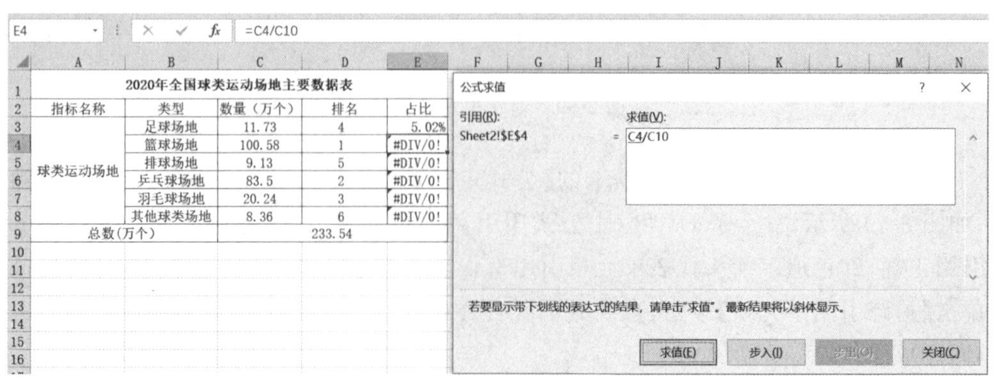

图 3-61　公式求值

步骤一：选择 E4 单元格，在菜单栏【公式】选项卡的【公式审核】选项组中点击【公式求值】选项，弹出【公式求值】对话框。对话框中将显示引用的单元格和公式。

步骤二：点击【公式求值】对话框的【求值】按钮后，系统将按照公式的计算顺序依次显示公式的整个计算过程，每单击一次【求值】按钮，将计算一个值，如图 3-62 所示，这样我们就可以很清晰地看到每一步计算过程，从而发现错误，进而修订公式。

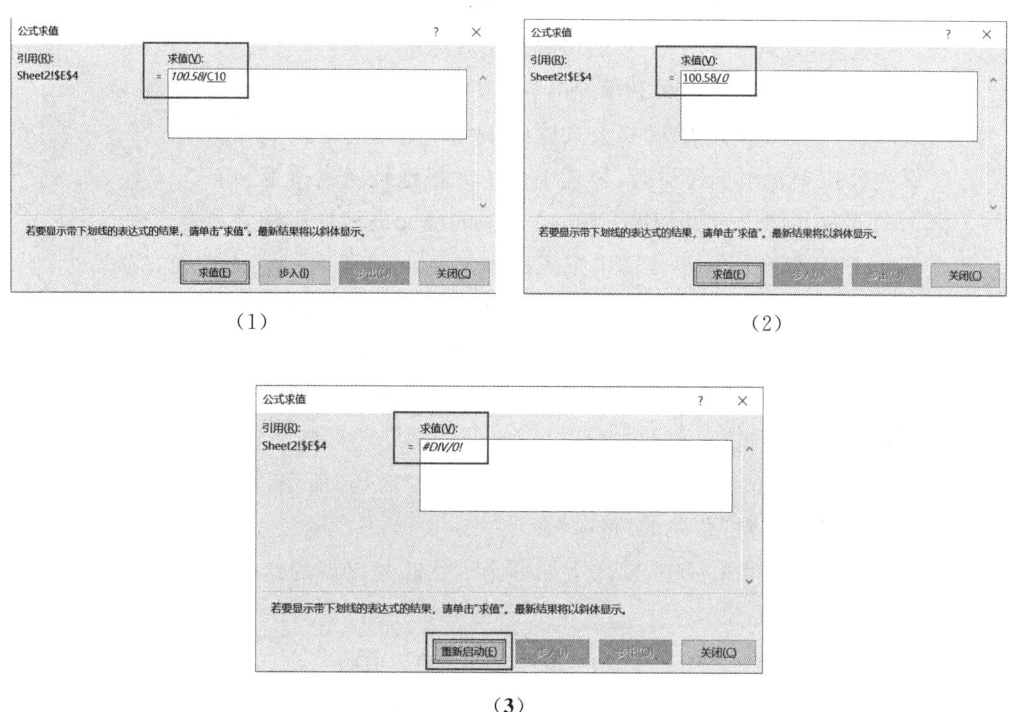

图 3-62　公式求值的每步计算过程

步骤三：最后点击【重新启动】可以重复前面的分步骤计算过程，方便反复检查。

练习题

一、选择题

1.下列 Excel 的表示中，属于绝对地址引用的是(　　)。

A. $ A2　　B.C $　　C.E8　　D. $ G $ 9

2.在 Excel 中，一般工作文件的默认文件类型为(　　)。

A..doc　　B..mdb　　C..xls　　D..ppt

3.在 Excel 中，所有文件数据的输入及计算都是通过(　　)来完成的。

A.工作簿　　B.工作表　　C.单元格　　D.窗口

4.在 Excel 中，每一个单元格具有对应的参考坐标，称之为(　　)。

A.单元格绝对地址　　B.单元格引用位置

C.单元格相对地址　　D.单元格工作区域

5.在 Excel 中，选定源单元格后单击“复制”按钮，再选中目的单元格后单击“粘贴”按钮，此时被粘贴的是源单元格中的(　　)。

A.格式和公式　　B.全部　　C.数值和内容　　D.格式和批注

6.在 Excel 中，公式中引用了某单元格的相对地址＿＿＿＿＿。

A.当公式单元格用于拷贝和填充时，公式中的单元格地址随之改变

B.仅当公式单元用于填充时，公式中的单元格地址随之改变

C.仅当公式单元用于拷贝时，公式中的单元格地址随之改变

D.当公式单元用于拷贝和填充时，公式中的单元格地址不随之改变

7.在 Excel 中，要在同一工作簿中把工作表 sheet4 移动到 sheet1 前面，应(　　)。

A.单击工作表 sheet4 标签，并沿着标签行拖动到 sheet1 前

B.单击工作表 sheet4 标签，并按住 Ctrl 键沿着标签行拖动到 sheet1 前

C.单击工作表 sheet4 标签，并选“编辑”菜单的“复制”命令，然后单击工作表 sheet1 标签，再选“编辑”菜单的“粘贴”命令

D.单击工作表 sheet4 标签，并选“编辑”菜单的“剪切”命令，然后单击工作表 sheet1 标签，再选“编辑”菜单的“粘贴”命令

8.在 Excel 工作表单元格中，输入下列哪个表达式是错误的？(　　)。

A.＝(15－A1)/3　　B.＝A2/C1

C.SUM(A2：A4)/2　　D.＝A2＋A3＋D4

9.在 Excel 工作表的 A1、A2、A3、B1、B2 的单元格中分别有数值或函数“32、＝AVERAGE(A1：A2)、6、10”，若按正常操作方式将 A3 单元格复制到 B3，则此时 B3 的值是(　　)。

A.5　　B.2.5　　C.16　　D.8

10.输入公式时，由于键入错误，使系统不能识别键入的公式，此时会出现一个错误信息“＃REF!”，表示(　　)。

A.没有可用的数值　　B.在不相交的区域中指定一个交集

C.公式中某个数字有问题　　D.引用了无效的单元格

11.在 Excel 数据表中，查询满足条件如“年龄＞18 或年龄＜50”的数据记录时，应使用“数据”菜单下的(　　)。

A.排序　　B.筛选　　C.分类汇总　　D.智能填充

二、填空题

1.在 Excel 中，单元格的引用有(　　)、(　　)和(　　)。

2.在 Excel 公式中，若单元格的引用随公式所在单元格位置的变化而改变，则称之为(　　)。

3.当向 Excel 工作表单元格输入公式时，使用单元格地址 D$6 引用 D 列 6 行单元格，该单元格的引用称为(　　)。

4.当向 Excel 工作表单元格输入公式时，使用单元格地址“$B$2”来引用 B 列 2 行单元格时，该单元格的引用方式称为(　　)。(4 个汉字)

5.输入公式时，由于键入错误，使系统不能识别键入的公式，此时会出现一个错误信息，#NAME! 表示(　　)。

6.外部引用的格式为(　　)。

三、判断题

1.使用“筛选”功能对数据进行自动筛选时必须先进行排序。(　　)

2.修改单元格中的数据时，不能在编辑栏中修改。(　　)

3.使用“分类汇总”功能对数据进行分类汇总操作时，要先对数据按分类字段进行排序操作。(　　)

4.要对 A1 单元格进行相对地址引用，形式为“$A$1”。(　　)

5.在 Sheet1 工作表中引用 Sheet2 中 A1 单元格的内容，引用格式为“Sheet2.A1”。(　　)

6.当 Excel 单元格内的公式中用 0 做除数时，会显示错误值“#DIV/0!”。(　　)

四、简答题

1.简述创建名称常用的四种方法。

2.简述公式的组成和其各自的含义。

3 简述运算符号的优先级。

第4章　函数的应用

课程思政案例导入与教学目标

课程思政案例：

生态环境是我们生存、生产与生活的基本条件，虽然这些年我国经济飞速发展，创造了世界眼中的“中国奇迹”，但发展的同时也面临着一系列的环境问题：温室效应加剧，生物多样性减少，森林面积锐减，大气污染，水污染……我们的家园不堪重负。如何把环境保护和推进发展相结合，积极探索中国特色的环保新道路已经摆在了十分重要的位置。近年来，党中央、国务院高度重视生态环境保护工作，党的十九大报告将生态文明建设提升到总体布局的高度，习近平总书记的“绿水青山就是金山银山”的“两山”理念日益深入人心，成为全党全社会的共识和行动指南，经过不懈努力，我国解决了发展中积累的一系列生态难题，体现了大国担当。未来美好的环境要靠我们每一个人的双手来维护，我们应该尊重自然，爱护自然，践行环保，倡导低碳生活，积极弘扬生态文明，助力传播环境文化，既为保障自己生活质量和生命质量，也为国家建设可持续发展的生态环境贡献力量。

小王想要了解当前我国资源、生态及环境的相关信息，他收集了相关数据，运用函数运算、统计等方式进行数据处理，对比各地区生态文明建设的情况。透过数据结果，小王深刻感受到近年来我国在加强生态文明建设的决心和行动，了解了我国在绿色发展、生态文明、环境质量改善方面取得的巨大成就，希望自己能够树立生态文明建设的理念，提升自我的环保修养，积极投身绿色发展的中国道路，成为推动社会生态文明建设的一员。

课程思政教学目标：

运用 Excel 2016 强大的函数功能，对收集到的森林资源、水资源、造林面积、污染治理等我国的生态环境数据进行计算、统计和对比，通过结果我们可以感受到，近年来，在党中央的正确领导下，我国各地区都在大力推进生态文明建设，在生态环境保护的诸多领域取得了显著的成就，生态环境治理体系得到了不断完善。城市绿化面积增加了，水环境质量改善了，人们环境保护意识增强了，生活居住环境更加优美了。作为当代青年，要主动培养自身生态文明意识和环保理念，善于发现中国生态环境之美、自然资源之美，争做环保教育的传播者、践行者和推动者，将生态文明理念内化于心，外化于行，勇于担起建设人与自然和谐共生的美丽中国的重任。

为了满足我们分析和处理各种数据的要求，Excel 2016 提供了丰富的内置函数供用户使用。函数实际上是一个预先定义好的，按照特定的结构和顺序对一个或多个参数进行计算,并得出一个或多个计算结果的特殊计算公式。使用函数不仅可以简化工作表中的公式,而且可以完成许多复杂的计算。

Excel 2016 中的函数按照功能可以分为财务函数、日期与时间函数、数值与三角函数、统计函数、查找与引用函数、数据库函数、文字函数、逻辑函数、信息函数等多种类型。

4.1　函数语法

函数公式作为 Excel 的重要组成部分之一,有着十分强大的计算功能,使数据的处理变得简单便捷。它其实是预定义的内置公式,能够执行计算、分析等数据处理任务。在使用中,函数公式要遵循一些规则,并按照语法的特定顺序进行计算。

函数虽然类型多样,但其结构大同小异,一个完整的函数式由四部分组成,分别为函数名称、标识符、括号和函数参数,函数的语法表达式为:"=函数名称(参数 1,参数 2,……)"。

(1)标识符

函数的输入是以"="开始的,这个"="我们称为函数的标识符。

(2)函数名称

大多数函数名称对应的是英文单词的缩写,在标识符后输入函数名时,以小写或大写的形式输入均可,若输入的是小写,回车后 Excel 会自动将名称转换为大写形式。

(3)函数参数

参数是放在函数名后圆括号内的,指定的参数都必须为有效的参数值。一个函数可以使用多个参数,也可以无参数。多个参数的函数,参数之间使用英文逗号进行分隔,无参数的函数只有函数名和括号组成,如函数 NA(　)是返回错误值#N/A。一般 Excel 中绝大多数的函数都是带有参数的,参数的类型和位置必须满足函数语法的要求,否则将返回错误信息。

函数参数主要有几种类型:

①常量。常量是指在运算中不会发生变化的量,如数值"678"、日期"2022-2-22"、文本"环保",都属于常量。

②单元格或单元格区域引用。单元格或单元格区域引用是最常见的参数,目的在于指明函数所使用的数据位置。

③名称。在工作表中我们赋予单元格或单元格区域自定义的名称,可以在函数中作为参数直接引用,使函数变得更加直观。

④函数表达式。某个函数表达式的返回结果可以作为另一个函数的参数来使用,通常我们称为复合函数或者嵌套函数。

⑤逻辑值。逻辑值是比较特殊的一类参数输入,它包括 TRUE(真)或 FALSE(假)两种类型,有时为了使逻辑值参与运算,通常将其赋值,如:真值 TRUE=1,假值 FALSE=0。

4.2 函数的输入

函数的输入方法有以下几种，用户可以根据需要自行选择。

1.手工直接输入

手工直接输入函数的方法与输入公式的方法相同。如果用户对函数的拼写十分熟悉，可以在存放计算结果的单元格中或者在 Excel 编辑栏中手工直接输入函数名称。Excel 为了帮助用户快速完成函数输入，提供了函数辅助输入功能，当用户输入函数字母时，系统会根据用户输入的字母，自动弹出相匹配的函数列表，此时用户可通过上下箭头或使用鼠标双击选择列表中需要的函数完成输入。或者也可以继续输入后续字符，当列表中想要的函数为深色选中状态时，单击【TAB】键完成函数名的输入，然后补充函数参数和相对应括号的输入。

例 4-1：统计我国东部各地区 2016—2020 年近五年来的造林总面积，如图 4-1 所示。

A3 　 北京市

	A	B	C	D	E	F	G
1	我国东部地区造林面积情况（2016年-2020年）						
2	地区	2020年	2019年	2018年	2017年	2016年	总计
3	北京市	41.76	34.08	29.98	40.34	19.06	
4	天津市	2.54	16.54	8.65	12.22	9.29	
5	河北省	446.77	520.64	600.96	481.27	583.36	
6	上海市	5.44	5	3.18	2.68	3.94	
7	江苏省	51.64	44.37	43.36	36.57	30.63	
8	浙江省	119.93	75.53	63.64	44.05	55.65	
9	福建省	204.32	214.09	193.39	233.59	228.68	
10	山东省	141.75	168.3	147.48	142.2	146.68	
11	广东省	264.97	244.73	270.46	270.59	305.4	
12	海南省	15.16	15.7	10.5	12.88	14.52	
13	指标：造林总面积(千公顷) 注：自2015年起造林面积包括人工造林、飞播造林、新封山育林、退化林修复和人工更新。 数据来源：国家统计局						

图 4-1 我国东部各地区 2016 年—2020 年近五年造林总面积情况表

数据来源：国家统计局。

操作步骤如下：

步骤一：选中单元格 G3，输入等号"＝"。

步骤二：在等号"＝"后输入函数名称，这里我们运用的是求和函数，函数名为"SUM"。随着函数字母的输入，如图 4-2 所示，系统会自动弹出一个动态列表，此时，可以直接手动输入完整的函数名，也可以在动态列表中选择所需函数。

步骤三：鼠标双击选择需要的函数，在单元格中会显示"＝函数名"，然后按函数语法要求，输入参数或单元格引用等，参数之间要用逗号分隔。一般在单元格下方会显示函数参数输入提示，如图 4-3 所示。例题的参数为单元格区域引用，输入参数"B3:F3"。

SUM　=SU

地区	2020年	2019年	2018年	2017年	2016年	总计
北京市	41.76	34.08	29.98	40.34	19.06	=SU
天津市	2.54	16.54	8.65	12.22	9.29	
河北省	446.77	520.64	600.96	481.27	583.36	
上海市	5.44	5	3.18	2.68	3.94	
江苏省	51.64	44.37	43.36	36.57	30.63	
浙江省	119.93	75.53	63.64	44.05	55.65	
福建省	204.32	214.09	193.39	233.59	228.68	
山东省	141.75	168.3	147.48	142.2	146.68	
广东省	264.97	244.73	270.46	270.59	305.4	
海南省	15.16	15.7	10.5	12.88	14.52	

我国东部地区造林面积情况（2016年-2020年）

指标：造林总面积(千公顷)
注：自2015年起造林面积包括人工造林、飞播造林、新封山育林、退化林修复
数据来源：国家统计局

动态列表：SUBSTITUTE　SUBTOTAL　SUM　SUMIF　SUMIFS　SUMPRODUCT　SUMSQ　SUMX2MY2　SUMX2PY2　SUMXMY2

图 4-2　根据输入函数字母系统自动弹出一个动态函数列表

SUM　=SUM(

地区	2020年	2019年	2018年	2017年	2016年	总计
北京市	41.76	34.08	29.98	40.34	19.06	=SUM(
天津市	2.54	16.54	8.65	12.22	9.29	SUM(**number1**, [number2], ...)
河北省	446.77	520.64	600.96	481.27	583.36	
上海市	5.44	5	3.18	2.68	3.94	
江苏省	51.64	44.37	43.36	36.57	30.63	
浙江省	119.93	75.53	63.64	44.05	55.65	
福建省	204.32	214.09	193.39	233.59	228.68	
山东省	141.75	168.3	147.48	142.2	146.68	
广东省	264.97	244.73	270.46	270.59	305.4	
海南省	15.16	15.7	10.5	12.88	14.52	

我国东部地区造林面积情况（2016年-2020年）

指标：造林总面积(千公顷)
注：自2015年起造林面积包括人工造林、飞播造林、新封山育林、退化林修复和人工更新。
数据来源：国家统计局

图 4-3　显示函数参数输入提示

步骤四：输入“)”后，按【Enter】键或者单击编辑栏中的输入按钮“✓”，完成函数的输入。此时单元格 G3 中显示最终的计算结果，在编辑栏公式框中显示了完整的函数表达式，如图 4-4 所示。

G3　=SUM(B3:F3)

地区	2020年	2019年	2018年	2017年	2016年	总计
北京市	41.76	34.08	29.98	40.34	19.06	165.22
天津市	2.54	16.54	8.65	12.22	9.29	
河北省	446.77	520.64	600.96	481.27	583.36	
上海市	5.44	5	3.18	2.68	3.94	
江苏省	51.64	44.37	43.36	36.57	30.63	
浙江省	119.93	75.53	63.64	44.05	55.65	
福建省	204.32	214.09	193.39	233.59	228.68	
山东省	141.75	168.3	147.48	142.2	146.68	
广东省	264.97	244.73	270.46	270.59	305.4	
海南省	15.16	15.7	10.5	12.88	14.52	

我国东部地区造林面积情况（2016年-2020年）

指标：造林总面积(千公顷)
注：自2015年起造林面积包括人工造林、飞播造林、新封山育林、退化林修复和人工更新。
数据来源：国家统计局

图 4-4　编辑栏公式框显示完整的函数表达式

步骤五：利用公式填充的方式，完成其余省份的造林面积计算，如图 4-5 所示。

G3 | =SUM(B3:F3)

	A	B	C	D	E	F	G
1	我国东部地区造林面积情况（2016年-2020年）						
2	地区	2020年	2019年	2018年	2017年	2016年	总计
3	北京市	41.76	34.08	29.98	40.34	19.06	165.22
4	天津市	2.54	16.54	8.65	12.22	9.29	49.24
5	河北省	446.77	520.64	600.96	481.27	583.36	2633
6	上海市	5.44	5	3.18	2.68	3.94	20.24
7	江苏省	51.64	44.37	43.36	36.57	30.63	206.57
8	浙江省	119.93	75.53	63.64	44.05	55.65	358.8
9	福建省	204.32	214.09	193.39	233.59	228.68	1074.07
10	山东省	141.75	168.3	147.48	142.2	146.68	746.41
11	广东省	264.97	244.73	270.46	270.59	305.4	1356.15
12	海南省	15.16	15.7	10.5	12.88	14.52	68.76
13	指标：造林总面积(千公顷) 注：自2015年起造林面积包括人工造林、飞播造林、新封山育林、退化林修复和人工更新。 数据来源：国家统计局						

图 4-5　公式填充完成其他省份计算

2.使用“插入函数”对话框

Excel 的函数十分丰富，覆盖了很多应用领域，每个函数又允许使用多个参数，用户要全部掌握所有的函数名称及参数不太现实，而且也没有必要。当对于一些不太熟悉的函数，我们可以借助系统提供的“插入函数向导”功能，根据向导一步步方便快捷地输入需要的函数。具体操作步骤如下：

步骤一：“插入函数”对话框。首先选中存放计算结果的单元格 G3，单击编辑栏中的“fx”按钮或者菜单栏【公式】中【函数库】选项卡中的【插入函数】按钮，如图 4-6 所示，此时表示公式开始的“=”自动出现在单元格和编辑栏中，并弹出【插入函数】对话框，如图 4-7 所示。

图 4-6　菜单栏“插入函数”按钮

步骤二：选择函数。如图 4-8 所示，在打开的【插入函数】对话框中的【选择函数】列表中找到“SUM”函数。如果你需要的函数不在里面，可以根据计算要求，单击【或选择类别】右侧的下拉列表进行类别选择，选择具体函数，单击确定按钮，打开【函数参数】对话框。如果我们对需要插入的函数不是很熟悉，可以在弹出的【插入函数】对话框中的【搜索函数】文本框中输入要插入的函数的关键字，例如输入“求和”，单击【转到】按钮，系统将自动搜索出符合关键字要求的所有函数，然后选择我们需要的函数插入即可。当选择一个函数后，在【插入函数】对话框的下方会有关于这个函数的文字说明，我们可以通过文字介绍来了解选择的函数。

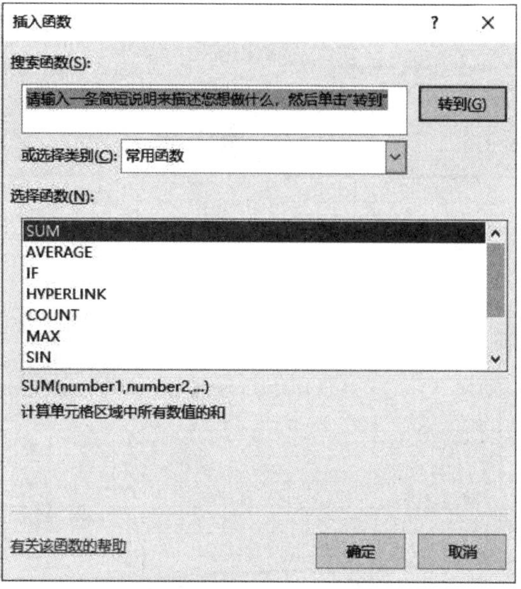

图 4-7　"插入函数"对话框

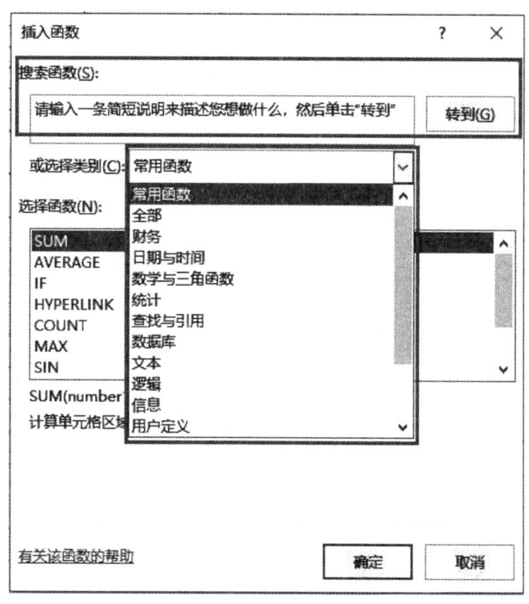

图 4-8　选择函数

步骤三：输入参数。如图 4-9 所示，在打开的【函数参数】对话框中，在"Number1"文本框中输入函数的参数，这里输入要参与计算的单元格区域为"B3:F3"，或者单点"Number1"参数框右侧的【折叠】按钮，将折叠对话框，此时在工作表中拖动鼠标指针选择要引用的单元格区域作为函数参数，如图 4-10 所示，然后单击折叠对话框右侧展开按钮，返回【函数参数】对话框，最后单击【确定】按钮。

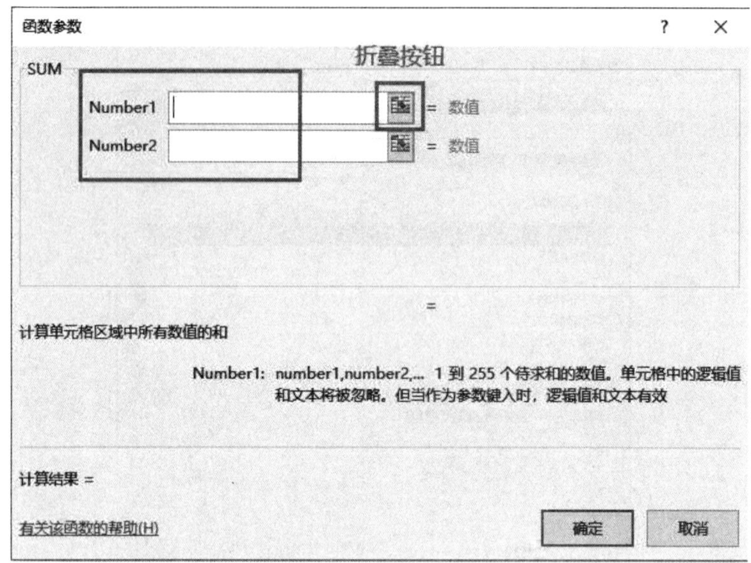

图 4-9　输入函数参数

B3　=SUM(B3:F3)

	A	B	C	D	E	F	G	H
1	我国东部地区造林面积情况（2016年-2020年）							
2	地区	2020年	2019年	2018年	2017年	2016年	总计	
3	北京市	41.76	34.08	29.98	40.34	19.06	=SUM(B3:F3)	
4	天津市	2.54	16.54	8.65	12.22	9.29		
5	河北省	446.77	520.64	600.96	481.27	583.36		
6	上海市	5.44	5	3.18	2.68	3.94		
7	江苏省	51.64	44.37	43.36	36.57	30.63		
8	浙江省	119.93	75.53	63.64	44.05	55.65		
9	福建省	204.32	214.09	193.39	233.59	228.68		
10	山东省	141.75	168.3	147.48	142.2	146.68		
11	广东省	264.97	244.73	270.46	270.59	305.4		
12	海南省	15.16	15.7	10.5	12.88	14.52		
13	指标 注: 数据							

函数参数　?　×

B3:F3

图 4-10　选择作为函数参数的单元格区域

步骤四：查看函数插入结果，利用公式填充完成其余省份的造林面积计算。

3.使用快捷工具

在日常学习、工作中，我们会经常用到一些比较常见的函数，如求和、求平均值等，此时我们可以借助菜单栏【开始】选项卡中的【编辑】选项组中的【自动求和】按钮“∑自动求和 ▾”。如图 4-11 所示，点开【自动求和】按钮右侧小箭头，在下拉列表中会显示常用的求和、平均值、计数、最大值、最小值 5 个函数选项以及其他函数，方便用户快速地选择需要的函数。

例题 4-1：我们要进行求和计算，操作步骤如下：

步骤一：将光标定位在存放计算结果的单元格 G3 中。

步骤二：点击【自动求和】按钮，将自动插入求和函数 SUM，此时可以在单元格里或编

我国东部地区造林面积情况（2016年-2020年）						
地区	2020年	2019年	2018年	2017年	2016年	总计
北京市	41.76	34.08	29.98	40.34	19.06	=SUM(B3:F3)
天津市	2.54	16.54	8.65	12.22	9.29	
河北省	446.77	520.64	600.96	481.27	583.36	
上海市	5.44	5	3.18	2.68	3.94	
江苏省	51.64	44.37	43.36	36.57	30.63	
浙江省	119.93	75.53	63.64	44.05	55.65	
福建省	204.32	214.09	193.39	233.59	228.68	
山东省	141.75	168.3	147.48	142.2	146.68	
广东省	264.97	244.73	270.46	270.59	305.4	
海南省	15.16	15.7	10.5	12.88	14.52	

指标：造林总面积(千公顷)
注：自2015年起造林面积包括人工造林、飞播造林、新封山育林、退化林修复和人工更新。
数据来源：国家统计局

图 4-11　菜单栏“自动求和”按钮

辑栏里看到公式的具体书写情况，可根据计算需要修改参数，最后按【Enter】键确认，得到求和结果。这里需要注意的是，该功能只能实现对同一行或者同一列中的数字进行求和。

4.3　常用函数的应用

Excel 提供了大量函数，能够帮助我们轻松进行数据的处理和计算，下面将介绍一些常用的函数。

4.3.1 逻辑判断函数

逻辑判断是 Excel 中最常用的函数，在进行数据处理时，我们经常需要使用多个条件进行判断，有时是所有条件都要成立，有时是部分条件成立，此时就需要使用逻辑判断函数。逻辑判断函数简单理解就是返回结果为 TRUE 或 FALSE 的函数。TRUE 代表判断后的返回结果是正确的、真的，也可以用 1 表示；FALSE 代表判断后的返回结果是错误的、假的，也可以用 0 表示。逻辑判断可以帮助我们减轻人工判断的工作量，快速地录入数据，提高工作效率。

1.IF 函数

功能：执行真假值判断，根据条件判断返回不同的值。

语法：IF(logical_test,[value_if_true],[value_if_false])

参数说明：如表 4-1 所示，IF 函数有三个参数，第一个参数是要测试的值或表达式，第二个参数是当第一个参数的结果成立时返回的值，第三个参数是当第一个参数不成立时返回的值。

表 4-1 IF 函数参数说明

参数名称	参数说明
logical_test(必选)	判断的条件表达式
value_if_true(必选)	如果 logical_test 指定条件的计算结果为 True 时,返回该值
value_if_false(可选)	如果 logical_test 指定条件的计算结果为 False 时,返回该值

例 4-2:在“我国各省 2020 年森林资源分布情况”(数据来源:国家统计局)工作表中,我们想要对字段“林业用地面积(万公顷)”做一个逻辑判断,当该字段数值大于 500(万公顷)时,显示判断结果为“1”,否则显示结果为“−1”。

步骤一:选中要存放判断结果的单元格 H3。

步骤二:插入函数。单击“插入函数”按钮,选择“IF”函数,打开 IF 函数对话框,如图 4-12 所示,在“logical_test”中输入“B3>500”,在“value_if_true”中输入“1”,在“value_if_false”输入“−1”,单击确定,完成函数插入。对于“IF”函数使用比较熟悉的,也可以如图 4-13 所示直接在单元格 H3 中手动输入公式。

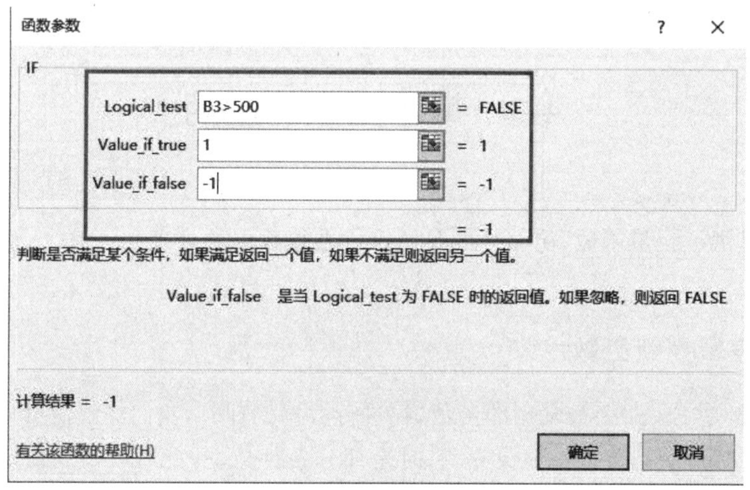

图 4-12 IF 函数参数对话框

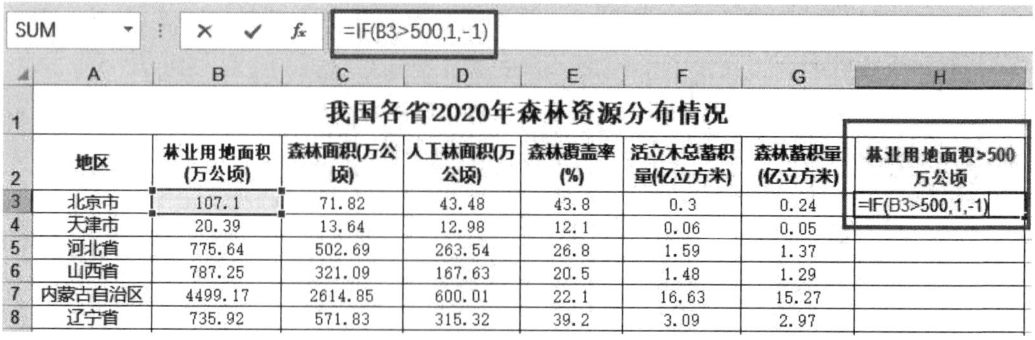

SUM =IF(B3>500,1,-1)

	A	B	C	D	E	F	G	H
1	我国各省2020年森林资源分布情况							
2	地区	林业用地面积(万公顷)	森林面积(万公顷)	人工林面积(万公顷)	森林覆盖率(%)	活立木总蓄积量(亿立方米)	森林蓄积量(亿立方米)	林业用地面积>500万公顷
3	北京市	107.1	71.82	43.48	43.8	0.3	0.24	=IF(B3>500,1,-1)
4	天津市	20.39	13.64	12.98	12.1	0.06	0.05	
5	河北省	775.64	502.69	263.54	26.8	1.59	1.37	
6	山西省	787.25	321.09	167.63	20.5	1.48	1.29	
7	内蒙古自治区	4499.17	2614.85	600.01	22.1	16.63	15.27	
8	辽宁省	735.92	571.83	315.32	39.2	3.09	2.97	

图 4-13 直接输入 IF 函数

“IF”函数还可以做多层级条件判断，即实现函数的嵌套。“IF”函数的嵌套要求按顺序进行逐个层级的判断，要按照数值区间的大小顺序对多个层级进行一一判断，要么从小到大，要么从大到小，不要从中间某个数值区间开始判断，否则容易出现错。

例 4-3：要求“林业用地面积(万公顷)”数值大于等于 1000 时，返回等级结果为“高”；数值大于等于 500 且小于 1000 返回等级结果为“中”，数值小于 500 返回等级结果为“低”。

具体步骤如下：

步骤一：首先我们进行逻辑条件的梳理，得到等级判断规则：

(1)＞＝1000，结果“高”

(2)＞＝500 且＜1000，结果“中”

(3)＜500，结果“低”

步骤二：数值从大到小判断，插入函数 IF，在“logical_test”中输入“B3＞＝1000”，在“value_if_true”中输入“高”，在“value_if_false”继续嵌套函数 IF，此时已经排除了“B3＞＝1000”的数值，只需要在“B3＜1000”里面再做判断，所以嵌套函数 IF 的“logical_test”中输入“B3＞＝500”，在“value_if_true”中输入“中”，在“value_if_false”输入“低”，即可实现判断要求。整个完整的函数公式为“＝IF(B3＞＝1000,"高",IF(B3＞＝500,"中","低"))”，操作结果如图 4-14 所示。

IF　=IF(B3>=1000,"高",IF(B3>=500,"中","低"))

	A	B	C	D	E	F	G	H
1	我国各省2020年森林资源分布情况							
2	地区	林业用地面积(万公顷)	森林面积(万公顷)	人工林面积(万公顷)	森林覆盖率(%)	活立木总蓄积量(亿立方米)	森林蓄积量(亿立方米)	林业用地面积等级判断
3	北京市	107.1	71.82	43.48	43.8	0.3		=IF(B3>=1000,"高",IF(B3>=500,"中","低"))
4	天津市	20.39	13.64	12.98	12.1	0.06	0.05	IF(logical_test, [value_
5	河北省	775.64	502.69	263.54	26.8	1.59	1.37	中
6	山西省	787.25	321.09	167.63	20.5	1.48	1.29	中
7	内蒙古自治区	4499.17	2614.85	600.01	22.1	16.63	15.27	高
8	辽宁省	735.92	571.83	315.32	39.2	3.09	2.97	中
9	吉林省	904.79	784.87	175.94	41.5	10.54	10.13	中
10	黑龙江省	2453.77	1990.46	243.26	43.8	20	18.47	高
11	上海市	10.19	8.9	8.9	14	0.07	0.04	低
12	江苏省	174.98	155.99	150.83	15.2	0.96	0.7	低
13	浙江省	659.77	604.99	244.65	59.4	3.14	2.81	中

图 4-14　例题 IF 函数判断结果

同理，我们也可以采取从小到大的判断方式，先判断数值小于 500 的情况，再嵌套判断数值大于 500 的等级，函数公式为“＝IF(B3＜500,"低",IF(B3＞＝1000,"高","中"))”或者“＝IF(B3＜500,"低",IF(B3＜＝1000,"中","高"))”，均能得到同样的结果。

2.OR 函数

功能：在英文中表示“或”的关系，用于对多个逻辑条件是否有一个条件同时成立进行判断。OR 函数很少单独使用，一般是与其他函数嵌套使用。

语法：OR(logical1,logical2,…)

参数说明：如表 4-2 所示，参数 logical1,logical2,…分别表示条件 1、条件 2……条件 N，只要其中一个条件满足，那么判断结果返回值为 TRUE，如果所有条件都不满足，那么判断结果返回值为 FALSE，即“有真则真，同假则假”。

表 4-2　OR 函数参数说明

参数名称	参数说明
logical1(必选)	第一个判断条件，结果可以是 TRUE 或者 FALSE
logical2，…(可选)	其他判断条件，结果可以是 TRUE 或者 FALSE

例 4-4：要求对"森林面积"数值大于 100 或者"人工林面积"数值大于 100 做判断，还要有一个符合条件，结果输出就为"TRUE"，否则为"FALSE"。

具体操作步骤如下：

如图 4-15 所示，在 H3 单元格中输入函数公式"=OR(C3>100，D3>100)"，然后按【Enter】回车键即可得到结果，再利用公式填充得到其他地区的计算结果。

H3　=OR(C3>100,D3>100)

	A	B	C	D	E	F	G	H
1	我国各省2020年森林资源分布情况							
2	地区	林业用地面积(万公顷)	森林面积(万公顷)	人工林面积(万公顷)	森林覆盖率(%)	活立木总蓄积量(亿立方米)	森林蓄积量(亿立方米)	结果
3	北京市	107.1	71.82	43.48	43.8	0.3	0.24	FALSE
4	天津市	20.39	13.64	12.98	12.1	0.06	0.05	FALSE
5	河北省	775.64	502.69	263.54	26.8	1.59	1.37	TRUE
6	山西省	787.25	321.09	167.63	20.5	1.48	1.29	TRUE
7	内蒙古自治区	4499.17	2614.85	600.01	22.1	16.63	15.27	TRUE
8	辽宁省	735.92	571.83	315.32	39.2	3.09	2.97	TRUE
9	吉林省	904.79	784.87	175.94	41.5	10.54	10.13	TRUE
10	黑龙江省	2453.77	1990.46	243.26	43.8	20	18.47	TRUE
11	上海市	10.19	8.9	8.9	14	0.07	0.04	FALSE

图 4-15　OR 函数的运用

这里我们可以将 OR 函数结合 IF 函数一起使用，使表格呈现的计算结果变得更加直观。

在例题 4-4 中我们假设只要有一个条件成立，返回结果显示"达标"，否则显示"不达标"，具体操作如下：

如图 4-16 所示，在 H3 单元格中输入函数公式"=IF(OR(C3>100，D3>100)，"达标"，"不达标")"，然后按【Enter】键即可得到结果，再利用公式填充得到其他地区的计算结果。

H3　=IF(OR(C3>100,D3>100),"达标","不达标")

	A	B	C	D	E	F	G	H
1	我国各省2020年森林资源分布情况							
2	地区	林业用地面积(万公顷)	森林面积(万公顷)	人工林面积(万公顷)	森林覆盖率(%)	活立木总蓄积量(亿立方米)	森林蓄积量(亿立方米)	结果
3	北京市	107.1	71.82	43.48	43.8	0.3	0.24	不达标
4	天津市	20.39	13.64	12.98	12.1	0.06	0.05	不达标
5	河北省	775.64	502.69	263.54	26.8	1.59	1.37	达标
6	山西省	787.25	321.09	167.63	20.5	1.48	1.29	达标
7	内蒙古自治区	4499.17	2614.85	600.01	22.1	16.63	15.27	达标
8	辽宁省	735.92	571.83	315.32	39.2	3.09	2.97	达标
9	吉林省	904.79	784.87	175.94	41.5	10.54	10.13	达标
10	黑龙江省	2453.77	1990.46	243.26	43.8	20	18.47	达标
11	上海市	10.19	8.9	8.9	14	0.07	0.04	不达标

图 4-16　OR 函数结合 IF 函数的运用

3.AND 函数

功能：表示“且”的关系，用于判断多条件是否同时成立。AND 函数与 OR 函数一样很少单独使用，一般是与其他函数嵌套使用。

语法：AND(logical1，logical2，…)

参数说明：如表 4-3 所示，参数 logical1，logical2，…分别表示条件 1、条件 2……条件 N，当所有条件都满足时，那么判断结果返回值为 TRUE，只要有一个条件不满足，那么判断结果返回值为 FALSE，即“同真则真，否则为假”。

表 4-3　AND 函数参数说明

参数名称	参数说明
logical1（必选）	第一个判断条件，结果可以是 TRUE 或者 FALSE
logical2，…（可选）	其他判断条件，结果可以是 TRUE 或者 FALSE

例 4-5：要求对“森林面积”数值大于 100 和“人工林面积”数值大于 100 做判断，当两个条件都符合要求时，结果输出就为“TRUE”，否则为“FALSE”。

具体操作步骤如下：

如图 4-17 所示，在 H3 单元格中输入函数公式“＝AND(C3＞100，D3＞100)”，然后按【Enter】键即可得到结果，再利用公式填充得到其他地区的计算结果。

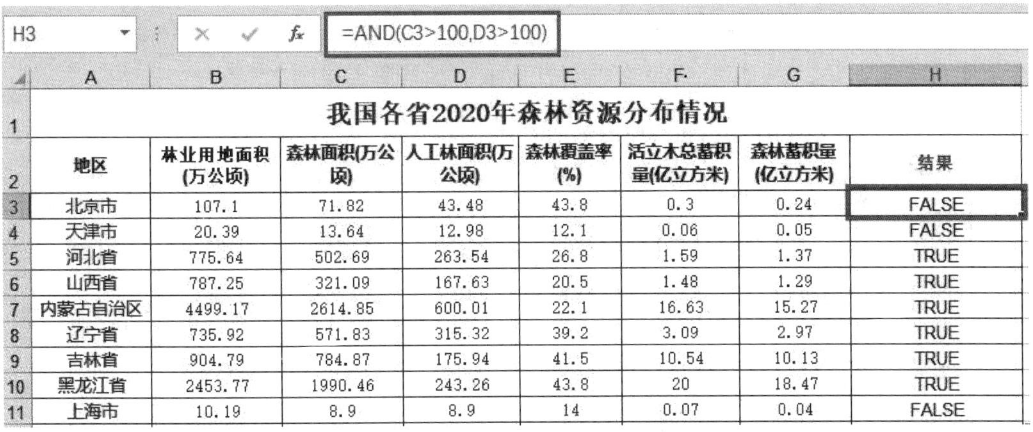

H3　=AND(C3>100,D3>100)

	A	B	C	D	E	F	G	H
1	我国各省2020年森林资源分布情况							
2	地区	林业用地面积(万公顷)	森林面积(万公顷)	人工林面积(万公顷)	森林覆盖率(%)	活立木总蓄积量(亿立方米)	森林蓄积量(亿立方米)	结果
3	北京市	107.1	71.82	43.48	43.8	0.3	0.24	FALSE
4	天津市	20.39	13.64	12.98	12.1	0.06	0.05	FALSE
5	河北省	775.64	502.69	263.54	26.8	1.59	1.37	TRUE
6	山西省	787.25	321.09	167.63	20.5	1.48	1.29	TRUE
7	内蒙古自治区	4499.17	2614.85	600.01	22.1	16.63	15.27	TRUE
8	辽宁省	735.92	571.83	315.32	39.2	3.09	2.97	TRUE
9	吉林省	904.79	784.87	175.94	41.5	10.54	10.13	TRUE
10	黑龙江省	2453.77	1990.46	243.26	43.8	20	18.47	TRUE
11	上海市	10.19	8.9	8.9	14	0.07	0.04	FALSE

图 4-17　AND 函数的运用

这里我们可以将 AND 函数结合 IF 函数一起使用，使表格呈现的计算结果变得更加直观。

在例题 4-5 中我们假设当两个条件均成立时，返回结果显示“达标”，否则显示“不达标”，具体操作如下：

如图 4-18 所示，在 H3 单元格中输入函数公式“＝IF(AND(C3＞100，D3＞100)，"达标"，"不达标")”，然后按【Enter】键即可得到结果，再利用公式填充得到其他地区的计算结果。

H3 =IF(AND(C3>100,D3>100),"达标","不达标")

	A	B	C	D	E	F	G	H
1	我国各省2020年森林资源分布情况							
2	地区	林业用地面积(万公顷)	森林面积(万公顷)	人工林面积(万公顷)	森林覆盖率(%)	活立木总蓄积量(亿立方米)	森林蓄积量(亿立方米)	结果
3	北京市	107.1	71.82	43.48	43.8	0.3	0.24	不达标
4	天津市	20.39	13.64	12.98	12.1	0.06	0.05	不达标
5	河北省	775.64	502.69	263.54	26.8	1.59	1.37	达标
6	山西省	787.25	321.09	167.63	20.5	1.48	1.29	达标
7	内蒙古自治区	4499.17	2614.85	600.01	22.1	16.63	15.27	达标
8	辽宁省	735.92	571.83	315.32	39.2	3.09	2.97	达标
9	吉林省	904.79	784.87	175.94	41.5	10.54	10.13	达标
10	黑龙江省	2453.77	1990.46	243.26	43.8	20	18.47	达标
11	上海市	10.19	8.9	8.9	14	0.07	0.04	不达标

图 4-18 OR 函数结合 AND 函数的运用

4.NOT 函数

功能：表示“非”的关系，用于对参数的逻辑值进行求反。

语法：NOT(logical)

参数说明：logical 为必选项。参数逻辑值为 TRUE 时返回 FALSE，参数逻辑值为 FALSE。时返回 TRUE，即真变假，假变真。

例 4-6：判断各省森林覆盖面是否不少于 30%。

具体操作步骤如下：

如图 4-19 所示，在 H3 单元格中输入函数公式“=NOT(E3＜30)”，然后按【Enter】回车键即可得到结果，再利用公式填充得到其他地区的计算结果。

H3 =NOT(E3<30)

	A	B	C	D	E	F	G	H
1	我国各省2020年森林资源分布情况							
2	地区	林业用地面积(万公顷)	森林面积(万公顷)	人工林面积(万公顷)	森林覆盖率(%)	活立木总蓄积量(亿立方米)	森林蓄积量(亿立方米)	结果
3	北京市	107.1	71.82	43.48	43.8	0.3	0.24	TRUE
4	天津市	20.39	13.64	12.98	12.1	0.06	0.05	FALSE
5	河北省	775.64	502.69	263.54	26.8	1.59	1.37	FALSE
6	山西省	787.25	321.09	167.63	20.5	1.48	1.29	FALSE
7	内蒙古自治区	4499.17	2614.85	600.01	22.1	16.63	15.27	FALSE
8	辽宁省	735.92	571.83	315.32	39.2	3.09	2.97	TRUE
9	吉林省	904.79	784.87	175.94	41.5	10.54	10.13	TRUE
10	黑龙江省	2453.77	1990.46	243.26	43.8	20	18.47	TRUE
11	上海市	10.19	8.9	8.9	14	0.07	0.04	FALSE

图 4-19 NOT 函数的运用

4.3.2 数学函数

数学函数主要用于在工作表中进行数学运算，使用数学函数可以使用户处理数据更加方便和快捷，下面我们介绍几种常用的数学函数。

1.SUM 函数

功能：求某一单元格区域中数值、逻辑值和数字的文本表达式之和。

语法：SUM(number1，number2，…)。

参数说明：参数 number1，number2，…表示需要相加的数字，其中逻辑值参与计算 TRUE 将被转换为 1，FALSE 将被转换成 0，文本参与计算将被转换为数字。这里要注意的是如果参数中有错误值或为不能转换成数字的文本，计算将会导致错误，而且对非数值型的值的引用是不能被转换成数值，将被忽略。

例 4-7：统计我国近五年用水情况。

具体操作步骤如下：

如图 4-20 所示，这里是对单元格区域中的数值进行求和。在 B7 单元格中输入函数公式“=SUM(B3:B6)”，然后按【Enter】键即可得到结果，再利用公式填充得到其他年份的计算结果。

B7　=SUM(B3:B6)

	A	B	C	D	E	F
1	我国近五年用水情况（2016年–2020年）					
2	指标	2020年	2019年	2018年	2017年	2016年
3	农业用水总量(亿立方米)	3612.4	3682.3	3693.1	3766.4	3768
4	工业用水总量(亿立方米)	1030.4	1217.6	1261.6	1277	1308
5	生活用水总量(亿立方米)	863.1	871.7	859.9	838.1	821.6
6	生态用水总量(亿立方米)	307	249.6	200.9	161.9	142.6
7	用水总量(亿立方米)	5812.9	6021.2	6015.5	6043.4	6040.2
8	数据来源：国家统计局					

图 4-20　求和函数的运用

如图 4-21 所示，当参数出现文本和逻辑值时，文本值被转换成数字，逻辑值"TRUE"被转换成数字 1，所以函数表达式“=SUM("1",1,TRUE)”等于 3。但如果把非数值型的值放到单元格中，再进行引用时，此时这些值是不能被转换成数值的，得到的计算结果将不同。如图 4-22 所示，单元格 A1 为文本值“2”，B1 为逻辑值 TRUE，C1 为数值“1”，函数表达式“=SUM(A1:C1)”计算结果为“1”，即单元格 A1 和 B1 均未纳入计算。

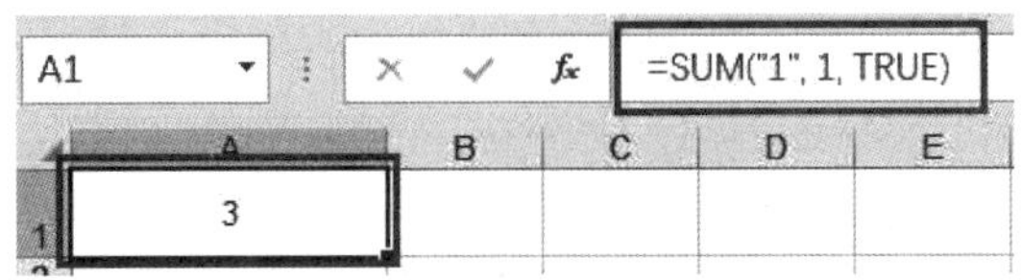

图 4-21　求和函数参数出现文本和逻辑值的计算结果

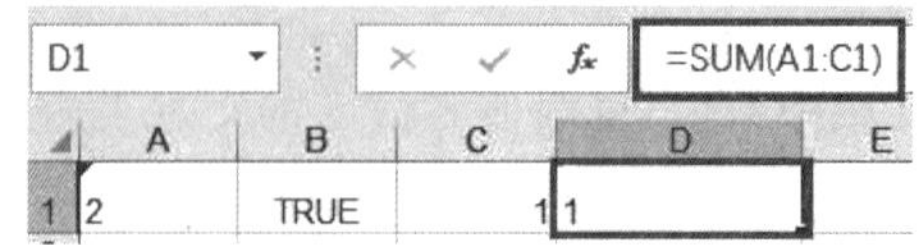

图 4-22　求和函数参数出现非数值型引用时的计算结果

2.ABS 函数

功能:返回给定参数的绝对值

语法:ABS(number)

参数说明:参数 number 为必填项,是需要计算其绝对值的一个实数。

示例如图 4-23 所示,分别对单元格 A2、A3 的数值求绝对值,计算结果放在单元格 B2 和 B3 中。

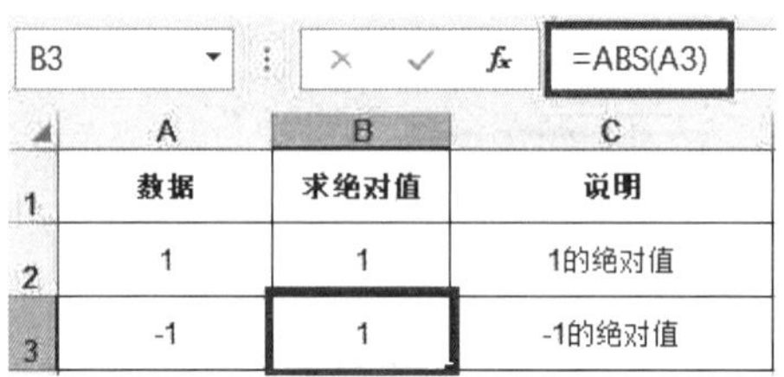

图 4-23　ABS 函数的运用

3.ROUND 函数

功能:将数值四舍五入到指定的有效位数。

语法:ROUND(number,num_digits)

参数说明:如表 4-4 所示,参数 number 是需要四舍五入的数字,number 将按参数 num_digits 指定的有效位数进行四舍五入。如果 num_digits 大于 0,则四舍五入到指定的小数位;如果 num_digits 等于 0,则四舍五入到最接近的整数;如果 num_digits 小于 0,则四舍五入到在小数点左侧的相应位数。

表 4-4　ROUND 函数参数说明

参数名称	参数说明
number(必选)	需要四舍五入的数字
num_digits(必选)	四舍五入后要保留的有效小数位数

例 4-8:根据需求对 2020 年各省废气中二氧化硫的排放量进行 ROUND 函数数据处理。

具体操作步骤如下:

如图 4-24 所示,在 C2 单元格中输入函数公式"=ROUND(B2,0)",然后按【Enter】键即可得到对二氧化硫排放量四舍五入到最接近整数的结果;在 D2 单元格中输入函数公式"=ROUND(B2,1)",然后按【Enter】键即可得到对二氧化硫排放量保留一位小数的结果;在 E2 单元格中输入函数公式"=ROUND(B2,-1)",然后按【Enter】键即可得到对二氧化硫排放量四舍五入为最接近的 10 的倍数的计算结果,最后再利用公式填充得到其他省份的数据处理结果。

C2　=ROUND(B2,0)

	A	B	C	D	E
1	地区	二氧化硫排放量(万吨)	保留0位小数	保留一位小数	四舍五入到左侧1位
2	北京市	0.18	0	0.2	0
3	天津市	1.02	1	1	0
4	河北省	16.17	16	16.2	20
5	山西省	16.05	16	16.1	20
6	内蒙古自治区	27.39	27	27.4	30
7	辽宁省	20.64	21	20.6	20
8	吉林省	6.84	7	6.8	10
9	黑龙江省	14.32	14	14.3	10
10	上海市	0.54	1	0.5	0

(a)

D2　=ROUND(B2,1)

	A	B	C	D	E
1	地区	二氧化硫排放量(万吨)	保留0位小数	保留一位小数	四舍五入到左侧1位
2	北京市	0.18	0	0.2	0
3	天津市	1.02	1	1	0
4	河北省	16.17	16	16.2	20
5	山西省	16.05	16	16.1	20
6	内蒙古自治区	27.39	27	27.4	30
7	辽宁省	20.64	21	20.6	20
8	吉林省	6.84	7	6.8	10
9	黑龙江省	14.32	14	14.3	10
10	上海市	0.54	1	0.5	0

(b)

E2　=ROUND(B2,-1)

	A	B	C	D	E
1	地区	二氧化硫排放量(万吨)	保留0位小数	保留一位小数	四舍五入到左侧1位
2	北京市	0.18	0	0.2	0
3	天津市	1.02	1	1	0
4	河北省	16.17	16	16.2	20
5	山西省	16.05	16	16.1	20
6	内蒙古自治区	27.39	27	27.4	30
7	辽宁省	20.64	21	20.6	20
8	吉林省	6.84	7	6.8	10
9	黑龙江省	14.32	14	14.3	10
10	上海市	0.54	1	0.5	0

(c)

图 4-24　ROUND 函数的运用

数据来源:国家统计局。

4.INT

功能:将数字向下取整为最接近的整数。

语法:INT(number)

参数说明:参数 number 为必填项,只能是需要向下取整的一个单元格或者数值,不能是单元格区域。

如图 4-25 所示,分别对单元格 A2 至 A5 的数值向下取最接近的整数,计算结果放在单元格 C2 至 C5 中。

	A	B	C
1	数值	函数	结果
2	0.6	=INT(A2)	0
3	-0.9	=INT(A3)	-1
4	8.6	=INT(A4)	8
5	-8.6	=INT(A5)	-9

图 4-25　INT 函数的运用

5.POWER

功能:返回给定数字的乘幂。

语法:POWER(number,power)

参数说明:如表 4-5 所示,参数 number 表示底数,参数 power 表示指数。在 Excel 中可以用"^"运算符代替 POWER 函数执行乘幂运算，即公式"=10^2"与函数"=POWER(10,2)"等价，当参数 power 的值为小数时，表示计算的是开方；当参数 number 取值小于 0 且参数 power 为小数时，POWER 函数将返回"#NUM!"错误值。

表 4-5　POWER 函数参数说明

参数名称	参数说明
number(必选)	底数，可为任意实数
power(必选)	底数乘幂运算的指数

示例如图 4-26 所示，分别将单元格 A2 至 A4 中的数值对应单元格 B2 至 B4 中的指数计算乘幂，计算结果放在单元格 D2 至 D4 中。

	A	B	C	D
1	数值	指数	函数	结果
2	10	2	=POWER(A2,B2)	100
3	25	0.5	=POWER(A3,B3)	5
4	-27	0.3	=POWER(A4,B4)	#NUM!

图 4-26　POWER 函数的运用

6.MOD

功能：求两数相除的余数，其结果的符号与除数相同。

语法：MOD(number,divisor)

参数说明：如表 4-6 所示，参数 number 表示被除数，参数 divisor 表示除数，且如果 divisor 为 0，则函数 MOD 返回"#DIV/0!"错误值。

表 4-6　MOD 函数参数说明

参数名称	参数说明
number(必选)	要计算余数的被除数
divisor(必选)	要计算余数的除数

图 4-27 列举了几种被除数和除数相除求余数的情况，因为结果的符号需与除数相同，所以除数符号不同，得出的计算结果不同。

	A	B	C	D
1	被除数	除数	函数	结果
2	7	3	=MOD(A2,B2)	1
3	7	-3	=MOD(A3,B3)	-2
4	-7	3	=MOD(A4,B4)	2
5	-7	-3	=MOD(A5,B5)	-1
6	7	0	=MOD(A6,B6)	#DIV/0!

图 4-27　MOD 函数的运用

7.SUMIF 函数

功能:对符合条件的单元格区域中的数值运算求和。

语法:SUMIF(range,criteria,sum_range)

参数说明:如表 4-7 所示,参数 range 表示条件区域即要搜索的单元格区域,参数 criteria 表示求和条件,参数 sum_range 表示求和范围,如果省略参数 sum_range,则条件区域即为实际求和区域。

表 4-7　SUM 函数参数说明

参数名称	参数说明
range(必选)	用于条件判断的单元格区域。
criteria(必选)	由数字、逻辑表达式或文本等组成的判定条件。
sum_range(可选)	实际需要求和的单元格区域

例 4-9:根据要求分类汇总我国 2020 年各地区生活垃圾清运总量。

(1)分别求我国东中西及东北生活垃圾清运量总量。

(2)求东部以外其他地区生活垃圾清运量总量。

具体操作步骤如下:

(1)如图 4-28 所示,即要在 B 列的地区中找出符合条件地区的生活垃圾清运总量,这里单元格区域 B2:B32 为条件区域,单元格 E4 至 E7 为求和条件,单元格区域 C2:C32 为实际需要求和的区域。在 F4 单元格中输入函数公式"=SUMIF(B$2:B$32,E4,C$2:C$32)",然后按【Enter】键即可得到对东部地区生活垃圾清运总量的计算结果;然后利用公式填充得到其他地区生活垃圾清运总量的计算结果,但要注意的是,因为条件区域和实际需要求和的区域是固定不变的,所以函数公式中我们采用了绝地引用的形式。此外,我们也可以把条件区域用文本的形式表示出来,那么采用函数公式"=SUMIF(B$2:B$32,"东部",C$2:C$32)"也一样能达到同样的效果。

(2)如图 4-28 所示,选中 F13 单元格,在编辑栏输入 SUMIF 函数公式"=SUMIF(B2:B32,"<>"&E13,C2:C32)",公式中选中第一个参数条件所在单元格区域 B2:B32,再输入第二个条件参数不等于东部,这里输入大于号和小于号,即表示不等于。然后用连接符 &,连接 E13 单元格中的条件值:"<>"&E13,选中第三个参数求和单元格区域 C2:C32,最后按【Enter】键确认,即可计算东部以外的地区生活垃圾清运量总量。

如果我们在选中条件区域和实际求和区域时,碰到数据上万条的情况,手动拖动选中时会很麻烦,此时可以先选中首个单元格如 B2,再通过快捷键【ctrl+shift+↓】选中所有区域。

8.SUMIFS 函数

功能:用于统计指定区域满足一个或多个条件的和。

语法:SUMIF(sum_range,criteria_range1,criteria1,[criteria_range2,criteria2],…)

参数说明:如表 4-8 所示,SUMIFS 函数可以有多个参数,除第一个参数 sum_range"求和区域"外,其他参数由"条件区域和条件"组成,且均成组出现,可以有 *N* 组这样的参数。

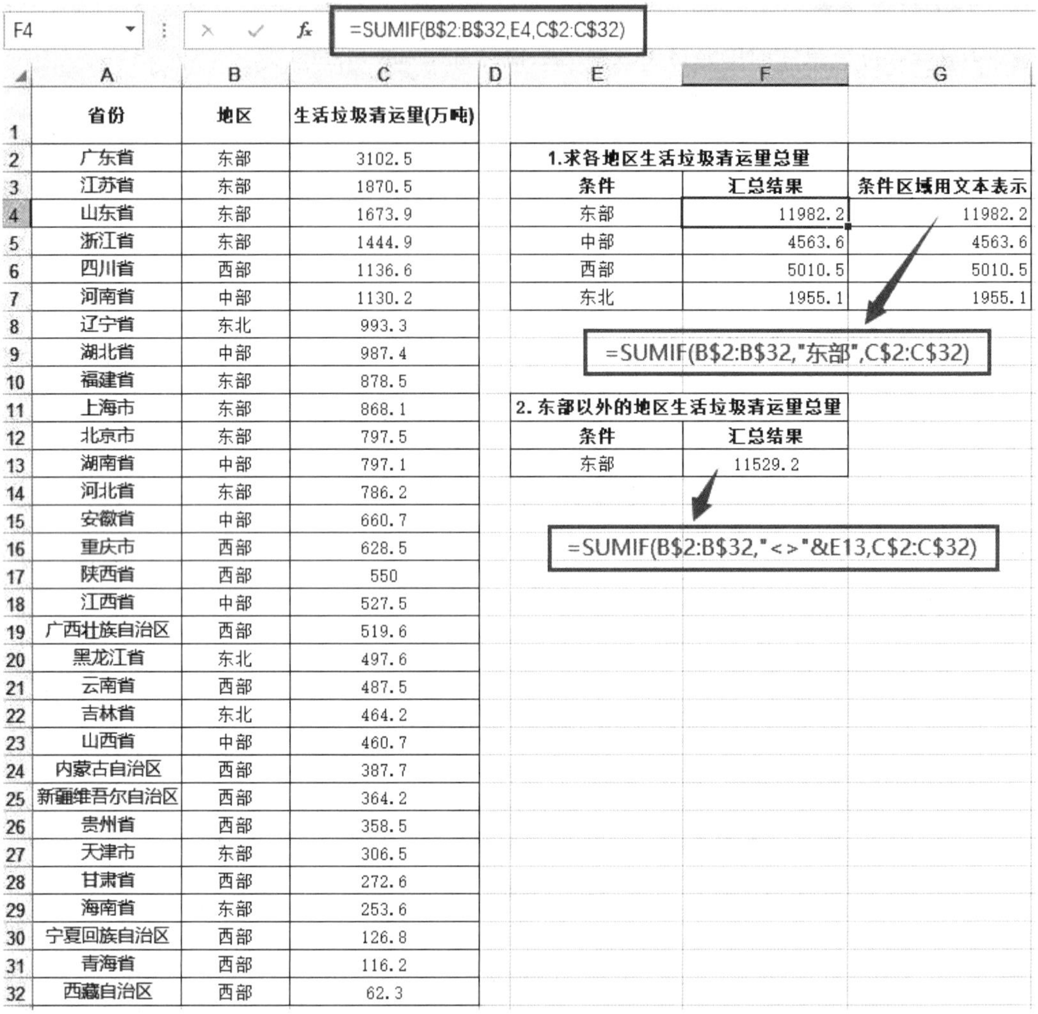

F4 =SUMIF(B$2:B$32,E4,C$2:C$32)

	A	B	C
1	省份	地区	生活垃圾清运量(万吨)
2	广东省	东部	3102.5
3	江苏省	东部	1870.5
4	山东省	东部	1673.9
5	浙江省	东部	1444.9
6	四川省	西部	1136.6
7	河南省	中部	1130.2
8	辽宁省	东北	993.3
9	湖北省	中部	987.4
10	福建省	东部	878.5
11	上海市	东部	868.1
12	北京市	东部	797.5
13	湖南省	中部	797.1
14	河北省	东部	786.2
15	安徽省	中部	660.7
16	重庆市	西部	628.5
17	陕西省	西部	550
18	江西省	中部	527.5
19	广西壮族自治区	西部	519.6
20	黑龙江省	东北	497.6
21	云南省	西部	487.5
22	吉林省	东北	464.2
23	山西省	中部	460.7
24	内蒙古自治区	西部	387.7
25	新疆维吾尔自治区	西部	364.2
26	贵州省	西部	358.5
27	天津市	东部	306.5
28	甘肃省	西部	272.6
29	海南省	东部	253.6
30	宁夏回族自治区	西部	126.8
31	青海省	西部	116.2
32	西藏自治区	西部	62.3

1.求各地区生活垃圾清运量总量

条件	汇总结果	条件区域用文本表示
东部	11982.2	11982.2
中部	4563.6	4563.6
西部	5010.5	5010.5
东北	1955.1	1955.1

=SUMIF(B$2:B$32,"东部",C$2:C$32)

2. 东部以外的地区生活垃圾清运量总量

条件	汇总结果
东部	11529.2

=SUMIF(B$2:B$32,"<>"&E13,C$2:C$32)

图 4-28 SUMIF 函数的运用

数据来源:国家统计局。

表 4-8 SUMIF 函数参数说明

参数名称	参数说明
sum_range(必选)	要求和的单元格区域
criteria_range1(必选)	用于判断的条件单元格区域一
criteria1(必选)	由数字、逻辑表达式或文本等组成的判定条件一
[criteria_range2,criteria2],…(可选)	用于判断的其他条件单元格区域和关联条件

例 4-10:求我国 2020 年东部地区且生活垃圾清运量大于 1000 万吨地区的生活垃圾清运总量。

具体操作步骤如下:

该例题涉及两个条件,条件一要判断是东部地区,条件二是要判断该地区的生活垃圾清运量大于 1000。如图 4-29 所示,选中 G4 单元格,在编辑栏输入 SUMIF 函数公式"=

SUMIFS(C2:C32,B2:B32,E4,C2:C32,F4)”,然后按【Enter】键即可得到计算结果。

G4　　f_x　=SUMIFS(C2:C32,B2:B32,E4,C2:C32,F4)

	A	B	C
1	省份	地区	生活垃圾清运量(万吨)
2	广东省	东部	3102.5
3	江苏省	东部	1870.5
4	山东省	东部	1673.9
5	浙江省	东部	1444.9
6	四川省	西部	1136.6
7	河南省	中部	1130.2
8	辽宁省	东北	993.3
9	湖北省	中部	987.4
10	福建省	东部	878.5
11	上海市	东部	868.1
12	北京市	东部	797.5
13	湖南省	中部	797.1
14	河北省	东部	786.2
15	安徽省	中部	660.7
16	重庆市	西部	628.5
17	陕西省	西部	550
18	江西省	中部	527.5
19	广西壮族自治区	西部	519.6
20	黑龙江省	东北	497.6
21	云南省	西部	487.5
22	吉林省	东北	464.2
23	山西省	中部	460.7
24	内蒙古自治区	西部	387.7
25	新疆维吾尔自治区	西部	364.2
26	贵州省	西部	358.5
27	天津市	东部	306.5
28	甘肃省	西部	272.6
29	海南省	东部	253.6
30	宁夏回族自治区	西部	126.8
31	青海省	西部	116.2
32	西藏自治区	西部	62.3

1.求各地区生活垃圾清运量总量		
条件1	条件2	汇总结果
东部	>1000	8091.8

图 4-29　SUMIF 函数的运用

数据来源:国家统计局。

9.SUMPRODUCT 函数

功能:给定的几组数组中,将数组参数间对应的元素相乘,并返回乘积之和。

语法:SUMPRODUCT(array1,[array2],[array3],…)

参数说明:如表 4-9 所示,SUMIFS 函数可以有多个参数,除第一个参数 sum_range“求和区域”外,其他参数由“条件区域和条件”组成,且均成组出现,可以有 N 组这样的参数。各参数区域之间的单元格数量必须相同,否则将会返回错误值“#VALUE!”。

表 4-9　SUMPRODUCT 函数参数说明

参数名称	参数说明
array1(必选)	需要进行相乘并求和的第一个数组参数
[array2],[array3],…(可选)	需要进行相乘并求和的其他数组参数

如图 4-30 所示，计算所有服装的营业额，将结果放在单元格 B9 中。这里运用 SUMPRODUCT 函数公式"＝SUMPRODUCT(B2:B7,C2:C7)"，即将单元格区域中 B2:B7 的每个单价乘以单元格区域 C2:C9 中对应的销量，然后再把它们的乘积相加得到总营业额。

B9 =SUMPRODUCT(B2:B7,C2:C7)

	A	B	C	D	E
1	分类	单价（元）	销量（件）		
2	裙子	150	214		
3	T恤	80	322		
4	衬衫	190	150		
5	裤子	98	300		
6	毛衣	112	255		
7	卫衣	99	380		
8					
9	营业额（元）	181940			

图 4-30 SUMPRODUCT 函数的运用

4.3.3 统计函数

1.MAX 函数

功能：提取给定一组数中的最大值。

语法：MAX(number1,[number2],…)

参数说明：如表 4-10 所示。

表 4-10 MAX 函数参数说明

参数名称	参数说明
number1(必选)	表示要返回最大值的第一个数字，可以是数字、单元格引用或者数组
[number2],…(可选)	表示要返回最大值的其他数字，可以是数字、单元格引用或者数组

2.MIN 函数

功能：提取给定一组数中的最小值。

语法：MIN(number1,[number2],…)

参数说明：如表 4-11 所示。

表 4-11 MIN 函数参数说明

参数名称	参数说明
number1(必选)	表示要返回最小值的第一个数字，可以是数字、单元格引用或者数组
[number2],…(可选)	表示要返回最小值的其他数字，可以是数字、单元格引用或者数组

例 4-11：求我国 2012—2020 年各项污染治理投资的最大值和最小值分别是多少。

具体操作步骤如下：

方法一：如图 4-31 所示，在 K2 单元格中输入函数公式"＝MAX(B2:J2)"，L2 单元格中输入函数公式"＝MIN(B2:J2)"然后按【Enter】键即可得到这些年工业污染治理投资金额的最大值和最小值，再利用公式填充得到其他各项治理投资金额的最大值和最小值。

K2　=MAX(B2:J2)

	A	B	C	D	E	F	G	H	I	J	K
1	指标	2020年	2019年	2018年	2017年	2016年	2015年	2014年	2013年	2012年	最大值
2	工业污染治理完成投资(万元)	4542586	6151513	6212736	6815345	8190041	7736822	9976511	8496647	5004573	9976511
3	治理废水项目完成投资(万元)	573852	699004	640082	763760	1082395	1184138	1152473	1248822	1403448	1403448
4	治理废气项目完成投资(万元)	2423725	3676995	3931104	4462628	5614702	5218073	7893935	6409109	2577139	7893935
5	治理固体废物项目完成投资(万元)	173064	170729	184249	127419	466733	161468	150504	140480	247499	466733
6	治理噪声项目完成投资(万元)	7405	14168	15181	12862	6236	27892	10950	17628	11627	27892
7	治理其他项目完成投资(万元)	1364540	1590616	1442119	1448676	1019974	1145251	768649	680608	764860	1590616

(a)

L2　=MIN(B2:J2)

	A	B	C	D	E	F	G	H	I	J	K	L
1	指标	2020年	2019年	2018年	2017年	2016年	2015年	2014年	2013年	2012年	最大值	最小值
2	工业污染治理完成投资(万元)	4542586	6151513	6212736	6815345	8190041	7736822	9976511	8496647	5004573	9976511	4542586
3	治理废水项目完成投资(万元)	573852	699004	640082	763760	1082395	1184138	1152473	1248822	1403448	1403448	573852
4	治理废气项目完成投资(万元)	2423725	3676995	3931104	4462628	5614702	5218073	7893935	6409109	2577139	7893935	2423725
5	治理固体废物项目完成投资(万元)	173064	170729	184249	127419	466733	161468	150504	140480	247499	466733	127419
6	治理噪声项目完成投资(万元)	7405	14168	15181	12862	6236	27892	10950	17628	11627	27892	6236
7	治理其他项目完成投资(万元)	1364540	1590616	1442119	1448676	1019974	1145251	768649	680608	764860	1590616	680608

(b)

图 4-31　MAX 函数和 MIN 函数的运用

数据来源:国家统计局。

方法二:借助菜单栏【开始】选项卡中的【编辑】选项组中的"自动求和"按钮"**∑自动求和 ▾**"。如图 4-32 所示,点开"自动求和"按钮右侧小箭头,在下拉列表中找到最大值和最小值,一键设置也可以。

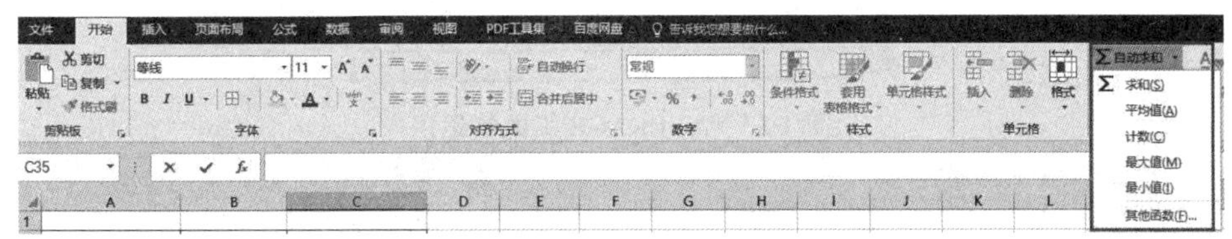

图 4-32　菜单栏的"最大值"和"最小值"按钮

3.AVERAGE 函数

功能:用于计算参数的算术平均值。

语法:AVERAGE(number1,[number2],…)

参数说明:如表 4-12 所示。

表 4-12　AVERAGE 函数参数说明

参数名称	参数说明
number1(必选)	表示要计算平均值的第一个数字,可以是数字、单元格引用或者数组
[number2],…(可选)	表示要计算平均值的第一个数字,可以是数字、单元格引用或者数组

例 4-12:求 2020 年我国各省生活垃圾卫生填埋无害化处理厂数的平均值,保留两位小数。

具体操作步骤如下:

如图 4-33 所示，在 C33 单元格中输入函数公式“＝AVERAGE(C2:C32)”，然后按【Enter】键即可得到平均值；或者如图 4-32 所示点击【开始】菜单栏中的【编辑】选项组的【自动求和】下拉列表中的【平均值】也可以实现计算。

C33 =AVERAGE(C2:C32)

	A	B	C
1	省份	地区	生活垃圾卫生填埋无害化处理厂数(座)
2	广东省	东部	48
3	江苏省	东部	25
4	山东省	东部	31
5	浙江省	东部	16
6	四川省	西部	22
7	河南省	中部	36
8	辽宁省	东北	29
9	湖北省	中部	34
10	福建省	东部	10
11	上海市	东部	5
12	北京市	东部	9
13	湖南省	中部	26
14	河北省	东部	38
15	安徽省	中部	16
16	重庆市	西部	16
17	陕西省	西部	28
18	江西省	中部	12
19	广西壮族自治区	西部	18
20	黑龙江省	东北	34
21	云南省	西部	24
22	吉林省	东北	21
23	山西省	中部	21
24	内蒙古自治区	西部	25
25	新疆维吾尔自治区	西部	30
26	贵州省	西部	14
27	天津市	东部	4
28	甘肃省	西部	19
29	海南省	东部	6
30	宁夏回族自治区	西部	7
31	青海省	西部	10
32	西藏自治区	西部	10
33	平均值		20.77

图 4-33 AVERAGE 函数的运用

数据来源：国家统计局。

4.AVERAGEIF 函数

功能：用于计算某个区域内满足给定条件的所有单元格的算术平均值。

语法：AVERAGEIF(range，criteria，[average_range])

参数说明：如表 4-13 所示。如果参数 average_range 忽略不写，则对参数 range 指定的单元格区域进行计算。参数 criteria 中如有空单元格，将被看作 0 值，如果选定的区域无满足条件的单元格，将返回分母为 0，显示错误“＃DIV/0!”。

表 4-13 AVERAGEIF 函数参数说明

参数名称	参数说明
range(必选)	表示要进行条件判断的单元格区域
criteria(必选)	表示要进行计算的条件，可以是数字、单元格引用、表达式或者文本
average_range(可选)	表示要进行算术平均值的实际单元格

例 4-13：按地区分布分别求 2020 年我国各地区生活垃圾卫生填埋无害化处理厂数的

平均值，保留两位小数。

具体操作步骤如下：

如图 4-34 所示，根据题目要求，这里进行条件判断的单元格区域是 B2:B32，要进行计算的条件是单元格 E3 至 E6，实际需要进行算术平均值的单元格区域是 C2:C32。在 F3 单元格中输入函数公式“=AVERAGEIF(B$2:B$32,E3,C$2:C$32)”，然后按【Enter】键即可得到东部地区生活垃圾卫生填埋无害化处理厂数的平均值，然后利用公式填充得到其他地区生活垃圾卫生填埋无害化处理厂数的平均值。这里要注意的是，因为条件区域和实际需要求和的区域是固定不变的，所以函数公式中我们采用了绝对引用的形式。

F3　=AVERAGEIF(B$2:B$32,E3,C$2:C$32)

	A	B	C	D	E	F
1	省份	地区	生活垃圾卫生填埋无害化处理厂数(座)			
2	广东省	东部	48		条件	平均值
3	江苏省	东部	25		东部	19.20
4	山东省	东部	31		中部	24.17
5	浙江省	东部	16		西部	18.58
6	四川省	西部	22		东北	28.00
7	河南省	中部	36			
8	辽宁省	东北	29			
9	湖北省	中部	34			
10	福建省	东部	10			
11	上海市	东部	5			
12	北京市	东部	9			
13	湖南省	中部	26			
14	河北省	东部	38			
15	安徽省	中部	16			
16	重庆市	西部	16			
17	陕西省	西部	28			
18	江西省	中部	12			
19	广西壮族自治区	西部	18			
20	黑龙江省	东北	34			
21	云南省	西部	24			
22	吉林省	东北	21			
23	山西省	中部	21			
24	内蒙古自治区	西部	25			
25	新疆维吾尔自治区	西部	30			
26	贵州省	西部	14			
27	天津市	东部	4			
28	甘肃省	西部	19			
29	海南省	东部	6			
30	宁夏回族自治区	西部	7			
31	青海省	西部	10			
32	西藏自治区	西部	10			

图 4-34　AVERAGEIF 函数的运用

数据来源：国家统计局。

该例题中只有一个限定条件，但是如果给定的条件不止一个，如需要统计的是东部地区且生活垃圾卫生填埋无害化处理厂数大于 15 的平均值，我们该如何操作？此时可以采用函数 AVERAGEIFS。AVERAGEIFS 函数用于多条件计算平均值，它的语法格式为

“averageifs(average_range,criteria_range1,criteria1,crileria_range2,criteria2,…)”,参数 average_range、criteria_range1 分别表示求平均值区域、条件区域 1,参数 criteria1,、criteria2 表示条件 1、条件 2。

如图 4-35 所示,在单元格 F3 中输入函数公式“=AVERAGEIFS(C2:C32,B2:B32,E3,C2:C32,E4)”,按【Enter】键即可得到满足条件的平均值。

F3 =AVERAGEIFS(C2:C32,B2:B32,E3,C2:C32,E4)

	A	B	C
1	省份	地区	生活垃圾卫生填埋无害化处理厂数(座)
2	广东省	东部	48
3	江苏省	东部	25
4	山东省	东部	31
5	浙江省	东部	16
6	四川省	西部	22
7	河南省	中部	36
8	辽宁省	东北	29
9	湖北省	中部	34
10	福建省	东部	10
11	上海市	东部	5
12	北京市	东部	9
13	湖南省	中部	26
14	河北省	东部	38
15	安徽省	中部	16
16	重庆市	西部	16
17	陕西省	西部	28
18	江西省	中部	12
19	广西壮族自治区	西部	18
20	黑龙江省	东北	34
21	云南省	西部	24
22	吉林省	东北	21
23	山西省	中部	21
24	内蒙古自治区	西部	25
25	新疆维吾尔自治区	西部	30
26	贵州省	西部	14
27	天津市	东部	4
28	甘肃省	西部	19
29	海南省	东部	6
30	宁夏回族自治区	西部	7
31	青海省	西部	10
32	西藏自治区	西部	10

E	F
条件	平均值
东部	32
>15	

图 4-35 AVERAGEIFS 函数的运用

数据来源:国家统计局。

5.COUNT 函数

功能:用于计算参数中所包含数字的个数。

语法:COUNT(value1,[value2],…)

参数说明:如表 4-14 所示,参数类型可以是数字、单元格引用或者一个区域。如果参数是日期和数字将被计算,如果是文本或者逻辑值则不被计算。

表 4-14　COUNT 函数参数说明

参数名称	参数说明
value1(必选)	表示要进行统计数字个数的第一个参数
[value2],…(可选)	表示要进行统计数字个数的第二个及其他参数

如图 4-36 所示,计算单元格区域 A2:A9 中包括数字的个数,在单元格 B2 中输入函数公式"=COUNT(A2:A9)",按【Enter】键即可得到统计结果。在单元格区域 A2:A9 中被计算进去的单元格包括 A2、A4、A6 以及 A9,单元格 A3 是文本,单元格 A5 是逻辑值,单元格 A7 是空单元格,单元格 A8 是带有空格的单元格,均不被计算在内,计算结果为"4"。

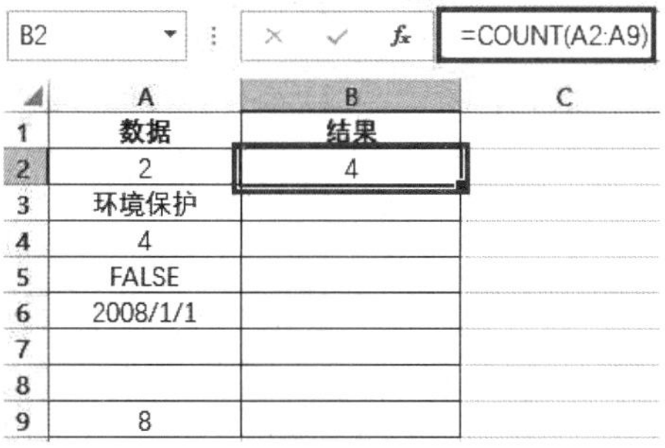

B2　=COUNT(A2:A9)

	A	B	C
1	数据	结果	
2	2	4	
3	环境保护		
4	4		
5	FALSE		
6	2008/1/1		
7			
8			
9	8		

图 4-36　COUNT 函数的运用

6.COUNTA 函数

功能:用于计算参数中非空单元格的个数。

语法:COUNTA(value1,[value2],…)

参数说明:如表 4-15 所示,参数类型可以是数字、单元格引用或者一个区域。如果参数是日期和数字将被计算,如果是文本或者逻辑值则不被计算。

表 4-15　COUNTA 函数参数说明

参数名称	参数说明
value1(必选)	表示要进行统计非空单元格个数的第一个参数
[value2],…(可选)	表示要进行统计非空单元格个数的第二个及其他参数

如图 4-37 所示,计算单元格区域 A2:A9 中包括数字的个数,在单元格 B2 中输入函数公式"=COUNTA(A2:A9)",按【Enter】键即可得到统计结果。在单元格区域 A2:A9 中单元格 A7 是空单元格,A8 是带有空格的单元格,所以单元格 A7 不在计算范围内,单元格 A8 包含在计算范围内,计算结果为"7"。

7.COUNTBLANK 函数

功能:用于计算单元格区域中空白单元格的个数。

语法:COUNTBLANK(range)

参数说明:参数 range 是必选项,指要计算的单元格区域。

这里要注意计算的是空单元格的数量,空格等看上去是空单元格的并不会被 Countblank 函数计算进去。

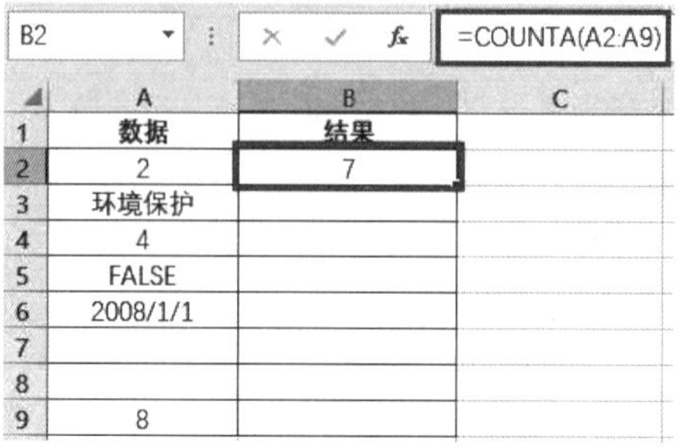

B2 =COUNTA(A2:A9)

	A	B	C
1	数据	结果	
2	2	7	
3	环境保护		
4	4		
5	FALSE		
6	2008/1/1		
7			
8			
9	8		

图 4-37　COUNTA 函数的运用

如图 4-38 所示，计算单元格区域 A2:A9 中空白单元格的个数，在单元格 B2 中输入函数公式"=COUNTBLANK(A2:A9)"，按【Enter】键即可得到统计结果。A2 至 A9 中，只有单元格 A7 是空白单元格，单元格 A8 是带有空格的单元格不会被计算在内，因此计算结果为"1"。

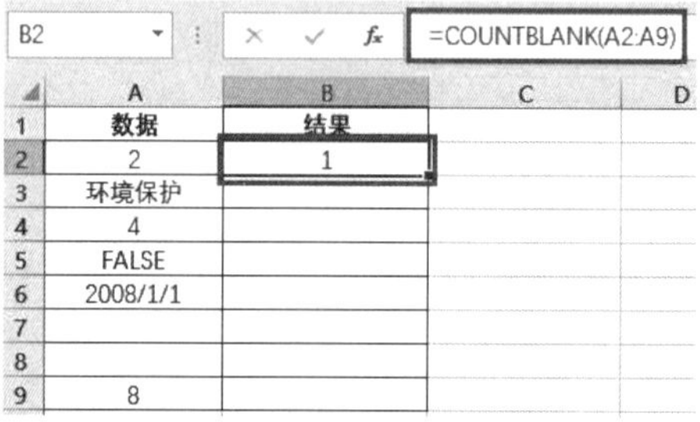

B2 =COUNTBLANK(A2:A9)

	A	B	C	D
1	数据	结果		
2	2	1		
3	环境保护			
4	4			
5	FALSE			
6	2008/1/1			
7				
8				
9	8			

图 4-38　COUNTBLANK 函数的运用

8.COUNTIF 函数

功能：用于统计某一区域中符合指定条件的单元格数目。

语法：COUNTIF(range,criteria)

参数说明：如表 4-16 所示，两个参数一个是统计范围，另一个是统计条件，参数 range 必须是单元格区域引用，参数 criteria 可以是数字、表达式或文本，可以用小于等于大于号或则通配符等，如 12、"＞20"和"生态"等，其中数字可以直接写入，表达式和文本必须加引号。

表 4-16　COUNTIF 函数参数说明

参数名称	参数说明
range(必选)	表示要进行统计的单元格区域
criteria(必选)	表示要进行判断的条件

例 4-14：统计 2020 年我国各省满足生活垃圾卫生填埋无害化处理厂数大于 25 个的省份数量。

具体操作步骤如下：

如图 4-39 所示，根据题目要求，这里进行统计的单元格区域是 C2:C32，要进行统计的条件是单元格 E4。在 F4 单元格中输入函数公式“=COUNTIF(C1:C31,E4)”,然后按【Enter】键即可得到统计结果。这里运用了比较运算符,我们也可以把 criteria 参数直接写成表达式的形式,即函数公式“=COUNTIF(C2:C32,">25")”,一样能获得统计结果。

F4 =COUNTIF(C1:C31,E4)

	A	B	C	D	E	F
1	省份	地区	生活垃圾卫生填埋无害化处理厂数(座)			
2	广东省	东部	48		计算满足条件的省份数量	
3	江苏省	东部	25		条件	结果
4	山东省	东部	31		>25	10
5	浙江省	东部	16			10
6	四川省	西部	22			
7	河南省	中部	36			
8	辽宁省	东北	29			
9	湖北省	中部	34			
10	福建省	东部	10			
11	上海市	东部	5			
12	北京市	东部	9			
13	湖南省	中部	26			
14	河北省	东部	38			
15	安徽省	中部	16			
16	重庆市	西部	16			
17	陕西省	西部	28			
18	江西省	中部	12			
19	广西壮族自治区	西部	18			
20	黑龙江省	东北	34			
21	云南省	西部	24			
22	吉林省	东北	21			
23	山西省	中部	21			
24	内蒙古自治区	西部	25			
25	新疆维吾尔自治区	西部	30			
26	贵州省	西部	14			
27	天津市	东部	4			
28	甘肃省	西部	19			
29	海南省	东部	6			
30	宁夏回族自治区	西部	7			
31	青海省	西部	10			
32	西藏自治区	西部	10			

=COUNTIF(C2:C32,">25")

图 4-39　COUNTIF 函数的运用

数据来源:国家统计局。

用 COUNTIF 函数我们可以实现对数据的排序,如例题 4-14 的工作表中,要求对各省的生活垃圾卫生填埋无害化处理厂数从大到小进行排序。具体操作步骤如下:

如图 4-40 所示,在单元格 E2 中输入函数公式“=COUNTIF($C$2:$C$32,">"&C2)+1”,然后按【Enter】键即可得到排序结果,然后利用公式填充下拉复制实现,生活垃圾卫生填埋无害化处理厂数从大到小的排序。“&”是文本连接符,这里我们利用COUNTIF 函数统计出单元格区域 C2:C32 中数值大于单元格 C2 的单元格数量,然后加1,即是单元格 C2 的排序,因为在进行公式填充时,为保证统计单元格区域 C2:C32 不变,采用了绝对引用。同理,如果需要从小到大排序,只需将公式改为“=COUNTIF($C$2:$C$32,">"&C2)+1”即可。

E2 =COUNTIF($C$2:$C$32,">"&C2)+1

	A	B	C	D	E	F
1	省份	地区	生活垃圾卫生填埋无害化处理厂数(座)		排序（从大到小）	排序（从小到大）
2	广东省	东部	48		1	31
3	江苏省	东部	25		11	20
4	山东省	东部	31		6	26
5	浙江省	东部	16		19	11
6	四川省	西部	22		14	18
7	河南省	中部	36		3	29
8	辽宁省	东北	29		8	24
9	湖北省	中部	34		4	27
10	福建省	东部	10		24	6
11	上海市	东部	5		30	2
12	北京市	东部	9		27	5
13	湖南省	中部	26		10	22
14	河北省	东部	38		2	30
15	安徽省	中部	16		19	11
16	重庆市	西部	16		19	11
17	陕西省	西部	28		9	23
18	江西省	中部	12		23	9
19	广西壮族自治区	西部	18		18	14
20	黑龙江省	东北	34		4	27
21	云南省	西部	24		13	19
22	吉林省	东北	21		15	16
23	山西省	中部	21		15	16
24	内蒙古自治区	西部	25		11	20
25	新疆维吾尔自治区	西部	30		7	25
26	贵州省	西部	14		22	10
27	天津市	东部	4		31	1
28	甘肃省	西部	19		17	15
29	海南省	东部	6		29	3
30	宁夏回族自治区	西部	7		28	4
31	青海省	西部	10		24	6
32	西藏自治区	西部	10		24	6

图 4-40 COUNTIF 函数实现对数据的排序

数据来源：国家统计局。

对于指定多条件的单元格数量统计，我们可以采用 COUNTIFS 函数。它的语法格式为“countifs(criteria_range1，criteria1，criteria_range2，criteria2，…)”，参数 criteria_range1、criteria_range2 分别表示条件区域 1、条件区域 2，参数 criteria1、criteria2 表示条件 1、条件 2。例如：统计例题 4-14 工作表中生活垃圾卫生填埋无害化处理厂数大于 15 的东部地区省份数量，具体操作步骤如下：

如图 4-41 所示，在单元格 F4 中输入函数公式“=COUNTIFS(B2:B32，E4，C2:C32，E5)”，按【Enter】键即可得到满足多条件的省份数量。

8.RANK 函数

功能：求一个数值在区域内或者一组数值中的排名。

语法：RANK(number，ref，[order])

参数说明：如表 4-17 所示，参数 number 和 ref 为必选项，参数 number 若是单元格引用，单元格内必须为数字，参数 order 为可选性，不填的情况下默认为降序排名。

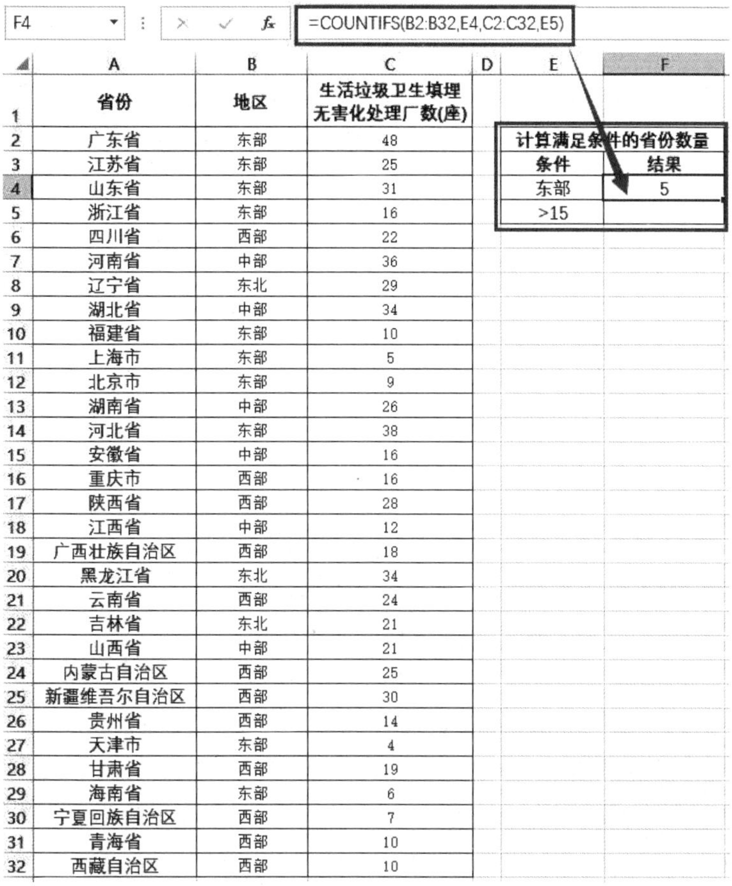

F4　=COUNTIFS(B2:B32,E4,C2:C32,E5)

	A	B	C	D	E	F
1	省份	地区	生活垃圾卫生填埋无害化处理厂数(座)			
2	广东省	东部	48		计算满足条件的省份数量	
3	江苏省	东部	25		条件	结果
4	山东省	东部	31		东部	5
5	浙江省	东部	16		>15	
6	四川省	西部	22			
7	河南省	中部	36			
8	辽宁省	东北	29			
9	湖北省	中部	34			
10	福建省	东部	10			
11	上海市	东部	5			
12	北京市	东部	9			
13	湖南省	中部	26			
14	河北省	东部	38			
15	安徽省	中部	16			
16	重庆市	西部	16			
17	陕西省	西部	28			
18	江西省	中部	12			
19	广西壮族自治区	西部	18			
20	黑龙江省	东北	34			
21	云南省	西部	24			
22	吉林省	东北	21			
23	山西省	中部	21			
24	内蒙古自治区	西部	25			
25	新疆维吾尔自治区	西部	30			
26	贵州省	西部	14			
27	天津市	东部	4			
28	甘肃省	西部	19			
29	海南省	东部	6			
30	宁夏回族自治区	西部	7			
31	青海省	西部	10			
32	西藏自治区	西部	10			

图 4-41　COUNTIFS 函数的运用

数据来源:国家统计局。

表 4-17　RANK 函数参数说明

参数名称	参数说明
number(必选)	表示要排名的数值或者单元格
ref(必选)	表示要排名的数值区域
order(可选)	表示指明排名的方式,1 表示升序,0 表示降序

例 4-15:要求对我国东部地区 2020 年的水资源总量进行降序排序,对人均水资源量进行升序排序。

具体操作步骤如下:

如图 4-42 所示,根据题目要求,进行排序的单元格区域是 B2:B11 和 C2:C11。在 D2 单元格中输入函数公式"=RANK(B2,$B$2:$B$11)",在 E2 单元格中输入函数公式"=RANK(C2,$C$2:$C$11,1)"然后按【Enter】键即可得到统计结果。利用公式填充功能下拉,将单元格 D2 和 E2 的公式复制到其他单元格,因为排序的单元格区域需要始终保持不变,所以在函数公式中引用单元格的时候采用单元格的绝对引用,即 $B$2:$B$11 和 $C$2:$C$11;或者单元格的混合引用,即 B$2:B$11 和 C$2:C$11。

D2 =RANK(B2,$B$2:$B$11)

	A	B	C	D	E
1	省份	水资源总量(亿立方米)	人均水资源量(立方米/人)	水资源总量排序	人均水资源量排序
2	北京市	25.8	117.8	9	2
3	天津市	13.3	96	10	1
4	河北省	146.3	196.2	7	3
5	上海市	58.6	235.9	8	4
6	江苏省	543.4	641.3	4	6
7	浙江省	1026.6	1598.7	2	8
8	福建省	760.3	1832.5	3	9
9	山东省	375.3	370.3	5	5
10	广东省	1626	1294.9	1	7
11	海南省	263.6	2626.8	6	10

=RANK(C2,$C$2:$C$11,1)

图 4-42 RANK 函数的运用

数据来源:国家统计局。

4.3.4 查找函数

1.CHOOSE 函数

功能:根据索引值返回后面对应的参数列表中的内容。

语法:CHOOSE(index_num,value1,[value2],…)

参数说明:如表 4-18 所示,如果参数 index_num 为 1,返回 value1;如果为 2,返回 value2,以此类推,且参数 index_num 必须大于等于 1 且小于等于 value 参数的个数总和,否则结果返回错误值"#VALUE!"。当 index_num 含有小数时会被截尾取整处理,只保留整数部分。

表 4-18 CHOOSE 函数参数说明

参数名称	参数说明
index_num(必选)	表示指定所选定参数的索引值
value1,[value2],…	表示需要选定的参数列表,其中 value1 是必需的,后续值是可选的。参数可以是数字、单元格引用、已定义的名称、公式、函数或文本

图 4-43 列举了参数 index_num 在取值不同情况下获得的结果。

	A	B	C	D
1	省份	函数	结果	说明
2	北京市	=CHOOSE(0,A2,A3,A4,A5,A6)	#VALUE!	参数index_num=0,没有大于1,返回错误值
3	天津市	=CHOOSE(6,A2,A3,A4,A5,A6)	#VALUE!	参数index_num=6,value参数的个数和=5,6>5,返回错误值
4	河北省	=CHOOSE(1,A2,A3,A4,A5,A6)	北京市	返回第一个参数A2对应的值
5	上海市	=CHOOSE(3,A2,A3,A4,A5,A6)	河北省	返回第三个参数A4对应的值
6	江苏省	=CHOOSE(3.2,A2,A3,A4,A5,A6)	河北省	参数index_num为小数,截尾取整为3,返回第三个参数A4对应的值
7	浙江省	=CHOOSE(3.8,A2,A3,A4,A5,A6)	河北省	参数index_num为小数,截尾取整为3,返回第三个参数A4对应的值
8	福建省			
9	山东省			
10	广东省			
11	海南省			

图 4-43 CHOOSE 函数的运用

2.LOOKUP 函数

功能：在单行区域或单列区域（向量）中查找数值，然后返回第二个单行区域或单列区域中相同位置的数值。

语法：LOOKUP(lookup_value，lookup_vector，result_vector)

参数说明：如表 4-19 所示，LOOKUP 函数可以忽略空值、逻辑值和错误值进行数据查询，但在查询之前，参数 lookup_vector 的数值必须按升序排序，否则不能返回正确的结果。

表 4-19　LOOKUP 函数参数说明

参数名称	参数说明
lookup_value（必选）	表示在向量中所要查找的值，可以是文本、数字、逻辑值或包含数值的名称或引用
lookup_vector（必选）	只包含一行或一列的区域
result_vector（必选）	只包含一行或一列的区域，且其大小必须与 lookup_vector 相同

例 4-16：查询 2020 年的福建省水资源总量。

具体操作步骤如下：

步骤一：将省份按照升序进行排列。

步骤二：在单元格 F2 中输入函数公式"＝LOOKUP(E2，A2：A11，B2：B11)"，单元格 E2 为要查询的值，表示在单元格区域 A2：A11 中查找等于 E2 值所对应的单元格区域 B2：B11 中的值，"福建省"对应的水资源总量值为"760.3"。

如图 4-44(a)所示，因为没有事先对省份对应的水资源总量进行升序排列，所以得到的查询结果"25.8"是错误的，正确的结果如图 4-44(b)所示，即对查询值先进行升序排序再进行查找。

F2　=LOOKUP(E2,A2:A11,B2:B11)

	A	B	C	D	E	F
1	省份	水资源总量（亿立方米）	人均水资源量（立方米/人）		要查询的值	查询结果
2	北京市	25.8	117.8		福建省	25.8
3	天津市	13.3	96			
4	河北省	146.3	196.2			
5	上海市	58.6	235.9			
6	江苏省	543.4	641.3			
7	浙江省	1026.6	1598.7			
8	福建省	760.3	1832.5			
9	山东省	375.3	370.3			
10	广东省	1626	1294.9			
11	海南省	263.6	2626.8			

(a)错误结果

F2 =LOOKUP(E2,A2:A11,B2:B11)

	A	B	C	D	E	F
1	省份	水资源总量(亿立方米)	人均水资源量(立方米/人)		要查询的值	查询结果
2	北京市	25.8	117.8		福建省	760.3
3	福建省	760.3	1832.5			
4	广东省	1626	1294.9			
5	海南省	263.6	2626.8			
6	河北省	146.3	196.2			
7	江苏省	543.4	641.3			
8	山东省	375.3	370.3			
9	上海市	58.6	235.9			
10	天津市	13.3	96			
11	浙江省	1026.6	1598.7			

(b)正确结果

图 4-44　LOOKUP 函数的运用

数据来源:国家统计局。

3.VLOOKUP 函数

功能:按列查找,最终返回该列所需查询列序所对应的值。

语法:VLOOKUP(lookup_value,table_array,col_index_num,[range_lookup])

参数说明:如表 4-20 所示,VLOOKUP 函数是一个纵向查找函数查找值,它只能按照行来查找数据。参数 table_array 区域中的首列一定要包含参数 lookup_value 的内容。当参数 col_index_num 为 1 时,返回 table_array 第 1 列中的数值;当参数 col_index_num 为 2 时,返回 table_array 第 2 列中的数值,以此类推。若参数 col_index_num 大于 table_array 的列数,则返回错误值"#REF!";若参数 col_index_num 小于 1,则返回错误值"#VALUE!"。一般情况下,参数 range_lookup 使用的都是精确匹配,找不到准确的结果时函数就会返回错误值"#N/A";如果为近似匹配,找不到精确的结果时函数将返回小于查找值的最大值。当查找遇到重复值时,VLOOKUP 函数仅仅只返回第一个找到的结果。

表 4-20　VLOOKUP 函数参数说明

参数名称	参数说明
lookup_value(必选)	表示查找值,即想要根据这个数据进行查找,它可以是数值、文本字符串或引用
table_array(必选)	表示查找的数据区域,即查找范围,它可以是单元格区域或区域名称等
col_index_num(必选)	表示需要查找的结果在数据区域中的第几列
range_lookup(可选)	表示匹配类型,FALSE 或 0 代表精确匹配,TRUE 或 1 或省略代表近似匹配

例 4-17:按省份查询 2020 年各省地下水资源量。

具体操作步骤如下:

步骤一:在单元格 G2 中输入要查询的省份,比如"福建省"。

步骤二:在单元格 H2 中输入函数公式"=VLOOKUP(G2,A2:E10,4,0)",G2 表示

要查找的值，单元格区域 A2：E10 表示要查找的范围，4 表示单元格区域 A2：E10 中的第 4 列，0 表示精确查找，查询结果如图 4-45 所示。

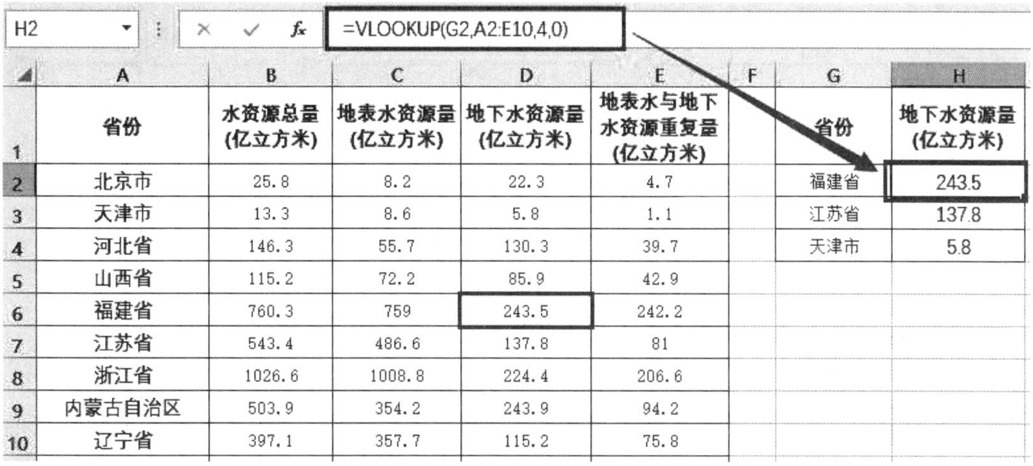

H2　=VLOOKUP(G2,A2:E10,4,0)

	A	B	C	D	E	F	G	H
1	省份	水资源总量(亿立方米)	地表水资源量(亿立方米)	地下水资源量(亿立方米)	地表水与地下水资源重复量(亿立方米)		省份	地下水资源量(亿立方米)
2	北京市	25.8	8.2	22.3	4.7		福建省	243.5
3	天津市	13.3	8.6	5.8	1.1		江苏省	137.8
4	河北省	146.3	55.7	130.3	39.7		天津市	5.8
5	山西省	115.2	72.2	85.9	42.9			
6	福建省	760.3	759	243.5	242.2			
7	江苏省	543.4	486.6	137.8	81			
8	浙江省	1026.6	1008.8	224.4	206.6			
9	内蒙古自治区	503.9	354.2	243.9	94.2			
10	辽宁省	397.1	357.7	115.2	75.8			

图 4-45　VLOOKUP 函数的运用

数据来源：国家统计局。

4.HLOOKUP 函数

功能：按行查找，最终返回当前列中指定行处的数值。

语法：HLOOKUP(lookup_value，table_array，row_index_num，[range_lookup])

参数说明：如表 4-21 所示，HLOOKUP 函数的语法与 VLOOKUP 函数的语法相同，区别在第三个参数，HLOOKUP 函数中该参数 row_index_num 表示匹配的行序号，VLOOKUP 函数中该参数 col_index_num 表示匹配的列序号，且 row_index_num 必须大于等于 1 且小于等于查找区域的总行数。

表 4-21　HLOOKUP 函数参数说明

参数名称	参数说明
lookup_value(必选)	表示查找值，即想要根据这个数据进行查找，它可以是数值、文本字符串或引用
table_array(必选)	表示查找的数据区域，即查找范围，它可以是单元格区域或区域名称等
row_index_num(必选)	表示需要查找的结果在数据区域中的第几行
range_lookup(可选)	表示匹配类型，FALSE 或 0 代表精确匹配；TRUE 或 1 或省略代表近似匹配

例 4-18：按照省份查询 2020 年各省地下水资源量。

具体操作步骤如下：

步骤一：在单元格 G2 中输入要查询的省份，比如"福建省"。

步骤二：在单元格 H2 中输入函数公式"＝VLOOKUP(G2，A2：E10，4，0)"，G2 表示要查找的值，单元格区域 A2：E10 表示要查找范围，4 表示单元格区域 A2：E10 中的第 4 列，0 表示精确查找，查询结果如图 4-46 所示。

M2 =HLOOKUP(L2,A1:J5,4,0)

	A	B	C	D	E	F	G	H	I	J	K	L	M
1	省份	北京市	天津市	河北省	山西省	福建省	江苏省	浙江省	内蒙古自治区	辽宁省		省份	地下水资源量(亿立方米)
2	水资源总量(亿立方米)	25.8	13.3	146.3	115.2	760.3	543.4	1026.6	503.9	397.1		福建省	243.5
3	地表水资源量(亿立方米)	8.2	8.6	55.7	72.2	759	486.6	1008.8	354.2	357.7		江苏省	137.8
4	地下水资源量(亿立方米)	22.3	5.8	130.3	85.9	243.5	137.8	224.4	243.9	115.2		天津市	5.8
5	地表水与地下水资源重复量(亿立方米)	4.7	1.1	39.7	42.9	242.2	81	206.6	94.2	75.8			

图 4-46 HLOOKUP 函数的运用

数据来源:国家统计局。

5.INDEX 函数

功能:返回由行号和列号索引选中的表或数组中元素的值,即行和列交叉点所在的引用。

语法一:INDEX(array,row_num,[column_num])

语法二:INDEX(reference,row_num,column_num,area_num)

参数说明:如表 4-22 所示,如果参数 array 只包含 1 行或 1 列,则相应的 row_num 或 column_num 参数是可选的,即如果省略 row_num,则需要 column_num;反之,如果省略 column_num,则需要 row_num;如果参数 array 包含多行和多列,并且仅使用 row_num 或 column_num,则 INDEX 函数返回数组中整个行或列的数组;如果参数 row_num 或 column_num 为 0,INDEX 将分别返回整列或整行的值数组。如图 4-47 所示。

表 4-22 INDEX 函数参数说明

参数名称	参数说明
array(必选)	单元格区域或数组常量
row_num	表示选择数组中的某行
column_num	表示选择数组中的某列
reference	对一个或多个单元格区域的引用
area_num	选择参数 reference 中引用的一个区域,并返回该区域 row_num 和 column_num 的交叉区域。1 为第一个区域,2 为第二个区域,以此类推

6.MATCH 函数

功能:给定一个查询值,在指定的查询区域中搜索与之匹配的数据,返回该查询值在查询区域中的位置。

语法:MATCH(lookup_value,lookup_array,[match_type])

参数说明:如表 4-23 所示,0 表示精确匹配,-1 表示查找大于或等于查找值的最小值,此时查找区域必须按照降序排列;1 表示查找小于或等于查找值的最大值,此时查找区域必须按照升序排列。一旦发现查找值和所查找范围数值数据对比不同,便会显示错误信息“#N/A”。

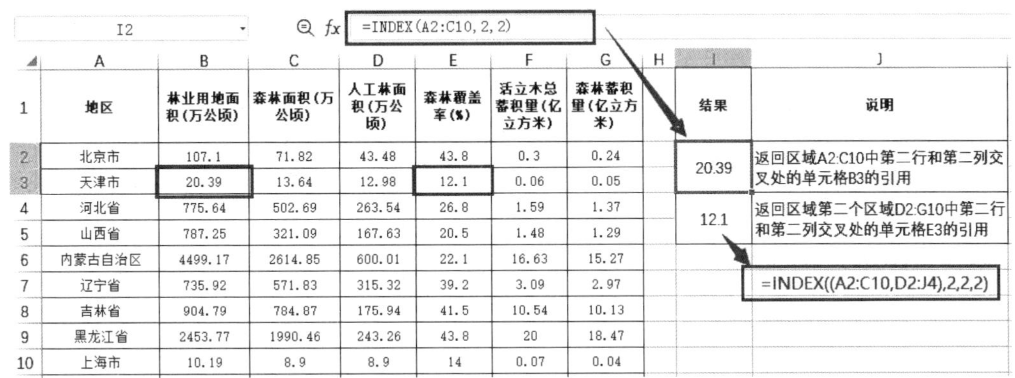

图 4-47　INDEX 函数的运用

数据来源：国家统计局。

表 4-23　MATCH 函数参数说明

参数名称	参数说明
lookup_value（必选）	表示要搜索的查询值
lookup_array（必选）	表示要搜索的单元格区域
match_type（可选）	表示查找的方式，可以是数值－1、0、1 三个参数，如果不填写，默认是 1

如图 4-48 所示，要查找数学成绩小于或者等于“90”的最大数值为第几个，此时查找方式参数 match_type 设定为“1”，MACTH 函数按照查找区域未进行排序和按升序排序进行查找时会得到两个不同的结果。从图 4-48 中我们可以看到，在“B2:B6”区域内查找，未排序时按顺序找到单元格 B5，数值为“75”，在查找区域“B2:B6”中排在第 4 位，所以结果显示 4，这个结果明显不对。同样的数据，我们先进行升序排序，查找区域为“G2:G6”，找到单元格 G4，数值为“90”，在查找区域中排在第 3 位，所以结果显示为 3。可以看到，此时获取的结果才是正确的。同理，查找方式参数 match_type 设定为“－1”也一定要先对查找区域进行降序排列，否则查找的结果将不正确，如图 4-49 所示。

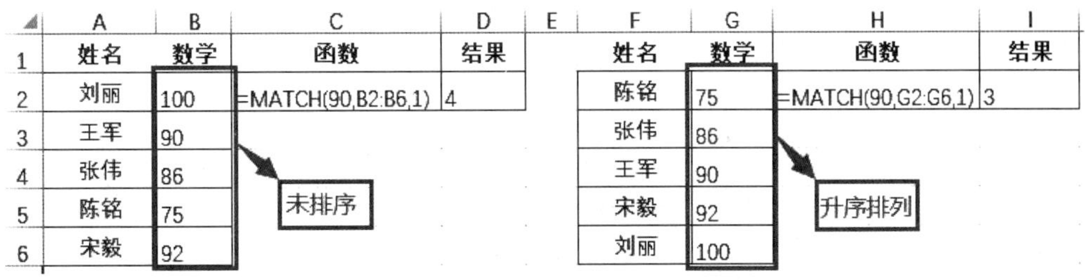

图 4-48　MATCH 函数的运用(match_type＝“1”)

例 4-19：分别求 2020 年林业用地面积和森林面积最高省份的位置。

分析：根据题目要求，首先要先找到各省份中林业用地面积和森林面积的最大值，这里可以用统计函数 MAX，然后再找出最大值对应的单元格位置，采用 MATCH 函数与 MAX 函数的嵌套使用，且查找方式为精确匹配。

A	B	C	D	E	F	G	H	I
姓名	数学	函数	结果		姓名	数学	函数	结果
刘丽	100	=MATCH(90,B2:B6,-1)	1		刘丽	100	=MATCH(90,G2:G6,-1)	3
王军	86				宋毅	92		
张伟	90	未排序			张伟	90	降序排列	
陈铭	75				王军	86		
宋毅	92				陈铭	75		

图 4-49　MATCH 函数的运用(match_type="－1")

具体操作步骤如下：

步骤一：在单元格 B33 中输入函数公式"＝MATCH(MAX(B2：B32)，B2：B32，0)"，函数 MAX(B2：B32)求出单元格区域 B2：B32 中的最大值，即数值"4499.17"，再利用函数 MATCH(4499.17，B2：B32，0)精确匹配求出该值在单元格区域 B2：B32 中的位置，结果为"5"即第五位，得出林业用地面积最大值的位置。

步骤二：复制单元格 B33 中的公式到单元格 C33 中，得出森林面积最大值的位置，结果如图 4-50 所示。

B33　=MATCH(MAX(B2:B32),B2:B32,0)

	A	B	C	D
1	地区	林业用地面积（万公顷）	森林面积（万公顷）	
2	北京市	107.1	71.82	
3	天津市	20.39	13.64	
4	河北省	775.64	502.69	
5	山西省	787.25	321.09	
6	内蒙古自治区	4499.17	2614.85	
7	辽宁省	735.92	571.83	
8	吉林省	904.79	784.87	
9	黑龙江省	2453.77	1990.46	
10	上海市	10.19	8.9	
11	江苏省	174.98	155.99	
12	浙江省	659.77	604.99	
13	安徽省	449.33	395.85	
14	福建省	924.4	811.58	
15	江西省	1079.9	1021.02	
16	山东省	349.34	266.51	
17	河南省	520.74	403.18	
18	湖北省	876.09	736.27	
19	湖南省	1257.59	1052.58	
20	广东省	1080.29	945.98	
21	广西壮族自治区	1629.5	1429.65	
22	海南省	217.5	194.49	
23	重庆市	421.71	354.97	
24	四川省	2454.52	1839.77	
25	贵州省	927.96	771.03	
26	云南省	2599.44	2106.16	
27	西藏自治区	1798.19	1490.99	
28	陕西省	1236.79	886.84	
29	甘肃省	1046.35	509.73	
30	青海省	819.16	419.75	
31	宁夏回族自治区	179.52	65.6	
32	新疆维吾尔自治区	1371.26	802.23	
33	最大值位置	5	5	

图 4-50　MATCH 函数与 MAX 函数的嵌套运用

4.3.5 文本函数

1.LEN 函数

功能：计算字符串的字符个数。

语法：LEN(text)

参数说明：text 表示需要计算的字符。不管是单字节还是双字节，始终按 1 计数，空格也作为字符进行计数。如图 4-51 所示。

	A	B	C
1	字符串	函数	结果
2	Excel 2016	=LEN(A2)	10
3	环境保护	=LEN(A3)	4
4	123.45	=LEN(A4)	6

图 4-51　LEN 函数的运用

2.LENB 函数

功能：计算字符串的字符个数。

语法：LENB(text)

参数说明：text 参数为必选项，表示需要计算的字符。半角状态下输入的英文字母、数字、标点符号，每个字符按 1 个字节计算；汉字以及全角状态下输入的英文字母、数字、标点符号，每个字符按 2 个字节计算。如图 4-52 所示。

	A	B	C	D
1	字符串	函数	结果	说明
2	Excel 2016	=LENB(A2)	10	
3	环境保护	=LENB(A3)	8	汉字按 2 个字节计算
4	123.45	=LENB(A4)	6	
5	ａｂｃｄ	=LENB(A5)	8	全角状态下输入
6	abcd	=LENB(A6)	4	半角状态输入

图 4-52　LENB 函数的运用

3.LEFT 函数

功能：以文本字符串左侧为起点，以字符个数为单位，返回指定数量的字符。

语法：LEFT(text,[num_chars])

参数说明：如表 4-24 所示，参数 num_chars 可选，如果省略参数 num_chars，默认其值为 1。

表 4-24 参数说明

参数名称	参数说明
text(必选)	表示要提取的字符串或者单元格引用
num_chars(可选)	表示从左侧要提取的字符数

如图 4-53 所示，利用 LEFT 函数提取姓名中的姓氏，与 IF 函数配合使用，得到每个

人的称谓，男性用先生表示，女性用女士表示。具体操作步骤如下：

C2 =LEFT(A2)&IF(B2="女","女士","先生")

	A	B	C
1	姓名	性别	称谓
2	刘丽	女	刘女士
3	王军	男	王先生
4	张伟	男	张先生
5	陈铭	男	陈先生
6	宋毅	女	宋女士

图 4-53　LEFT 函数的运用

步骤一：首先用 LEFT 函数提取 A 列姓名的第一个字符，这里只需提取一个字符，所以第二参数可以省略，函数公式为“=LEFT(A2)”。

步骤二：使用 IF 函数对 B 列的性别进行判断，如果是女，则显示女士，否则显示先生，函数公式为“=IF(B2="女","女士","先生")”。

步骤三：将步骤一提取得到的姓氏和步骤二提取得到的称呼用连接符号“&”连接起来，即函数公式为“=LEFT(A2)&IF(B2="女","女士","先生")”即可得到最终结果。

在日常运用中有时经常碰到“数值+英文”或者“英文+中文”的字符串，当需要提取字符串中的英文或者数值时，我们可以利用 LEFT 函数，嵌套 LEN 函数和 LENB 函数完成。如图 4-54 所示，在单元格 B2 中输入函数公式“=LEFT(A2,2*LEN(A2)-LENB(A2))”，利用 LEN 函数和 LENB 函数在统计汉字字符上的区别，运用公式“2*LEN(A2)-LENB(A2)”可以计算得到数值或者英文的个数，再利用 LEFT 函数从左侧取值得到最终结果。

B2 =LEFT(A2,2*LEN(A2)-LENB(A2))

	A	B
1	数值+中文	提取数值编号
2	012刘丽	012
3	101王军	101
4	008张伟	008
5	212陈铭	212
6	520宋毅	520

(a)

B2 =LEFT(A2,2*LEN(A2)-LENB(A2))

	A	B
1	英文+中文	提取英文名字
2	Liuli刘丽	Liuli
3	Wangjun王军	Wangjun
4	Zhangwei张伟	Zhangwei
5	Chenming陈铭	Chenming
6	Songyi宋毅	Songyi

(b)

图 4-54　LEFT 函数提取字符的运用

4.RIGHT 函数

功能：以文本字符串右侧为起点，以字符个数为单位，返回指定数量的字符。

语法：RIGHT(text,[num_chars])

参数说明：如表 4-25 所示，参数 num_chars 可选，且必须大于等于 0，如果为 0，返回空值；如果省略参数 num_chars，默认其值为 1。

表 4-25　RIGHT 函数参数说明

参数名称	参数说明
text(必选)	表示要提取的字符串或者单元格引用
num_chars(可选)	表示从右侧要提取的字符数

如图 4-55 所示，要从考生的准考证号中提取最后两位的座位号，则在单元格 B2 中输入函数公式“=RIGHT(B2,2)”，然后按【Enter】键即可得到结果，再利用公式填充得到其他考生的座位号。

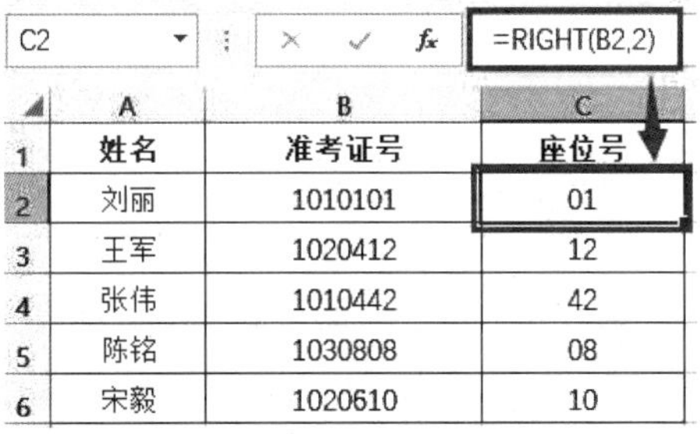

C2　=RIGHT(B2,2)

	A	B	C
1	姓名	准考证号	座位号
2	刘丽	1010101	01
3	王军	1020412	12
4	张伟	1010442	42
5	陈铭	1030808	08
6	宋毅	1020610	10

图 4-55　RIGHT 函数的运用

5.MID 函数

功能：从字符串中左边的指定位置开始，以字符个数为单位，返回指定数量的字符。

语法：MID(text,start_num,num_chars)

参数说明：如表 4-26 所示。

表 4-26　MID 函数参数说明

参数名称	参数说明
text(必选)	表示要提取的字符串或者单元格引用
start_num(必选)	表示文本中要提取的第 1 个字符的位置，文本中第 1 个字符为 1，第 2 个字符为 2……以此类推
num_chars(必选)	表示要提取的字符的个数

如图 4-56 所示，要求从身份证号中提取出生年月，在单元格 C2 中输入函数公式“=MID(B3,7,8)”，利用公式向下填充至 C6 单元格，即可将身份证号中的出生年月日提取出来。

	A	B	C
1	姓名	身份证号	出生年月
2	刘丽	350521200106300435	20010630
3	王军	352601199012255526	19901225
4	张伟	350981198906017552	19890601
5	陈铭	350322199512183826	19951218
6	宋毅	350503198503130710	19850313

C2 =MID(B2,7,8)

图 4-56 MIN 函数的运用

6.TEXT 函数

功能：将指定单元格的内容转换成指定的格式。

语法：TEXT(value,format_text)

参数说明：如表 4-27 所示。

表 4-27 TEXT 函数参数说明

参数名称	参数说明
value(必选)	表示数字值或者包含数字值的单元格的引用
format_text(必选)	设置单元格格式中所要选用的文本格式

如图 4-57 和图 4-58 所示，在图 4-57 格式设置中，和年有关的字段用字母“yyyy”和“yy”；和月有关的字段用字母“m”，输入 2～4 个“m”分别可以得到格式不同的月份；和天数有关的字段用字母“d”；和星期有关的字段可以用“ddd”、“dddd”、“aaa”和“aaaa”，字母短的将得到星期缩写，字母长的将得到完整的星期名称。

	A	B	C	D
1	数据	函数	结果	说明
2	2022/6/5	=TEXT(A2,"yyyy年m月d日")	2022年6月5日	改年月日格式
3	2022/6/5	=TEXT(A2,"mm月dd日")	06月05日	提取月日
4	2022/6/5	=TEXT(A3,"yyyy")	June	提取月的英文名称
5	2022/6/5	=TEXT(A4,"mmmm")	2022	提取年份
6	2022/6/5 12:12:12	=TEXT(A5,"h:mm:ss")	12:12:12	提取时间
7	123456789	=TEXT(A7,"#,###")	123,456,789	加千分位分隔符

图 4-57 TEXT 函数的运用

在图 4-58 中，用 MID 函数提取出生日期后，再用 TEXT 函数对提取的出生日期进行格式转变。在单元格 C2 中输入函数公式“=TEXT(MID(B2,7,8),"0—00—00")”，然后利用公式向下填充至 C6 单元格，即可提取 C 列出生日期。

7.FIND 函数

功能：对指定的字符串进行定位，返回从指定位置开始该字符串第一次出现的位置。

语法：FIND(find_text,within_text,start_num)

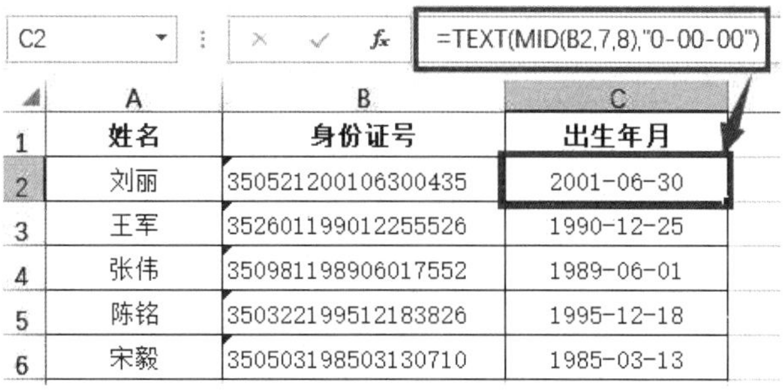

C2	=TEXT(MID(B2,7,8),"0-00-00")	
姓名	身份证号	出生年月
刘丽	350521200106300435	2001-06-30
王军	352601199012255526	1990-12-25
张伟	350981198906017552	1989-06-01
陈铭	350322199512183826	1995-12-18
宋毅	350503198503130710	1985-03-13

图 4-58　TEXT 函数和 MID 函数结合运用

参数说明：如表 4-28 所示，参数 start_num 指定位查找位置，比如 start_num 为 1，则从单元格内第一个字符开始查找字符串，如果忽略 start_num，则假设其为 1。

表 4-28　FIND 函数参数说明

参数名称	参数说明
find_text（必选）	表示要查找的字符串
within_text（必选）	表示包含要查找关键字的单元格
start_num（可选）	指定开始进行查找的字符串的位置

如图 4-59 所示，从指定位置查找 A2 单元格中英文单词“environmental protection”中字母“i”所在的位置。要注意的是，查找字母时要在英文状态下输入双引号，查找数字则不需要。

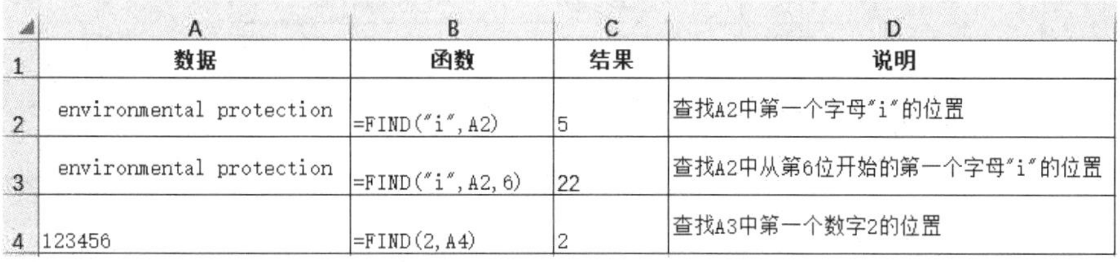

数据	函数	结果	说明
environmental protection	=FIND("i",A2)	5	查找A2中第一个字母"i"的位置
environmental protection	=FIND("i",A2,6)	22	查找A2中从第6位开始的第一个字母"i"的位置
123456	=FIND(2,A4)	2	查找A3中第一个数字2的位置

图 4-59　FIND 函数的运用

FIND 函数一般和其他函数配合使用，如提取 QQ 邮箱中的账号，可以先通过 FIND 函数定位，再用 LEFT 函数提取。如图 4-60 所示，在单元格 A2 中输入函数公式“=LEFT(A2,FIND("@",A2)－1)”，然后按【Enter】键即可得到结果，即通过先定位符号“@”的位置，再从左侧提取“@”位置减 1 的字符数，即为 QQ 账号。

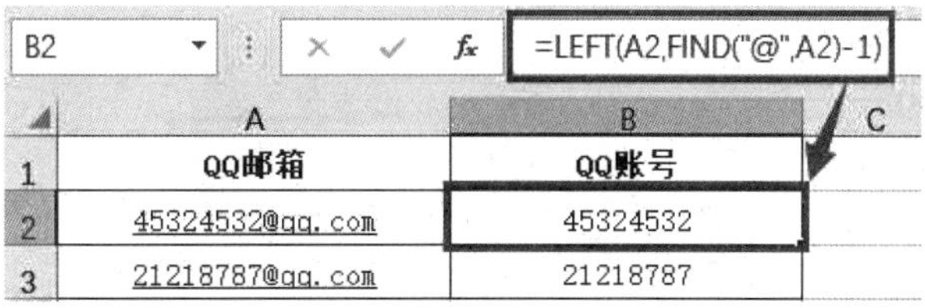

B2	=LEFT(A2,FIND("@",A2)-1)
QQ邮箱	QQ账号
45324532@qq.com	45324532
21218787@qq.com	21218787

图 4-60　FIND 函数与 LEFT 函数配合使用

8.REPLACE 函数

功能:将旧字符串文本中指定起始位置和个数的字符用新字符串替换。

语法:REPLACE(old_text,start_num,num_chars,new_text)

参数说明:如表 4-29 所示。

表 4-29　REPLACE 函数参数说明

参数名称	参数说明
old_text(必选)	表示要替换其部分字符的旧字符串文本
start_num(必选)	指定旧字符串文本中要替换的起始位置
num_chars(可选)	表示替换字符数的个数
new_text	表示用于替换的新字符串,如果是文本则要加上引号

如图 4-61 所示,要屏蔽手机号码的中间的 6 位数。选中单元格 C2,输入函数公式"=REPLACE(B2,4,6,"******")",按【Enter】键即可。其中,4 是单元格 B2 的起始位置,6 是要替换的字符个数,"******"是要替换的新字符,即表示将单元格 B2 中从第 4 位开始的 6 个数字替换为 6 个"*",这种做法在日常运用中可以在一定程度上保护个人隐私。

C2　=REPLACE(B2,4,6,"******")

	A	B	C
1	姓名	手机号	屏蔽手机号
2	刘丽	15956185618	159******18
3	王军	13959898541	139******41
4	张伟	13105956789	131******89
5	陈铭	13025489489	130******89
6	宋毅	17799988686	177******86

图 4-61　REPLACE 函数的运用

4.3.6 日期计算函数

日期和时间在 Excel 中的应用非常广泛,它可以用于计算星期、时间、工龄和年龄等,下面我们介绍几种常用的日期函数。

1.TODAY 函数

功能:获取计算机当前系统的日期。

语法:TODAY ()

如图 4-62 所示,选中单元格 A1,输入函数公式"=TODAY ()",按【Enter】键即可获得当前的日期,结果包含年、月、日。

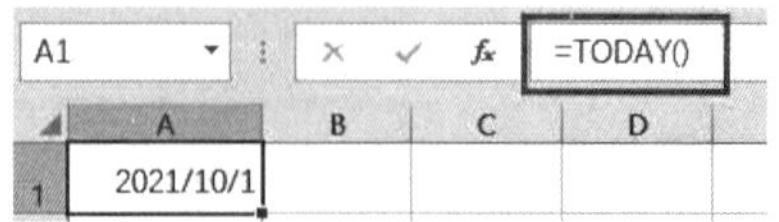

图 4-62　TODAY 函数的运用

2.NOW 函数

功能：获取计算机当前系统的日期和时间。

语法：TODAY ()

如图 4-63 所示，选中单元格 A1，输入函数公式“=NOW ()”，按【Enter】键即可获得当前的日期时间，而且获得的这个时刻在其余单元格输入数据后会自动刷新，即它是动态的，不是固定不变的。

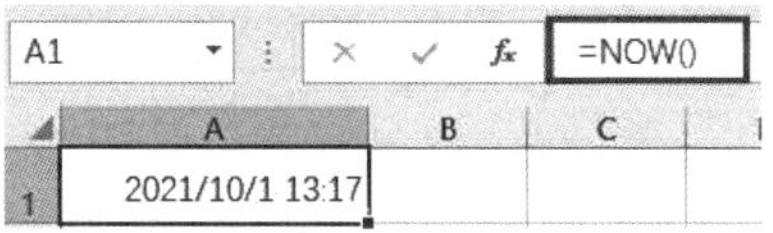

图 4-63　NOW 函数的运用

3.DATE 函数

功能：创建指定的日期。

语法：DATE(year，month，day)

参数说明：如表 4-10 所示，参数 year 的值如果大于 9999，将返回错误值“# VALUE!”，而参数 month 和 day 则不同，虽然参数 month 的正常范围是 1～12 的整数，参数 day 的正常范围是 1～31 的整数，但是 DATE 函数对参数 month 和 day 有自动更正功能。当参数 month 大于 12 时，Excel 会自动将其转换到下一年；当参数 day 大于 31 时，Excel 会自动将其转换到下一月。同理，如果参数 month 和 day 都小于 1，Excel 会将其转换到上一年或上一个月。

表 4-30　DATE 函数参数说明

参数名称	参数说明
year(必选)	表示年，数值必须在 1900～9999 之间的 4 位整数
month(必选)	表示月，一般数值正常范围在 1～12 之间的整数
day(必选)	表示日，一般数值正常范围是 1～31 整数

如图 4-64 所示。选中单元格 D2，输入函数公式“=DATE(A2，B2，C2)”，按【Enter】键即可构建一个指定的日期。

D2　=DATE(A2,B2,C2)

	A	B	C	D
1	年	月	日	结果
2	2008	8	1	2008/8/1

图 4-64

4.YEAR 函数

功能：提取日期中的年份。

语法：YEAR(serial_number)

参数说明：serial_number 为需要提取年份的一个日期值。

如图 4-65 所示，选中单元格 B2，输入函数公式“=YEAR(A2)”，按【Enter】键即可提取出 A2 单元格日期中的年份。

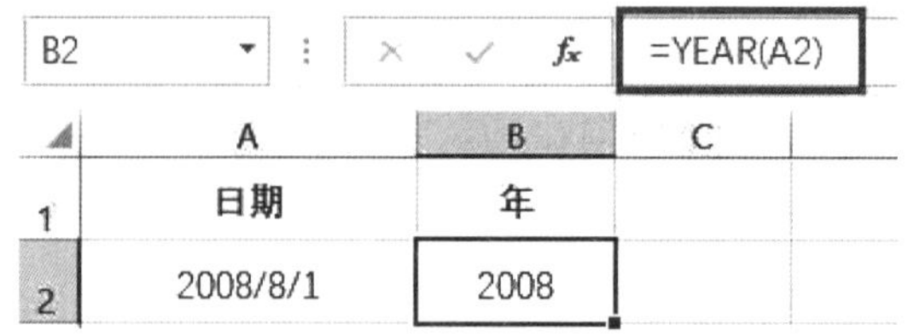

图 4-65　YEAR 函数的运用

5.MONTH 函数

功能：提取日期中的月份。

语法：month(serial_number)

参数说明：serial_number 为需要提取月份的一个日期值，其值为介于 1～12 之间的整数。

如图 4-66 所示，选中单元格 B2，输入函数公式“=YEAR(A2)”，按【Enter】键即可提取出 A2 单元格日期中的月份。

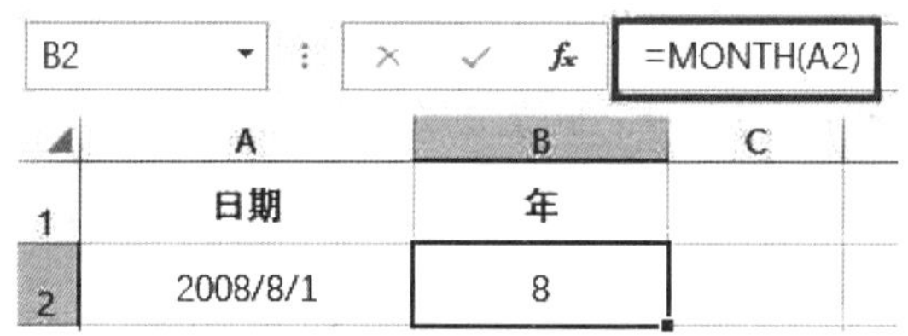

图 4-66　MONTH 函数的运用

6.DAY 函数

功能：提取日期中的天数。

语法：day(serial_number)

参数说明：serial_number 为需要提取天数的一个日期值，其值为介于 1～31 之间的整数。

如图 4-67 所示，选中单元格 B2，输入函数公式“=DAY(A2)”，按【Enter】键即可提取出 A2 单元格日期中的天数。

B2　=DAY(A2)

	A	B	C
1	日期	年	
2	2008/8/1	1	

图 4-67　DAY 函数的运用

7.WEEKDAY 函数

功能：根据日期返回它对应的星期数，返回值为 1～7 之间的整数。

语法：weekday(serial_number,[returl_type])

参数说明：如表 4-10 所示，参数 returl_type 类型很多，默认是 1，也就是星期日作为一周的第一天，返回数字等于 1，星期六等于 7，但这不符合中国人的日常使用习惯，所以一般情况下我们都将其设置为 2。

表 4-31　WEEKDAY 函数参数说明

参数名称	参数说明
serial_number(必选)	表示需要返回对应的星期数的日期值
returl_type(可选)	表示返回类型，共有以下 10 种情况： 1 或者省略：数字 1(星期日)到数字 7(星期六) 2：数字 1(星期一)到数字 7(星期日) 3：数字 0(星期一)到数字 6(星期日) 11：数字 1(星期一)到数字 7(星期日) 12：数字 1(星期二)到数字 7(星期日) 13：数字 1(星期三)到数字 7(星期日) 14：数字 1(星期四)到数字 7(星期日) 15：数字 1(星期五)到数字 7(星期日) 16：数字 1(星期六)到数字 7(星期日) 17：数字 1(星期日)到数字 7(星期六)

示例如图 4-68 所示，选中单元格 B2，分别输入函数公式"=WEEKDAY(A2,1)"和"=WEEKDAY(A2,1)"，按【Enter】键即可返回 A2 单元格日期对应的星期数，从图中可以看到返回的结果不同。

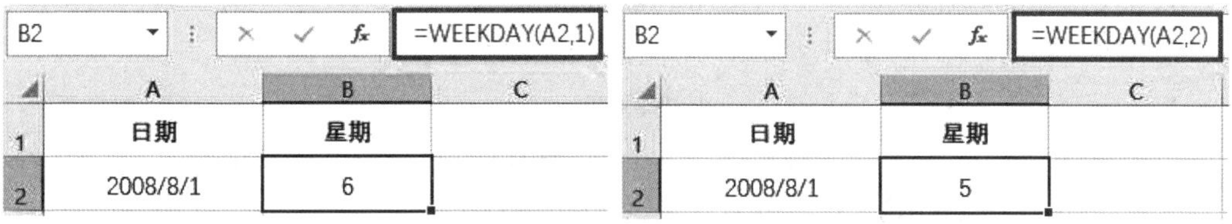

图 4-68　WEEKDAY 函数

提示：要提取星期的信息，除了利用日期函数 WEEKDAY 外，我们也可以利用前面介绍的文本函数 TEXT 函数来实现。如图 4-69 所示，若要提取 A2 单元格星期的中文信息，可以在 B2 单元格中输入函数公式"=TEXT(A2,"aaaa")"，按【Enter】键即可得到结果；若需提取 A2 单元格星期的英文信息，则在 B2 单元格中输入函数公式"=TEXT(A2,"dddd")"。

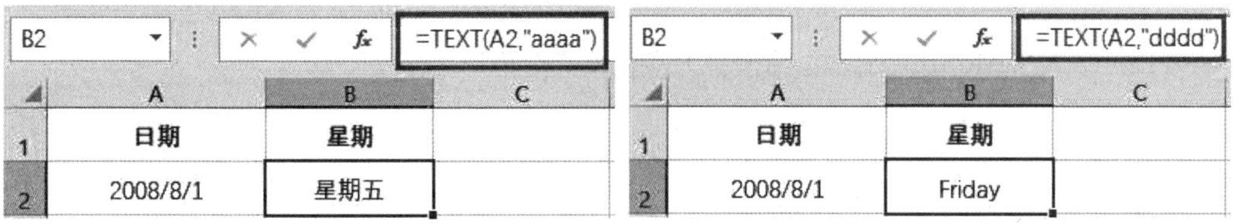

图 4-69　TEXT 函数的运用

练习题

一、单选题

1.下列不属于Excel常用函数的是(　　)。

A.COUNT　　B.IF　　C.SUM　　D.DINPUT

2.在Excel中,下列哪个函数可以加权求和?(　　)。

A.SUMPRODUCT　　B.SUM　　C.SUMIF　　D.COUNTIF

3.在Excel中,函数COUNT的功能是(　　)。

A.统计某区域中非空单元格　　B.统计某区域中符合条件的数目

C.统计某区域中数字的数目　　D.查找符合条件的单元格

4.以下各类函数中,不属于Excel函数的是(　　)。

A.统计　　B.财务　　C.数据库　　D.类型装换

5.在Excel中,下列函数中不是逻辑函数的是(　　)。

A.IF　　B.NOT　　C.FALSE　　D.ISLODICAL

6.Excel中,AVERAGE是(　　)。

A.求和函数　　B.条件函数　　C.平均值函数　　D.计算函数

7.在Excel函数计算中,(　　)为求和函数。

A.SUM　　B.ENTER　　C.MAX　　D.MIN

8.在Excel中函数IF属于(　　)类别函数。

A.日期时间　　B.逻辑　　C.查找引用　　D.数据库

9.关于命令VLOOKUP(C9,A3:$G$7,2,1),以下说法正确的是(　　)。

A.不需要对定位区域排序,要进行无序精确查找。

B.需要按照区域A3:A7升序排列,然后进行近似查找。

C.需要按照区域B3:B7升序排列,然后进行精确查找。

D.需要按照区域C3:C7升序排列,然后进行近似查找。

10.如果要根据给定的学生编号查找对应的姓名,正确的命令是“LOOKUP(N6,$B$6:$B$25,$C$6:$C$25)”,这里存放“姓名”数据的区域是(　　)。

A.N6　　B.B6:B25　　C.C6:C25　　D.N6:N25

11.表达式=Month("2020-6-1")的返回值为(　　)。

A.2020　　B.6　　C.1　　D.2020601

12.DAY("2020-6-18")的返回值为(　　)。

A.2020-06-18　　B.2020　　C.6　　D.18

13.在Excel中,若AI至A3单元格的数值为2、0、-2,A4单元格的公式为“=AND(A1>0”,则NOT(A3>0)的返回值为(　　)。

A.FALSE　　B.TRUE　　C.0　　D.2

14.MID("20200630 考试",5,4)的结果为(　　)。

A.0063　　B.0630　　C.00630　　D.630 考

15.若要显示目前系统日期,可使用下列哪一个函数?(　　)。

A.TODAY　　B.DATE　　C.DAY　　D.TIME

16.表达式"=IF((1>0),1)"的返回值为(　　)。

A.0　　B.1　　C.FALSE　　D.TRUE

17.MDETERM 函数的功能是(　　)。

A.计算逆矩阵　　B.计算数据频率分布

C.计算行列式　　D.计算数组乘积

18.FREQUENCY 函数的功能是(　　)。

A.计算数据的分段值　　B.计算数据频率分布

C.计算数据的最大值　　D.计算数据的正态分布

19.在 Excel 中,"=AVERAGE(A1:B5)"的功能是(　　)。

A.求(A1:B5)区域的平均值　　B.求(A1:B5)区域的最小值

C.求(A1:B5)区域的最大值　　D.求(A1:B5)区域的总和

20.在 Excel 中,COUNT 的函数功能是(　　)。

A.求和　　B.求均值　　C.求最大数　　D.求个数

21.以下不属于查找函数的是(　　)。

A.MEDIAN　　B.MATCH　　C.VLOOKUP　　D.INDEX

22.在 Excel 2003 中,如果 A1、B1、C1、D1 的内容分别为 1、2、3、4,那么函数 COUNT(A1,D1)的结果是(　　)。

A.2　　B.4　　C.5　　D.10

23.当我们在 F3 中输入公式"=SUM(F1:F2,F4:F6,C3:E3)",如果将它复制到 G5 中去,那么 G5 中的内容将是(　　)。

A.=SUM(F1:F2,F4:F6,C3:E3)　　B.=SUM(G1:G2,G4:G6,D3:F3)

C.=SUM(G3:G4,G6:G8,D5:F5)　　D.=SUM(G2:G3,G5:G7,D4:F4)

24.IF(3>4,1,2)的值是(　　)。

A.1　　B.2　　C.3　　D.4

25.统计数据的个数的函数是(　　)。

A.COUNT 计算日期和数值的个数。

B.COUNTA 计算数据的个数。

C.COUNTIF 求满足条件的单元格个数。

D.以上都正确。

26.VLOOKUP 函数从一个数组或表格的(　　)中查找含有特定值的字段,再返回同一列中某一指定单元格中的值。

A.第一行　　B.最末行　　C.最左列　　D.最右列

27.以下哪个不属于 Excel 统计函数?(　　)。

A.IF　　B.MODE　　C.LARGE　　D.SMALL

28.Excel 中，一个完整的函数包括(　　)。

A."="和函数名　　B.函数名和变量　　C."="和变量　　D."=",函数名和变量

29.使用公式=OFFSET(A5:C5,2,2)得到的是(　　)。

A.单元格 C7 的值　　B.区域 C7:E7

C.区域 C7:E7 的值的和　　D.区域 A5:E7

30.下列函数中，(　　)函数不需要参数。

A.DATE　　B.DAY　　C.TODAY　　D.TIME

二、判断题

1.SUM 函数既可以作为一般函数运算，又可以用做数组函数做多条件计数和多条件求和计算。

2.函数 today ()返回的结果是系统当前的日期。

3.count ()函数可以用于统计非空数值型单元格的个数。

4.counta ()函数可以用于统计非空数值型单元格的个数。

5.表达式=IF((1>2),1)返回值为 0。

6.使用 LOOKUP ()函数查找时，必须对定位区域按升序排列。

7.SUM(OFFSET(B7:D7,2,2))是对区域 B7:D7 的数值求和。

8.使用 VLOOKUP ()函数查找时，必须对定位区域按升序排列。

9.DAY("2020-6-18")返回值为"2020-06-18"。

10.除了 SUM 数组函数，SUMIF 函数也可以通过构建辅助列的方式实现多条件求和功能。

三、简答题

1.在 Excel 表中，已知员工的出生日期数据，请列出计算员工年龄的公式。

2.取绝对值的函数为是什么?

3.公式"=OFFSET(A5:C5,2,2,2)"得到的区域是什么?

4.显示当前系统日期和时间的函数是什么?

5.表达式"=Month("2020-6-1")"返回值和"=Day("2020-6-1")"的返回值分别是什么?

第 5 章　图表分析

课程思政案例导入与教学目标

课程思政案例:交通业的发展

要致富,先修路。经济发展,交通先行。新中国成立以来,特别是近 20 年来,我国交通运输业得到了快速发展,成就亮眼。公路、铁路、航空等交通基础设施的建设发展为物流业等相关产业的发展提供了重要的物质基础,为商品快速流通提供了保障。交通运输业的发展不仅大幅度提升了老百姓的生活质量,同时也有效推动了我国的经济发展。

截至 2020 年底,我国铁路营业里程已经超过 14.63 万公里,公路里程超 519.81 万公里,内河航道里程达 12.77 万公里,管道输油(气)里程达 13.41 万公里,定期航班航线里程达 942.63 万公里,国际航线超 382 万公里,交通运输线路的长度和广度不断拓宽,为人和商品的流通提供了重要的基础保障。

改革开放四十年,我国在交通领域上取得了举世瞩目的成就,为了直观展示我国在交通运输业的发展成果,小王通过查阅《统计年鉴》等文献,整理了交通运输业的相关数据,为突出展现交通运输业的快速发展,他从近 20 年数据中选择了 2002 年、2005 年、2010 年、2015 年和 2020 年的相关数据并编制了表格,如表 5.1～表 5.3 所示。

表 5.1　2011—2020 年部分年份中国交通运输业营业里程分类数据一览表

指标	2002 年	2005 年	2010 年	2015 年	2020 年
铁路营业里程(万公里)	7.19	7.54	9.12	12.1	14.63
公路里程(万公里)	176.52	334.52	400.82	457.73	519.81
高速等级路公路里程(万公里)	2.51	4.1	7.41	12.35	16.1
内河航道里程(万公里)	12.16	12.33	12.42	12.7	12.77
定期航班航线里程(万公里)	163.77	199.85	276.51	531.72	942.63
国际航线线路长度(万公里)	57.45	85.59	107.02	239.44	382.87
管道输油(气)里程(万公里)	2.98	4.4	7.85	10.87	13.41

表 5.2　2002—2020 年部分年份中国交通客运周转量分类数据一览表

指标	2002 年	2005 年	2010 年	2015 年	2020 年
旅客周转量(亿人公里)	14125.6	17466.74	27894.26	30058.9	19251.46
铁路旅客周转量(亿人公里)	4969.4	6061.96	8762.18	11960.6	8266.19
公路旅客周转量(亿人公里)	7805.8	9292.08	15020.81	10742.66	4641.01
水运旅客周转量(亿人公里)	81.8	67.77	72.27	73.08	32.99
民用航空旅客周转量(亿人公里)	1268.7	2044.93	4039	7282.55	6311.28

表 5.3　2002—2020 年部分年份中国交通货物周转量分类数据一览表

指标	2002 年	2005 年	2010 年	2015 年	2020 年
货物周转量(亿吨公里)	50685.9	80258.1	141837.4	178355.9	202211.3
铁路货物周转量(亿吨公里)	15658.4	20726	27644.13	23754.31	30514.46
公路货物周转量(亿吨公里)	6782.5	8693.2	43389.67	57955.72	60171.85
水运货物周转量(亿吨公里)	27510.6	49672.3	68427.53	91772.45	105834.4
民用航空货物周转量(亿吨公里)	51.55	78.9	178.9	208.07	240.2
管道货物周转量(亿吨公里)	683	1088	2197.19	4665.35	5450.39

虽然从表格中数据也可以看出我国交通运输业的基础设施建设(包括公路、铁路、水路、航空、管道)取得了明显的成效,但是小王仍然觉得不够直观,因此他尝试对 2002—2020 年共 19 年的交通运输业的相关源数据进行可视化展示,通过建立图表来展示数据的特征。事实上,合适的图形确实能够更直观地显示出我国交通运输业的发展变化。

图 5-1 中柱状图非常直观地展示了我国铁路在过去近 20 年的发展成效,铁路里程的长度得到了快速拓展,特别是近 10 年的发展更为迅速,为我国的经济发展提供了重要的基础保障。

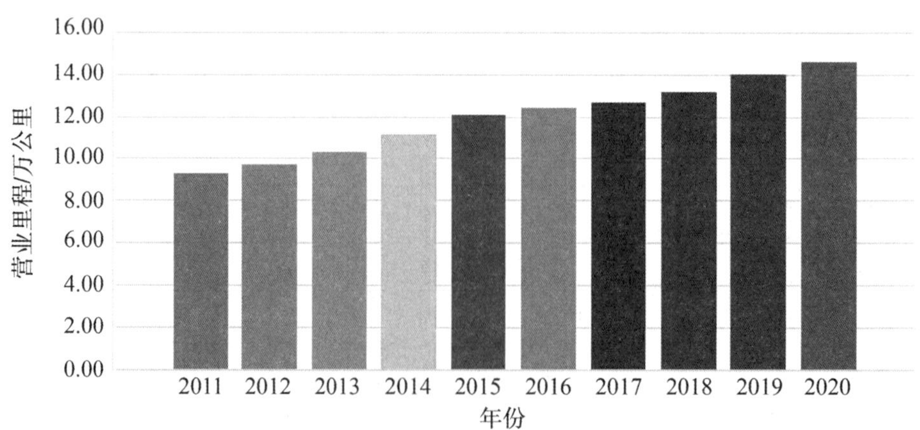

图 5-1　2011—2020 年中国铁路营业里程一览图

图5-2、图5-3饼状图分别展示了2020年和2002年我国各类交通工具承载的客运量分布情况。

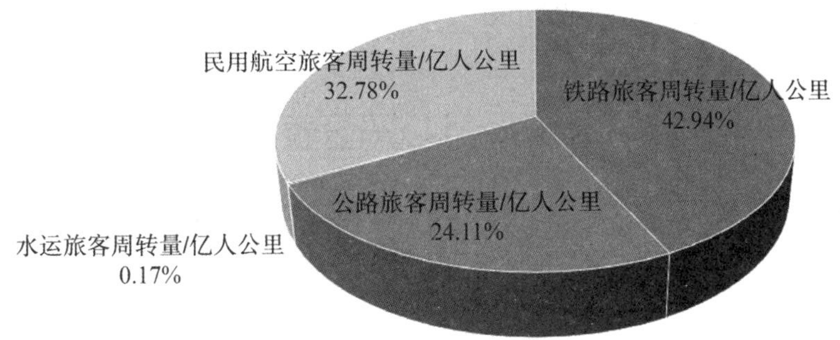

图5-2 2020年各类交通运输工具客运周转量分布图

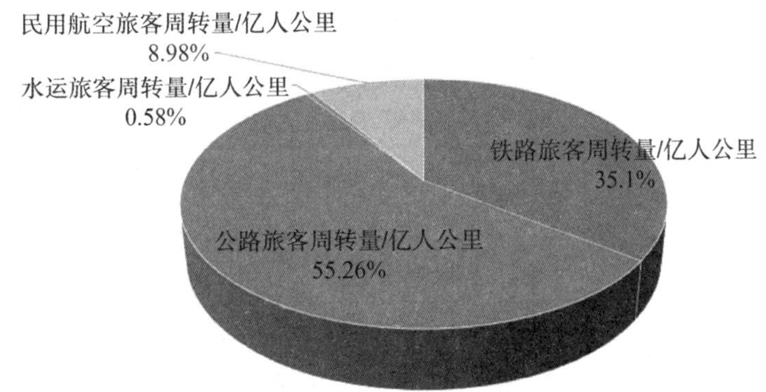

图5-3 2002年各类交通运输工具客运周转量分布图

通过图5-2可以看出我国目前客运的主要方式仍是铁路，其次是航空和公路，比较少的是水路。

但是，结合图5-2的图形与图5-3的图形不难发现，我国交通运输业的客运承载工具的结构在过去近20年内发生了巨大的变化，2002年，公路客运量占比超过50%，是主要的客运方式，其次是铁路，再次是航空，水路最少。而到了2020年，铁路客运量和航空客运量占比大幅度提升。这说明我国航空运输业和铁路运输业建设在过去近20年里得到了更多的关注和投入，取得了明显的发展。

思考：(1)图表在展示数据特征方面有哪些优势？

(2)图表有哪些类型？如何根据数据特征选择合适的图表？如何创建图表？

(3)图表由哪些元素组成？如何对图表进行编辑？

课程思政教学目标：

通过图表对"交通运输业"的发展数据进行可视化展示，同学们直观地了解到我国过去几十年在基础设施建设上取得的巨大成就，充分了解到我国政府在推进基础设施建设、促进经济发展、提升人民生活水平方面做出的努力，充分展示了社会主义制度的优越性，增强了学生们的制度自信，提升了民族自豪感。

图表是数据分析的一个重要工具，它通过将数据转化为直观的图形，让用户快速了解数据的特征，特别是对于规模比较大的数据而言，合理的图表可以更快速、更清晰、更直观地反映数据之间的关系，以帮助用户了解数据的变化趋势，从而对研究对象做出更合理的推断和预测。

5.1　认识图表

5.1.1 图表元素

由前例可以看出，图表通常是由图表区、绘图区、图表标题、数据系列、图例、网格线等基本元素组合而成，用户可以根据需要对图表的元素进行添加、删除和编辑，如图 5-4 所示。除上述罗列的图表元素外，趋势线、数据表等也常常被用于图表中。

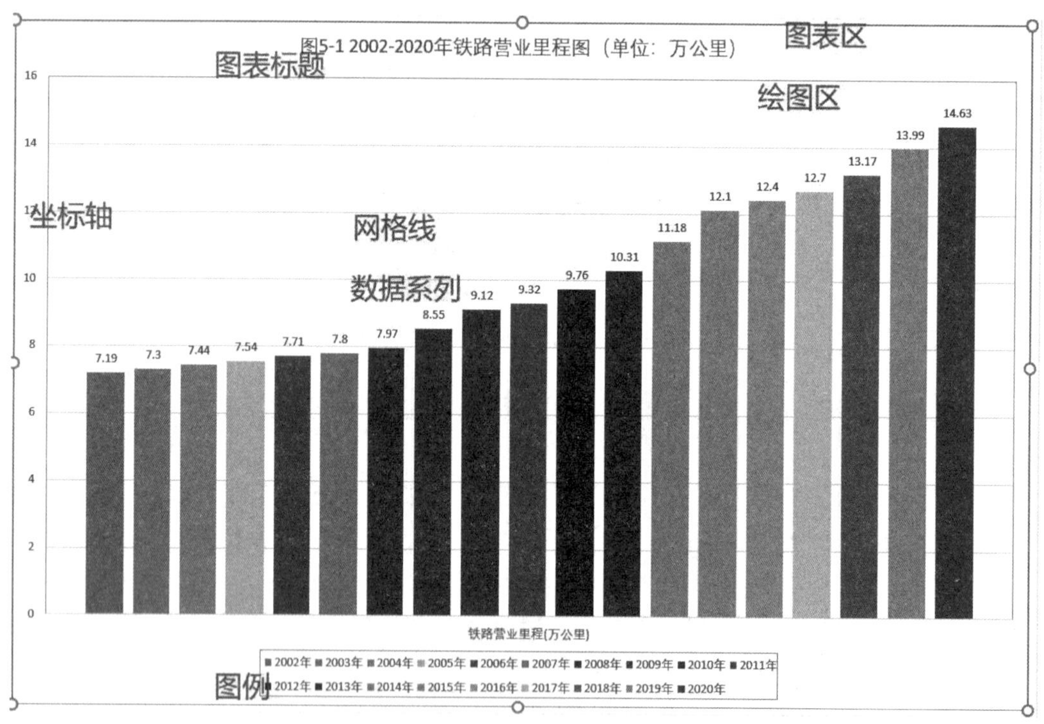

图 5-4　Excel 表格的基本元素示意图

5.1.2 图表类型

Excel 中提供了如柱形图、折线图、饼图、条形图、面积图、散点图、股价图、曲面图、雷达图等基本的图表形式，这些不同的图表显示方式构成了 Excel 的图表类型。不同的图表类型在数据的分析、显示方面有着各自的特点，因此其适用的场景也有所不同，用户可以根据数据特征和数据可视化目标选择合适的图表类型对数据信息进行呈现。

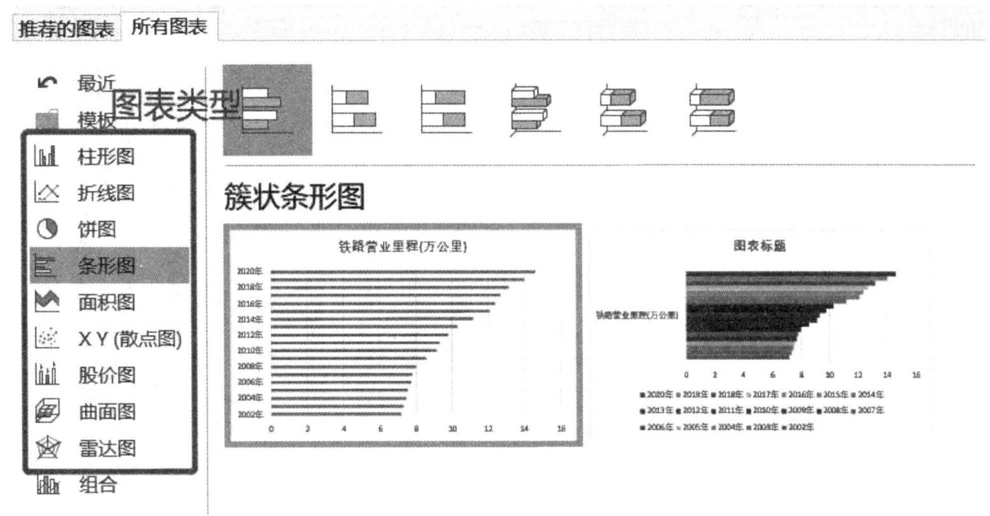

图 5-5　Excel 中的图表基本类型

每一种图表类型下还有多种子类型，如柱形图下还可以选择簇状柱形图、堆积柱形图、三维百分比堆积柱形图等子类型，如图 5-6 所示。

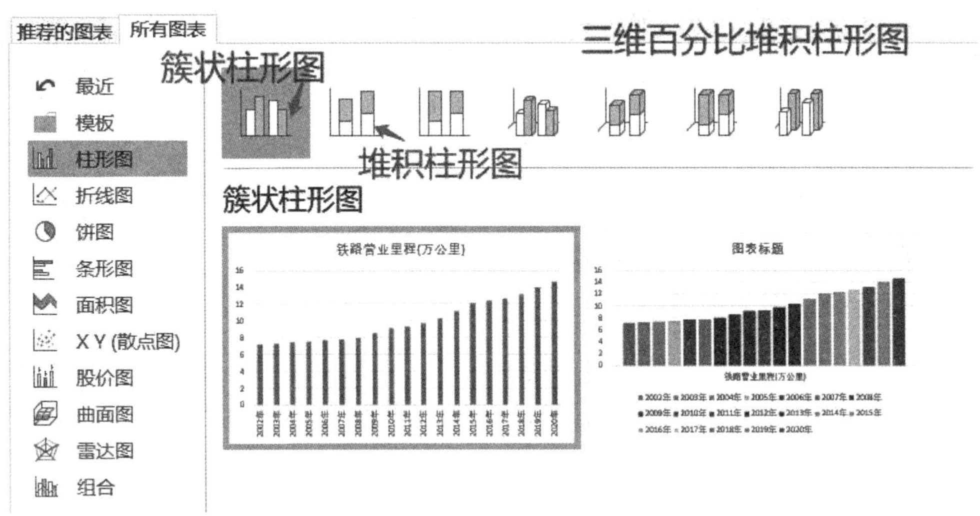

图 5-6　柱形图的子类型

Excel 提供的不同类型的图表在数据分析和显示方面有着各自的特点，因此用户应当先要对不同类型的图表在数据分析、显示方面的优缺点有清楚的了解，才能在实际应用中结合数据的特征、数据信息显示的目标来选择合适的图表对数据进行显示。

以上图表类型属于单一化的图表，在 Excel 应用过程中，有时也会根据数据的特点选择两种或者两种以上的图表类型组合成“组合图”。如图 5-7 所示，这张图表同时应用了折线图和柱形图对数据信息进行展示。

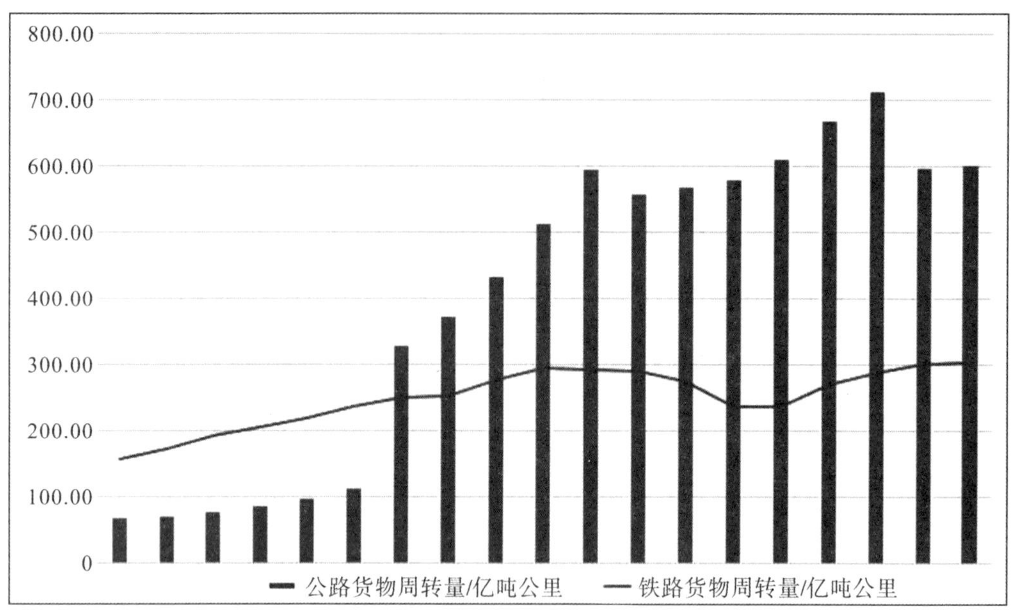

图 5-7 2002—2020 年铁路和公路货物周量一览图

5.2 图表的创建

图表是基于 Excel 电子表格数据创建而成的，根据图形的存放位置可以将图表分为迷你图、嵌入式图表和图表工作表。

5.2.1 迷你图的创建

迷你图是指存放在单元格或者单元格区域中的微型图表，常用于对一行(或一列)的数据进行数据比较和趋势分析。Excel 中的迷你图主要有三种类型：折线图、柱形图和盈亏图。

例 5-1：请根据表 5.3 的数据，利用迷你图分析 2011—2020 年"货物周转量"发展趋势，以了解我国近 10 年交通货物周转量的发展情况。

操作步骤如下：

(1)将光标移到拟将存放迷你图的目标单元格 L3。

(2)点击【插入】选项卡，选择"迷你图"选项组中的折线图，打开【创建迷你图】对话框，如图 5-8 所示。

(3)将光标移到【创建迷你图】对话框的数据范围处，将数据范围选定为 B3:K3，如图 5-8 所示。

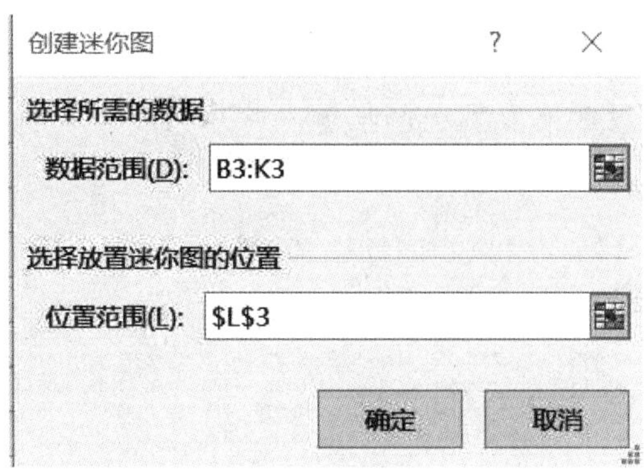

图 5-8　打开“创建迷你图”对话框

(4)单击【确定】即可完成“货物周转量”迷你图的创建,如图 5-9 所示。

2011-2020年中国交通货物周转量分类数据一览表											
年份	2011	2012	2013	2014	2015	2016	2017	2018	2019	2020	迷你图
货物周转量(亿吨公里)	159323.6	173804.5	168013.8	181667.7	178355.9	186629.5	197372.7	204686.2	199394.3	202211.3	
铁路货物周转量(亿吨公里)	29465.79	29187.09	29173.89	27530.19	23754.31	23792.26	26962.2	28820.99	30181.95	30514.46	
公路货物周转量(亿吨公里)	51374.74	59534.86	55738.08	56846.9	57955.72	61080.1	66771.52	71249.21	59636.39	60171.85	
水运货物周转量(亿吨公里)	75423.84	81707.58	79435.65	92774.56	91772.45	97338.8	98611.25	99052.82	103963	105834.4	
民用航空货物周转量(亿吨公里	173.91	163.89	170.29	187.77	208.07	222.45	243.55	262.5	263.2	240.2	
管道货物周转量(亿吨公里)	2885.44	3211.04	3495.89	4328.28	4665.35	4195.87	4784.13	5300.72	5349.75	5450.39	

图 5-9　2011—2020 年中国交通货物周转量发展情况迷你图

例 5-2:请根据表 5.3 的数据,利用迷你图分析 2011—2020 年铁路运输、公路运输、水路运输、航空运输、管道运输的周转量发展情况。

分析:按题目的要求,需要同时创建一组迷你图,来分析不同运输方式的周转量发展情况。要完成一组迷你图的创建,有两种方法,具体如下:

方法一:在连续的单元格区域创建迷你图,具体操作步骤如下:

(1)选择迷你图要存放的目标区域,如 L4:L8。

(2)点击【插入】选项卡,选择【迷你图】选项组中的折线图,打开【创建迷你图】对话框,如图 5-10 所示。

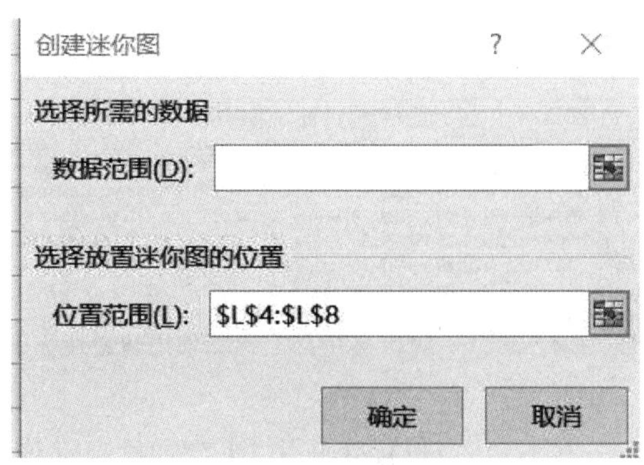

图 5-10　创建迷你图的数据范围设置

(3)将光标移到【创建迷你图】对话框的数据范围处,将数据范围选定为 B4:K8,如图 5-9 所示。

(4)单击【确定】即可完成五种不同运输方式货物周转量迷你图的创建,如图 5-11 所示。

2011-2020年中国交通货物周转量分类数据一览表											
年份	2011	2012	2013	2014	2015	2016	2017	2018	2019	2020	迷你图
货物周转量(亿吨公里)	159323.6	173804.46	168013.8	181667.69	178355.9	186629.48	197372.65	204686.24	199394.33	202211.34	
铁路货物周转量(亿吨公里)	29465.79	29187.09	29173.89	27530.19	23754.31	23792.26	26962.2	28820.99	30181.95	30514.46	
公路货物周转量(亿吨公里)	51374.74	59534.86	55738.08	56846.9	57955.72	61080.1	66771.52	71249.21	59636.39	60171.85	
水运货物周转量(亿吨公里)	75423.84	81707.58	79435.65	92774.56	91772.45	97338.8	98611.25	99052.82	103963.04	105834.44	
民用航空货物周转量(亿吨公里	173.91	163.89	170.29	187.77	208.07	222.45	243.55	262.5	263.2	240.2	
管道货物周转量(亿吨公里)	2885.44	3211.04	3495.89	4328.28	4665.35	4195.87	4784.13	5300.72	5349.75	5450.39	

图 5-11　2011—2020 年中国五种不同运输方式的货物周转量迷你图

方法二:先在一个单元格里创建迷你图,然后用填充柄对创建好的迷你图进行填充。具体操作步骤如下:

(1)将光标移到拟将存放迷你图的目标单元格 L4。

(2)点击【插入】选项卡,选择【迷你图】选项组中的折线图,打开【创建迷你图】对话框。

(3)将光标移到【创建迷你图】对话框的数据范围处,将数据范围选定为 B4:K4,如图 5-12 所示。

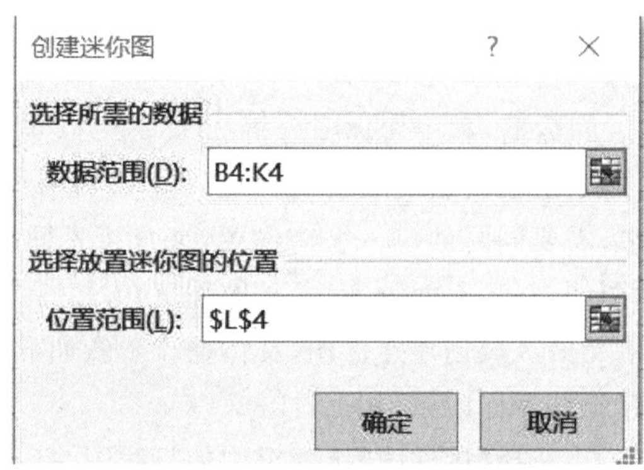

图 5-12　迷你图的数据范围设置

(4)单击【确定】即可完成【货物周转量】迷你图的创建,如图 5-13 所示。

2011-2020年中国交通货物周转量分类数据一览表											
年份	2011	2012	2013	2014	2015	2016	2017	2018	2019	2020	迷你图
货物周转量(亿吨公里)	159323.6	173804.5	168013.8	181667.7	178355.9	186629.5	197372.7	204686.2	199394.3	202211.3	
铁路货物周转量(亿吨公里)	29465.79	29187.09	29173.89	27530.19	23754.31	23792.26	26962.2	28820.99	30181.95	30514.46	
公路货物周转量(亿吨公里)	51374.74	59534.86	55738.08	56846.9	57955.72	61080.1	66771.52	71249.21	59636.39	60171.85	
水运货物周转量(亿吨公里)	75423.84	81707.58	79435.65	92774.56	91772.45	97338.8	98611.25	99052.82	103963	105834.4	
民用航空货物周转量(亿吨公里	173.91	163.89	170.29	187.77	208.07	222.45	243.55	262.5	263.2	240.2	
管道货物周转量(亿吨公里)	2885.44	3211.04	3495.89	4328.28	4665.35	4195.87	4784.13	5300.72	5349.75	5450.39	

图 5-13　2011—2020 年中国交通货物周转量迷你图

(5)将鼠标移到 L4 的右下角,当鼠标变成黑"十"字时,拖动鼠标向下进行填充,即可完成对其他四种交通运输方式货物周转量迷你图的创建。结果如图 5-14 所示。

2011-2020年中国交通货物周转量分类数据一览表											
年份	2011	2012	2013	2014	2015	2016	2017	2018	2019	2020	迷你图
货物周转量(亿吨公里)	159323.6	173804.46	168013.8	181667.69	178355.9	186629.48	197372.65	204686.24	199394.33	202211.34	
铁路货物周转量(亿吨公里)	29465.79	29187.09	29173.89	27530.19	23754.31	23792.26	26962.2	28820.99	30181.95	30514.46	
公路货物周转量(亿吨公里)	51374.74	59534.86	55738.08	56846.9	57955.72	61080.1	66771.52	71249.21	59636.39	60171.85	
水运货物周转量(亿吨公里)	75423.84	81707.58	79435.65	92774.56	91772.45	97338.8	98611.25	99052.82	103963.04	105834.44	
民用航空货物周转量(亿吨公里	173.91	163.89	170.29	187.77	208.07	222.45	243.55	262.5	263.2	240.2	
管道货物周转量(亿吨公里)	2885.44	3211.04	3495.89	4328.28	4665.35	4195.87	4784.13	5300.72	5349.75	5450.39	

图 5-14　2011—2020 年不同运输方式交通货物周转量迷你图

5.2.2 嵌入式图表的创建

嵌入式图表是指存放在原始数据所在工作表中的图表，即创建的图表和原始数据在同一张工作表内。

例 5-3：请根据表 5.1 中的"铁路营业里程"数据创建柱形图，并将柱形图存放于表 5.1中。

操作步骤：

(1)选择数据源区域，本例中选择 A2：T3。

(2)点击【插入】选项卡，选择【图表】选项组，打开扩展按钮(如图 5-15 所示)，即可打开【插入图表】对话框(如图 5-16 所示)。

(3)一般来说，Excel 会根据选择的数据系列特征提供【推荐的图表】，本题中【插入图表】对话框推荐的图表有簇状柱形图、折线图、条形图、面积图和饼图，用户可以在"推荐的图表"中选择可用的图表类型，也可以点击【插入图表】对话框中的【所有图表】选项卡进行图表的自主选择(如图 5-17 所示)，本题的目的是展示中国铁路营业里程的发展情况，故使用柱形图确实可以符合要求，因此选择【簇状柱形图】，点击【确定】按钮即可完成该嵌入式图表的创建。结果如图 5-18 所示。

	A	B	C	D	E	F	G	H	I	J	K
1	2011-2020 年中国交通运输业营业里程分类数据一览表										
2	指标	2011年	2012年	2013年	2014年	2015年	2016年	2017年	2018年	2019年	2020年
3	铁路营业里程(万公里)	9.32	9.76	10.31	11.18	12.10	12.40	12.70	13.17	13.99	14.63
4	公路里程(万公里)	410.64	423.75	435.62	446.39	457.73	469.63	477.35	484.65	501.25	519.81
5	高速等级路公路里程(万公里)	8.49	9.62	10.44	11.19	12.35	13.10	13.64	14.26	14.96	16.10
6	内河航道里程(万公里)	12.46	12.50	12.59	12.63	12.70	12.71	12.70	12.71	12.73	12.77
7	定期航班航线里程(万公里)	349.06	328.01	410.60	463.72	531.72	634.81	748.30	837.98	948.22	942.63
8	国际航线线路长度(万公里)	149.44	128.47	150.32	176.72	239.44	282.80	324.59	359.89	401.47	382.87
9	管道输油(气)里程(万公里)	8.33	9.16	9.85	10.57	10.87	11.34	11.93	12.23	12.66	13.41

图 5-15　图表及扩展按钮示意图

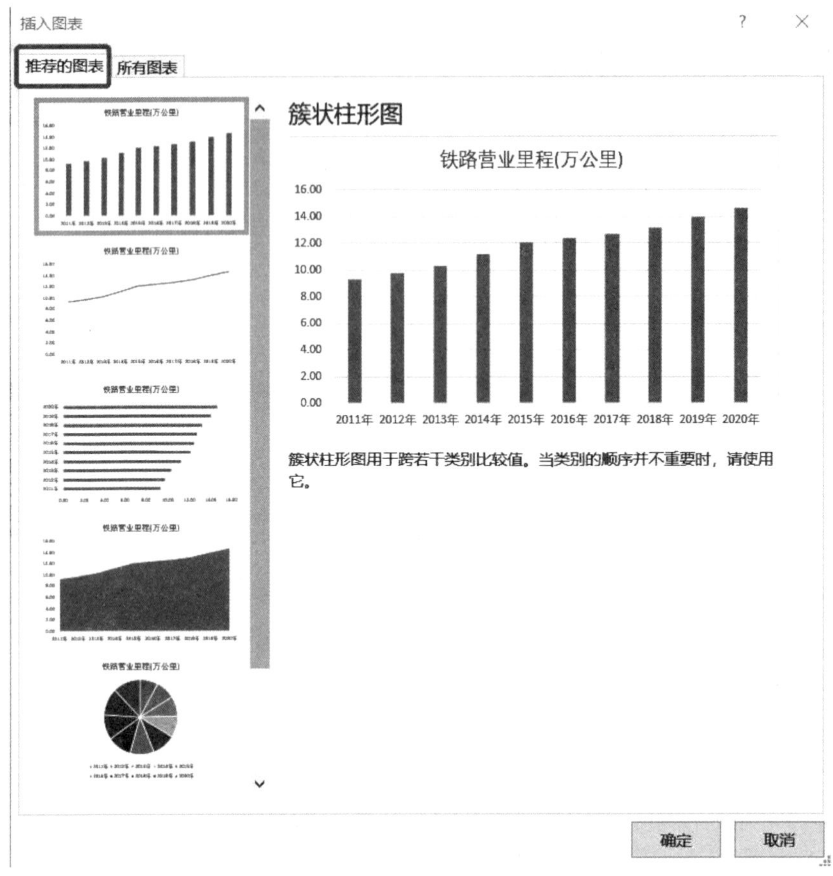

图 5-16　打开“插入图表”对话框

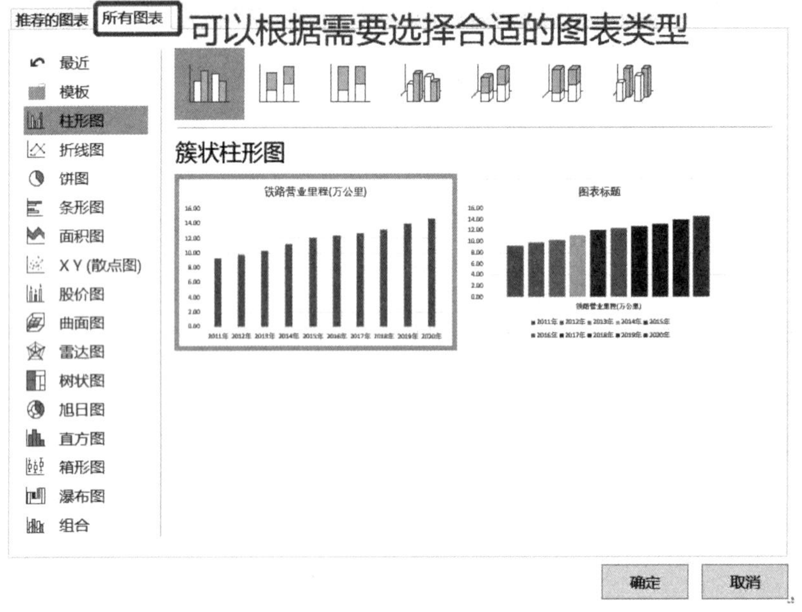

图 5-17　选择图表类型

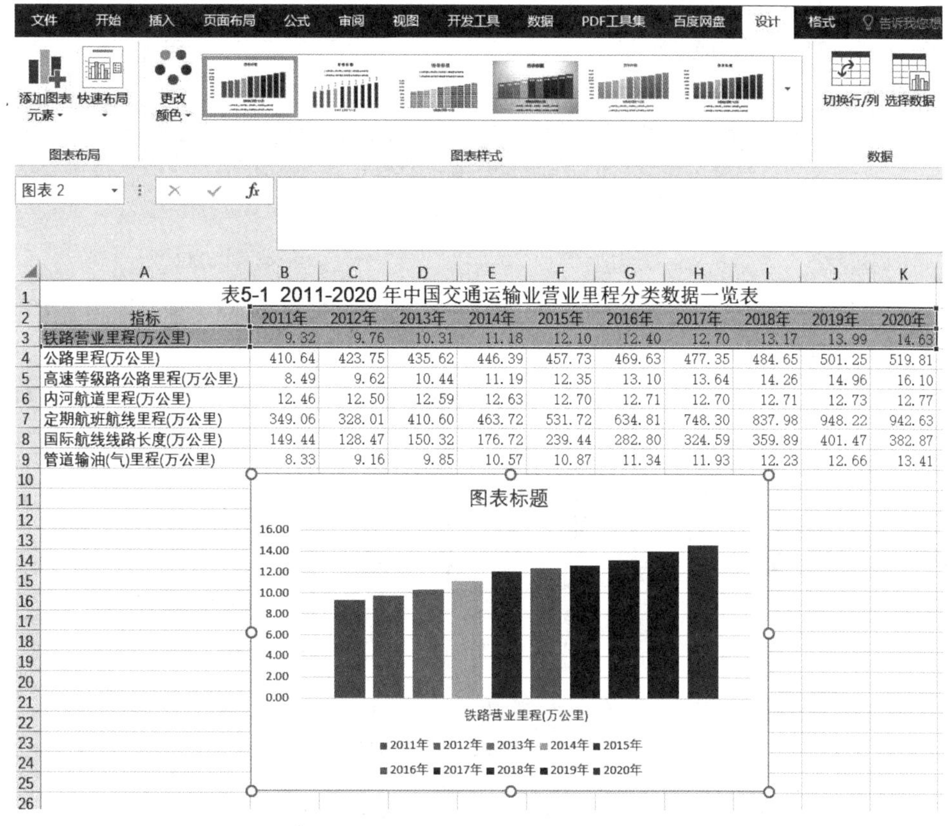

表5-1 2011-2020 年中国交通运输业营业里程分类数据一览表

指标	2011年	2012年	2013年	2014年	2015年	2016年	2017年	2018年	2019年	2020年
铁路营业里程(万公里)	9.32	9.76	10.31	11.18	12.10	12.40	12.70	13.17	13.99	14.63
公路里程(万公里)	410.64	423.75	435.62	446.39	457.73	469.63	477.35	484.65	501.25	519.81
高速等级路公路里程(万公里)	8.49	9.62	10.44	11.19	12.35	13.10	13.64	14.26	14.96	16.10
内河航道里程(万公里)	12.46	12.50	12.59	12.63	12.70	12.71	12.70	12.71	12.73	12.77
定期航班航线里程(万公里)	349.06	328.01	410.60	463.72	531.72	634.81	748.30	837.98	948.22	942.63
国际航线线路长度(万公里)	149.44	128.47	150.32	176.72	239.44	282.80	324.59	359.89	401.47	382.87
管道输油(气)里程(万公里)	8.33	9.16	9.85	10.57	10.87	11.34	11.93	12.23	12.66	13.41

图 5-18　嵌入式图表创建效果示意图

5.2.3 图表工作表的创建

图表工作表是工作表的一种类型，指的是单独存放图表的工作表，即图表与数据源不在同一张工作表里，而是创建在一个独立的工作表中。

图表工作表的创建方法如下：

方法一：快捷键创建。

操作步骤：

(1)选择数据源区域，本例中选择 A2:K3。

(2)按【F11】键，Excel 将直接在数据源文件所在的工作簿中插入一个新的图表“Chart2”，如图 5-19 所示。

方法二：直接创建。

操作步骤：

(1)选择数据源区域，创建嵌入式工作表。(本例中选择表格 5.1 中的 A2:K3)

(2)将鼠标移到图表上，点击【图表工具】，选择【设计】选项卡中的【位置】上的【移动图表】按钮(图 5-20)，此时将打开对话框(图 5-21)，将【选择放置图表的位置】改为【新工作表】，Excel 将另外创建一个工作表“Chart2”，并将嵌入式图表移到该工作表，形成图表工作表(图 5-22)。

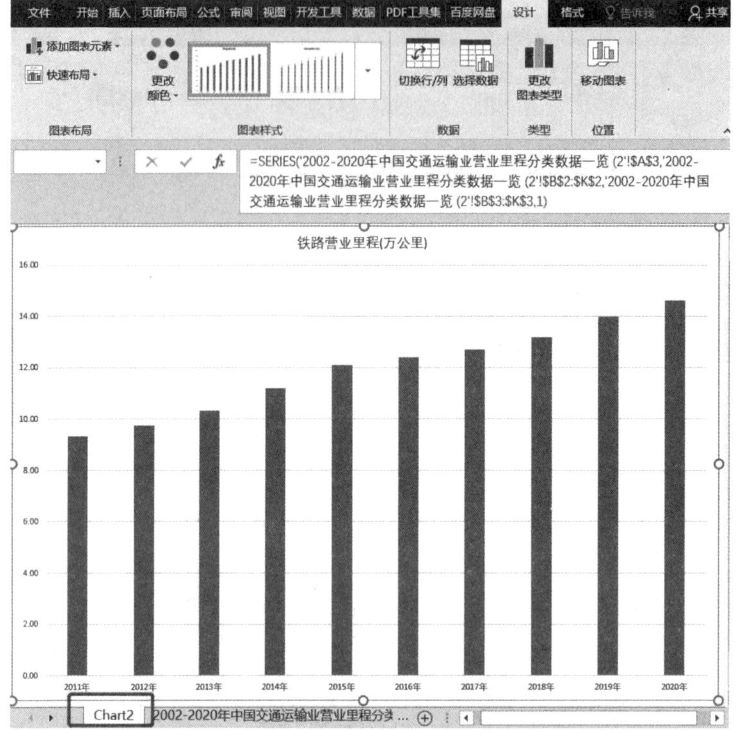

图 5-19 在表格文件中插入新的图表文件

	A	B	C	D	E	F	G	H	I
3	铁路营业里程(万公里)	9.32	9.76	10.31	11.18	12.10	12.40	12.70	13.17
4	公路里程(万公里)	410.64	423.75	435.62	446.39	457.73	469.63	477.35	484.65
5	高速等级路公路里程(万公里)	8.49	9.62	10.44	11.19	12.35	13.10	13.64	14.26
6	内河航道里程(万公里)	12.46	12.50	12.59	12.63	12.70	12.71	12.70	12.71
7	定期航班航线里程(万公里)	349.06	328.01	410.60	463.72	531.72	634.81	748.30	837.98
8	国际航线线路长度(万公里)	149.44	128.47	150.32	176.72	239.44	282.80	324.59	359.89
9	管道输油(气)里程(万公里)	8.33	9.16	9.85	10.57	10.87	11.34	11.93	12.23

图 5-20 “移动图表”按钮示意图

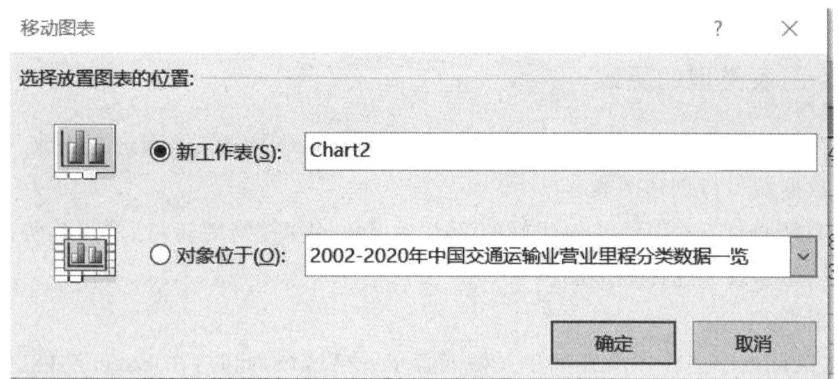

图 5-21　选择拟存放图的新工作表位置

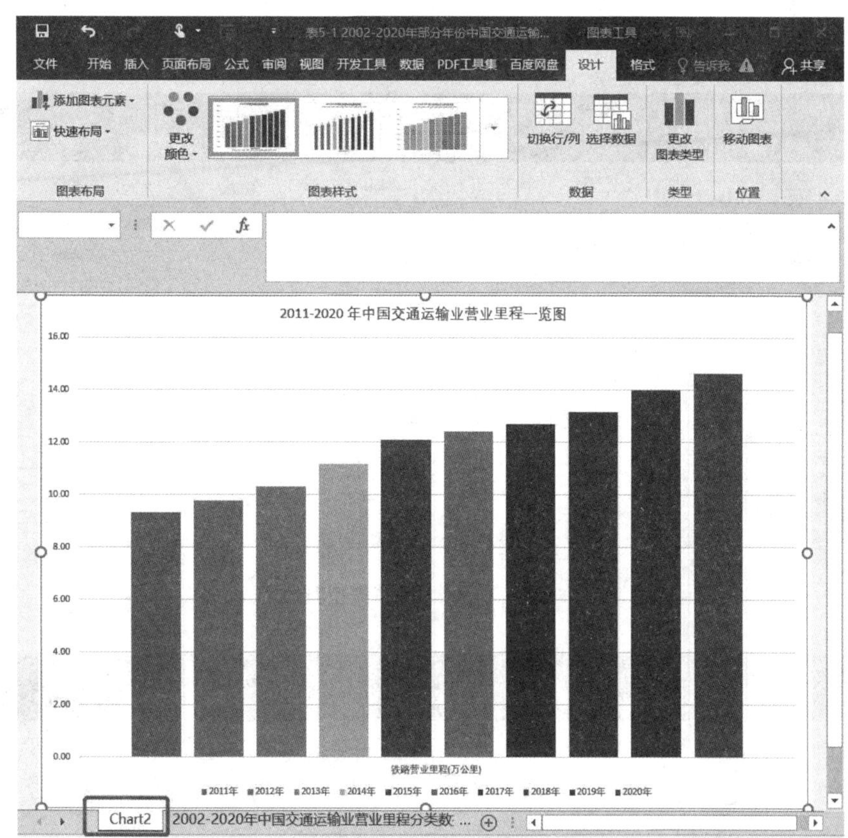

图 5-22　图表工作表的创建效果示意图

5.3　图表的编辑

图表创建后，用户可以根据需要对图表类型、图表的数据源、图表存放位置等进行更改，也可以对图表元素进行添加、删除和修改，还可以对图表进行美化，以便用户更好地通过图表了解数据信息。

5.3.1 图表类型的更改

用户在创建图表后，可以依据需要直接利用 Excel 对图表的类型进行更改，而不需要重新选择数据源另行创建图表。

例 5-4：请将例 5.1 中已经创建好的 2011—2020 年“货物周转量”发展趋势的迷你图由迷你折线型修改为迷你柱形图。

操作步骤：

（1）将鼠标选中迷你图所在的单元格或者单元格区域，此时，在 Excel 功能区出现【迷你图工具】。

（2）点击【迷你图工具】中的【设计】选项卡，可以看到【类型】选项组（如图 5-23 所示）。在【类型】选项组中点击【柱形图】即可将折线图更改成柱形图（如图 5-24 所示）。

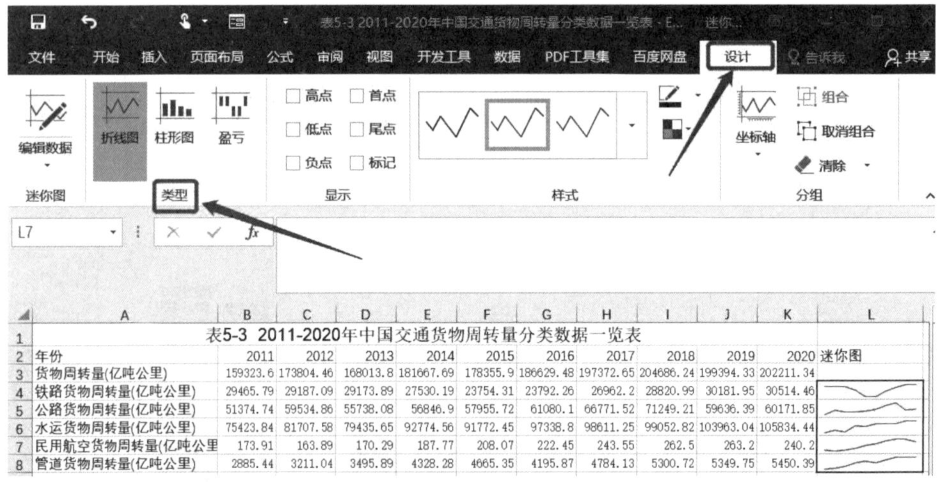

年份	2011	2012	2013	2014	2015	2016	2017	2018	2019	2020	迷你图
货物周转量(亿吨公里)	159323.6	173804.46	168013.8	181667.69	178355.9	186629.48	197372.65	204686.24	199394.33	202211.34	
铁路货物周转量(亿吨公里)	29465.79	29187.09	29173.89	27530.19	23754.31	23792.26	26962.2	28820.99	30181.95	30514.46	
公路货物周转量(亿吨公里)	51374.74	59534.86	55738.08	56846.9	57955.72	61080.1	66771.52	71249.21	59636.39	60171.85	
水运货物周转量(亿吨公里)	75423.84	81707.58	79435.65	92774.56	91772.45	97338.8	98611.25	99052.82	103963.04	105834.44	
民用航空货物周转量(亿吨公里	173.91	163.89	170.29	187.77	208.07	222.45	243.55	262.5	263.2	240.2	
管道货物周转量(亿吨公里)	2885.44	3211.04	3495.89	4328.28	4665.35	4195.87	4784.13	5300.72	5349.75	5450.39	

图 5-23　迷你图的“类型”选择

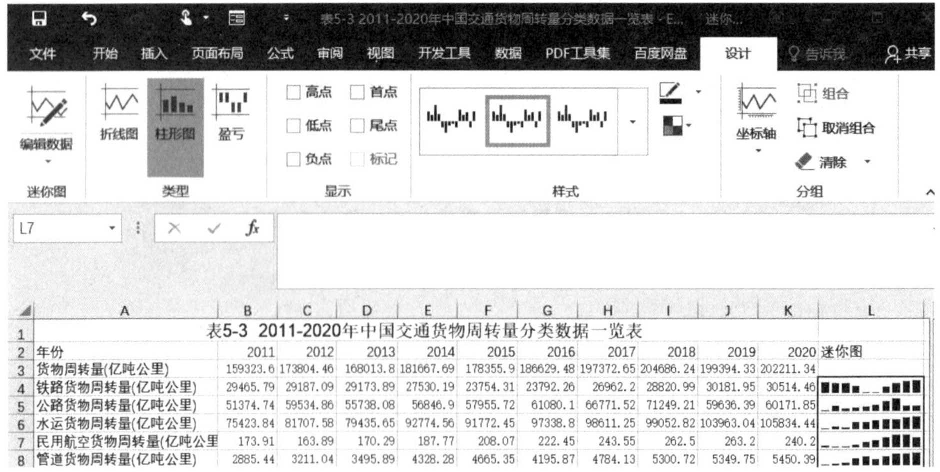
年份	2011	2012	2013	2014	2015	2016	2017	2018	2019	2020	迷你图
货物周转量(亿吨公里)	159323.6	173804.46	168013.8	181667.69	178355.9	186629.48	197372.65	204686.24	199394.33	202211.34	
铁路货物周转量(亿吨公里)	29465.79	29187.09	29173.89	27530.19	23754.31	23792.26	26962.2	28820.99	30181.95	30514.46	
公路货物周转量(亿吨公里)	51374.74	59534.86	55738.08	56846.9	57955.72	61080.1	66771.52	71249.21	59636.39	60171.85	
水运货物周转量(亿吨公里)	75423.84	81707.58	79435.65	92774.56	91772.45	97338.8	98611.25	99052.82	103963.04	105834.44	
民用航空货物周转量(亿吨公里	173.91	163.89	170.29	187.77	208.07	222.45	243.55	262.5	263.2	240.2	
管道货物周转量(亿吨公里)	2885.44	3211.04	3495.89	4328.28	4665.35	4195.87	4784.13	5300.72	5349.75	5450.39	

图 5-24　迷你图的图表类型更改效果图

例 5-5:请将例 5.2 中已经创建好的"铁路营业里程图(万公里)"的图表类型由柱形图更改为条形图。

操作步骤:

(1)将鼠标移到图表区域。此时,在 Excel 功能区出现【图表工具】。

(2)点击【图表工具】中的【设计】选项卡,可以看到【更改图表类型】选项组(如图 5-25 所示)。

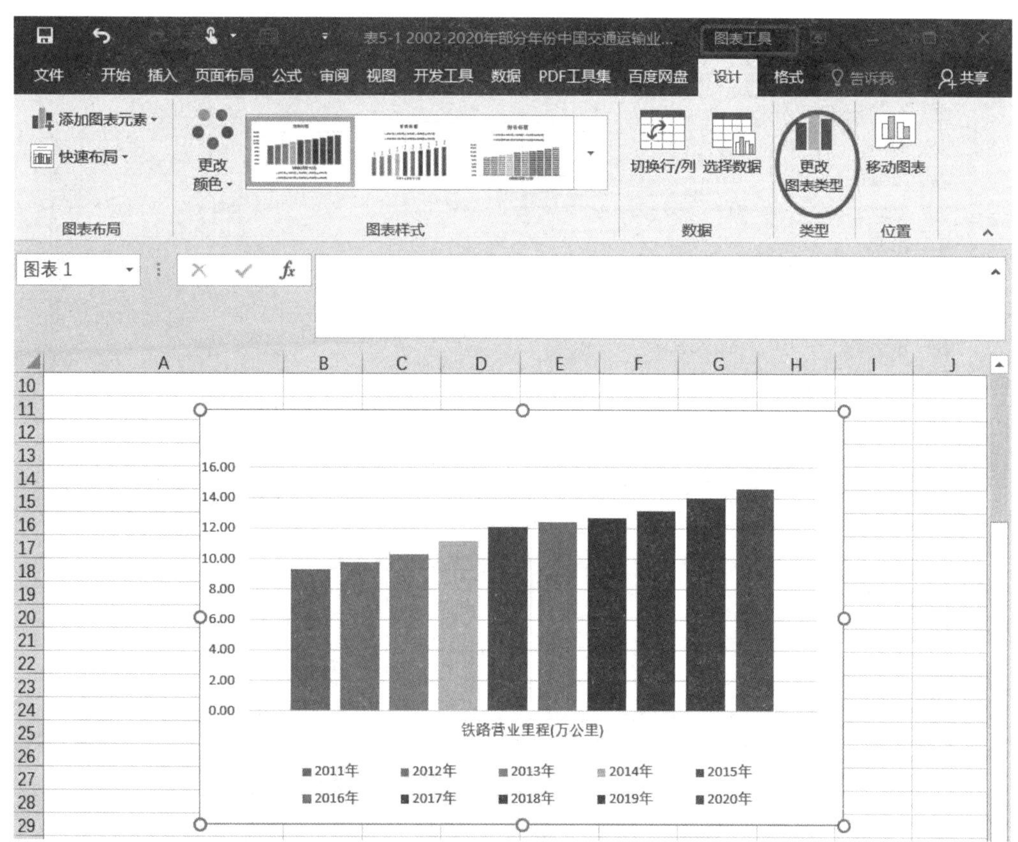

图 5-25 "更改图表类型"按钮示意图

(3)点击【更改图表类型】,打开【更改图表类型】对话框,然后选择【折线图】,即可将原有的柱形图更改成折线图,如图 5-26 所示。

例 5-6:(更改单个数据系列对应的图表类型)请根据表 5.1 的数据的"铁路营业里程"和"高速等级路里程"数据,按如下要求操作:

(1)创建嵌入式图表,并用柱形图对数据发展趋势进行展示。

(2)将"高速等级路里程"的图形改成折线图。

操作步骤:

(1)打开表 5.1,选择单元格区域 A2:K3 和 A5:K5 的数据。

(2)点击【插入】选项卡中的【图表】,选择【柱形图】分类下的【簇状柱形图】,点击【确定】,即可完成对嵌入式图表的创建,如图 5-27 所示。

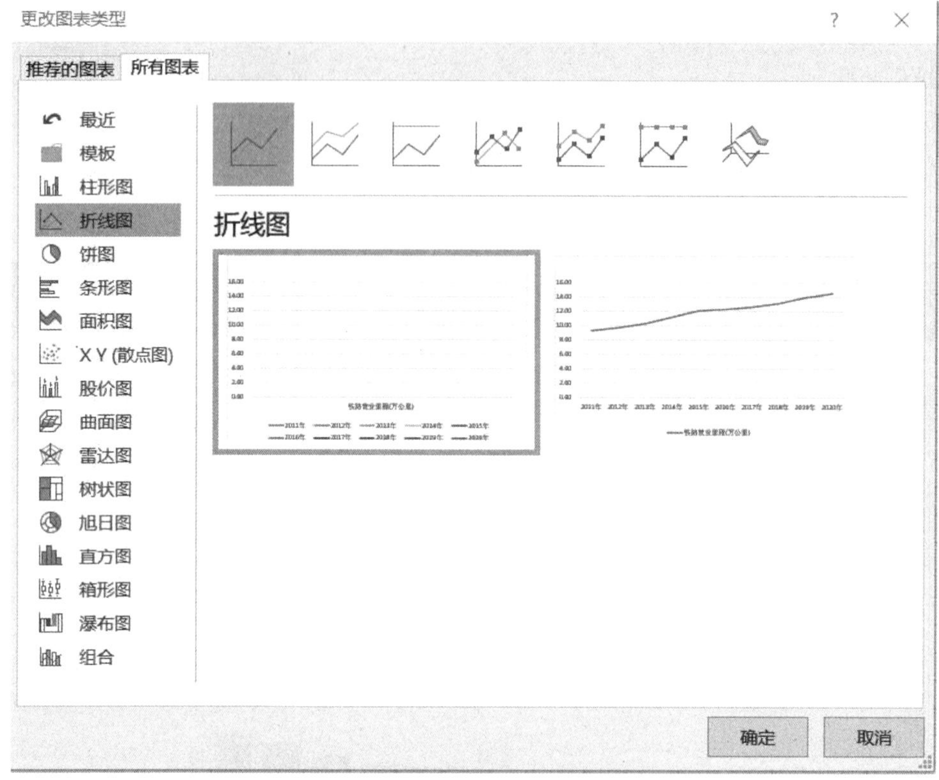

图 5-26　嵌入式图表类型更改示意图

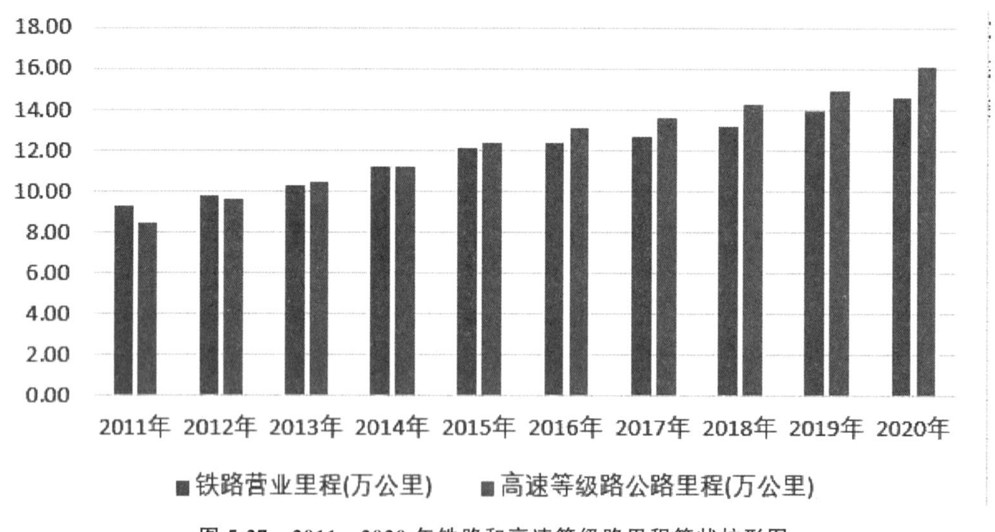

图 5-27　2011—2020 年铁路和高速等级路里程簇状柱形图

(3)用鼠标单击图表中的“高速等级路公路里程”数据系列,此时功能区出现【图表工具】,点击【设计】,选择【更改类型】,打开【更改图表类型】对话框,如图 5-28 所示。

(4)在【组合】中的系列名称“高速等级路公路里程(万公里)”对应的图表类型由【簇状柱形图】改为【折线图】,即可完成对目标图表类型的更改。如图 5-29 所示。

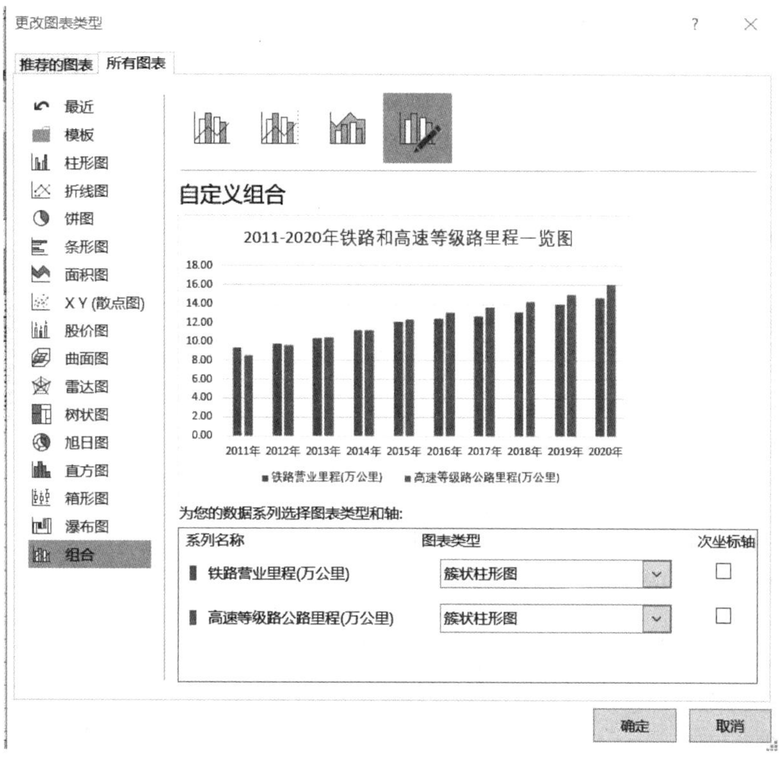

图 5-28　更改图表类型为组合图

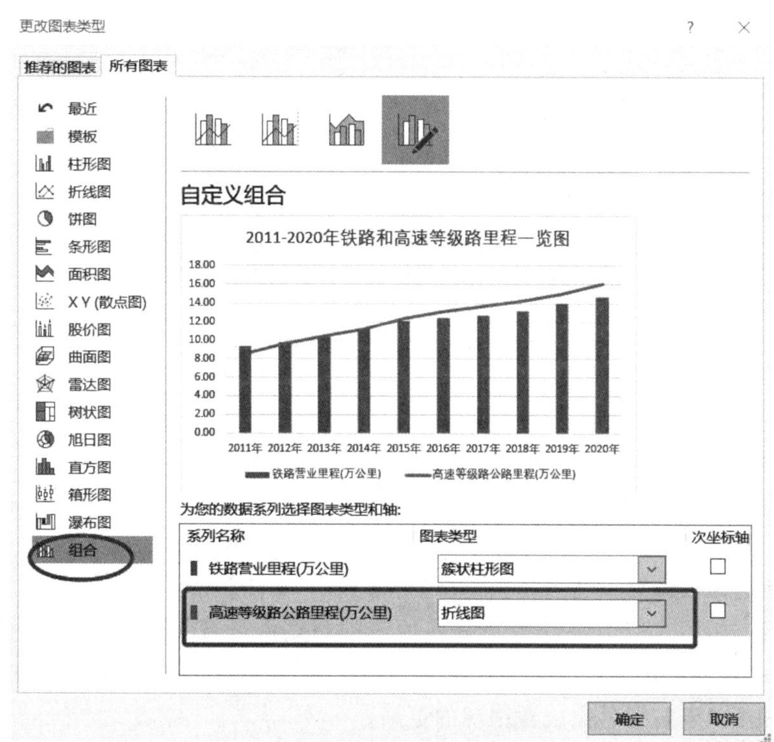

图 5-29　设置"组合图"的系列类型

5.3.1 图表数据源的更改

图表创建完成后，用户可以在不需要删除原来图表的情况下，直接根据需要改变图表对应的数据源。此时，图表的形状将随着数据源的更新而改变。下面将针对几种常见的情况介绍具体操作方法。

1.重新选择数据源

例 5-7：小王同学根据要求对表 5.1 的 2011—2020 年"公路里程"数据进行了图表创建，结果在创建过程中不小心选择了铁路营业里程的数据，所得图形如图 5-30 所示。请问：他可以在不用删除已经创建图表的情况下，直接通过更改数据源来调整图表吗？如果可以，请问如何操作？

Excel 的图表工具有提供更改数据源的功能，用户可以不用删除已经创建的图表，而直接通过更改数据源来更改图表。

操作步骤：

(1)单击图 5-30 的图表区域，则 Excel 的功能区可以显示出【图表工具】选项卡。

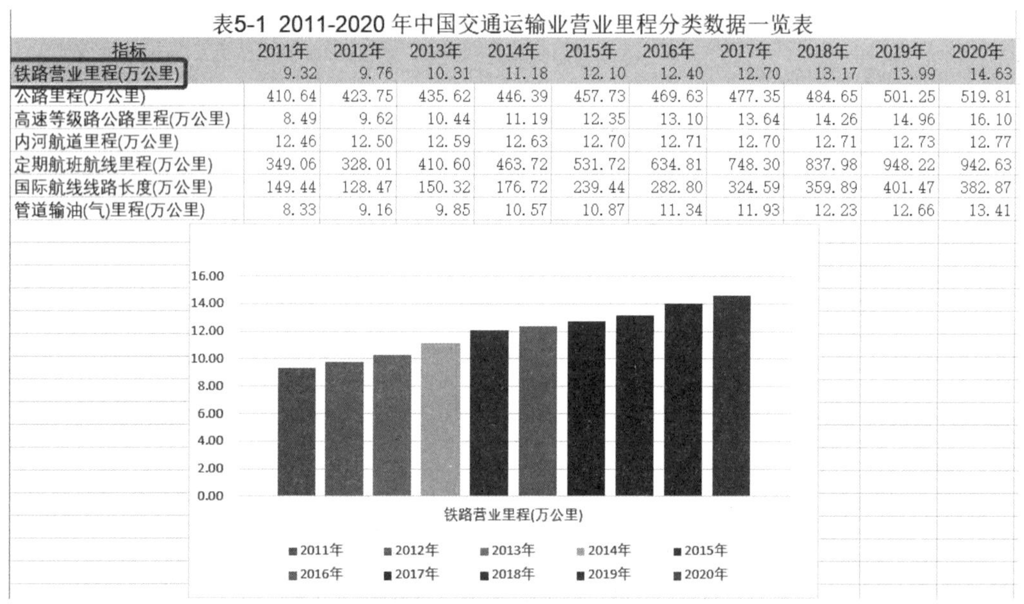

表5-1 2011-2020 年中国交通运输业营业里程分类数据一览表

指标	2011年	2012年	2013年	2014年	2015年	2016年	2017年	2018年	2019年	2020年
铁路营业里程(万公里)	9.32	9.76	10.31	11.18	12.10	12.40	12.70	13.17	13.99	14.63
公路里程(万公里)	410.64	423.75	435.62	446.39	457.73	469.63	477.35	484.65	501.25	519.81
高速等级路公路里程(万公里)	8.49	9.62	10.44	11.19	12.35	13.10	13.64	14.26	14.96	16.10
内河航道里程(万公里)	12.46	12.50	12.59	12.63	12.70	12.71	12.70	12.71	12.73	12.77
定期航班航线里程(万公里)	349.06	328.01	410.60	463.72	531.72	634.81	748.30	837.98	948.22	942.63
国际航线线路长度(万公里)	149.44	128.47	150.32	176.72	239.44	282.80	324.59	359.89	401.47	382.87
管道输油(气)里程(万公里)	8.33	9.16	9.85	10.57	10.87	11.34	11.93	12.23	12.66	13.41

图 5-30 错选铁路营业里程数据所得的柱形图

(2)点击【图表工具】下的【设计】选项卡，可以找到【数据】选项组，然后点击【选择数据】，即可打开【选择数据源】对话框，如图 5-31 所示。

(3)重新选择数据源：在【选择数据源】对话框中，单击【图表数据区域】右侧的单元格区域选择按钮，如图 5-32 所示。可以先将原来的数据源区域删除，然后重新选择目标数据源区域。本例中重新选择的数据区域是 A2:K2 和 A4:K4，选好后再在【选择数据源】对话框中点击【确定】，即可完成数据源的更新。

此时，可以看到原来的图表已经同时发生改变，已有"铁路营业里程"换成了"公路里程"数据对应的图表(如图 5-33 所示)。

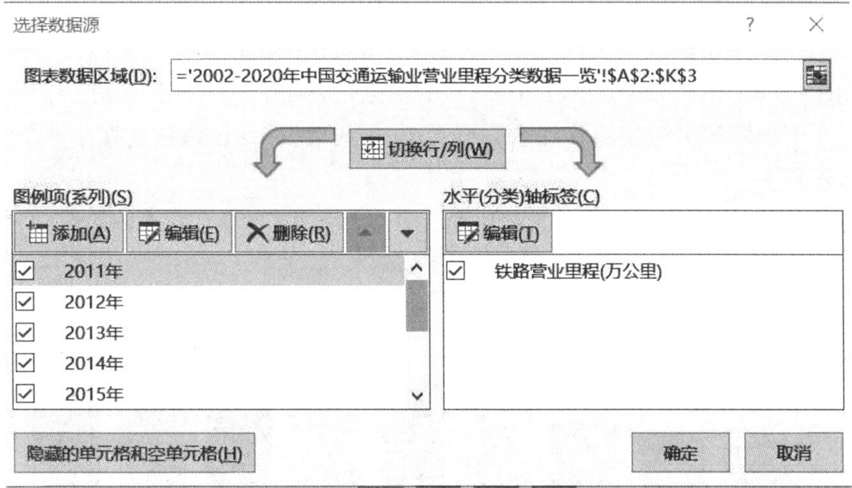

图 5-31 打开“选择数据源”对话框

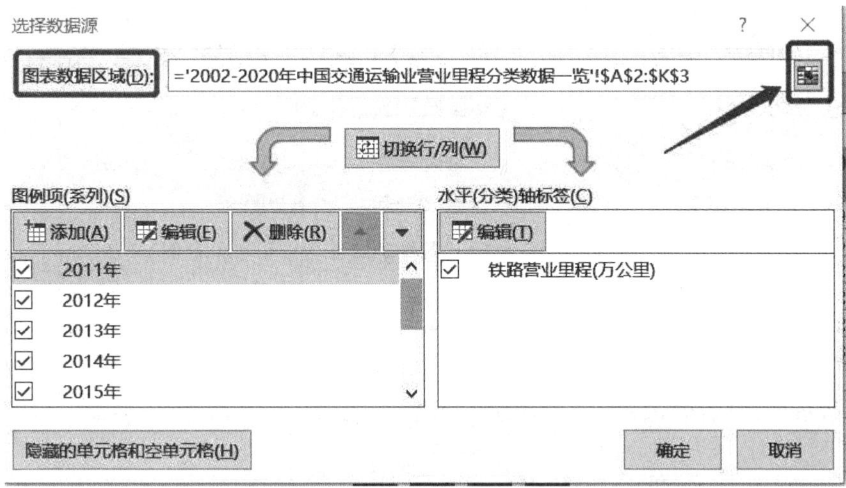

图 5-32 重新选择图表数据区域

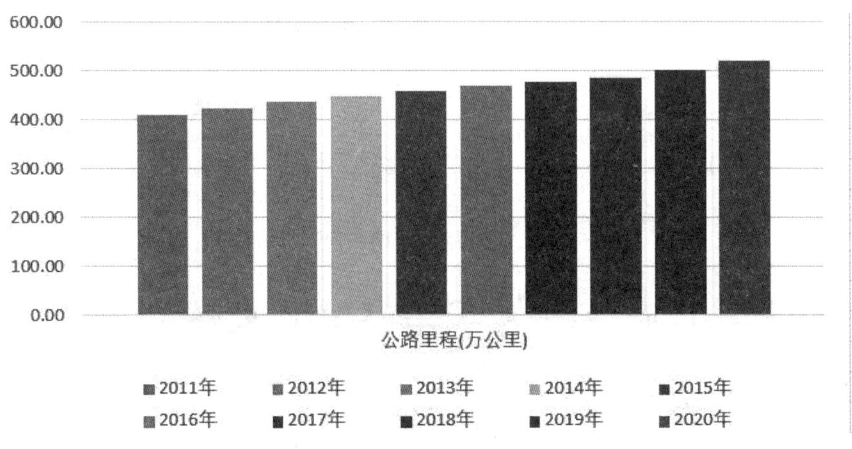

图 5-33 数据源更改后的柱形图

2.添加数据系列

例 5-8:小王同学根据要求对表 5.1 的 2011—2020 年铁路里程数据进行了图表创建,结果在创建过程中不小心少选择了 2020 年的数据,所得图形如图 5-34 所示。请问:如何操作可以在不删除原来图表的基础上添加 2020 年的数据,并在图表上直接更新?

操作步骤:

(1)单击图 5-34 的图表区域,此时功能区可以显示出【图表工具】选项卡。

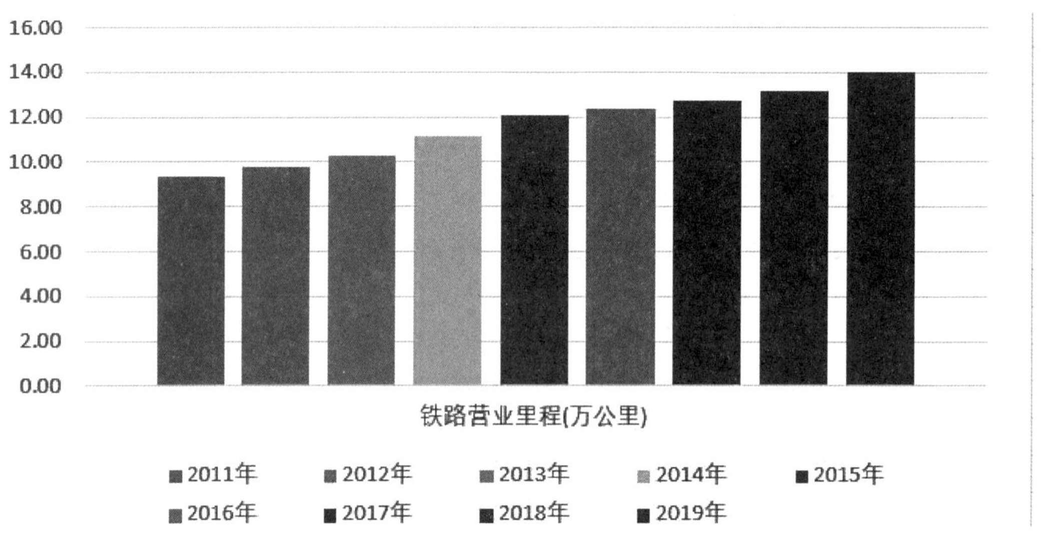

图 5-34 少选了 2020 年数据的铁路营业里程示意图

(2)点击【图表工具】下的【设计】选项卡,点击【数据】选项组中的【选择数据】,打开【选择数据源】对话框。在【选择数据源】对话框中单击【图例项(系列)】下的【添加】按钮,打开【编辑数据系列】对话框,如图 5-35 所示。

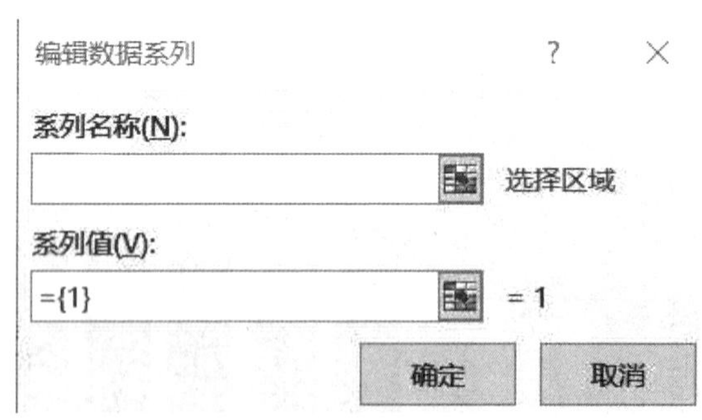

图 5-35 打开"编辑数据系列"对话框

(3)在【系列名称】中选择 K2(即 2020 年),在【系列值】中选择 K4(即 2020 年铁路营业里程的值),如图 5-36 所示。

选好后,按回车键即可返回到【选择数据源】对话框,此时可以看到,在【图例项(系列)】中已经添加了 2020 年的数据系列(图 5-37),点击【确定】,就可以看到图表中已经将 2020 年的数据显示出来了(图 5-38)。

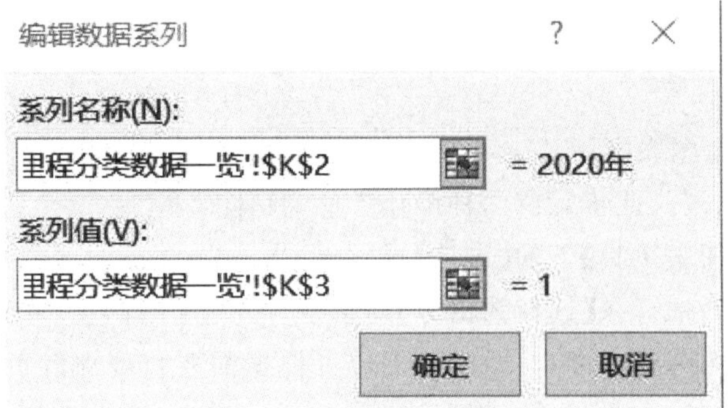

图 5-36　编辑数据系列

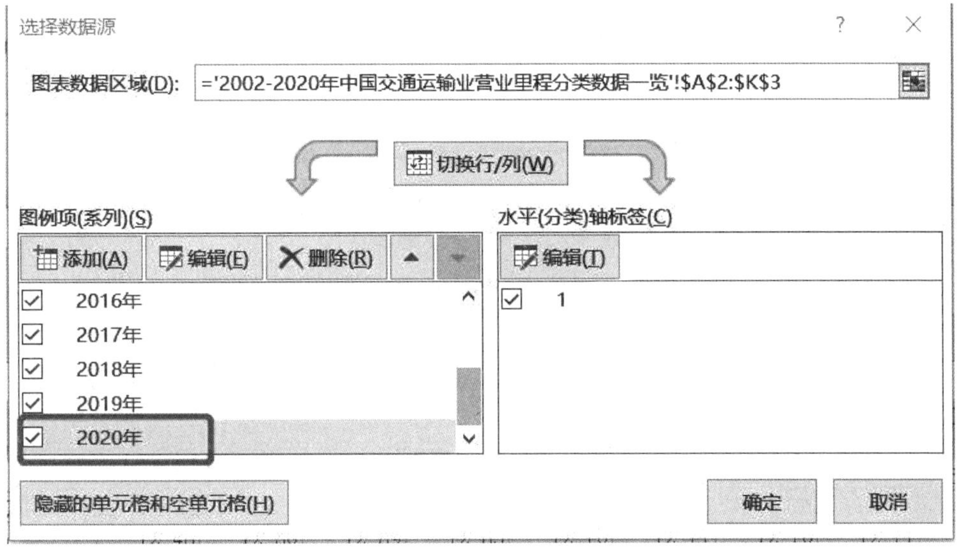

图 5-37　添加 2020 年的数据系列

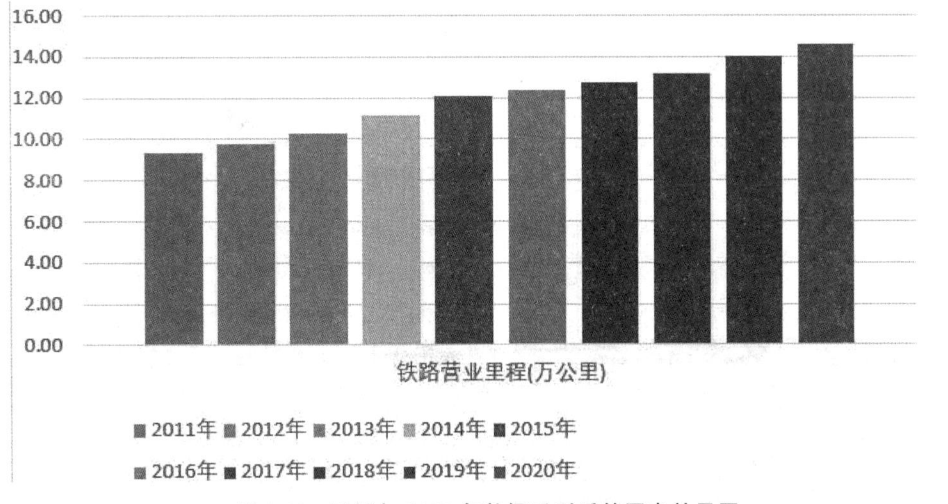

图 5-38　已添加 2020 年数据系列后的图表效果图

3.删除数据系列

例 5-9:请在图 5-38 中删除 2011—2015 年的数据系列。

操作步骤:

(1)单击图 5-38 图表区域,Excel 功能区可以显示出【图表工具】选项卡。

(2)删除数据系列。此步骤有两种操作方法,具体如下:

方法一:点击【图表工具】下的【设计】选项卡,点击【数据】选项组中的【选择数据】,打开【选择数据源】对话框。在【选择数据源】对话框中单击【图例项(系列)】,此时图例项中所有数据系列前面的方框中都自动打钩,用户可根据需要将要删除的数据系列前面的对号勾选掉(图 5-39),然后点击【确定】即可显示 2016—2020 年的数据(图 5-40)。

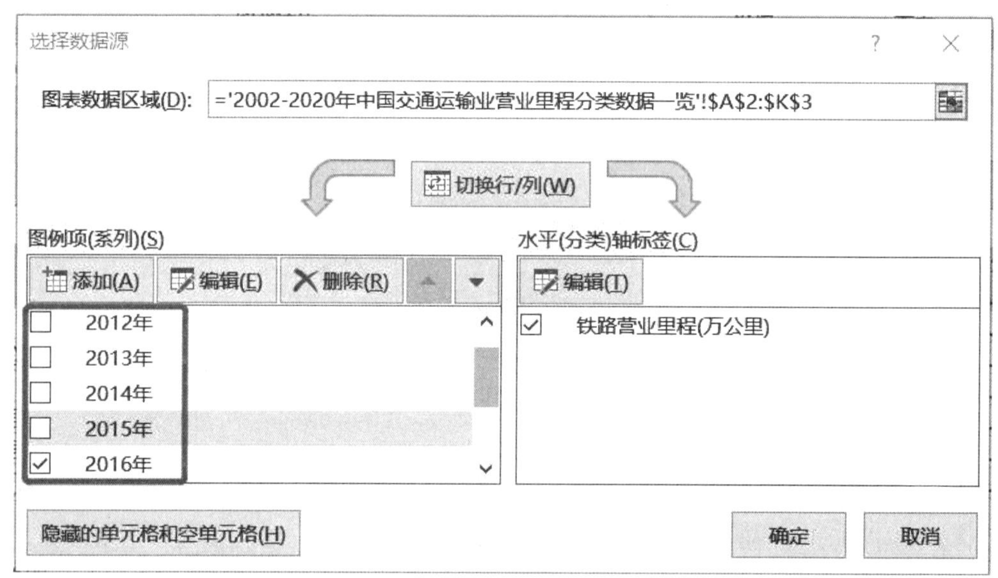

图 5-39 将拟删除的数据系列名称前的对号勾选掉

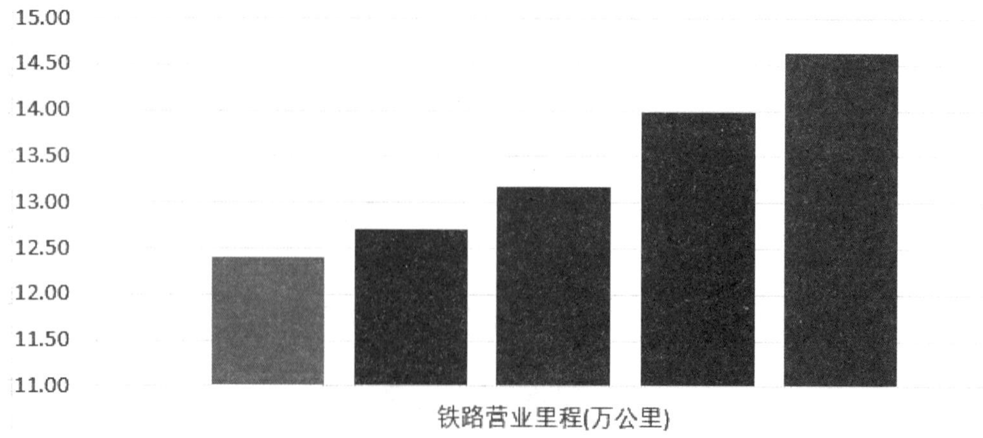

图 5-40 删除部分数据系列后的铁路营业里程图

方法二：点击【图表工具】下的【设计】选项卡，点击【数据】选项组中的【选择数据】，打开【选择数据源】对话框。在【选择数据源】对话框中单击【图例项(系列)】，此时图例项中所有数据系列前面的方框中都自动打钩，用户可根据需要将不需要删除的数据系列前面的对号勾选掉(图 5-41)。然后点击【删除】，即可将 2011—2015 年的数据系列删除，此时【选择数据源】对话框中的【图例项(系列)】数据只剩下 2016—2020 年(图 5-42)。再将需要显示的 2016—2020 年系列前的方框中用勾选出来，点击【确定】，即可完成操作。

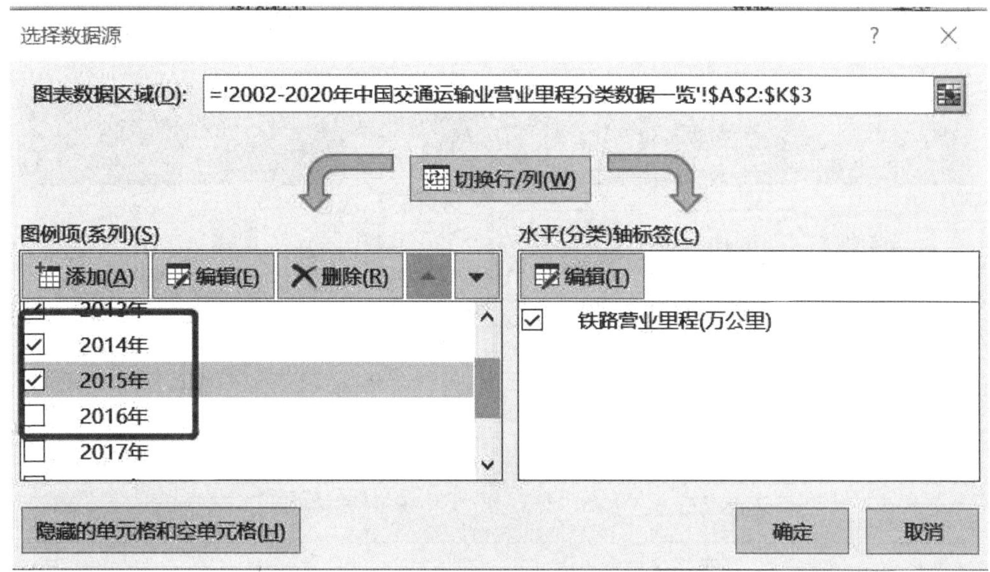

图 5-41　勾选掉拟删除的数据系列名称前的对号

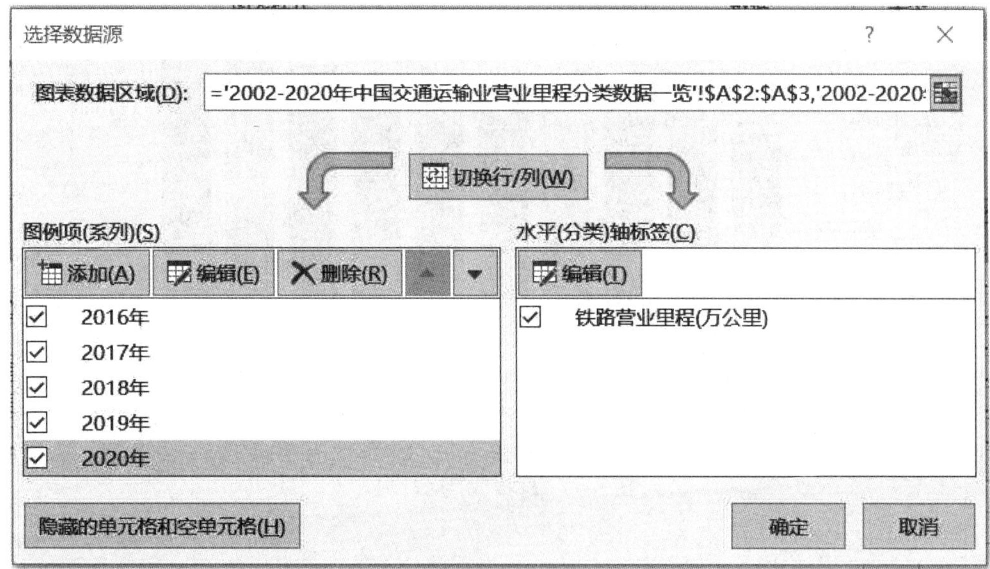

图 5-42　在需要显示的数据系列前打钩

4.交换行与列的数据

图表创建后，用户可以根据需要交换行数据与列数据，反映在图表上就是图例与行标签的交换。

例 5-10：请将图 5-38 中的图列数据系列和行标签数据系列进行交换。

操作步骤：

(1)单击图 5-38 的图表区域，Excel 功能区显示出【图表工具】选项卡。

(2)交换行与列的数据。点击【图表工具】下的【设计】选项卡，再点击【数据】选项组中的【切换行/列】(图 5-43)，就可以实现行与列的交换(如图 5-44 所示)。

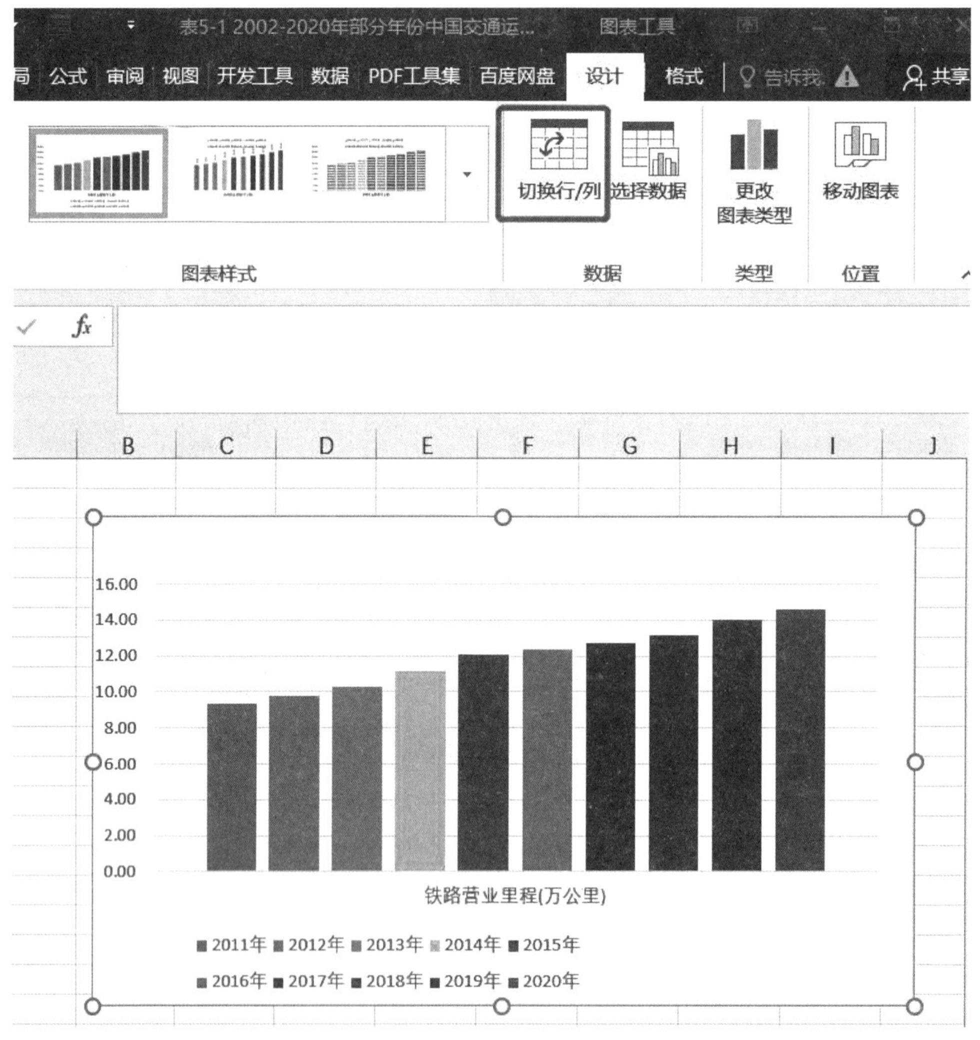

图 5-43 选择“切换行/列”

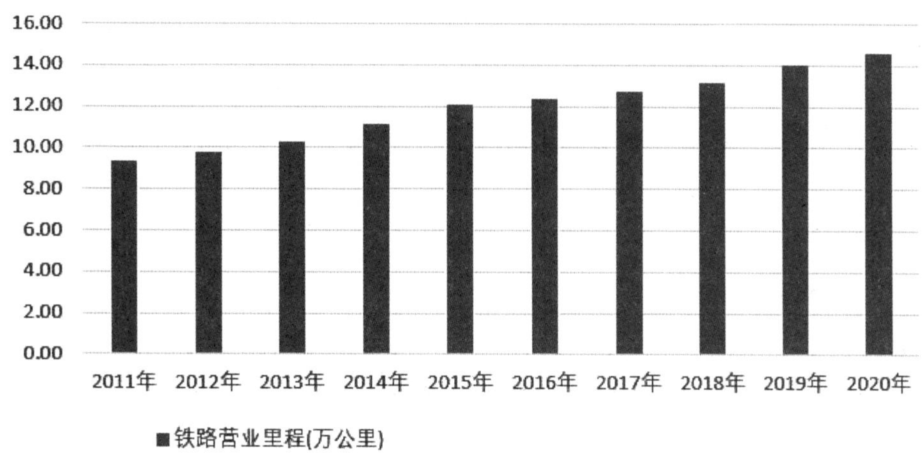

图 5-44　行/列交换效果图

5.4　图表元素格式的设置与图表设计

图表创建后,用户可以根据需要对图表的标题、图例、数据标签、坐标轴、网格线等图表元素的格式进行添加、修改、删除等一系列的设置,也可以对图表进行布局,或对图表的样式进行美化等。

5.4.1 图表元素的添加、修改和删除

用户在选择数据创建图表时,Excel 会根据用户选择的图表类型给出图表的默认形式,用户可以在此基础上选择添加、修改和删除图表元素。

图表元素的添加、修改和删除有两种方式。

方式一:单击图表区域,打开【图表工具】,点击【设计】,打开【设计】选项卡,点击【图表布局】中的【添加图表元素】,即可打开全部的图表元素选项,用户可以根据需要选择对应的图表元素进行添加、修改或删除。

方式二:单击图表区域,则此时图表右侧出现十字形状的快捷按钮,点击该按钮,即可打开全部的图表元素选项,用户可以根据需要选择对应的图表元素进行添加、修改或删除。

例 5-11:在图 5-38 中添加和删除图表标题。

添加图表标题操作步骤:

(1)单击图表区域,则此时图表右侧出现十字形状的快捷按钮,点击该按钮,即可打开全部的图表元素选项。

(2)在弹出的图表元素选项中选择【图表标题】,在其前面的方框中勾选√,即可在图表上添加图表标题,单击【图表标题】,当光标出现在图表标题中时,就可以对图表标题进行修改,如可以改成“2011—2020 年铁路营业里程一览图”。

删除图表标题操作步骤：

有两种方法：

方法一：点击“图表标题”，直接删除。

方法二：单击图表区域，再单击右侧出现的十字形状的快捷按钮，即打开全部的图表元素选项。在弹出的图表元素选项中找到【图表标题】，将其前面方框中的“√“取消勾选即可。

5.4.2 图表元素的格式设置

1.图表区

图表区指的是图表的全部背景区域。图表区格式主要包括图表区的填充、效果、大小等设置。

具体操作步骤如下：

(1)双击图表区边框，打开【设置图表区格式】窗格。

(2)图表区格式设置。图表区格式设置由两部分组成：图表选项和文本选项。我们可以在不同的选项下对图表做相应设置。

图表选项：在图表选项下，有三个选项“填充与线条”“效果”“大小与属性”。

点击【填充与线条】，可以对图表背景区域的颜色进行填充，如图 5-45 所示。也可以在【边框】选项中对图表区边框进行设置，如图 5-46 所示。

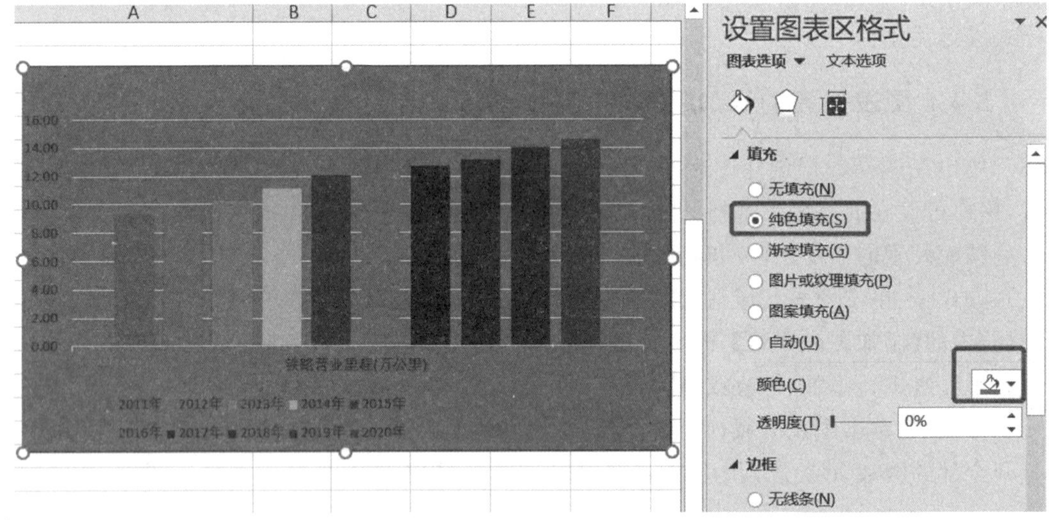

图 5-45　图表区“纯色填充”示意图

点击代表“效果”的图标，有四个选项：阴影、发光、柔滑边缘、三维格式，如图 5-47 所示，此时用户可以点击相应的选项对图表区的显示效果进行设置。

点击代表“大小与属性”的图标，有三个选项：大小、属性、可选文字，如图 5-48 所示，此时用户可以点击相应的选项对图表区的显示效果进行设置。

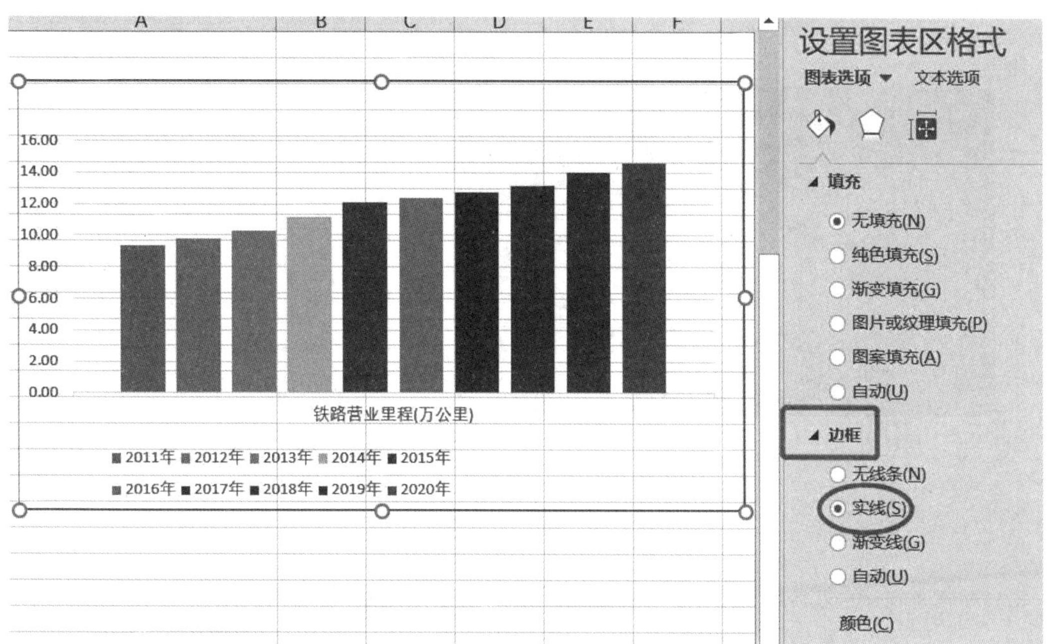

图 5-46　图表区边框编辑示意图

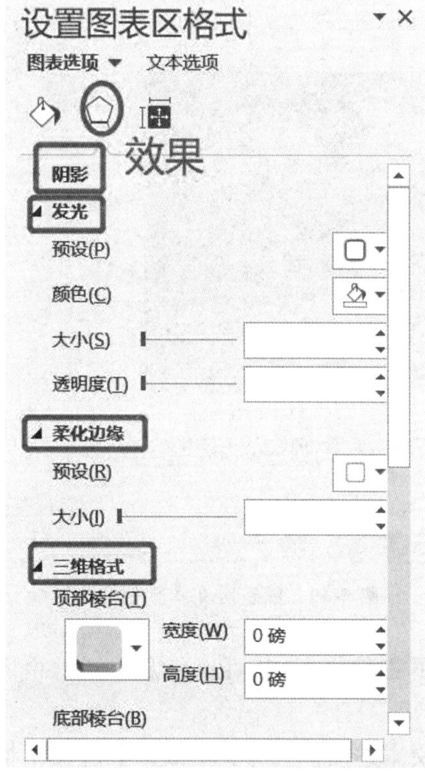

图 5-47　图表区效果选项的设置

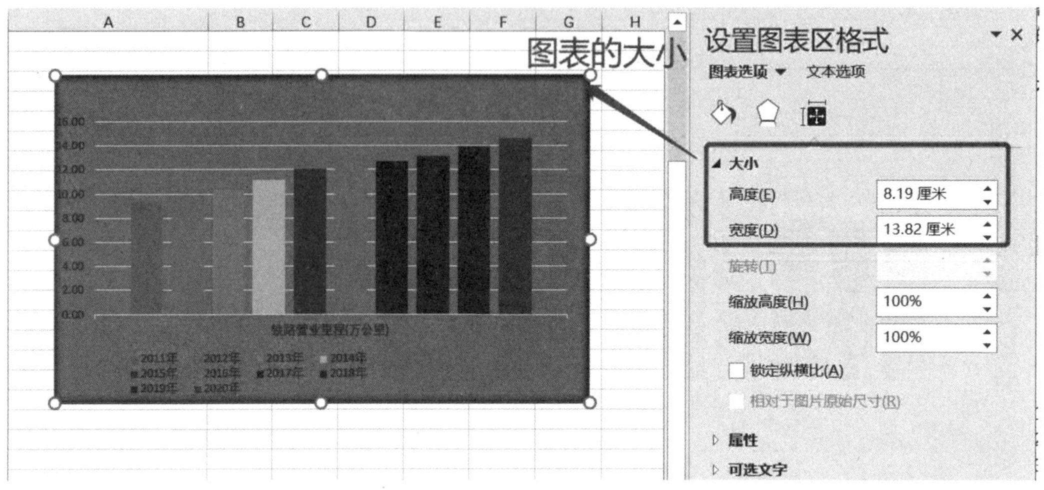

图 5-48　图表大小的设置

文本选项：在文本选项下，有三个选项"文本填充与轮廓""文字效果""文本框"。

点击代表"文本填充与轮廓"的图标，有两个选项：文本填充、文本边框。用户可以选择文本填充下相应的选项对图表上的文本的颜色进行填充，如图 5-49 所示，对文本进行了"纯色填充"，此时，图表上所有的文本都变成所选的红色。

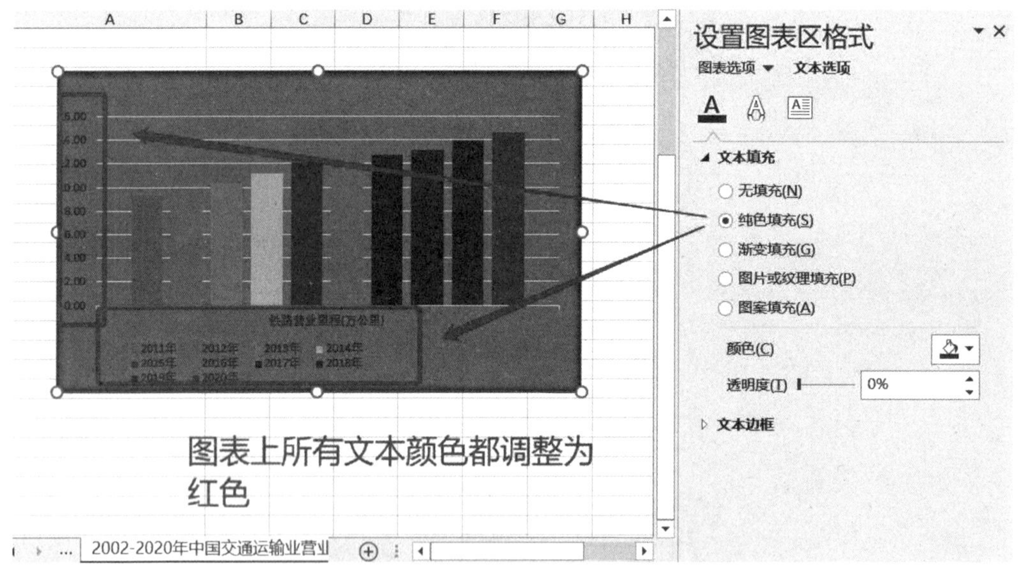

图 5-49　图表区文本颜色的设置

用户也可以对文本边框进行设置，如可以将文本边框由图 5-49 中的"无线条"改为"实线"，效果如图 5-50 所示。

同样，用户可以点击【文本选项】下的【文字效果】和【文本框】对图表区域的文本进行效果设置。

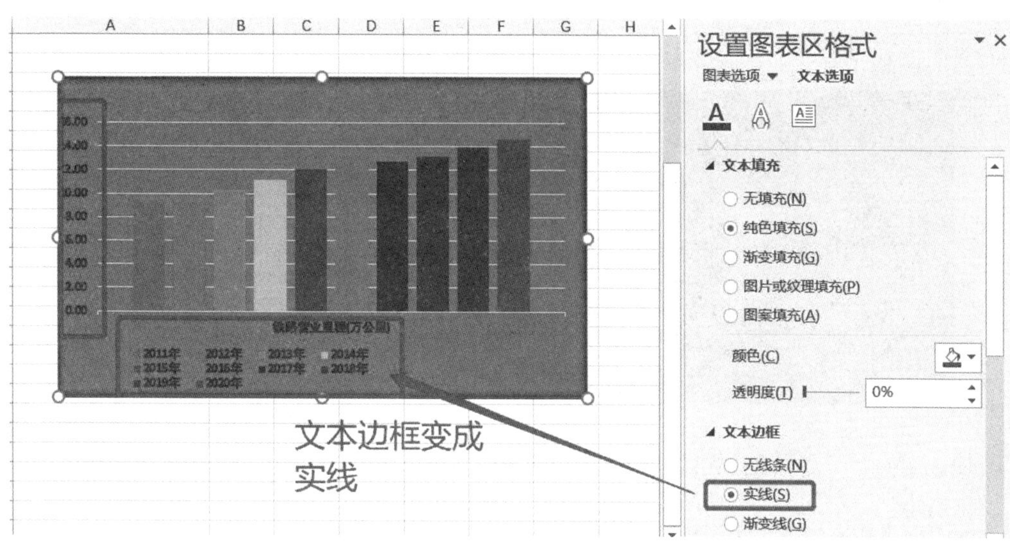

图 5-50 图表区文本边框的设置

2.绘图区

绘图区指的是以坐标轴为界,包含所有数据系列的区域(如图 5-51 所示)。绘图区格式设置主要包括绘图区背景的填充和效果设置(如图 5-52 所示)。

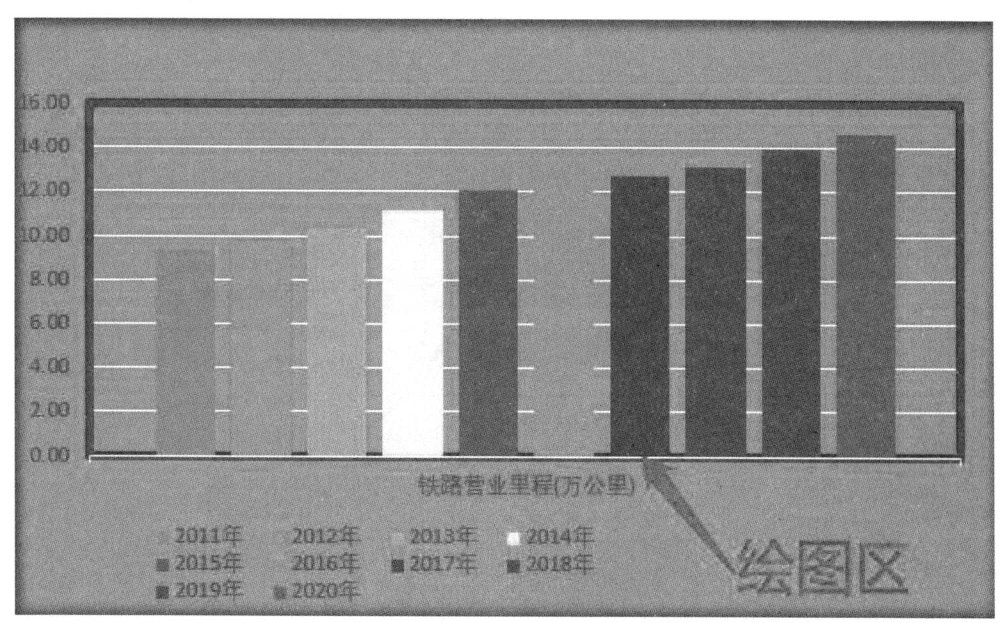

图 5-51 绘图区示意图

具体操作步骤如下:

(1)双击"绘图区"边框,打开【设置绘图区格式】窗格。

(2)绘图区格式设置。绘图区设置选项主要包括"填充与线条"与"效果"。

点击代表"填充与线条"的图标,可以看到该部分有两个选项"填充"和"边框","填充"

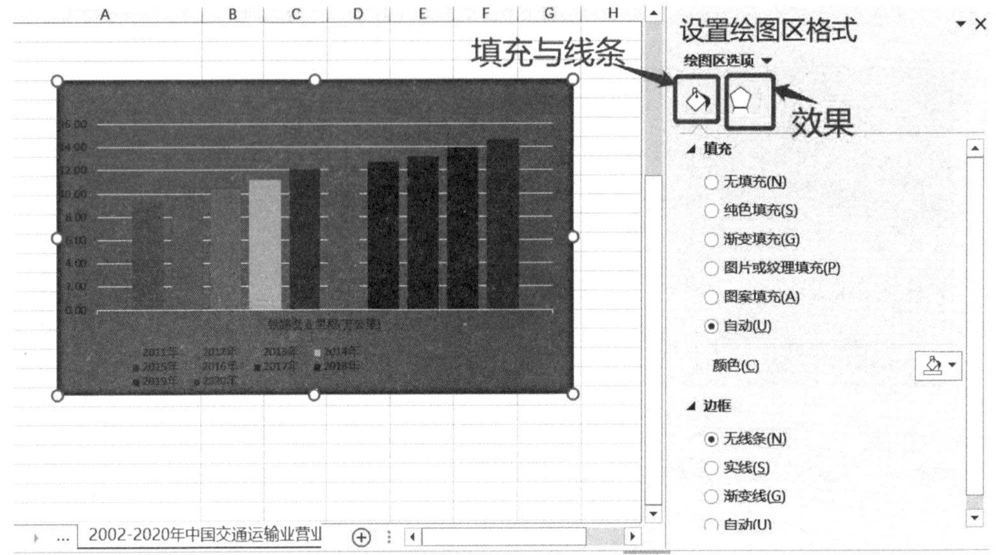

图 5-52 “设置绘图区格式”窗格选项

是指用户可以对绘图区背景区域的颜色进行设置,“边框”是指用户可以对绘图区边框的线条进行选择【填充】,如图 5-53 所示。

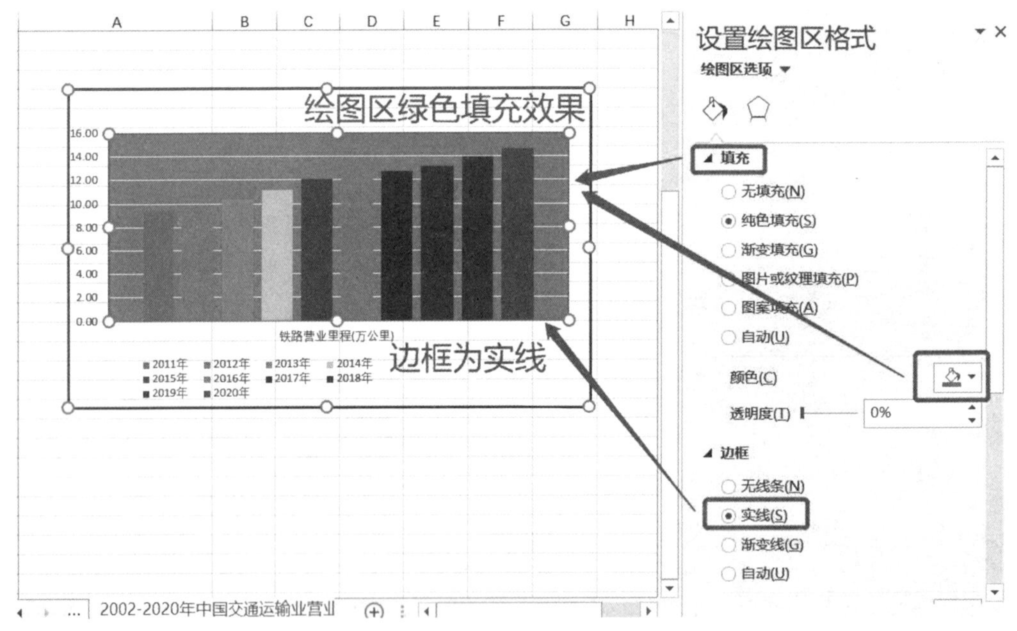

图 5-53 设置绘图区的背景和边框

点击代表“效果”的图标,有四个选项:“阴影”“发光”“柔滑边缘”“三维格式”,如图 5-54 所示。用户可以点击相应的选项对图表区域的显示效果进行设置。

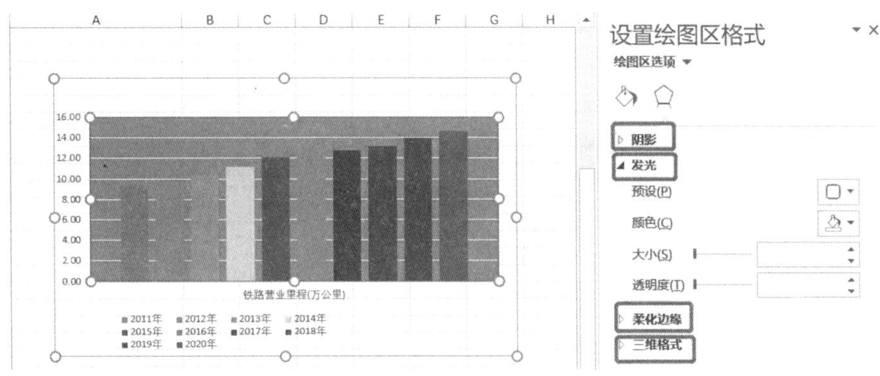

图 5-54　设置绘图区的显示效果

3.图表标题

图表标题是用于说明图表主要内容的元素，创建图表时，添加图表标题便于用户快速理解图表内容。图表区格式设置具体步骤如下：

(1)添加图表标题元素

单击图表区域，功能区显示【图表工具】选项卡，点击【设计】选项卡下的【图表布局】选项组中的【添加图表元素】，在打开的对话框中点击【图表标题】，若选择放置位置为【图表上方】，则在图表区上方会出现“图表标题”文本框，用户可以直接对这一图表标题文本进行编辑。

(2)图表标题的编辑

用鼠标双击“图表标题”，即打开【设置图表标题格式】窗格。

图表标题格式设置有两部分选项，即标题选项和文本选项，用户可以在不同的选项下对图表做相应设置。

①标题选项：在标题选项下，有三个选项“填充与线条”“效果”“大小与属性”。

点击代表“填充与线条”的图标，可以对图表标题背景区域的颜色进行填充，如图 5-55 所示，也可以选择“边框”对标题的边框进行设置，如图 5-56 所示。

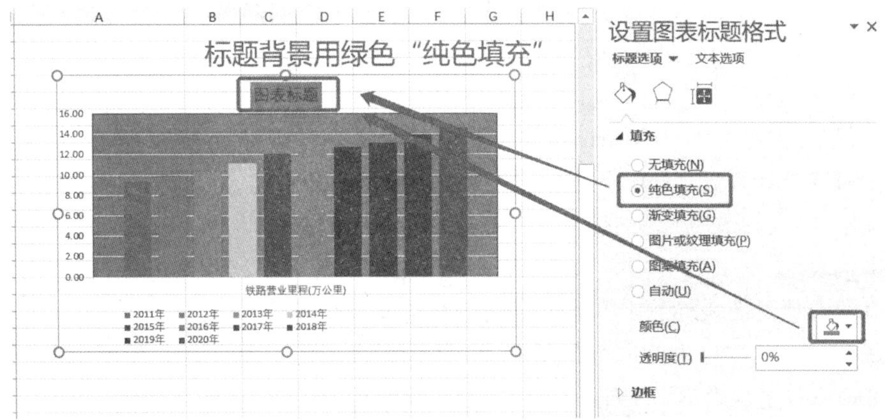

图 5-55　图表标题的文本填充设置

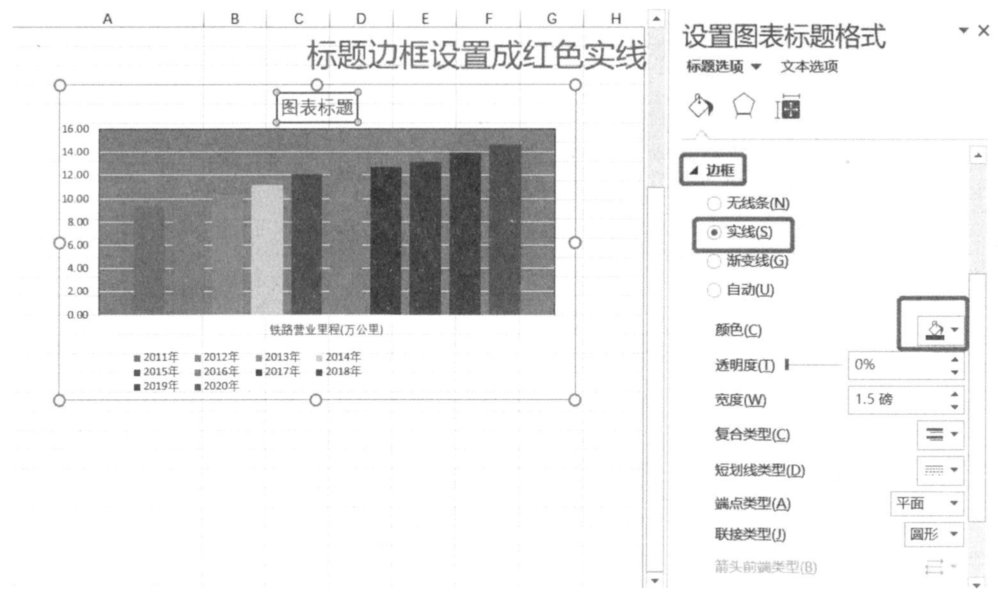

图 5-56 图表标题边框的设置

点击代表“效果”的图标,有四个选项:阴影、发光、柔滑边缘、三维格式,如图 5-57 所示。用户可以点击相应的选项对图表区域的显示效果进行设置。

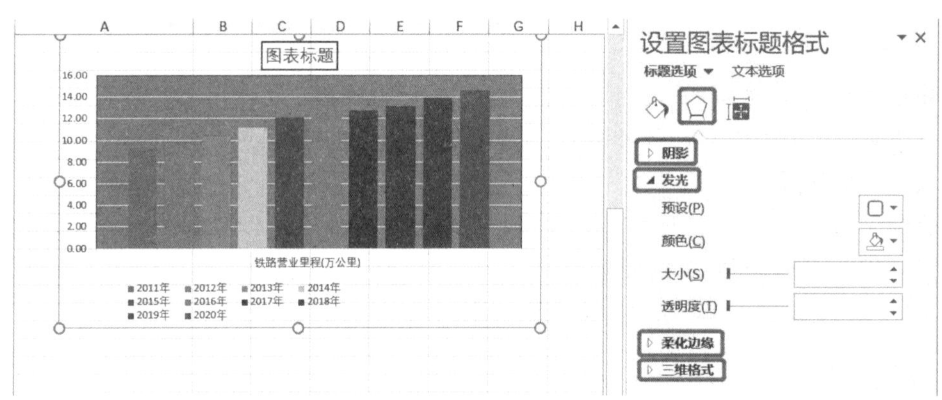

图 5-57 图表标题显示效果的设置

点击代表“大小与属性”的图标,可以对图表标题的对齐方式进行设置。譬如可以将图表标题对齐方式设置成“中部居中”,文字方向设置成“竖排”,效果如图 5-58 所示。

②文本选项:在文本选项下,有三个选项“文本填充与轮廓”“文字效果”“文本框”。

点击代表“文本填充与轮廓”的图标,有两个选项“文本填充”“文本边框”。用户可以选择相应的选项对图表标题上文本的颜色进行填充。

用户也可以对文本边框进行设置,如可以将图表标题文字颜色设置成红色“纯色填充”,文本边框设置为“实线”,则效果如图 5-59 所示。

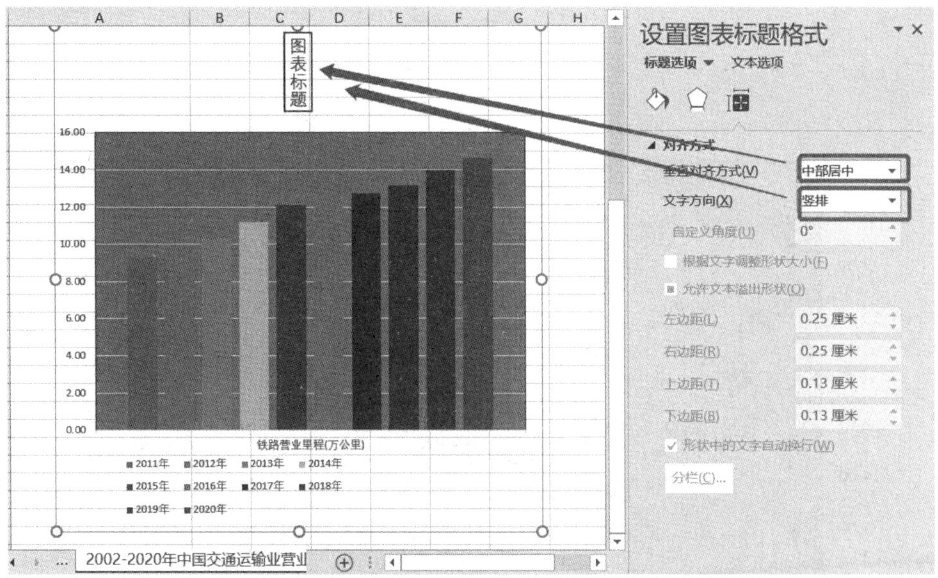

图 5-58　图表标题对齐方式的设置

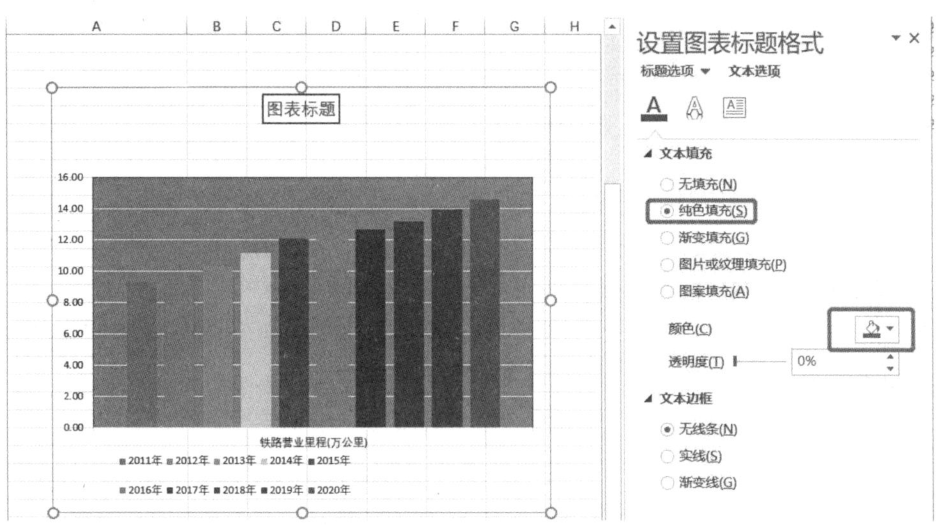

图 5-59　图表标题文本颜色的设置

同样，用户可以点击文本选项下的【文字效果】和【文本框】选项对图表标题区的文本进行效果设置。

4.图例

图例的作用是展示图表中对应数据系列的名称，具体表现为不同颜色的方框。图例格式设置具体步骤如下：

(1)添加图例

单击图表区域，功能区显示【图表工具】选项卡，点击【设计】选项卡下的【图表布局】选项组中的【添加图表元素】，在打开的对话框中点击【图例】，然后选择放置位置，如选择【底部】，则绘图区下方会出现不同颜色方框及数据系列说明，如图 5-60 所示。

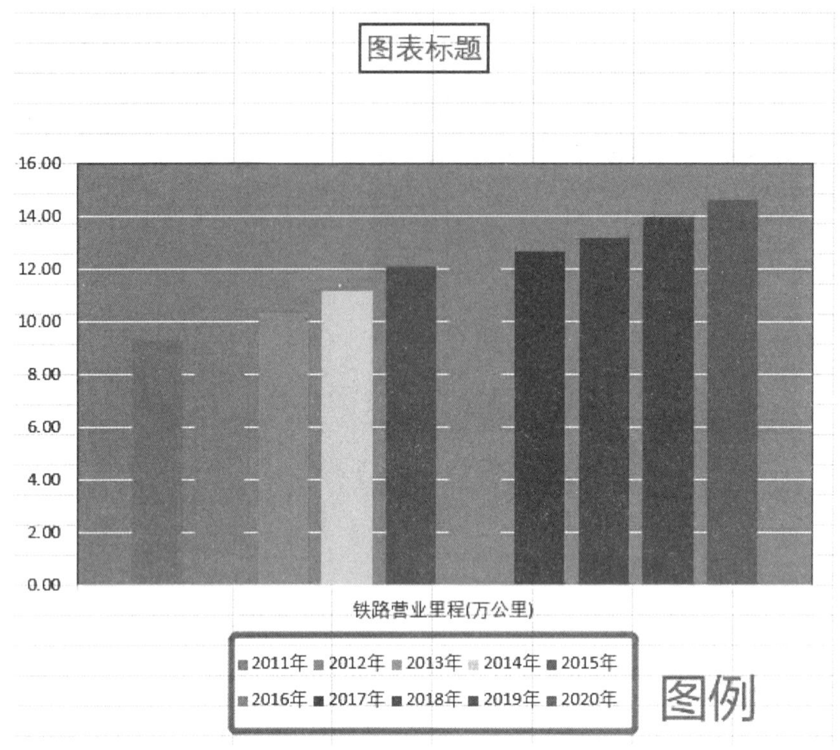

图 5-60　添加"图例"效果图

(2)图例格式设置

双击图例区域,打开【设置图例格式】窗格。

图表标题格式设置有两部分:图例选项和文本选项。用户可以在不同的选项下对图表做相应设置。

①图例选项

在标题选项下,有三个选项"填充与线条""效果""图例选项"。

点击"填充与线条",可以对图例背景区域的颜色进行填充,也可以对图例区域的边框进行设置,如图 5-61 展示的是对图例所在区域的背景颜色设置成红色的"纯色填充",其边框设置成黑色实线,且宽度为 1.5 磅,点击"效果",有三个选项:阴影、发光、柔滑边缘,如图 5-62 所示。用户可以点击相应的选项对图表区域的显示效果进行设置。

点击"图例选项",用户可以对图例的位置进行设置。譬如可以将图 5-62 中的图例位置从下方调整到右侧,得到如图 5-63 所示的效果。特别注意的是,建议用户在"显示图例,但不与图表重叠"前面的方框中打钩,这样图例显示不会与图表重叠。

②文本选项

在文本选项下,有三个选项"文本填充与轮廓""文字效果""文本框"。

点击"文本填充与轮廓",有两个选项:文本填充、文本边框。用户可以选择"文本填充"下相应的选项对图例区域的文本颜色进行填充,也可以对文本边框进行设置。如将图例上的文字颜色设置成黑色"纯色填充",文本边框设置为"实线",则效果如图 5-64 所示。

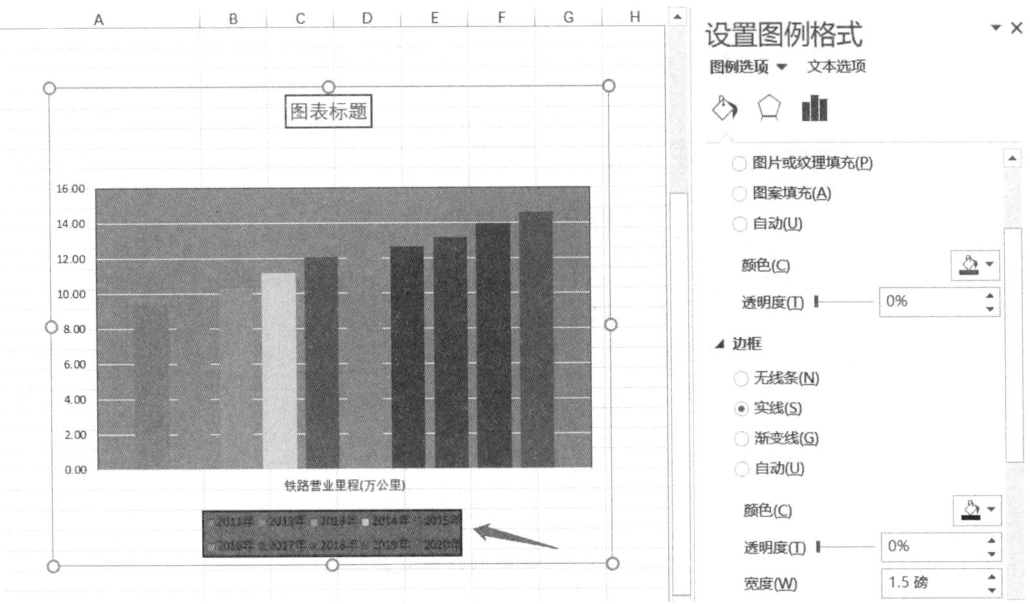

图 5-61 设置图例填充色和边框

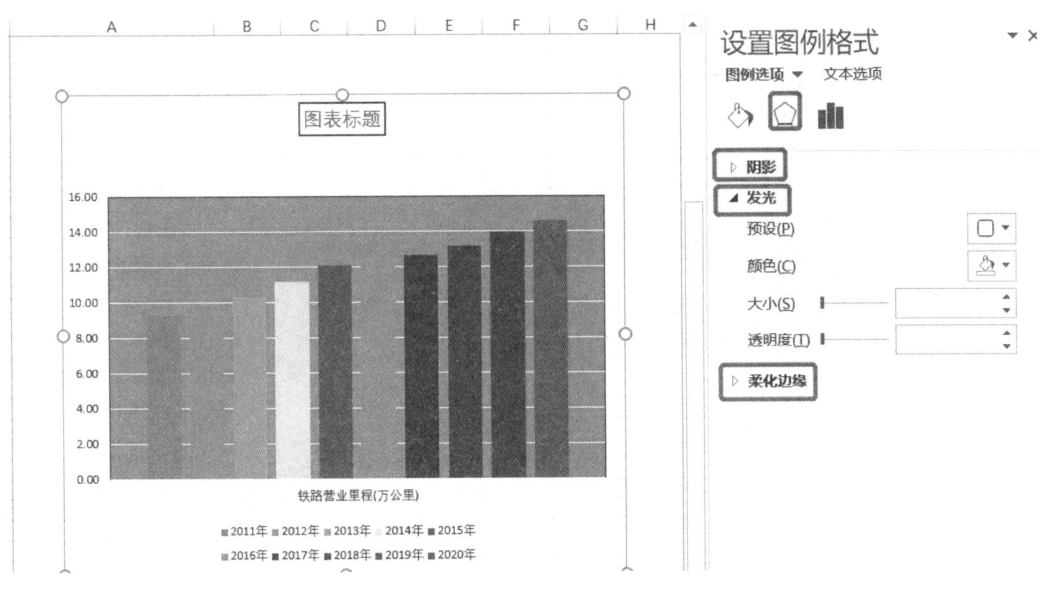

图 5-62 设置图例显示效果

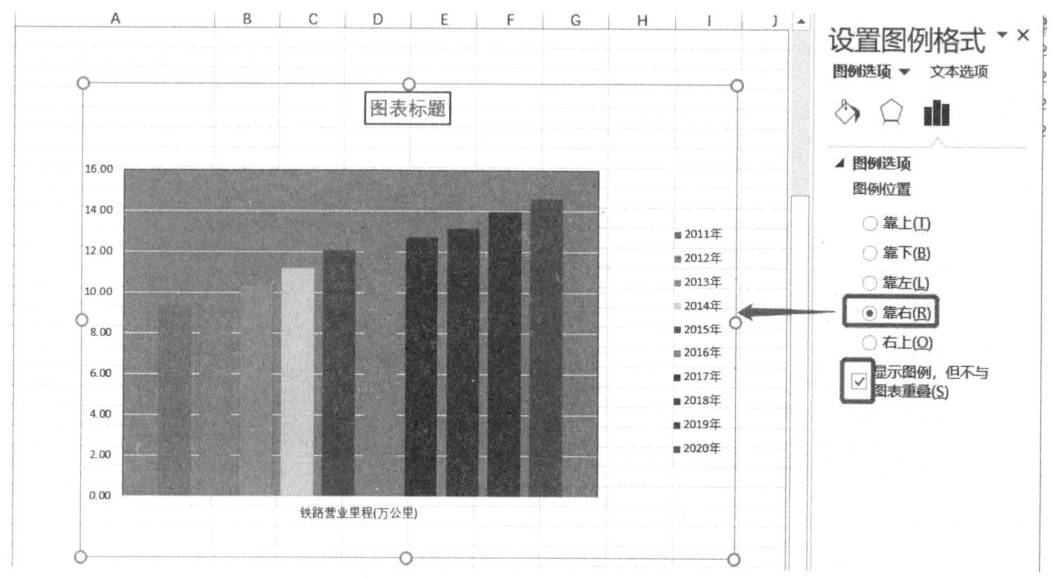

图 5-63 设置图例放置位置

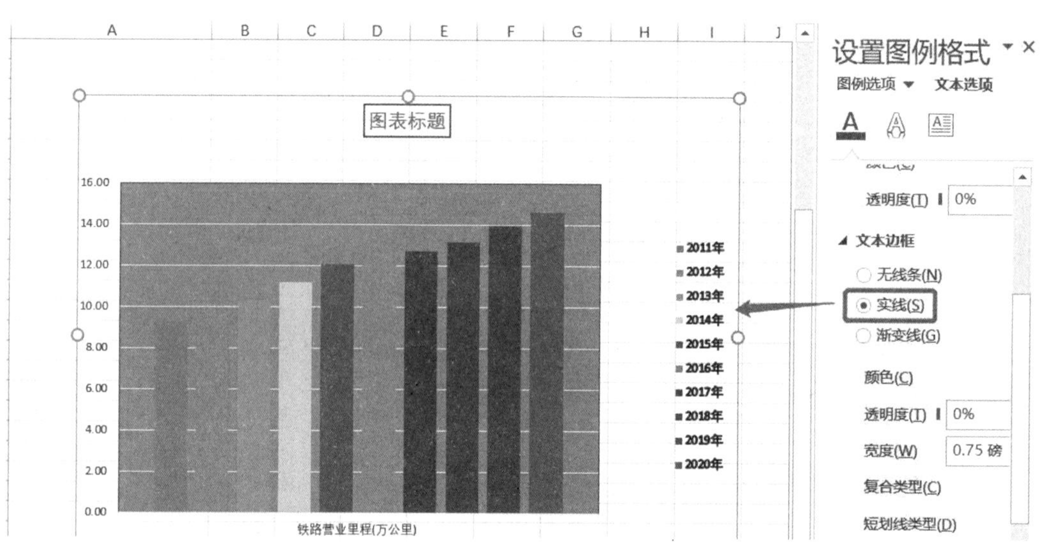

图 5-64 设置图例文本边框

同样，用户可以点击“文本选项”下的“文字效果”和“文本框”对图表区的文本进行效果设置。

5.坐标轴

图表上有两个坐标轴：水平轴（类别）和垂直轴（值）。坐标轴的格式设置具体步骤如下：

（1）添加坐标轴

单击图表区域，功能区显示【图表工具】选项卡，点击【设计】选项卡下的【图表布局】选项组中的【添加图表元素】，在打开的对话框中点击【坐标轴】，然后选择【主要横坐标轴】或者【主要纵坐标轴】，即可在图表中显示水平坐标轴、垂直坐标轴，如图 5-65 所示。

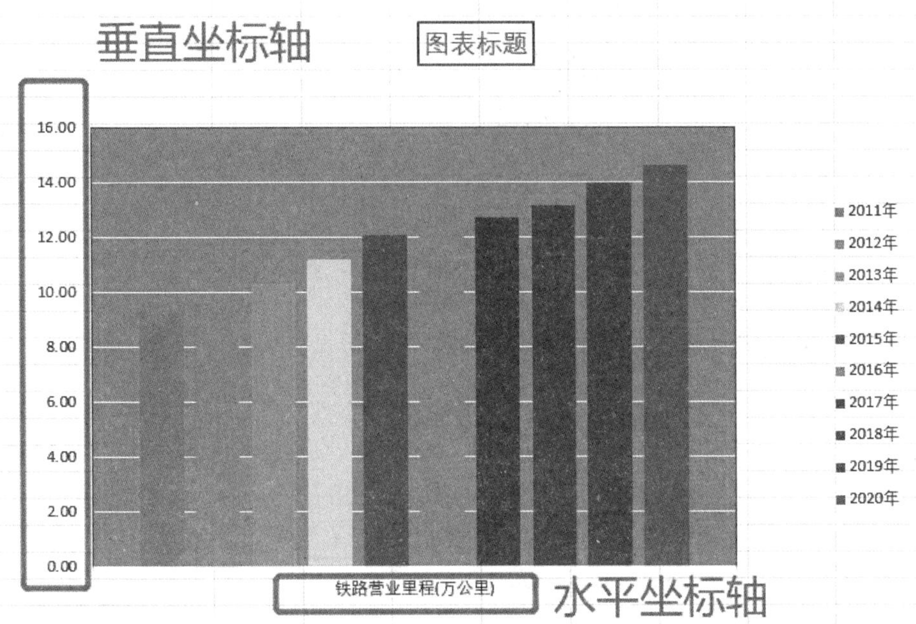

图 5-65　图表坐标轴示意图

(2)坐标轴格式设置

将鼠标移到坐标轴所在区域,单击坐标轴,打开【设置坐标轴格式】窗格。

坐标轴格式设置有两部分:坐标轴选项和文本选项。用户可以在不同的选项下对图表做相应设置。

①坐标轴选项

在坐标轴选项下,有四个选项“填充与线条”“效果”“大小与属性”“坐标轴选项”。

点击“填充与线条”,可以对坐标轴背景区域的颜色进行“填充”,也可以对坐标轴区域的边框进行设置。

点击“效果”,有四个选项:阴影、发光、柔滑边缘、三维格式,用户可以点击相应的选项对图表区域的显示效果进行设置。

点击“大小与属性”,可以对坐标轴的对齐方式进行设置。

点击“坐标轴选项”,用户可以对坐标轴的类型、位置、刻度线、标签和数字进行设置。

②文本选项

在文本选项下,有三个选项“文本填充与轮廓”“文字效果”“文本框”。

点击“文本填充与轮廓”,有两个选项:文本填充、文本边框。用户可以选择“文本填充”下相应的选项对坐标轴上的文本颜色进行填充。

用户也可以对文本边框进行设置,如将坐标轴上面的文字颜色设置成红色“纯色填充”,文本边框设置为“实线”,则效果如图 5-66 所示。

同样,用户可以点击文本选项下的【文字效果】和【文本框】选项对坐标轴上的文本进行效果设置。

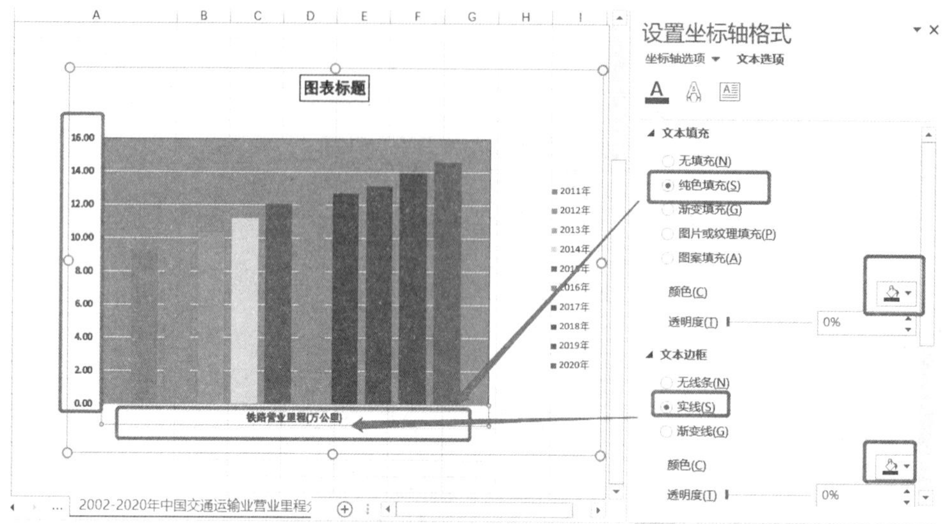

图 5-66　设置坐标轴格式

6.坐标轴标题

用户可以根据需要对坐标轴添加“坐标轴标题”，也可以对坐标轴标题中的文本内容和坐标轴标题格式进行编辑。

(1)添加坐标轴标题

单击图表区域，功能区显示【图表工具】选项卡，点击【设计】选项卡下的【图表布局】选项组中的【添加图表元素】，在打开的对话框中点击【轴标题】，然后选择【主要横坐标轴】或者【主要纵坐标轴】，即可在坐标轴旁边添加对应的坐标轴标题，如图 5-67 所示。

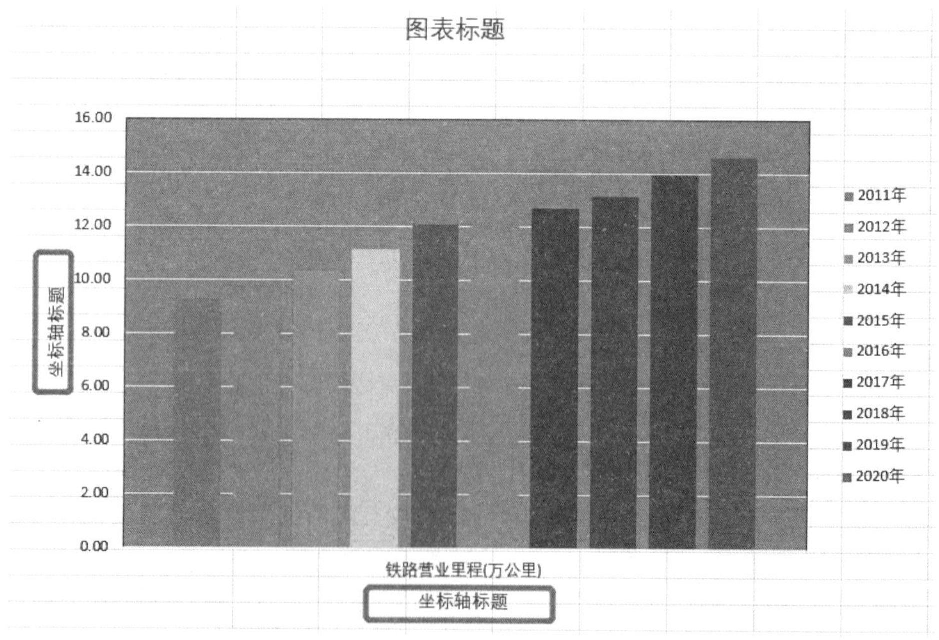

图 5-67　图表“坐标轴标题”示意图

（2）坐标轴格式设置

将鼠标移到坐标轴标题所在区域，单击坐标轴标题，打开【设置坐标轴标题格式】窗格。

坐标轴格式设置有两部分"标题选项"和"文本选项"。用户可以在不同的选项下对图表做相应设置。

①坐标轴选项

在坐标轴选项下，有三个选项"填充与线条""效果""大小与属性"。

点击"填充与线条"，可以对坐标轴标题的背景区域的颜色进行填充，也可以对坐标轴标题区域的边框进行设置。

点击"效果"，有四个选项"阴影""发光""柔滑边缘""三维格式"，用户可以点击相应的选项对坐标轴标题区域的显示效果进行设置。

点击"大小与属性"，可以对坐标轴标题的对齐方式进行设置。

②文本选项

在文本选项下，有三个选项"文本填充与轮廓""文字效果""文本框"。

点击"文本填充与轮廓"，有两个选项：文本填充、文本边框。用户可以选择"文本填充"下相应的选项对坐标轴标题上的文本颜色进行填充，也可以对文本边框进行设置。如将坐标轴标题上的文字颜色设置成红色"纯色填充"，文本边框设置为"实线"，则效果如图 5-68 所示。

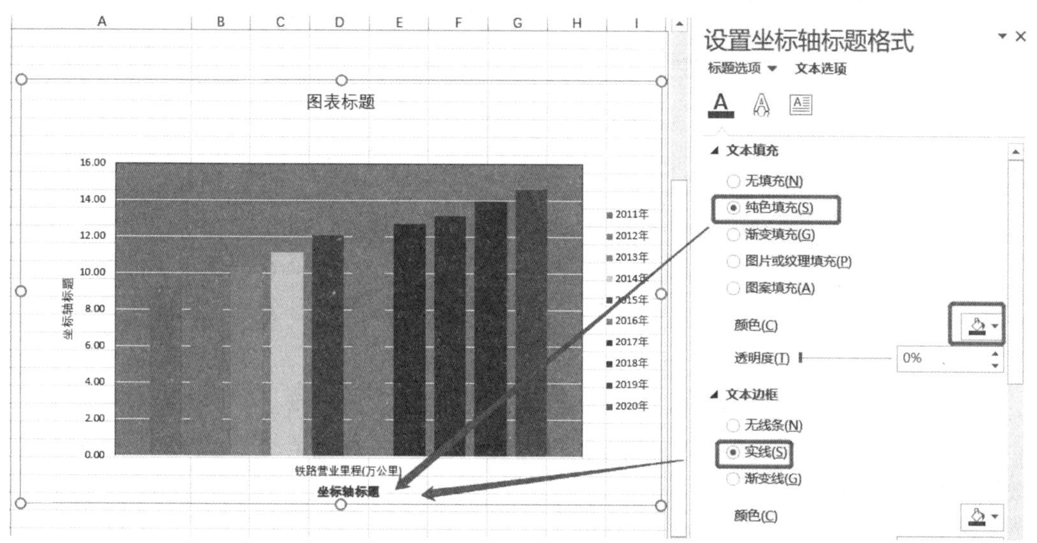

图 5-68　图表"坐标轴标题"示意图

同样，用户可以点击"文本选项"下的"文字效果"和"文本框"对坐标轴上的文本进行效果设置。

7.数据标签

在创建图表后，用户虽然可以通过图表了解数据的大小，但是却不能直接知道数据的精确值。如果想要在图上直观显示出数据的精确值，就需要在图表上添加"数据标签"。

一般来说，数据标签会直接连接到单元格对应的数据，当单元格数据发生改变时，数据标签也会随之更新。数据标签的添加和格式设置步骤如下：

(1)添加数据标签

单击图表区域，功能区显示【图表工具】选项卡，点击【设计】选项卡下的【图表布局】选项组中的【添加图表元素】，在打开的对话框中点击“数据标签”，然后选择位置。如在图 5-67 的图上添加“数据标签”(为方便显示，已经先将图 5-67 的绘图区背景色更改为“无填充”)，结果如图 5-69 所示。

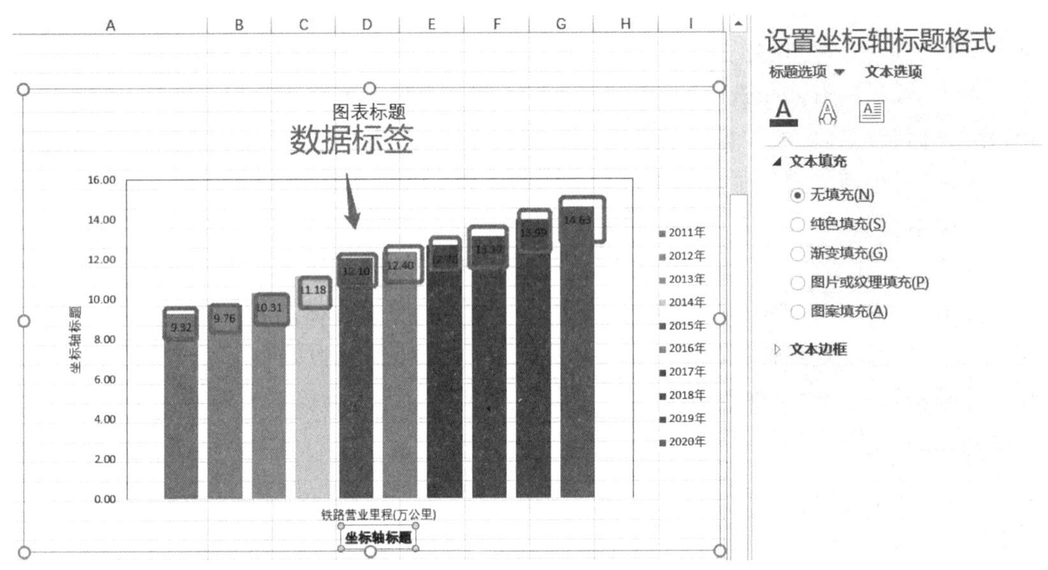

图 5-69 数据标签示意图

(2)数据标签格式设置

将鼠标移到数据标签上，单击数据标签，打开【设置数据标签格式】窗格。

坐标轴格式设置有两部分选项：标签选项和文本选项。用户可以在不同选项下对图表进行相应设置。

①标签选项

在坐标轴选项下，有四个选项“填充与线条”“效果”“大小与属性”“标签选项”。

点击“填充与线条”，可以对数据标签背景区域的颜色进行填充，也可以对数据标签区域的“边框”进行设置。

点击“效果”，有四个选择“阴影”“发光”“柔滑边缘”“三维格式”，用户可以点击相应的选项对标签区域的显示效果进行设置。

点击“大小与属性”，可以对标签的大小和标签的对齐方式进行设置。

点击“标签选项”，可以对标签内呈现的内容进行设置，具体操作方法如下：

勾选“单元格中的值”，弹出对话框“数据标签区域”，用户可以在源数据中选择要显示的数据单元格。如需要在图 5-69 的基础上将 2020 年添加到对应的数据标签中，则可以在图 5-68 上点击 14.63 对应的数据标签，打开【设置数据标签格式】窗格，在【标签选项】下的【单元格的值】前打钩，然后在弹出的对话框中选择 K2，即可在数据标签中添加“2020

年”，即显示结果为“14.63，2020 年”，结果如图 5-70 所示。

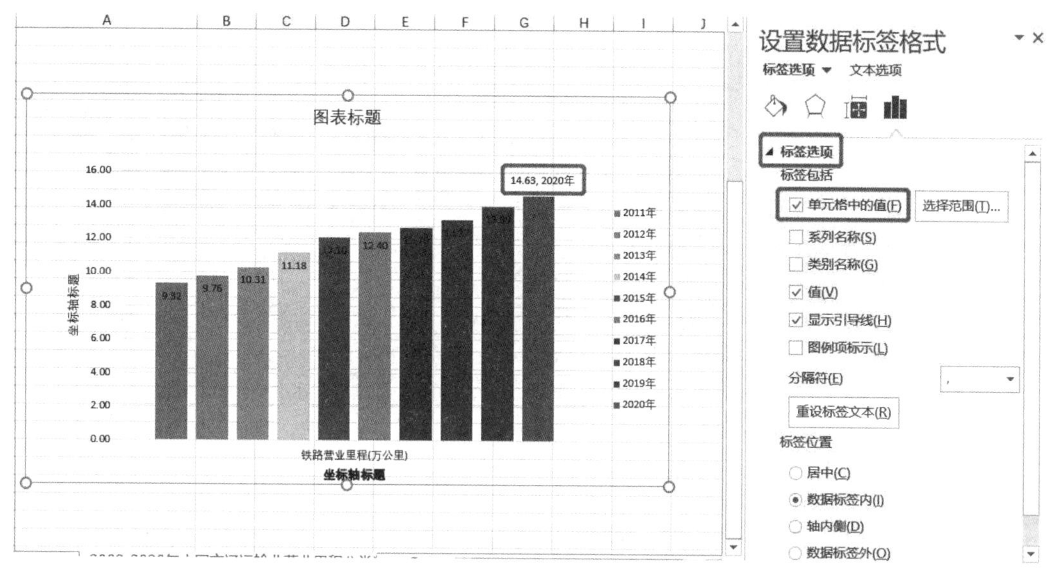

图 5-70　设置数据标签格式

勾选“系列名称”“类别名称”“值”都可对标签中的内容进行设置。另外，用户还可以设置标签的位置。

②文本选项

在文本选项下，有三个选项“文本填充与轮廓”“文字效果”“文本框”。

点击“文本填充与轮廓”，有两个选项“文本填充”“文本边框”。用户可以选择文本填充下相应的选项对数据标签上的文本颜色进行填充。

用户也可以对文本边框进行设置，如可以将文本边框设置为“实线”。同样，用户可以点击“文本选项”下的“文字效果”和“文本框”对坐标轴上的文本进行效果设置。

8.数据表

为了更好地将图和源数据表中的相关数据对应，用户可以直接在图上显示源数据表中相关数据，具体步骤如下：

(1)添加数据表

单击图表区域，功能区显示【图表工具】选项卡，点击【设计】选项卡下的【图表布局】选项组中的【添加图表元素】，在打开的对话框中点击【数据表】，然后选择【显示图例项标示】，就可以在原来图表的下方插入数据表，如图 5-71 所示。

(2)数据表格式设置

将鼠标移到数据表所在区域，单击数据表，打开【设置模拟运算表格式】窗格。

坐标轴格式设置有两部分选项：表选项和文本选项。用户可以在不同的选项下对图表做相应设置。

表选项：在表选项下，有三个选项“填充与线条”“效果”“模拟运算表选项”。

点击“填充与线条”，可以对数据表背景区域的颜色进行填充，也可以对数据表区域的外边框进行设置。

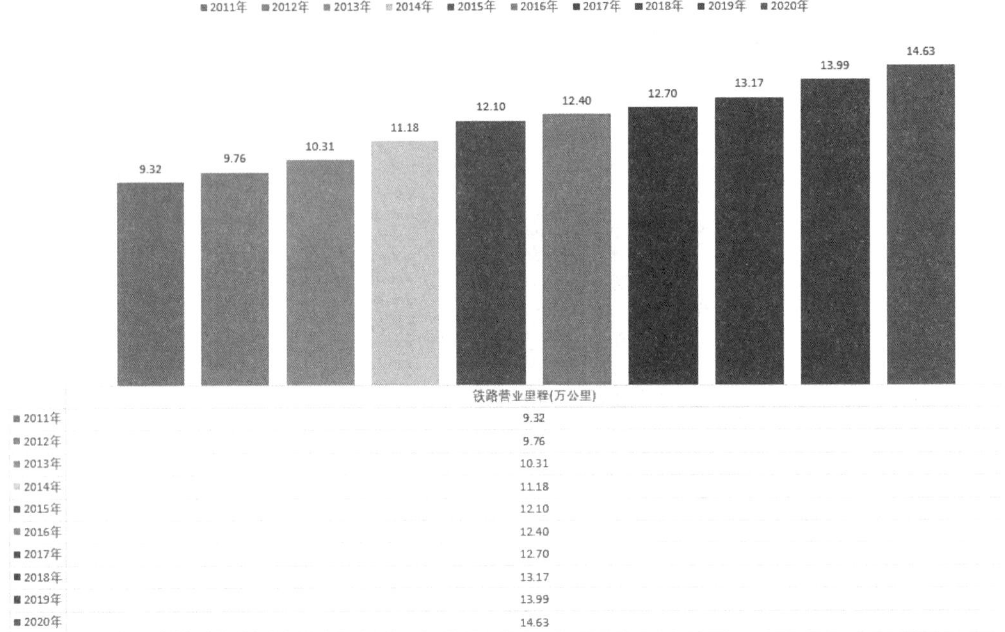

图 5-71　添加了数据表的图表效果图

点击“效果”，有四个选择“阴影”“发光”“柔滑边缘”“三维格式”，用户可以点击相应的选项对坐标轴标题区域的显示效果进行设置。

点击“模拟运算表选项”，可以对表的内边框线进行设置。

文本选项：在文本选项下，有三个选项“文本填充与轮廓”“文字效果”“文本框”。

点击“文本填充与轮廓”，有两个选项“文本填充”“文本边框”。用户可以选择文本填充下相应的选项对数据表上的文本颜色进行填充。

用户也可以对文本边框进行设置，如可以将文本边框设置为“实线”。同样，用户可以点击“文本选项”下的“文字效果”和“文本框”对数据表上的文本进行效果设置。

9.网格线

用户可以根据需要在图表上添加网格线。网格线分为主要网格线和次要网格线。坐标轴主刻度线对应的就是主要网格线，坐标轴次刻度线对应的就是次要网格线。用户可以根据需要添加、删除网格线，并且可以对网格线格式进行设置。

(1)添加网格线

单击图表区域，功能区显示【图表工具】选项卡，点击【设计】选项卡下的【图表布局】选项组中的【添加图表元素】，在打开的对话框中点击【网格线】，然后根据需要在可选项“主轴主要水平网格线”“主轴主要垂直网格线”“主轴次要水平网格线”“主轴次要垂直网格线”选择添加对应的网格线。如图 5-70 上添加次要网格线，效果如图 5-72 所示。

(2)网格线格式设置

将鼠标移到拟编辑的网格线所在区域，单击网格线，如点击“主轴次要水平网格线”，即可打开【设置次要网格线格式】窗格。

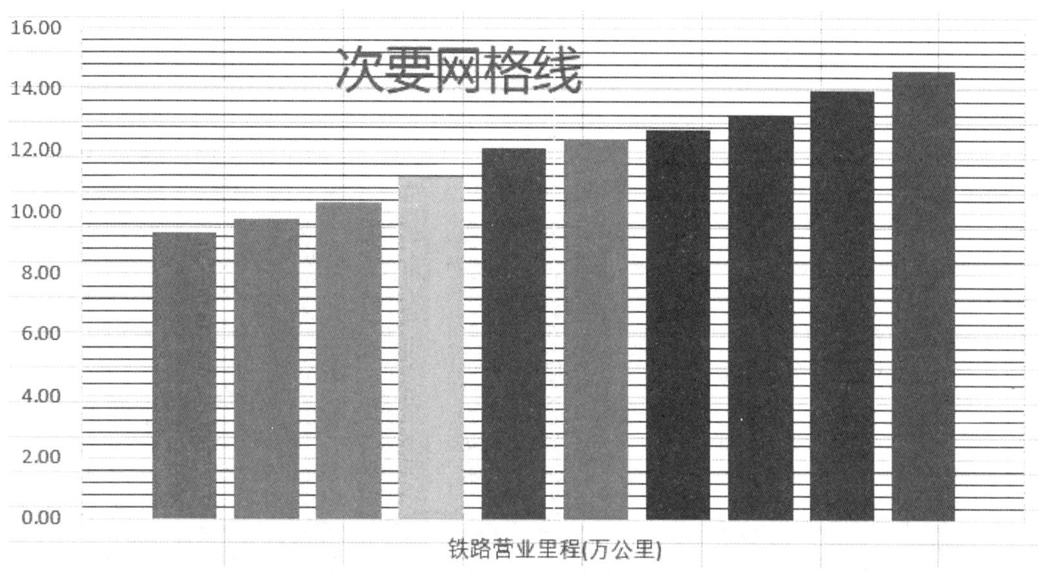

图 5-72　添加网格线效果示意图

次要网格线选项包含两个内容“填充与线条”“效果”。

点击“填充与线条”，可以对次要网格线的“线条”进行选择填充。

点击“效果”，有三个选择“阴影”“发光”“柔滑边缘”，用户可以点击相应的选项对网格线的显示效果进行设置。

5.4.3 图表的美化

图表创建后，用户可以对图表的布局、样式进行设计。Excel 内置了比较丰富的图表布局模板和图表样式集合，用户也可以直接选择合适的布局模板和样式对图表进行快速设计和美化。

1.快速布局

用户可以根据系统提供的布局模板快速对图表进行设计。具体操作如下：

单击图表区域，功能区显示【图表工具】选项卡，点击【设计】选项卡下的【图表布局】选项组中的【快速布局】，然后选择需要的布局样式即可。如选择“布局 2”，则效果如图 5-73 所示。

2.图表样式

Excel 系统内置了丰富的样式集合，用户可以选择合适的样式来对图表进行快速设置，具体操作步骤如下：

单击图表区域，功能区显示【图表工具】选项卡，点击【设计】选项卡下的【图表样式】，选择需要的图表样式即可。如选择“样式 2”，则效果如图 5-74 所示。

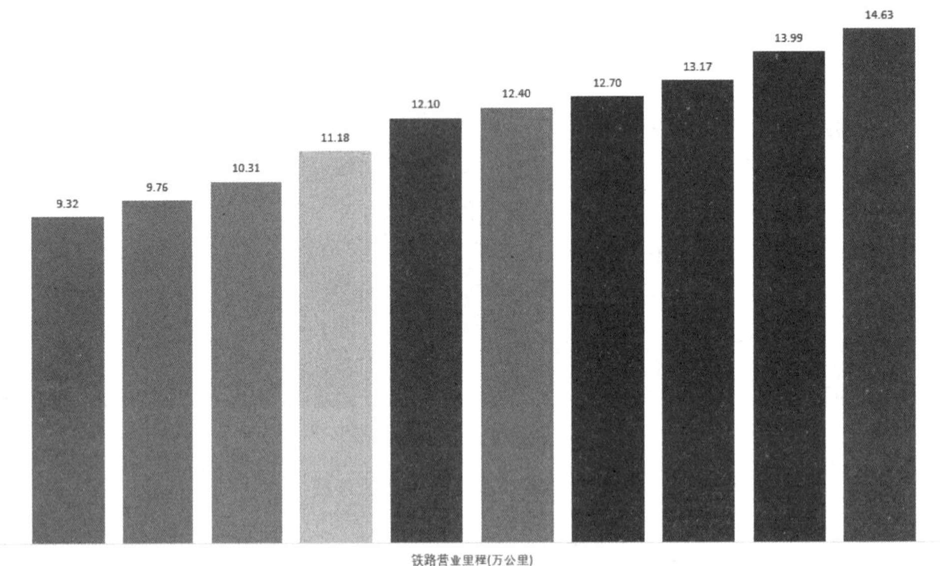

图 5-73　使用"快速布局"效果图

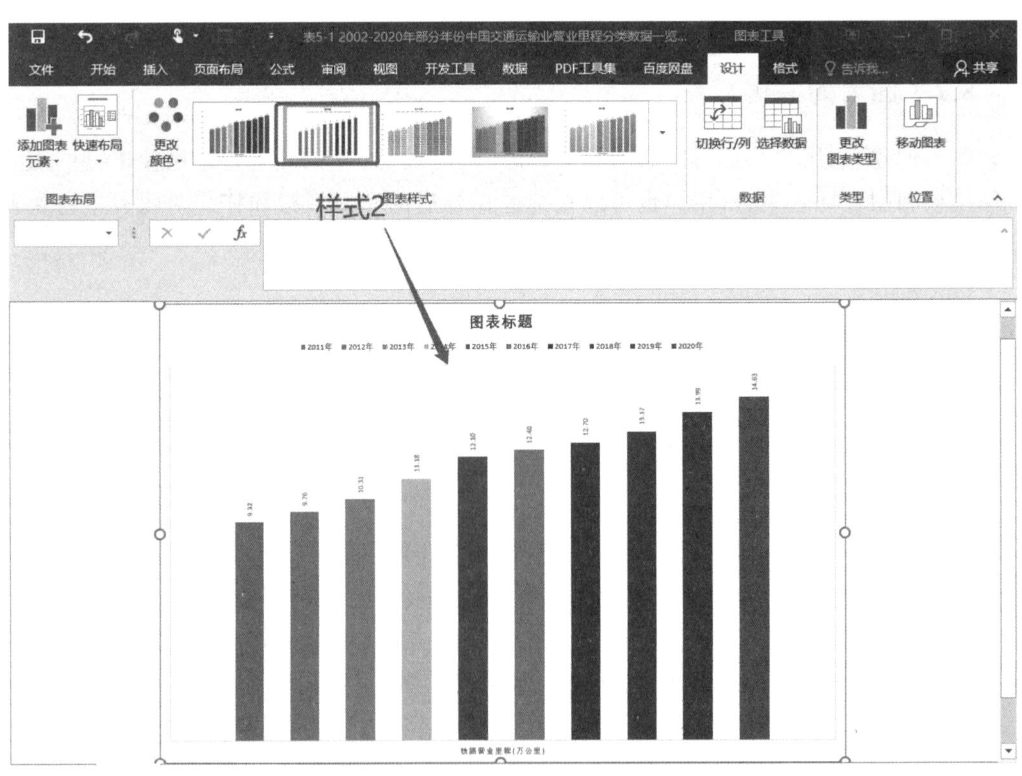

图 5-74　使用"图表样式"效果图

3.图表样式自定义设置

用户还可以自定义图表样式。具体操作如下：

单击图表区域，功能区显示【图表工具】选项卡，点击【格式】选项卡下的【形状样式】组，就可以利用“形状填充”“形状轮廓”“形状效果”等对数据系列对应的形状颜色、效果进行设置，如图 5-75 所示。如可将图 5-75 中 2017 年对应的数据系列颜色由橙色改成“亮黄色”，形状轮廓改成“浅蓝色”，形状效果设置为“内部阴影”，所得效果如图 5-76 所示。

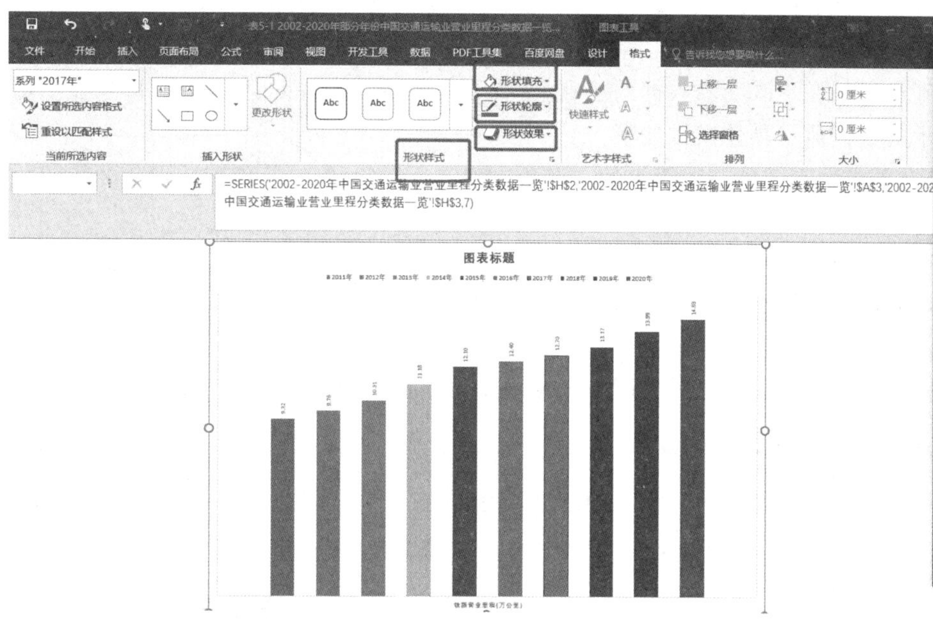

图 5-75　设置图表的样式

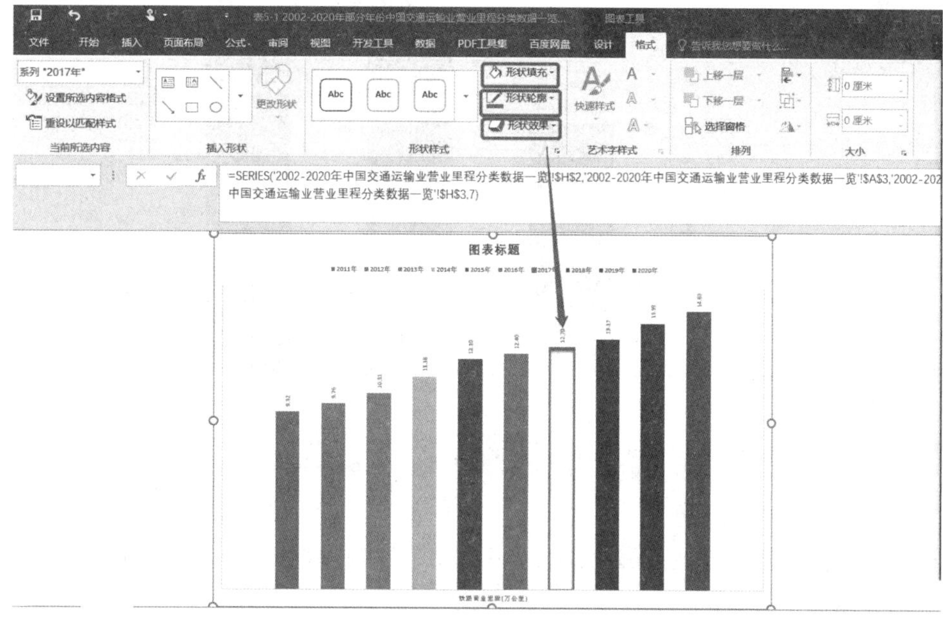

图 5-76　编辑图表样式

5.5 图表分析

Excel 图表常用于对数据的分析,在分析过程中,用户有时需要对源数据中的部分数据进行隐藏,或者需要了解数据的发展趋势,这时候就可以使用筛选器和趋势线来实现。

1.筛选器的添加与应用

筛选器是在不改变源数据的基础上,将不需要显示的数据隐藏起来,而只显示用户希望显示的数据值。具体操作如下:

(1)单击图表区域。在图表的右上角出现三个按钮,第三个像漏斗形状的按钮"▼"就是筛选器按钮。

(2)单击【筛选器】按钮,弹出对话框,在对话框中选择【数值】,可以根据需要在"系列"和"类别"中选择需要显示的数据系列。

(3)单击【应用】按钮,即可显示结果。

如:在图 5-76 中使用图表筛选器,将 2017—2020 年四年的铁路营业里程进行显示,结果如图 5-77 所示。

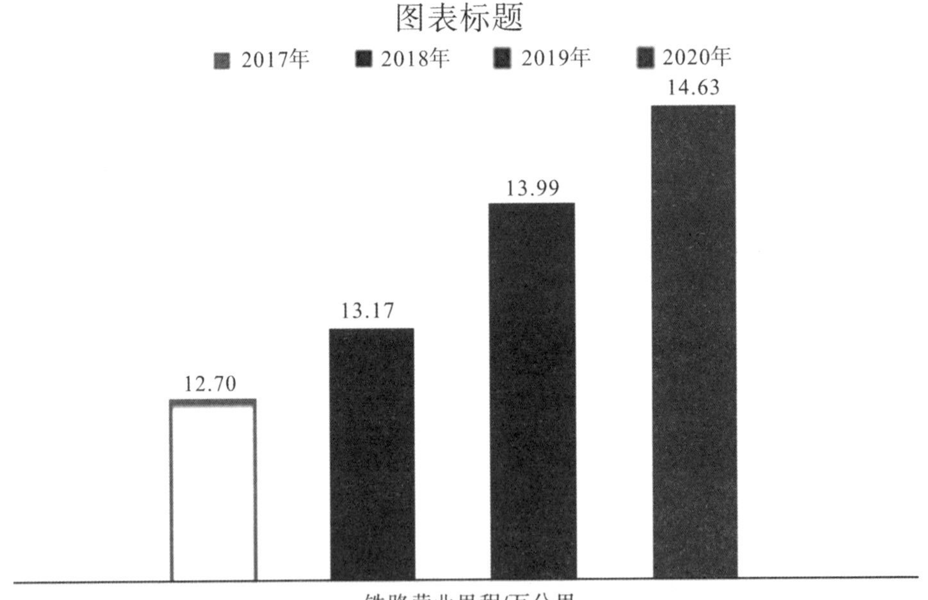

图 5-77 使用图表筛选器效果图

2.趋势线的添加与设置

用户有时候需要更好地了解数据的变化趋势,并进行趋势分析,此时就要借助趋势线来实现。具体操作如下:

（1）添加趋势线

单击图表区域，功能区显示【图表工具】选项卡，点击【设计】选项卡下的【图表布局】选项组中的【添加图表元素】，在打开的对话框中点击“趋势线”，可以选择趋势线类型为“线性”或“指数”等，即可在原有图形上添加趋势线，如图 5-78 所示。

（2）趋势线格式的设置

将鼠标移到趋势线上，双击趋势线，打开【设置趋势线格式】窗格。

“趋势线选项”主要包含三个选项“填充与线条”“效果”“趋势线选项”。

单击“填充与线条”，可以对趋势线的颜色、形状、箭头等进行设置。如将图 5-78 所示的图表上的趋势线改成“红色”，宽度为“3 磅”，线条类型改成尖箭头，则效果如图 5-79 所示。

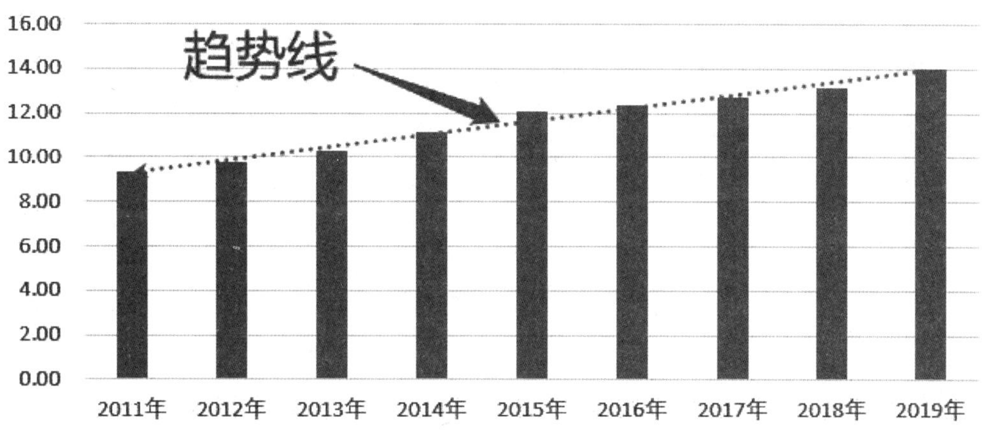

图 5-78　添加趋势线效果图

图 5-79　设置趋势线格式

单击“效果”，可以看到有三个选项“阴影”“发光”“柔化边缘”，用户可以点击相应的选项对趋势线显示效果进行设置。

单击“趋势线选项”，可以选择趋势线的属性，如可以将趋势线对应的函数设置成“指数”“线性”“对数”“多项式”“幂函数”“移动平均”等，也可以定义趋势线的名称。另外，由于趋势线可以用来预测分析，因此，在“填充与线条”选项下面，用户可以选择向前预测几个周期，或者向后预测几个周期。有时候为了预测方便，可以在“显示公式”前打钩，从而显示趋势线具体的函数表达式，在“显示 R 平方值”前打钩，可以看到用当前的趋势线对数据进行预测的效果。如图 5-80 所示。

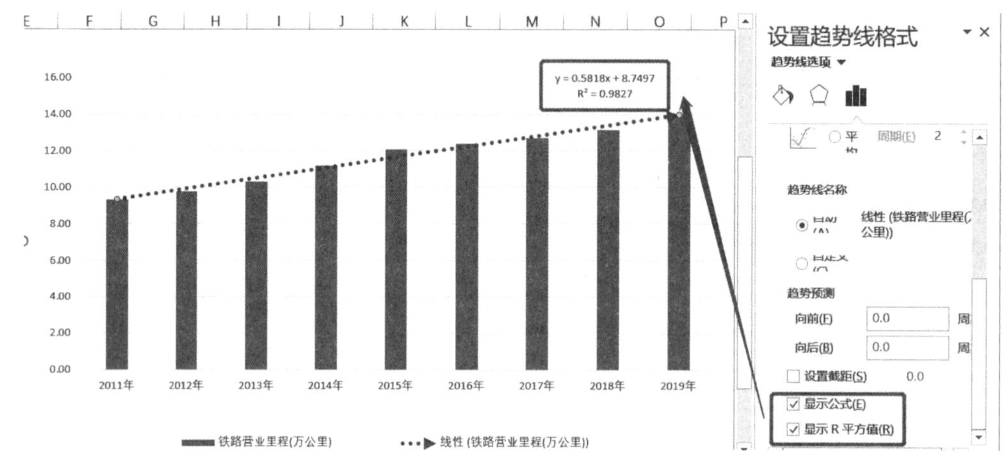

图 5-80 趋势线格式的编辑

5.6 综合实训

一、实训目标

1.能根据数据特征创建合适的图表。

2.能对图表进行合理的布局、设计和美化。

二、实训内容

1.请利用表 5.3 的“货物周转量”数据创建嵌入式图表，并选择“条形图”对数据系列进行展示。

2.添加图表标题，并将图表标题修改为“2011—2020 年中国交通货物周转量一览图”，横坐标标题为“年份”，纵坐标标题为“货物周转量(亿吨公里)”。

3.在国家统计局网站上查找 2021 年的相关数据，并添加到源数据表 5.3 中，然后更改图表数据，将 2021 年的货物周转量数据与前十年的数据一起显示出来。

4.更改图形类型，将其改为“二维簇状柱形图”。

5.在图表中添加数据表。

6.在图表中添加趋势线。

7.借助图表筛选器，在图表中筛选出 2016—2020 年的数据系列进行展示，其余年份隐藏。

8.更换图表位置，改为工作表图表。

练习题

1.图表由哪七部分组成？

2.图表有哪些类型？（请列举三种）

3.在 Excel 中建立图表时，通常需要（　　）。

A.建完图表，再输入数据　　B.先输入数据，在建立图表

C.在输入数据的同时建立图例　　D.首先建立一个图表标签

4.在 Excel 中，下列选项中可以用来设置和修改图表的操作有（　　）。

A.改变分类轴中文字内容　　B.改变系列图标的类型及颜色

C.改变背景墙的颜色　　D.改变系列类型

5.Excel 图表类型有很多种，饼图最适合（　　）。

A.反映不同数据之间的差异

B.展示事物的变化情况或发展趋势

C.反映不同数据在总体中所占的份额

6.制作 Excel 图表数据可取自（　　）。

A.分类汇总隐藏明细后的结果　　B.数据透视表的结果

C.工作表的数据　　D.以上都可以

7.下列有关 Excel 图表的说法中，错误的是：（　　）。

A.图表使数据分析结果变得直观、生动

B.图表与数据源可放在同一个工作表中

C.图表在工作表中的位置是固定的

D.图表格式的调整不影响数据源

8.Excel 图表是动态的，当修改了数据序列的值时，图表中的数据（　　）。

A.出现错误值　　B.不变　　C.自动修改　　D.用特殊颜色显示

9.在 Excel 图表中，如果对图表区进行字体设置，那么会影响（　　）中的字体。

A.图表标题　　B.图例　　C.分类轴　　D.数值轴

10.Excel 图表的显著特点是：当工作表中的数据变化时，图表（　　）。

A.自动更新　　B.自动更新　　C.不出现变化

11.下列有关 Excel 图表叙述正确的是：（　　）。

A.条形图的 X 轴在水平方向，Y 轴在垂直方向

B.条形图和柱形图在 X 轴方向上均可取字符型数据

C.XY 散点图在 X 轴方向上可取字符型数据

D.柱形图的 X 轴在垂直方向,Y 轴在水平方向

12.当 Excel 图表所依据的数据发生变化时,该图表将随之发生变化。(　　)

A.正确　　　　B.错误

13.生成 Excel 图表后,若用户希望修改图表中的图例的位置,可以选择(　　)选项卡,点击“标签”组中的“图例”按钮,在下拉列表中进行选择。

A.设计　　　　B.布局　　　　C.格式　　　　D.视图

14.从 Excel 工作表发生 Excel 视图时,(　　)。

A.无法从工作表发生图表

B.图表只能嵌入当前工作表,而不能作为新的工作表

C.图表既能嵌入当前工作表,又能作为新的工作表保留

第 6 章　数据管理

课程思政案例导入与教学目标

课程思政案例：人口普查的数据搜集与整理

统计员小王发现，我国第六次人口普查表填写说明花了很长的篇幅对普查表短表进行了解释，譬如在“五(二)按人填报”的项目中，对很多项目的填报内容都做了明确的规定，如“R5：民族”，还特别提出填写民族时不要写简称，要填写全称，如哈萨克族，不要简填为哈族。统计员小王还发现，尽管过去的人口普查也都在表格填写说明中做了同样的要求，但是收集上来的数据仍然五花八门。就“民族”这一项，譬如同为哈萨克族的群众报上来的数据就有“哈萨克族”“哈族”“哈萨克”等多种形式，给后续的数据整理和分析带来了很多麻烦。因此，第七次人口普查就对部分项目的数据输入进行了数据有效性验证设置。特别地，对于类似于民族、性别、学历等项目可选内容有限的情况，通过数据有效性设置，对输入的数据内容进行规范，不仅可以大大减少相同数据输入不一致的问题，也可以减少后期数据处理的工作量，同时也能大大提高数据输入的准确性。

数据采集程序的编写者应该在统计设计阶段就根据项目对应的数据特征对数据输入进行数据验证设置，对表格输入内容进行规范管理，这样可以减少数据采集时由于输入内容不规范带来的错误，同时在后期对数据进行审核、整理时也可以利用 Excel 的数据排序、数据筛选、合并计算、分类汇总等功能对数据进行处理，从而大大提升数据整理的效率。

课程思政教学目标：

通过数据管理，让同学们感受到数据的规范管理，俗话说，“没有规矩，不成方圆”，这在数据搜集、处理和分析领域同样适用。我国已进入数字经济时代，如何高效地进行数据的搜集、整理和分析，进而挖掘数据的价值，对于产业数字化改造、提升经济运行效率有着重要意义。学生通过本章的学习，不仅能够培养数据管理技能，也能使其养成科学、严谨的数据管理态度，以及不断探索、勇于创新、精益求精的工匠精神。

同时，通过对人口普查的统计设计、统计整理环节的介绍，同学们能够充分感受到我国统计工作的复杂性和严谨性，同时也可以通过人口普查获得的数据的用途，让同学们了解数据的价值以及对相关政策制定的参考价值，理解数字经济的运行模式，了解我国在数字化发展方面取得的成就，增强学生民族自豪感和文化自信，激发学生的爱国热情。

6.1 数据验证

为了减少录入数据错误发生率,提高Excel数据录入的正确性,用户可以对拟输入数据的单元格或单元格区域进行数据验证,即通过限定单元格输入数据的类型和范围,设置提示信息和出错警告信息等来帮助用户更有效率地录入数据。这一节主要介绍数据验证的设置和下拉列表的创建。

例6-1:根据要求对人口普查短表的部分项目进行数据输入有效性设置。

案例背景:第七次人口普查确定了此次人口普查的普查对象为在普查标准时点时在中华人民共和国境内的自然人以及在中华人民共和国境外但未定居的中国公民,但不包括在中华人民共和国境内短期停留的境外人员。人口普查在进行普查登记时需要搜集普查对象的多个项目,如:姓名、居民身份证号码、性别、年龄、民族、受教育程度、行业、职业、迁移流动、婚姻生育、死亡、住房情况等。此次人口普查采取了电子化方式进行数据采集。信息填报方式有两种:一是普查员使用电子采集设备(IPAD或者智能手机),入户登记普查对象信息并联网实时上报;二是普查对象通过互联网进行自主填报。无论是哪种方式,在搜集原始数据时,都必须要保证录入的数据真实可靠、准确完整,这不仅是人口普查的核心要求,也是衡量普查成功与否的重要标准。

在第七次人口普查短表要求(详见附录1:第七次人口普查短表填写要求)中特别提到"如果填写错误或发生逻辑关系异常,数据采集程序会给出审核提示。审核类型分为强制性审核和确认性审核,若为强制性审核错误,必须根据提示信息对错误项目进行修改;若为确认性审核提示,应根据提示信息对异常项目进行核实,确认无误后,继续进行填报。"显然,在此次人口普查的数据采集程序设计中,是计划通过采取数据的有效性审核来减少数据录入的错误率,提高数据录入工作的效率和质量的。

操作要求:请尝试在Excel表格上对人口普查短表的部分项目如"年龄"设置数据的有效性验证,对人口普查短表中的项目"性别""民族""受教育程度""户口登记地"等项目创建下拉列表。(说明:在人口普查短表中填写的是被调查对象的"出生年月",而不是直接填报"年龄",本例为了让读者便于学习数据验证功能,将出生年月换成了"年龄"。)

任务分解:

1."年龄"的数据验证设置。

2.创建"性别""民族""受教育程度""户口登记地"等项目的下拉列表。

6.1.1 数据验证设置

数据验证设置的内容一般包括三个部分:设置验证条件、设置输入信息提示、设置出错警告。具体操作步骤如下:

1.设置验证条件

用户可以在Excel中设定单元格内容的数据类型和数据范围,如本例中拟将年龄设置成“介于 1～150 之间的整数”。

具体步骤如下：

(1)选中需要进行数据验证设置的区域，如表 6.1 中“年龄”所在的 C 列单元格区域。

表 6.1　人口普查短表部分字段

A	B	C	D	E
姓名	性别	年龄	民族	受教育程度

(2)点击【数据】选项卡，找到【数据工具】选项组，点击【数据验证】按钮，即可打开【数据验证】对话框，进行数据验证设置。如图 6-1 所示。

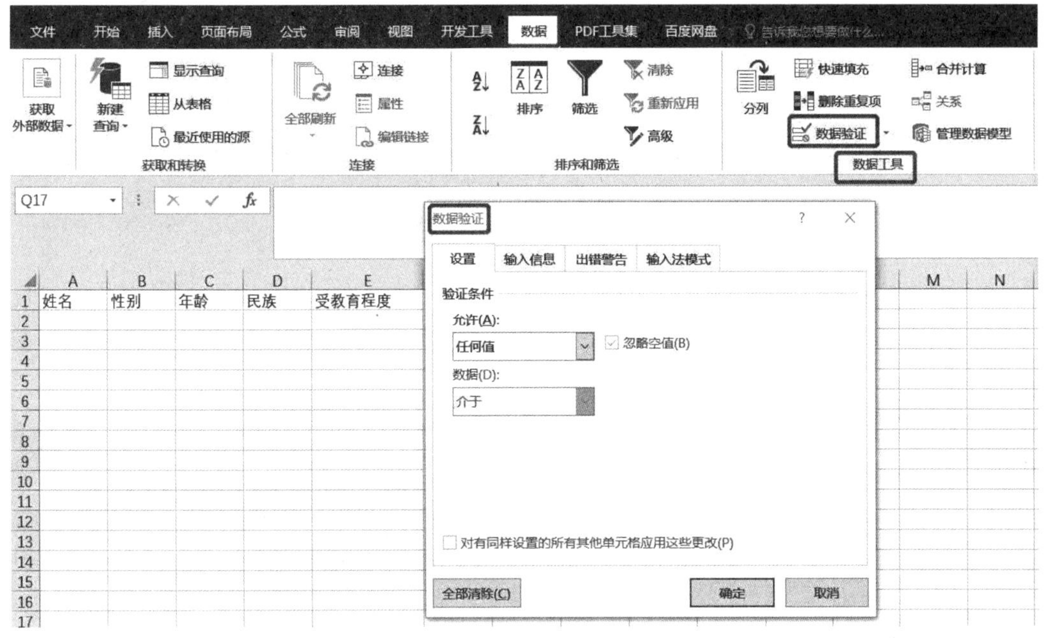

图 6-1　打开“数据验证”对话框

(3)点击【设置】，在【验证条件】中可以看到系统允许选择的数据类型。在 Excel 系统中，可以选择的数据类型有任何值、整数、小数、序列、日期、时间、文本长度等。本例中选择“整数”。

接下来用户可以进一步设置数据范围，系统设置了多个条件连接词，如“介于”“未介于”“等于”“不等于”“大于”“小于”“大于或等于”“小于或等于”。本例中选择“介于”，在“最小值”中输入数字 1，在“最大值”中输入数字 150，点击确定即可完成对数据类型和数据范围的设置。如图 6-2 所示。

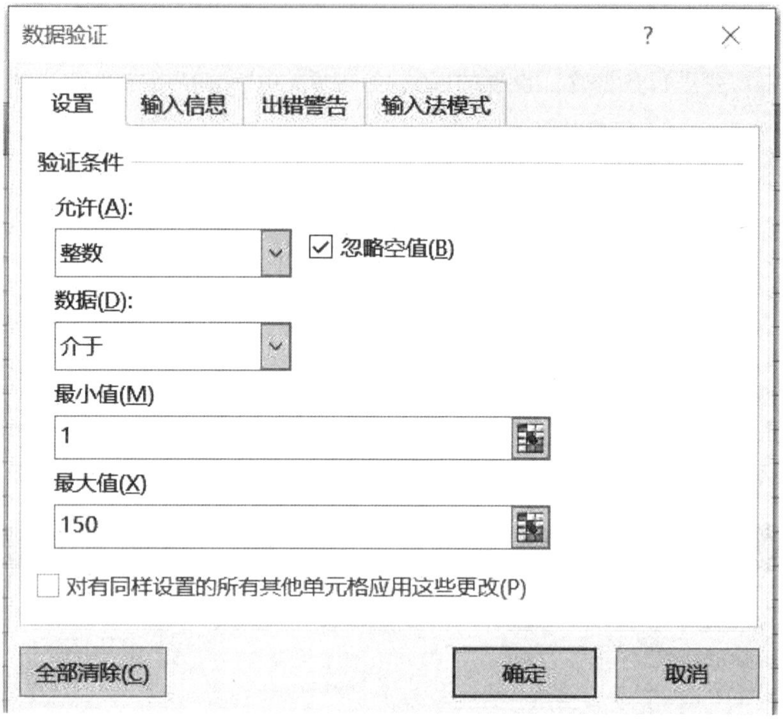

图 6-2　数据验证设置

2.设置输入信息提示

为了便于用户了解数据输入的要求，可以在设置数据验证时同时输入信息提示。做法如下：

在【数据验证】对话框中，点击“输入信息”，打开对话框，首先在【选定单元格时显示输入信息】前打钩，然后可以在标题中输入信息“年龄输入”，在输入信息栏中输入“有效范围：1～150”，结果如图 6-3 所示。这样，当用户将鼠标移到年龄所在区域的单元格上时，系统就会自动显示提示信息，让用户可以在输入数据时了解数据输入规则。

3.设置出错警告

用户也可以在设置数据验证时同时设置出错警告信息，以便在用户数据输入错误时，及时向用户提示信息。

做法如下：在【数据验证】对话框中，点击【出错警告】，打开对话框，在【输入无效数据时显示出错警告】前打钩，即可选择出错警告的图标样式（Excel 系统提供了三种样式：停止、警告、信息，用户可以根据需要进行选择），本例中选择【停止】。然后在标题中输入信息【录入错误】，在输入信息栏中输入“年龄范围：1～150”，结果如图 6-4 所示。

下面我们来看一下设置好数据验证的效果。

首先，当用户将鼠标移到 C 列的任意单元格，表格上将立即显示出提示信息“年龄录入有效范围：1～150”。

其次，如果在 C2 中输入数据 15，点击确定，将不会有任何提示，数据也会成功录入，因为此时录入的数据完全符合数据类型、数据范围的要求。但是，如果此时在 C3 中输入

数据验证

设置 输入信息 出错警告 输入法模式

☑ 选定单元格时显示输入信息(S)

选定单元格时显示下列输入信息:

标题(T):

年龄录入

输入信息(I):

有效范围：1~150

全部清除(C) 确定 取消

图 6-3 “输入信息”设置

数据验证

设置 输入信息 出错警告 输入法模式

☑ 输入无效数据时显示出错警告(S)

输入无效数据时显示下列出错警告:

样式(Y): 停止

标题(T): 录入错误

错误信息(E): 年龄范围：1~150

全部清除(C) 确定 取消

图 6-4 “出错警告”设置

数据 160,则此时将显示“停止”的图标,并看到警告信息“年龄范围:1～150”,此时用户必须返回重新输入有效的数据。如图 6-5 所示。

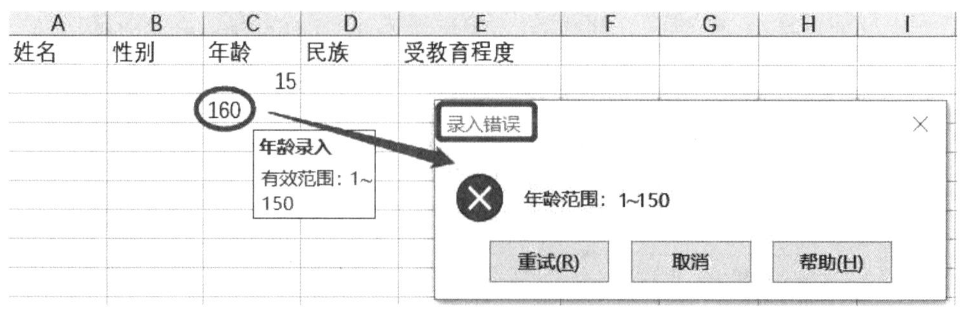

图 6-5 录入错误时提示信息

显然,通过设置数据验证,可以有效防止用户输入无效数据,减少数据录入错误的情况发生。

6.1.2 创建限制数据录入的下拉列表

有些数据的输入内容是被限制在固定范围内的。如“性别”的内容只能是“男”或“女”;我国的“民族”目前可选的内容也是固定在 56 个民族范围内;“受教育程度”的内容由于受到我国教育体制设计的影响,其内容也限定于固定可选的范围。

而另外有些数据会随着情况的不同而发生变化。如“户口所在地”项目,被调查对象所在的城市将会随着不同省份的变化而变化,因此需要根据不同的省份来进行城市的设置。在数据录入时,录入内容会因为省份的不同而变化。

针对以上两种情况,用户可以通过创建数据输入的下拉列表,让录入人员可以直接从下拉列表中选择填入,来保证输入内容的正确性。

具体操作步骤如下:

1.设置固定内容的下拉列表

以“性别”项目为例。具体步骤如下:

(1)选中需要使用下拉列表进行数据输入的区域,如表 6.1 中“性别”所在的 B 列单元格区域。

(2)点击【数据】选项卡,找到【数据工具】选项组,点击【数据验证】按钮,即可打开【数据验证】对话框,进行数据验证设置。

(3)点击【设置】,在【验证条件】中选择允许的数据类型为【序列】,然后在下方的【来源】框中输入“男,女”即可。用户需要特别注意的是,“男,女”的逗号必须是英文输入法状态下的符号。另外,需要事先在【提供下拉箭头】前的复选框中打钩,这样 Excel 才能提供下拉列表供用户选择合适的内容进行数据输入,如图 6-6 所示。

图 6-7 就是对性别创建下拉列表后的效果,可以看到性别所在区域单元格右侧有下拉箭头。当需要输入性别时,用户可以点击下拉箭头,然后根据实际情况在下拉列表中选择性别进行输入,以保证数据输入的准确性。

图 6-6　序列的数据验证设置

A	B	C	D	E	F	G	H
姓名	性别	年龄	民族	受教育程度			户口所在地
	女	15			省或自治[	城市	区

下拉列表

图 6-7　创建好的下拉列表效果图

同样，我们还可以创建“民族”“受教育程度”的下拉列表。

2.设置可变内容的下拉列表

下面以“受教育程度”为例，介绍从外部指定区域导入序列创建下拉列表的方法。

从人口普查短表上的信息可以看到，我国公民的受教育程度被划分为九种类型(未上过学、学前教育、小学、初中、高中、大学专科、大学本科、硕士研究生、博士研究生)，用户可以直接像前面“性别”下拉列表创建方法一样，在“验证条件”中选择允许的数据类型为“序列”。然后在下方的“来源”框中输入以上九种类型即可。当然，用户也可以采用外部导入的方法导入序列。如先在表格 6.1 的 G 列建立九种受教育程度的数据，详见图 6-8。

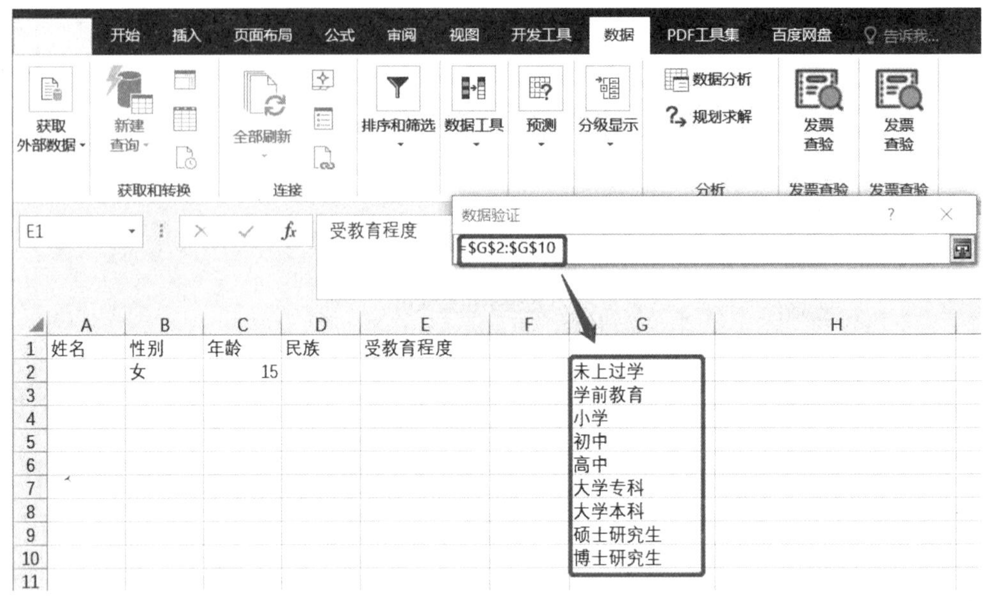

图 6-8 设置可变内容的下拉列表

此时如果需要在 E 列创建“受教育程度”的下拉列表,可以按以下步骤进行:

(1)选中需要使用下拉列表进行数据输入的区域,如表 6.1 中“受教育程度”所在的 E 列单元格区域。

(2)点击【数据】选项卡,找到【数据工具】选项组,点击【数据验证】按钮,即可打开【数据验证】对话框,进行数据验证设置。

(3)点击【设置】,在【验证条件】中选择允许的数据类型为【序列】,然后点击下方【来源】框右侧的按钮。在文本框中选择$G$2:$G$10,即可完成序列的导入,如图 6-9 所示。

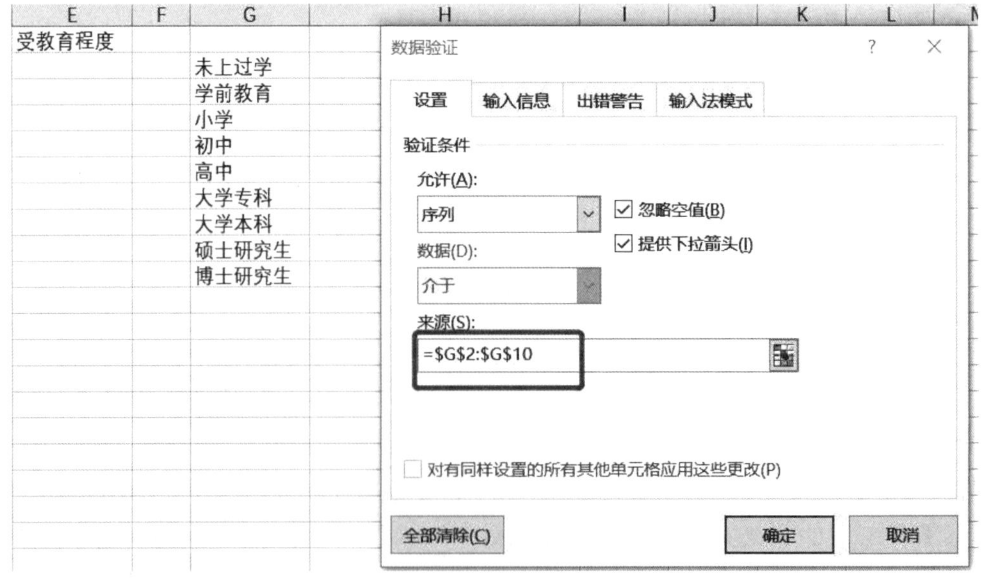

图 6-9 序列的数据验证设置

图 6-10 展示的是对“受教育程度”创建下拉列表后的效果，可以看到，受教育程度所在区域单元格右侧出现了下拉箭头。当需要输入受教育程度时，用户可以点击下拉箭头，然后根据实际情况在下拉列表中选择内容进行输入即可。

A	B	C	D	E	F	G
姓名	性别	年龄	民族	受教育程度		
	女	15		初中		未上过学
						学前教育
						小学
						初中
						高中
						大学专科
						大学本科
						硕士研究生
						博士研究生

图 6-10　创建下拉列表示意图

“民族”下拉列表的创建与“受教育程度”相似，在此不再赘述，读者可以参照以上的步骤完成。

这种创建可变内容下拉列表的方法有个明显的优势，当数据范围发生变化时，可以直接在原数据区域进行改变。如受教育程度的第一种类型由“未上过学”改成“未上学”时，不需要重新进行数据验证的设置，只需要将数据存储区域＄G＄2：＄G＄10 中的 G2 数据改成“未上学”即可。更改后的效果如图 6-11 所示。

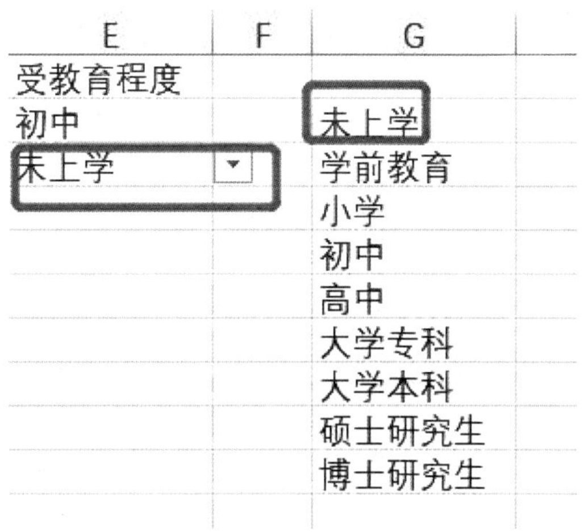

E	F	G
受教育程度		
初中		未上学
未上学		学前教育
		小学
		初中
		高中
		大学专科
		大学本科
		硕士研究生
		博士研究生

图 6-11　数据区域改变后效果图

6.2 数据的排序

Excel 软件具有强大的数据分析功能。在数据分析过程中，用户常常需要对数据进行排序。排序是指用户对数据表中的某一列或多列的数据值按照一定的顺序重新排列的过程。数据要进行排序是有前提条件的，用户首先需要确认待排序的列中的数据类型是相同的，并且不能有空行或者空列，也不能有合并的单元格，然后才能进行排序。只有满足这样条件的数据，用户才可以利用 Excel 的数据排序功能对数据进行排序。

6.2.1 排序规则

Excel 提供的排序功能既可以按照单元格的数据直接进行排序，也可以按照单元格颜色、字体颜色、图标进行排序，还可以按照用户自己创建的自定义序列进行排序。排序主要有两种方式：升序和降序。升序和降序的具体规则如下：

(1)数字的排序规则：按照数值的大小进行排序。升序时数字将从小到大排列，降序则按照从大到小排列。

(2)英文字母的排序规则：升序按照 A—Z 的顺序进行排列，降序则按照 Z—A 的顺序进行排列。

(3)汉字的排序规则：

汉字有两种排序方法，既可以按照拼音字母进行排序，也可以按照笔画顺序进行排序。

按照拼音字母时，升序按照 A—Z 的顺序进行排列，降序则按照 Z—A 的顺序进行排列。

按照笔画顺序进行排序时，则将按照汉字的笔画数目的大小进行排序。

(4)如果单元格的数据同时包含数字、英文字母和汉字，排序的规则是数字＜英文字母＜汉字。

(5)日期与时间的排序规则：按照日期时间的顺序进行排序。升序按照从前到后的顺序，降序则反之。

(6)当单元格颜色或者字体颜色设置好以后，用户也可以按照颜色对单元格数据进行排序。

(7)在条件格式下，如果创建了图标集，用户也可以按照图标对数据进行排序。

(8)用户还可以自定义序列，然后根据自定义序列的先后顺序对单元格数据进行排序。

6.2.2 单字段排序

单字段排序指的是用户可以将 Excel 工作表的数据按照数据表中的某一列数据进行排序。具体操作步骤如下：

(1)选中拟排序的列,或在该列列数据区域任意选中一个单元格。

(2)点击【数据】选项卡,找到【排序与筛选】选项组,即可根据指定的顺序选择“升序”或“降序”。

表 6.2　第七次人口普查数据表

	A	B	C	D	E	F	G	H	I
1	地区	地域	人口总数（万人）	男性人口数	女性人口数	0-14岁	15-64岁	65岁+	大专及以上
2	北京	华北	2189	1120	1070	259	1639	291	919
3	天津	华北	1387	714	672	187	995	205	374
4	河北	华北	7461	3768	3693	1509	4913	1039	926
5	山西	华北	3492	1781	1711	571	2470	450	606
6	内蒙古	华北	2405	1228	1177	338	1753	314	449
7	辽宁	东北	4259	2126	2133	474	3044	742	776
8	吉林	东北	2407	1202	1206	282	1750	376	403
9	黑龙江	东北	3185	1595	1590	329	2359	497	471
10	上海	华东	2487	1288	1200	244	1839	405	842
11	江苏	华东	8475	4303	4172	1289	5813	1373	1582
12	浙江	华东	6457	3368	3089	868	4732	857	1097
13	安徽	华东	6103	3110	2992	1174	4013	916	810
14	福建	华东	4154	2147	2007	803	2890	461	588
15	江西	华东	4519	2332	2187	992	2990	537	538
16	山东	华东	10153	5143	5009	1906	6710	1536	1460
17	河南	华中	9937	4983	4953	2299	6297	1340	1167
18	湖北	华中	5775	2969	2806	942	3991	842	895
19	湖南	华中	6644	3400	3245	1297	4363	984	813
20	广东	华南	12601	6687	5914	2375	9145	1081	1978
21	广西	华南	5013	2592	2421	1184	3217	611	542
22	海南	华南	1008	535	474	201	702	105	140
23	重庆	西南	3205	1620	1585	510	2148	547	494
24	四川	西南	8367	4229	4139	1347	5604	1417	1110
25	贵州	西南	3856	1971	1886	924	2486	446	422
26	云南	西南	4721	2442	2279	924	3290	507	548

例 6-2:表 6.2 展示的是第七次人口普查的部分数据,这些数据由各省、自治区、直辖市的统计部门将所在区域的数据进行汇总给国家统计局,但是这些数据并不能直观地展示我国人口的分布情况。我国人口存在着地区发展不平衡的情况,为更好地了解我国大陆 31 个省、自治区、直辖市的人口分布情况,需要对这些数据进行整理,以便于更好地了解数据的特征。请对以上数据进行排序,具体操作要求如下:

(1)请选定“人口总数”字段,对各省、自治区、直辖市审核、汇总后的原始数据进行排序,并根据结果将排名前五位的人口大省找出来。

(2)请分别按照拼音顺序和笔画顺序对“地区”进行排序。

具体操作步骤如下:

(1)对“人口总数”字段进行排序。

①选中人口总数所在的列。

②打开“数据”选项卡,单击“排序与筛选”选项组,选择“升序”,并在“排序提醒”对话框中确定排序依据为“扩展选定区域”,则表 6.2 的数据将按照人口总数从大到小进行排序,结果如图 6-12 所示。

从图 6-12 中可以清楚地看出:我国排名前五位的人口大省分别为:广东、山东、河南、江苏和四川。

	A	B	C	D	E	F	G	H	I
1	地区	地域	人口总数（万人）	男性人口数	女性人口数	0-14岁	15-64岁	65岁+	大专及以上
2	广东	华南	12601	6687	5914	2375	9145	1081	1978
3	山东	华东	10153	5143	5009	1906	6710	1536	1460
4	河南	华中	9937	4983	4953	2299	6297	1340	1167
5	江苏	华东	8475	4303	4172	1289	5813	1373	1582
6	四川	西南	8367	4229	4139	1347	5604	1417	1110
7	河北	华北	7461	3768	3693	1509	4913	1039	926
8	湖南	华中	6644	3400	3245	1297	4363	984	813
9	浙江	华东	6457	3368	3089	868	4732	857	1097
10	安徽	华东	6103	3110	2992	1174	4013	916	810
11	湖北	华中	5775	2969	2806	942	3991	842	895
12	广西	华南	5013	2592	2421	1184	3217	611	542
13	云南	西南	4721	2442	2279	924	3290	507	548
14	江西	华东	4519	2332	2187	992	2990	537	538
15	辽宁	东北	4259	2126	2133	474	3044	742	776
16	福建	华东	4154	2147	2007	803	2890	461	588
17	陕西	西北	3953	2023	1930	685	2741	527	727
18	贵州	西南	3856	1971	1886	924	2486	446	422
19	山西	华北	3492	1781	1711	571	2470	450	606
20	重庆	西南	3205	1620	1585	510	2148	547	494
21	黑龙江	东北	3185	1595	1590	329	2359	497	471
22	新疆	西北	2585	1335	1250	581	1804	201	427
23	甘肃	西北	2502	1270	1232	485	1702	315	363
24	上海	华东	2487	1288	1200	244	1839	405	842
25	吉林	东北	2407	1202	1206	282	1750	376	403
26	内蒙古	华北	2405	1228	1177	338	1753	314	449

图 6-12　按“人口总数”降序排序效果图

(2)首先按照拼音顺序对“地区”进行排序。

一般地，Excel 默认对汉字按照拼音排序，步骤如下：

①选中地区所在的列。

②打开【数据】选项卡，单击【排序与筛选】选项组，选择“升序”，并在【排序提醒】对话框中确定排序依据为【扩展选定区域】，则表 6.2 的数据将按照地区进行排序，结果如图 6-13所示。

此时，排在最前面的是安徽，因为安徽的第一个汉字的拼音首字母为 A，当不同单元格的首个汉字字母相同时，Excel 将直接比较第二个汉字的拼音字母顺序，以此类推。

接下来将按照汉字笔画顺序对“地区”进行重新排序。步骤如下：

(1)选中地区所在的列。

(2)更改排序规则：打开【数据】选项卡，单击【排序与筛选】选项组，点击【排序】按钮，打开【排序】对话框(如图 6-14 所示)，在对话框中点击【选项】，打开【排序选项】对话框(如图 6-15 所示)，将排序【方法】改为【笔画排序】，点击【确定】即可完成排序规则的修改。

③排序。在【排序】对话框中点击【确定】，即可将数据按照地区的笔画顺序进行排列(如图 6-16 所示)。

此时，排在最前面的是上海，因为“上”的笔画最少。当不同单元格的首个汉字笔画相同时，Excel 将直接比较第二个汉字的笔画数，以此类推。

	A	B	C	D	E	F	G	H	I
1	地区	地域	人口总数（万人）	男性人口数	女性人口数	0-14岁	15-64岁	65岁+	大专及以上
2	安徽	华东	6103	3110	2992	1174	4013	916	8
3	澳门	华南	68						
4	北京	华北	2189	1120	1070	259	1639	291	9
5	福建	华东	4154	2147	2007	803	2890	461	5
6	甘肃	西北	2502	1270	1232	485	1702	315	3
7	广东	华南	12601	6687	5914	2375	9145	1081	19
8	广西	华南	5013	2592	2421	1184	3217	611	5
9	贵州	西南	3856	1971	1886	924	2486	446	4
10	海南	华南	1008	535	474	201	702	105	1
11	河北	华北	7461	3768	3693	1509	4913	1039	9
12	河南	华中	9937	4983	4953	2299	6297	1340	11
13	黑龙江	东北	3185	1595	1590	329	2359	497	4
14	湖北	华中	5775	2969	2806	942	3991	842	8
15	湖南	华中	6644	3400	3245	1297	4363	984	8
16	吉林	东北	2407	1202	1206	282	1750	376	4
17	江苏	华东	8475	4303	4172	1289	5813	1373	15
18	江西	华东	4519	2332	2187	992	2990	537	5
19	辽宁	东北	4259	2126	2133	474	3044	742	7
20	内蒙古	华北	2405	1228	1177	338	1753	314	4
21	宁夏	西北	720	367	353	147	504	69	1
22	青海	西北	592	303	289	123	418	51	
23	山东	华东	10153	5143	5009	1906	6710	1536	14
24	山西	华北	3492	1781	1711	571	2470	450	6
25	陕西	西北	3953	2023	1930	685	2741	527	7
26	上海	华东	2487	1288	1200	244	1839	405	8

图 6-13　按拼音顺序对“地区”排序效果图

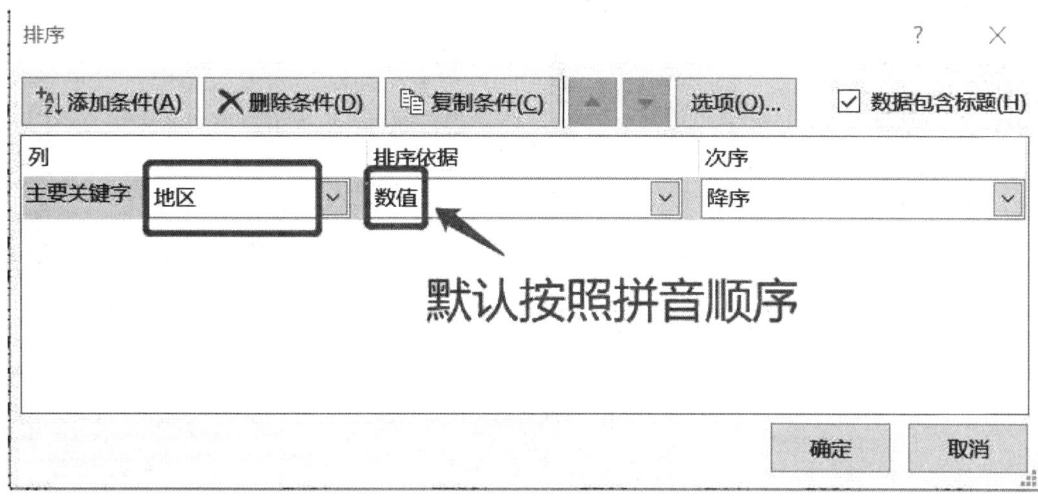

图 6-14　打开“排序”对话框

图 6-15　排序选项示意图

	A	B	C	D	E	F	G	H	I
1	地区	地域	人口总数（万人）	男性人口数	女性人口数	0-14岁	15-64岁	65岁+	大专及以上
2	上海	华东	2487	1288	1200	244	1839	405	842
3	山东	华东	10153	5143	5009	1906	6710	1536	1460
4	山西	华北	3492	1781	1711	571	2470	450	606
5	广东	华南	12601	6687	5914	2375	9145	1081	1978
6	广西	华南	5013	2592	2421	1184	3217	611	542
7	天津	华北	1387	714	672	187	995	205	374
8	云南	西南	4721	2442	2279	924	3290	507	548
9	内蒙古	华北	2405	1228	1177	338	1753	314	449
10	甘肃	西北	2502	1270	1232	485	1702	315	363
11	北京	华北	2189	1120	1070	259	1639	291	919
12	四川	西南	8367	4229	4139	1347	5604	1417	1110
13	宁夏	西北	720	367	353	147	504	69	125
14	辽宁	东北	4259	2126	2133	474	3044	742	776

图 6-16　按照笔画排序效果图

6.2.3　多字段排序

在用 Excel 的排序功能进行单字段排序时，会经常遇到在排序字段所在的列中存在重复数据的问题，这时就需要借助其他的一个或多个字段对这些重复值进行排序，这就是多字段排序。多字段排序的具体操作步骤如下：

(1)在需要排序的数据区域中任意选择一个单元格。

(2)点击【数据】选项卡，找到【排序与筛选】选项组，单击【排序】按钮，打开【排序】对话框。

(3)按顺序确定主要关键字和次要关键字,然后单击【确定】即可完成排序。

例 6-3:请对表格 6.3 的数据,以地域为主关键字、人口总数为次要关键字对数据进行排,其中地域按照拼音先后顺序进行排列,当地域相同时,按照人口总数从多到少进行排序。

操作步骤如下:

(1)在表格 6.3 的数据区域中,任意选择一个单元格。

(2)打开【数据】选项卡,单击【排序与筛选】选项组,点击【排序】按钮,打开【排序】对话框。

(3)确定主要关键字:在【排序】对话框中,选择"地域"为主要关键字,排序依据为【数值】,次序为【升序】,如图 6-17 所示。

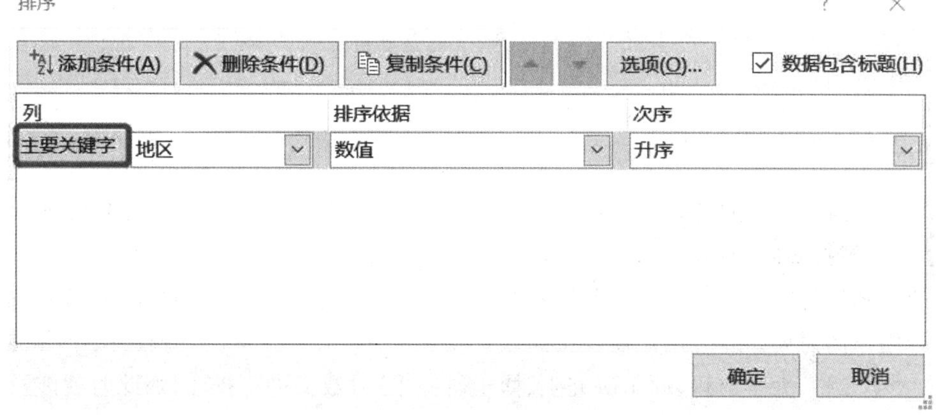

图 6-17　确定主要关键字

(4)添加次要关键字:单击【排序】对话框中的【添加条件】按钮,即在主要关键词下方添加一行次要关键字选项,选择"人口总数"为次要关键字,排序依据为【数值】,次序为【降序】(如图 6-18 所示),然后单击【确定】即可完成排序。结果如图 6-19 所示。

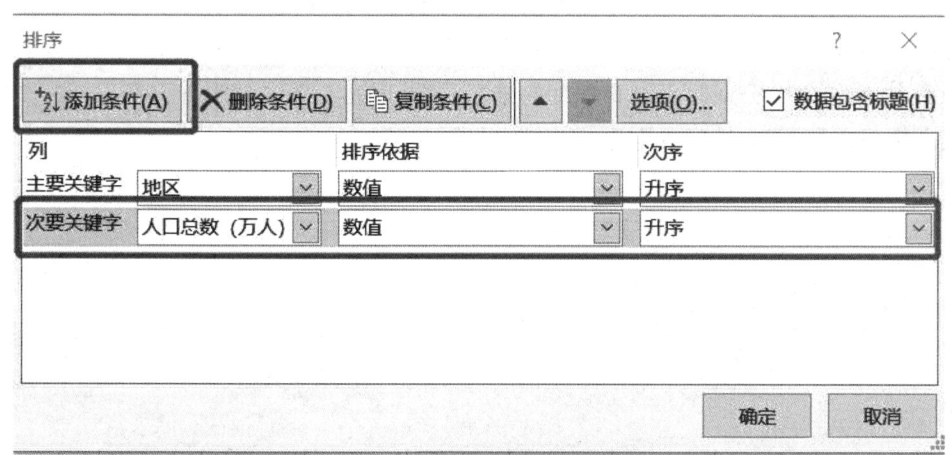

图 6-18　添加次要关键字

	A	B	C	D	E	F	G	H	I
1	地区	地域	人口总数（万人）	男性人口数	女性人口数	0-14岁	15-64岁	65岁+	大专及以上
2	吉林	东北	2407	1202	1206	282	1750	376	403
3	黑龙江	东北	3185	1595	1590	329	2359	497	471
4	辽宁	东北	4259	2126	2133	474	3044	742	776
5	青海	西北	592	303	289	123	418	51	88
6	宁夏	西北	720	367	353	147	504	69	125
7	甘肃	西北	2502	1270	1232	485	1702	315	363
8	新疆	西北	2585	1335	1250	581	1804	201	427
9	陕西	西北	3953	2023	1930	685	2741	527	727
10	西藏	西南	365	191	173	89	255	21	40
11	重庆	西南	3205	1620	1585	510	2148	547	494
12	贵州	西南	3856	1971	1886	924	2486	446	422
13	云南	西南	4721	2442	2279	924	3290	507	548
14	四川	西南	8367	4229	4139	1347	5604	1417	1110
15	湖北	华中	5775	2969	2806	942	3991	842	895
16	湖南	华中	6644	3400	3245	1297	4363	984	813
17	河南	华中	9937	4983	4953	2299	6297	1340	1167

图 6-19　多字段排序效果图

6.2.4 自定义序列排序

在实际应用中，用户除了可以按照 Excel 软件内部提供的排序规则对数据进行排序外，还可以根据实际工作的需要来自定义排序规则。如受教育程度如果按照 Excel 系统默认的规则进行排序，则将会按照汉字的拼音顺序或者笔画顺序进行排序，其结果往往并不符合用户的需要。有时用户需要按照教育发展顺序(未上过学、学前教育、小学、初中、高中、大学专科、大学本科、硕士研究生、博士研究生)对数据进行排序，那此时就涉及自定义序列排序。

自定义排序是指用户首先要在 Excel 中建立一个自定义顺序的序列，然后使用这个序列的顺序作为排序规则对数据排序。

例 6-4：请以受教育程度为排序关键字，按照未上过学、学前教育、小学、初中、高中、大学专科、大学本科、硕士研究生、博士研究生的顺序对表格 6.4 的数据进行排序。

分析：如果直接对受教育程度所在的列进行单字段排序，那么 Excel 会默认按照受教育程度列的数据的拼音顺序进行排序，则结果如图 6-20 所示。但是很显然，这不符合题目的要求，也不符合公众对受教育程度的排序习惯，因此本例中必须先要在 Excel 中添加自定义排序系列，建立排序规则后，再对数据进行排序。

	A	B	C	D
1	姓名	受教育程度	出生年月	年龄
2	辛芸鸿	博士研究生	1997年7月3日	25
3	唐杰	博士研究生	1997年7月12日	25
4	任超	博士研究生	1979年7月21日	43
5	黄春玲	博士研究生	1976年7月30日	46
6	罗诗月	博士研究生	1987年8月8日	35
7	甘育玲	初中	1997年6月28日	25
8	李雅文	初中	1997年7月7日	25
9	林敏	初中	1997年7月16日	25
10	王宇晴	初中	1997年7月25日	25
11	吕婧	初中	1997年8月3日	25
12	徐志华	初中	1997年8月12日	25
13	叶琼	大学本科	1997年7月1日	25
14	罗莉萍	大学本科	1997年7月10日	25
15	邓银	大学本科	1997年7月19日	25
16	张小婷	大学本科	1997年7月28日	25
17	傅少荣	大学本科	1997年8月6日	25
18	黄翠如	大学本科	2001年8月15日	21
19	郑喜平	大学专科	1997年6月30日	25
20	林云珠	大学专科	1997年7月9日	25
21	雷平	大学专科	1997年7月18日	25
22	胡萱霖	大学专科	1997年7月27日	25
23	喻婷	大学专科	1997年8月5日	25
24	罗雅韵	大学专科	1998年8月14日	24
25	徐禾隆	高中	1997年6月29日	25
26	曾安妮	高中	1997年7月8日	25

图 6-20　“受教育程度”默认按照字母顺序排序效果图

操作步骤如下：

(1)添加自定义排序序列：在表格 6.4 中单击【文件】选项卡，点击【选项】按钮，打开【Excel 选项】对话框，点击【高级】，然后点击右侧的【编辑自定义列表】按钮(如图 6-21 所示)，打开【自定义序列】对话框，按照“未上过学、学前教育、小学、初中、高中、大学专科、大学本科、硕士研究生、博士研究生”的顺序输入自定义序列内容，然后点击【添加】即可将该序列添加到自定义序列中，如图 6-22 所示。

(2)排序：首先在表格 6.4 的数据区域中任意选择一个单元格；然后打开【数据】选项卡，单击【排序与筛选】选项组，点击【排序】按钮，打开【排序】对话框。

选择“受教育程度”为主要关键字，排序依据为【数值】，次序选择【自定义序列】，然后在打开的【自定义序列】中选择“未上过学、学前教育、小学、初中、高中、大学专科、大学本科、硕士研究生、博士研究生”序列(见图 6-23)，然后点击【排序】对话框中的【确定】按钮，即可完成自定义序列的排序，效果如图 6-24 所示。

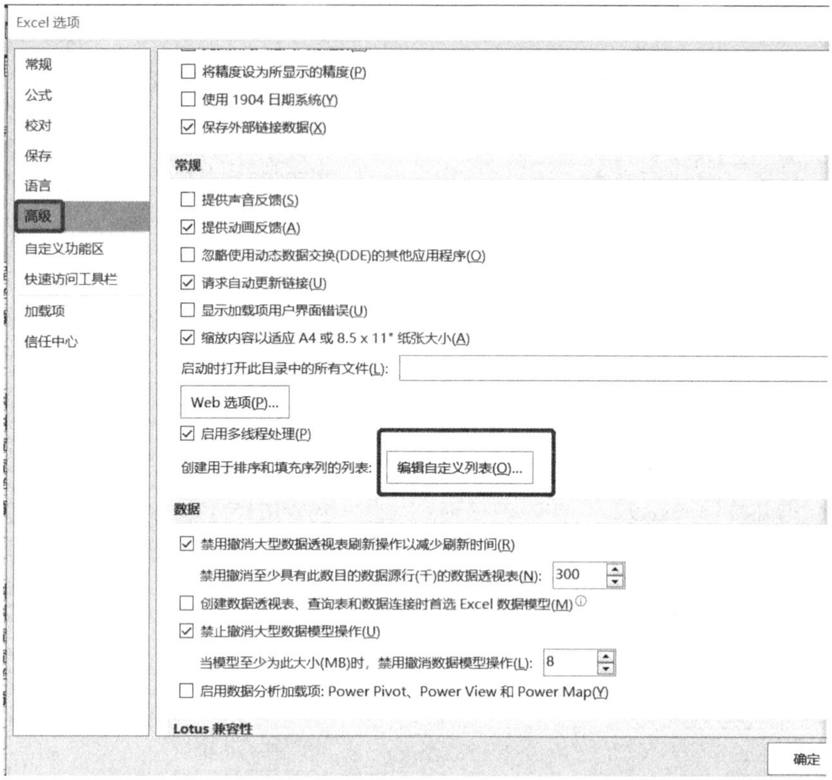

Excel 选项
常规
公式
校对
保存
语言
高级
自定义功能区
快速访问工具栏
加载项
信任中心
将精度设为所显示的精度(P)
使用 1904 日期系统(Y)
保存外部链接数据(X)
常规
提供声音反馈(S)
提供动画反馈(A)
忽略使用动态数据交换(DDE)的其他应用程序(O)
请求自动更新链接(U)
显示加载项用户界面错误(U)
缩放内容以适应 A4 或 8.5 x 11" 纸张大小(A)
启动时打开此目录中的所有文件(L):
Web 选项(P)...
启用多线程处理(P)
创建用于排序和填充序列的列表:
编辑自定义列表(O)...
数据
禁用撤消大型数据透视表刷新操作以减少刷新时间(R)
禁用撤消至少具有此数目的数据源行(千)的数据透视表(N):
300
创建数据透视表、查询表和数据连接时首选 Excel 数据模型(M)
禁止撤消大型数据模型操作(U)
当模型至少为此大小(MB)时，禁用撤消数据模型操作(L):
8
启用数据分析加载项: Power Pivot、Power View 和 Power Map(Y)
Lotus 兼容性
确定

图 6-21　更改 Excel 选项图

自定义序列
自定义序列
自定义序列(L):
新序列
Sun, Mon, Tue, Wed, Thu, Fri, Sa
Sunday, Monday, Tuesday, Wed
Jan, Feb, Mar, Apr, May, Jun, Jul,
January, February, March, April,
日, 一, 二, 三, 四, 五, 六
第一季, 第二季, 第三季, 第四季
输入序列(E):
未上过学
学前教育
小学
初中
高中
大学专科
大学本科
硕士研究生
博士研究生
按顺序输入
添加(A)
删除(D)
按 Enter 分隔列表条目。
从单元格中导入序列(I):
导入(M)
确定
取消

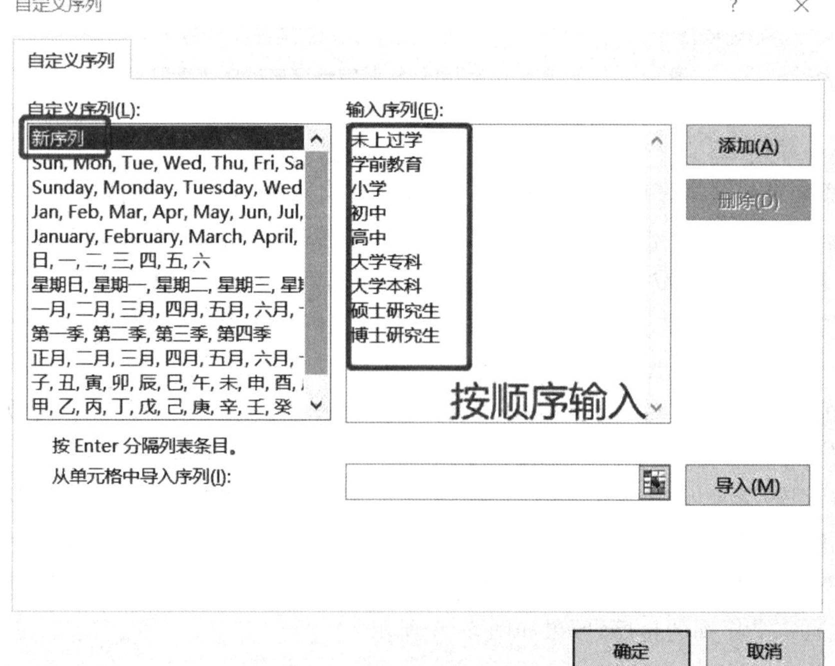

图 6-22　按顺序输入自定义序列

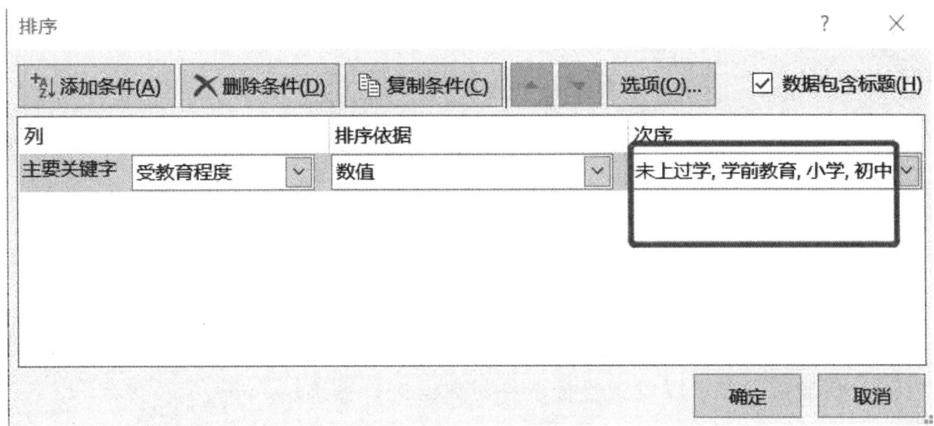

图 6-23　在主要关键字的次序中选择“自定义序列”

	A	B	C
1	姓名	受教育程度	出生年月
2	聂敏敏	未上过学	1997年6月25日
3	姚雅玲	未上过学	1997年7月4日
4	李凯丽	未上过学	1997年7月13日
5	黄梦洁	未上过学	1997年7月22日
6	曾锦凤	未上过学	1997年7月31日
7	贾惠真	未上过学	1997年8月9日
8	胡莹霖	学前教育	1997年6月26日
9	黄育虔	学前教育	1997年7月5日
10	胡宏扬	学前教育	1997年7月14日
11	胡哲洋	学前教育	1997年7月23日
12	林德英	学前教育	1997年8月1日
13	李琼莹	学前教育	1997年8月10日
14	邓雯婷	小学	1997年6月27日
15	黄婷	小学	1997年7月6日
16	施心怡	小学	1997年7月15日
17	黄兴科	小学	1997年7月24日
18	龚苗苗	小学	1997年8月2日
19	黄洪霖	小学	1997年8月11日
20	甘育玲	初中	1997年6月28日
21	李雅文	初中	1997年7月7日
22	林敏	初中	1997年7月16日
23	王宇晴	初中	1997年7月25日
24	吕婧	初中	1997年8月3日

图 6-24　自定义排序效果图

6.3 数据的筛选

数据筛选指的是用户可以在 Excel 中设置数据筛选条件,Excel 将会将满足条件的数据显示出来,而将不符合条件的数据隐藏起来。数据筛选是一种快速检索数据信息的重要工具。筛选主要有两种方式:自动筛选和高级筛选。

自动筛选指的是用户可以按照某一个数据列的内容设置条件筛选想要显示的数据;而高级筛选则是指用户可以设置复合条件对数据进行筛选。

6.3.1 自动筛选

自动筛选一般用于较简单的条件筛选。用户需要先创建自动筛选,然后再在自动筛选的状态下,根据用户的需求和拟筛选的数据列的数据类型设置筛选条件,从而完成对数据的筛选显示。当然,用户也可以取消自动筛选,将数据恢复到原始状态。下面将逐一介绍创建自动筛选、设置筛选条件、取消自动筛选的方法。

1.创建自动筛选

用户可以按照如下步骤创建自动筛选。

(1)在数据区域任选一个单元格。

(2)打开【数据】选项卡,单击【排序与筛选】选项组,点击【筛选】按钮,即可将工作表切换成自动筛选状态,此时,在工作表的第一行的每个列标题的右边将出现三角形的下拉箭头,用户只需点击该三角形的下拉箭头按钮,就可以对该列数据设置筛选条件从而完成数据的筛选,如图 6-25 所示。

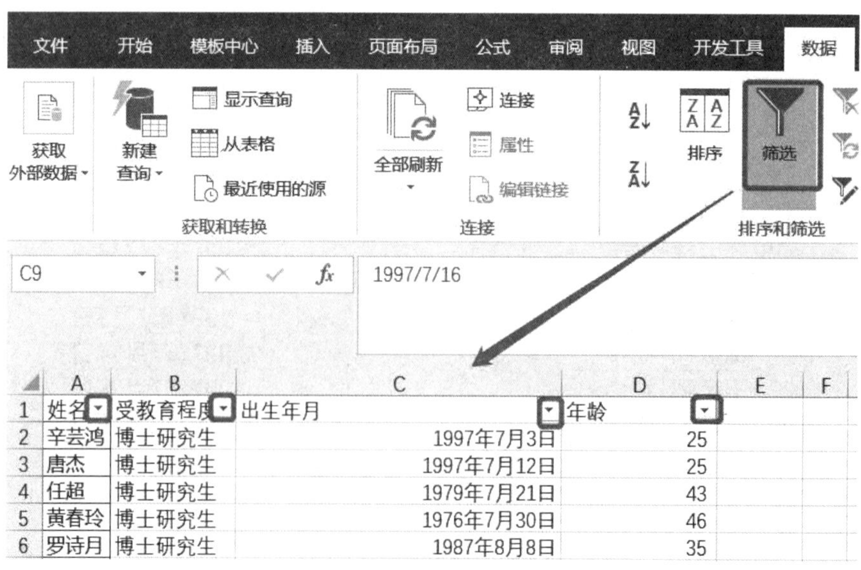

	A	B	C	D	E	F
1	姓名	受教育程度	出生年月	年龄		
2	辛芸鸿	博士研究生	1997年7月3日	25		
3	唐杰	博士研究生	1997年7月12日	25		
4	任超	博士研究生	1979年7月21日	43		
5	黄春玲	博士研究生	1976年7月30日	46		
6	罗诗月	博士研究生	1987年8月8日	35		

图 6-25　自动筛选效果图

2.设置筛选条件

当工作表处于自动筛选状态时，Excel 软件会根据数据列的数据类型提供相应的筛选条件设置。用户可以根据自己的需求和拟筛选的数据列的数据类型来设置筛选条件，具体操作步骤如下：

（1）文本筛选

Excel 针对文本提供了“等于”“不等于”“开头是”“结尾是”“包含”“不包含”等条件，如图 6-22 所示。如要在表格 6.4 中筛选出姓李的公民，就可以选择文本筛选中的“开头是”选项，然后再在打开的“自定义自动筛选方式”对话框中姓名“开头是”右侧的提示框中输入“李”，即可完成设置（见图 6-26），点击确定，则工作表中将显示李姓的公民相关数据，其余姓氏的信息将被隐藏，结果如图 6-27 所示。

图 6-26　设置自定义自动筛选方式

	A	B	C	D
1	姓名	受教育程度	出生年月	年龄
8	李雅文	初中	1997年7月7日	25
38	李凯丽	未上过学	2001年7月13日	21
53	李琼莹	学前教育	1998年8月10日	24

图 6-27　自定义筛选效果图

（2）数字的筛选设置

Excel 针对数字设置了数字筛选功能，在数字筛选中提供了“等于”“不等于”“大于”“大于或等于”“小于”“小于或等于”“介于”“前 10 项”“高于平均值”“低于平均值”等条件。如要在表格 6.4 中筛选出年龄大于 22 岁的公民，就可以选择数字筛选中的“大于”选项，然后再在打开的对话框中输入“22”，即可完成设置，点击确定，则工作表中将显示年龄大于 22 岁的公民相关数据，其余人的信息将被隐藏，结果如图 6-28 所示。

	A	B	C	D
1	姓名	受教育程度	出生年月	年龄
2	辛芸鸿	博士研究生	1997年7月3日	25
3	唐杰	博士研究生	1997年7月12日	25
4	任超	博士研究生	1979年7月21日	43
5	黄春玲	博士研究生	1976年7月30日	46
6	罗诗月	博士研究生	1987年8月8日	35
7	甘育玲	初中	1997年6月28日	25
8	李雅文	初中	1997年7月7日	25
9	林敏	初中	1997年7月16日	25
10	王宇晴	初中	1997年7月25日	25
11	吕婧	初中	1997年8月3日	25
12	徐志华	初中	1997年8月12日	25
13	叶琼	大学本科	1997年7月1日	25
14	罗莉萍	大学本科	1997年7月10日	25
15	邓银	大学本科	1997年7月19日	25
16	张小婷	大学本科	1997年7月28日	25
17	傅少荣	大学本科	1997年8月6日	25
19	郑喜平	大学专科	1997年6月30日	25
20	林云珠	大学专科	1997年7月9日	25
21	雷平	大学专科	1997年7月18日	25
22	胡萱霖	大学专科	1997年7月27日	25
23	喻婷	大学专科	1997年8月5日	25
24	罗雅韵	大学专科	1998年8月14日	24
25	徐禾隆	高中	1997年6月29日	25

图 6-28　数字的筛选设置

(3)日期的筛选设置

Excel 针对日期设置了筛选功能，在数字筛选中提供了“等于”“之前”“之后”“介于”“明天”“今天”“昨天”“下周”“本周”“上周”等条件。如要在表格 6.4 中筛选出出生年份在 1998 年后的公民，就可以选择日期筛选中的“之后”选项，然后再在打开的对话框中输入 1998(图 6-29)，即可完成设置，点击确定，则工作表中将显示出生年份在 1998 年 1 月 1 日之后公民的相关数据，其余人的信息将被隐藏，结果如图 6-30 所示。

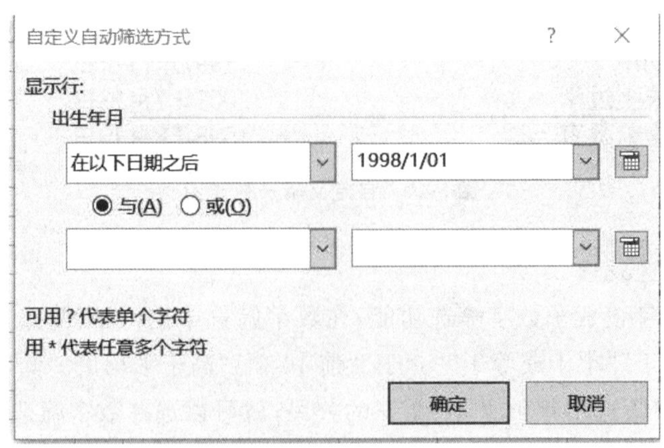

图 6-29　自定义自动筛选日期设置

	A	B	C	D
1	姓名	受教育程度	出生年月	年龄
24	罗雅韵	大学专科	1998年8月14日	24
37	姚雅玲	未上过学	1999年7月4日	23
53	李琼莹	学前教育	1998年8月10日	24

图 6-30　自定义自动筛选日期效果图

3.取消自动筛选

在自动筛选的状态下，用户可以通过在此点击【数据】选项卡下的【筛选】按钮取消自动筛选，将数据恢复到原始状态。

6.3.2 高级筛选

用户如果需要采用复杂的条件进行筛选，而自动筛选无法满足筛选要求时，可以一次性设置多个筛选条件进行高级筛选。

1.设置高级筛选的条件区域

用户可以在 Excel 中创建高级筛选的条件区域，具体步骤如下：

(1)在工作表的空白区域输入拟用来筛选的列字段名称。

(2)在列字段名称下面的行中输入该字段对应数据的筛选条件。要注意的是：Excel 默认不同行的条件间关系为“或”，同一行不同列的条件间关系为“与”。

2.创建高级筛选

创建好高级筛选的条件后，就可以进行高级筛选，具体步骤如下：

(1)在原数据区域任选一个单元格。

(2)打开【数据】选项卡，单击【排序与筛选】选项组，点击【高级】按钮，打开【高级筛选】对话框。

(3)一般地，系统会自动将原数据区域选中作为【列表区域】，如果用户想更改数据区域，可以重新选择数据区域作为【列表区域】，然后在【条件区域】中选择已经设置好的高级筛选条件区域。

(4)选择筛选方式：用户既可以选择【在原有区域显示筛选结果】，也可以【将筛选结果复制到其他位置】。区别是前者会在源数据区域显示筛选结果，其余数据被隐藏；后者是将筛选结果放在其他位置，源数据不变。

例 6-6：请利用高级筛选功能将表 6.3 中的“0～14 岁”人口数低于 500 万人，且“65 岁＋”人口数高于 500 万人的地区挑选出来。

具体操作步骤如下：

(1)设置筛选条件区域：在表格 6.3 的空白区域的同一行选择两个单元格，分别输入字段“0～14 岁”和“65 岁＋”，然后在这两个字段下方的同一行分别输入条件“＜500”“＞500”。筛选条件区域如图 6-31 所示。

(2)创建高级筛选：首先，在原数据区域任选一个单元格。然后，打开【数据】选项卡，单击【排序与筛选】选项组，点击【高级】按钮，打开高级筛选对话框；系统默认将原数据区

0~14岁	65岁+
<500	>500

图 6-31 设置高级筛选条件区域

域作为【列表区域】，然后在【条件区域】中选择已经设置好的高级筛选条件区域，详见图 6-32；在筛选方式中选择“在原有区域显示筛选结果”，点击确定，即可在源数据区域显示筛选结果，其余数据被隐藏。结果如图 6-33 所示。

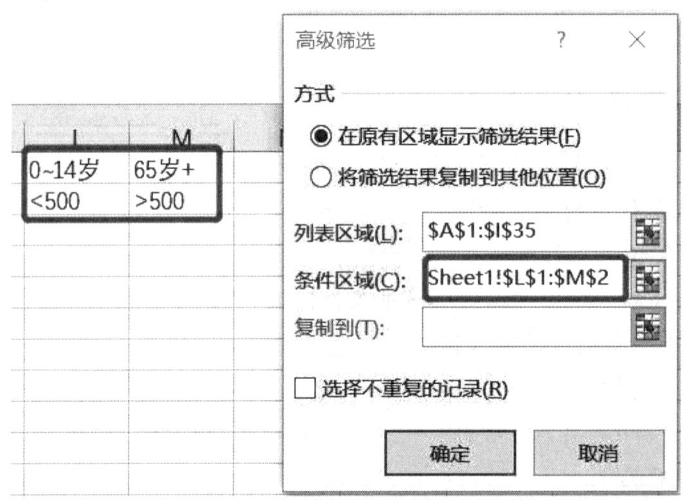

图 6-32 设置高级筛选

	A	B	C	D	E	F	G	H	I
1	地区	地域	人口总数（万人）	男性人口数	女性人口数	0~14岁	15-64岁	65岁+	大专及以上
7	辽宁	东北	4259	2126	2133	474	3044	742	776

图 6-33 高级筛选效果图

例 6-7：请利用高级筛选功能将表 6.3 中的“0～14 岁”人口数低于 500 万人，或者“65 岁＋”人口数高于 500 万人的地区挑选出来。

分析：这道题与例 6-6 的差别在于筛选的条件为“或”的关系，因此用户需要在设置高级筛选条件区域时将条件输入在不同行。

具体操作步骤如下：

(1)设置筛选条件区域：在表格 6.3 的空白区域的同一行选择两个单元格，分别输入字段“0～14 岁”和“65 岁＋”，然后在这两个字段下方不同行分别输入条件“＜500”“＞500”。如图 6-34 所示。

0~14岁	65岁+
<500	
	>500

图 6-34 设置“或”关系的高级筛选条件区域

(2)创建高级筛选:首先,在原数据区域任选一个单元格。然后,打开【数据】选项卡,单击【排序与筛选】选项组,点击【高级】按钮,打开【高级筛选】对话框;系统默认将原数据区域作为【列表区域】,然后在【条件区域】中选择已经设置好的高级筛选条件区域(见图 6-35);在筛选方式中选择【在原有区域显示筛选结果】,点击确定,即可在源数据区域显示筛选结果,其余数据被隐藏。结果如图 6-36 所示。

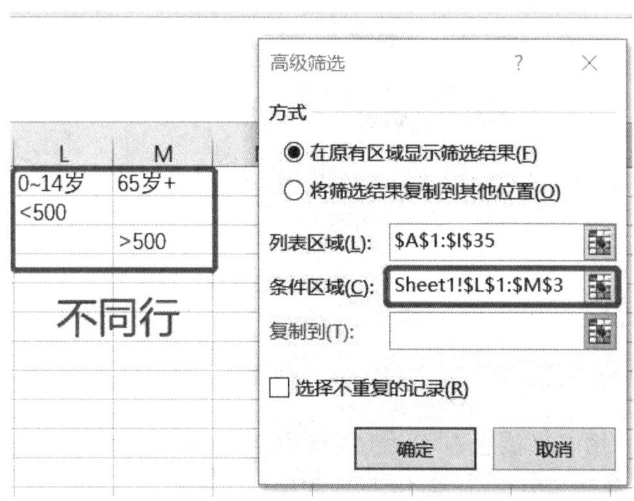

图 6-35　设置高级筛选

	A	B	C	D	E	F	G	H	I
1	地区	地域	人口总数（万人）	男性人口数	女性人口数	0-14岁	15-64岁	65岁+	大专及以上
2	北京	华北	2189	1120	1070	259	1639	291	919
3	天津	华北	1387	714	672	187	995	205	374
4	河北	华北	7461	3768	3693	1509	4913	1039	926
6	内蒙古	华北	2405	1228	1177	338	1753	314	449
7	辽宁	东北	4259	2126	2133	474	3044	742	776
8	吉林	东北	2407	1202	1206	282	1750	376	403
9	黑龙江	东北	3185	1595	1590	329	2359	497	471
10	上海	华东	2487	1288	1200	244	1839	405	842
11	江苏	华东	8475	4303	4172	1289	5813	1373	1582
12	浙江	华东	6457	3368	3089	868	4732	857	1097
13	安徽	华东	6103	3110	2992	1174	4013	916	810
15	江西	华东	4519	2332	2187	992	2990	537	538
16	山东	华东	10153	5143	5009	1906	6710	1536	1460
17	河南	华中	9937	4983	4953	2299	6297	1340	1167
18	湖北	华中	5775	2969	2806	942	3991	842	895
19	湖南	华中	6644	3400	3245	1297	4363	984	813
20	广东	华南	12601	6687	5914	2375	9145	1081	1978
21	广西	华南	5013	2592	2421	1184	3217	611	542
22	海南	华南	1008	535	474	201	702	105	140
23	重庆	西南	3205	1620	1585	510	2148	547	494
24	四川	西南	8367	4229	4139	1347	5604	1417	1110
26	云南	西南	4721	2442	2279	924	3290	507	548
27	西藏	西南	365	191	173	89	255	21	40
28	陕西	西北	3953	2023	1930	685	2741	527	727
29	甘肃	西北	2502	1270	1232	485	1702	315	363
30	青海	西北	592	303	289	123	418	51	88
31	宁夏	西北	720	367	353	147	504	69	125

图 6-36　高级筛选效果图

3.取消高级筛选

用户可以通过点击【数据】选项卡下的【排序和筛选】中的【清除】按钮，可清除已经设置的高级筛选条件，从而将数据恢复到原始状态。如图 6-37 所示。

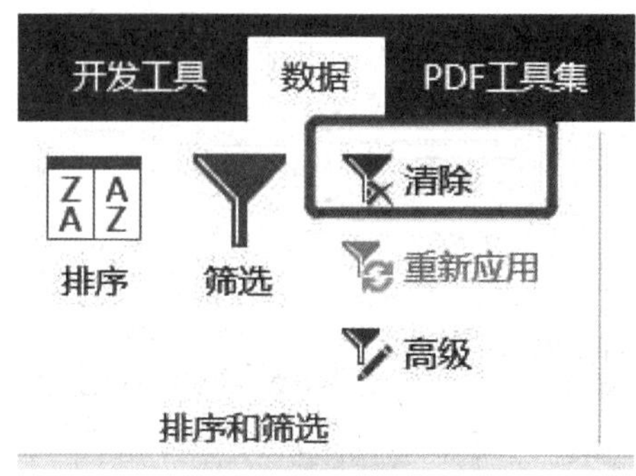

图 6-37　取消高级筛选

6.3.3 删除重复记录

在实际应用中，用户可能会在 Excel 表格中所有字段中都记录了相同的数据，如图 6-38所示的第 3 行数据和第 5 行、第 14 行的数据就完全相同，这就出现了重复记录问题。重复记录的数据有时候会影响数据分析的结果，因此需要将重复记录挑选出来进行删除。

删除重复数据有两种方法，具体如下：

方法一：利用“删除重复项”功能删除重复记录。

具体操作步骤如下：

首先，在图 6-38 原数据区域任选一个单元格。

	A	B	C	D	E	F	G	H	I
1	地区	地域	人口总数（万人）	男性人口数	女性人口数	0-14岁	15-64岁	65岁+	大专及以上
2	北京	华北	2189	1120	1070	259	1639	291	919
3	天津	华北	1387	714	672	187	995	205	374
4	河北	华北	7461	3768	3693	1509	4913	1039	926
5	天津	华北	1387	714	672	187	995	205	374
6	内蒙古	华北	2405	1228	1177	338	1753	314	449
7	辽宁	东北	4259	2126	2133	474	3044	742	776
8	吉林	东北	2407	1202	1206	282	1750	376	403
9	天津	华北	1387	714	672	187	995	205	374
10	上海	华东	2487	1288	1200	244	1839	405	842
11	江苏	华东	8475	4303	4172	1289	5813	1373	1582
12	浙江	华东	6457	3368	3089	868	4732	857	1097
13	安徽	华东	6103	3110	2992	1174	4013	916	810
14	天津	华北	1387	714	672	187	995	205	374
15	江西	华东	4519	2332	2187	992	2990	537	538
16	山东	华东	10153	5143	5009	1906	6710	1536	1460
17	河南	华中	9937	4983	4953	2299	6297	1340	1167
18	天津	华北	1387	714	672	187	995	205	374
19	湖南	华中	6644	3400	3245	1297	4363	984	813
20	广东	华南	12601	6687	5914	2375	9145	1081	1978
21	广西	华南	5013	2592	2421	1184	3217	611	542
22	海南	华南	1008	535	474	201	702	105	140

图 6-38　有重复记录的数据

然后，打开【数据】选项卡，在【数据工具】选项组中，点击【删除重复项】，即可打开删除重复项对话框（见图 6-39），然后用户可以根据需要定义重复项应该包含的列，在其前面的方框勾选，然后点击【确定】即可。结果如图 6-40 所示。

图 6-39　打开删除重复项对话框

	地区	地域	人口总数（万人）	男性人口数	女性人口数	0-14岁	15-64岁	65岁+	大专及以上
1	地区	地域	人口总数（万人）	男性人口数	女性人口数	0-14岁	15-64岁	65岁+	大专及以上
2	北京	华北	2189	1120	1070	259	1639	291	919
3	天津	华北	1387	714	672	187	995	205	374
4	河北	华北	7461	3768	3693	1509	4913	1039	926
5	内蒙古	华北	2405	1228	1177	338	1753	314	449
6	辽宁	东北	4259	2126	2133	474	3044	742	776
7	吉林	东北	2407	1202	1206	282	1750	376	403
8	上海	华东	2487	1288	1200	244	1839	405	842
9	江苏	华东	[illegible]	[illegible]	[illegible]	[illegible]	[illegible]	1373	1582
10	浙江	华东	[illegible]	[illegible]	[illegible]	[illegible]	[illegible]	857	1097
11	安徽	华东	[illegible]	[illegible]	[illegible]	[illegible]	[illegible]	916	810
12	江西	华东	[illegible]	[illegible]	[illegible]	[illegible]	[illegible]	537	538
13	山东	华东	[illegible]	[illegible]	[illegible]	[illegible]	[illegible]	1536	1460
14	河南	华中	[illegible]	[illegible]	[illegible]	[illegible]	[illegible]	1340	1167
15	湖南	华中	6644	3400	3245	1297	4363	984	813
16	广东	华南	12601	6687	5914	2375	9145	1081	1978
17	广西	华南	5013	2592	2421	1184	3217	611	542
18	海南	华南	1008	535	474	201	702	105	140
19	四川	西南	8367	4229	4139	1347	5604	1417	1110
20	贵州	西南	3856	1971	1886	924	2486	446	422
21	云南	西南	4721	2442	2279	924	3290	507	548
22	西藏	西南	365	191	173	89	255	21	40
23	陕西	西北	3953	2023	1930	685	2741	527	727

Microsoft Excel

发现了 5 个重复值，已将其删除；保留了 29 个唯一值。

确定

图 6-40　删除重复项效果图

方法二：利用高级筛选功能删除重复记录。

具体操作步骤如下：

首先，在图 6-38 原数据区域任选一个单元格。

然后，打开【数据】选项卡，在【排序与筛选】选项组中，点击【高级筛选】，即可打开【高级筛选】对话框。在高级筛选对话框中，在方式下选择【在原有区域显示筛选结果】，同时勾选【选择不重复的记录】（见图 6-41），即可在数据原有区域将删除重复记录的结果展示出来。

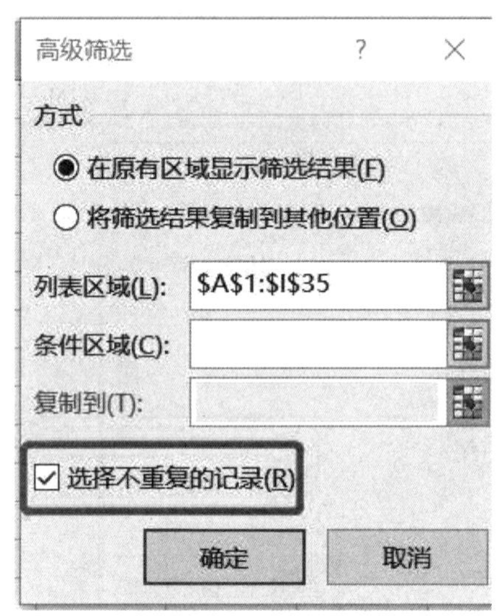

图 6-41　在高级筛选对话框中勾选“选择不重复的记录”

当然，如果用户想将筛选结果放在其他指定区域，就可以在高级筛选对话框里方式的下面选择“将筛选结果复制到其他位置”，然后再将指定位置区域的第一个单元格位置赋给“复制到”后面的选项，同时勾选“选择不重复的记录”，即可在指定位置区域将删除重复记录的结果展示出来。

6.4　数据的分类汇总

6.4.1 分类汇总的创建

例 6-8：根据要求对第七次人口普查中“受教育程度”这一项目进行分类汇总，以确定每一种受教育程度的总人数，了解我国教育发展情况。

案例背景：人口普查的数据是由地方按照统一要求、同样的表式对调查对象的信息进行采集，然后由上一级部门对这些数据按照同一关键词进行汇总。在调查过程中，由于我国人口多，数据庞大，再加上普查表中有些项目如“受教育程度”存在多个选项，因此使得数据汇总工作也存在工作量大的问题。要想更好更快地对数据进行汇总，就必须高度重视数据的工具使用，譬如“分类汇总”。

操作要求：选定关键词“受教育程度”，对其进行排序，然后对已经排序好的关键词对数据进行分类汇总，并能解读分类汇总的分级显示结果。

具体操作步骤如下：

(1)对“受教育程度”列数据进行排序，排序规则不限，可以选择“升序”，也可以选择“降序”。

(2)创建分类汇总。首先，点击【数据】选项卡，在【分级显示】选项组中点击分类汇总，打开分类汇总对话框。如图 6-42 所示。

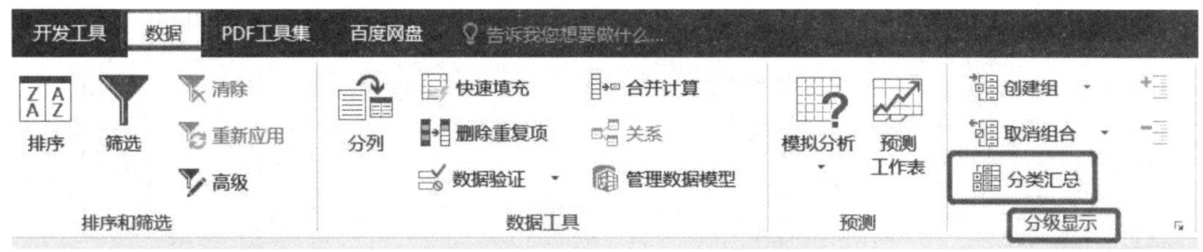

图 6-42　查找分类汇总按钮示意图

然后，进行分类汇总相关选项设置：在【分类字段】中选择“受教育程度”；在【汇总方式】中选择“计数”；在【选定汇总项】中选择“受教育程度”。勾选【替换当前分类汇总】和【汇总结果显示在数据下方】，点击【确定】，即可完成分类汇总的创建。如图 6-43 所示。

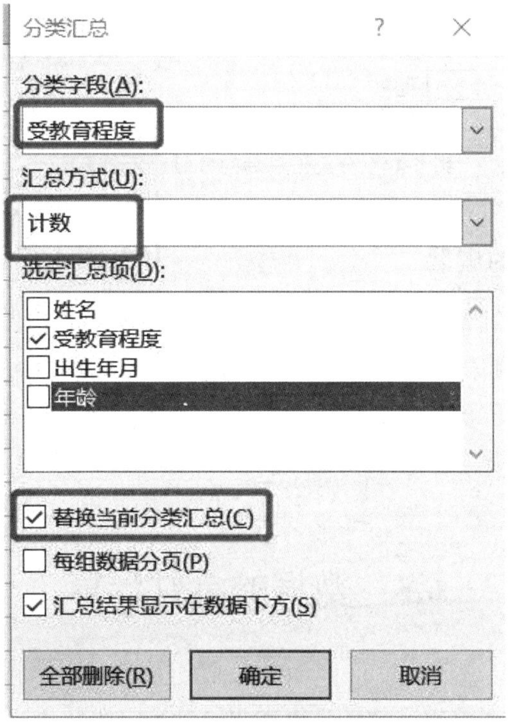

分类汇总　?　×
分类字段(A):
受教育程度
汇总方式(U):
计数
选定汇总项(D):
☐ 姓名
☑ 受教育程度
☐ 出生年月
☐ 年龄
☑ 替换当前分类汇总(C)
☐ 每组数据分页(P)
☑ 汇总结果显示在数据下方(S)
全部删除(R)　确定　取消

图 6-43　设置分类汇总

点击【确定】,即可得到按照受教育程度分级显示分类汇总的结果,如图 6-44 所示。可以发现,结果呈现三级显示状态,点击不同的级别,可以显示出不同的汇总结果,在本例中,第三级是带明细的汇总结果。

	A	B	C	D
1	姓名	受教育程度	出生年月	年龄
2	聂敏敏	未上过学	1997年6月25日	25
3	姚雅玲	未上过学	1999年7月4日	23
4	李凯丽	未上过学	2001年7月13日	21
5	黄梦洁	未上过学	1997年7月22日	25
6	曾锦凤	未上过学	2007年7月31日	15
7	贾惠真	未上过学	1997年8月9日	25
8	**未上过学 计数**	6		
9	胡宝霖	学前教育	1979年6月26日	43
10	黄育虔	学前教育	1997年7月5日	25
11	胡宏扬	学前教育	1997年7月14日	25
12	胡哲洋	学前教育	2003年7月23日	19
13	林德英	学前教育	1997年8月1日	25
14	李琼莹	学前教育	1998年8月10日	24
15	**学前教育 计数**	6		
16	邓雯婷	小学	1997年6月27日	25
17	黄婷	小学	1997年7月6日	25
18	施心怡	小学	2007年7月15日	15
19	黄兴科	小学	1997年7月24日	25
20	龚苗苗	小学	1997年8月2日	25
21	黄洪霖	小学	1997年8月11日	25
22	**小学 计数**	6		
23	甘育玲	初中	1997年6月28日	25
24	李雅文	初中	1997年7月7日	25
25	林敏	初中	1997年7月16日	25
26	王宇晴	初中	1997年7月25日	25

图 6-44 分类汇总后的分级显示效果图

6.4.2 分类汇总的删除

用户可以按照如下步骤删除分类汇总结果:

(1)点击【数据】选项卡,在【分级显示】选项组中点击分类汇总,打开分类汇总对话框。

(2)点击对话框左下角"全部删除"(如图 6-45 所示),即可将当前分类汇总结果删除,数据恢复到原始状态。

6.5 数据的合并计算

用户可以借助 Excel 中数据的合并计算功能对某字段数据进行分类汇总统计,这种方法特别适合分类的类别数目未知的数据的汇总统计。

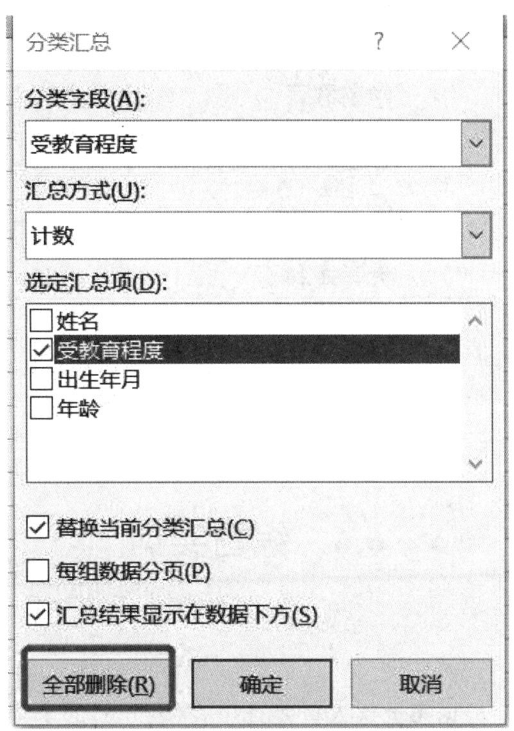

图 6-45　删除分类汇总

具体操作步骤如下：

(1)在拟汇总的字段对应的目标列数据后面添加"辅助列"。特别地，如果目标列后无数据，可以人为在目标列后面插入一个数据列。

(2)在电子表格空白区域点击任意一个单元格，单击【数据】选项卡，点击【数据工具】选项组下的【合并计算】，打开合并计算对话框，在【函数】下面选择"计数"，在【引用位置】下选择目标列和辅助列，在标签位置下复选框中勾选【首行】和【最左列】，即可完成对目标列的数据的分类统计。

例 6-9：请使用合并计算对例 6-8 的受教育程度数据进行汇总统计。

分析：本题的目标列是"受教育程度"，用户需要将不同的受教育程度人员统计出来。

具体操作步骤如下：

(1)在"受教育程度"后面插入一个辅助列 C 列，本题中选择将姓名列的数据复制到 C 列。

(2)在电子表格右边空白区域点击任意一个单元格，如 J10，单击【数据】选项卡，点击【数据工具】选项组下的【合并计算】，打开合并计算对话框，在【函数】下面选择"计数"，在【引用位置】下选择 B1:C53，将其添加到引用位置，然后在标签位置下复选框中勾选【首行】和【最左列】，即可完成对目标列的数据的分类统计。处理结果如图 6-46 所示。

姓名	
未上过学	6
学前教育	6
小学	6
初中	6
高中	6
大学专科	6
大学本科	6
硕士研究生	5
博士研究生	5

图 6-46 数据的分类统计效果图

6.6 综合实训

实训一:数据验证。

实训目标及要求:请根据第七次人口普查短表(表 6-6)的个人项目中 12 个需要填报的项目创建数据表,并根据每个项目的选项创建数据输入的下拉列表。

实训二:数据的排序、筛选。

实训目标及要求:请根据第七次人口普查各省、自治区和直辖市的相关数据,完成以下操作:

(1)对表格"各地区人口年龄构成"中的"60 岁及以上"的人口年龄占比按照数值大小进行排序,以了解我国各省、自治区和直辖市的老龄化发展差异。

(2)请将"65 岁及以上"人口年龄占比超过 14%的筛选出来,了解老龄化发展较快的地区。

(3)请将"14 岁及以下"人口占比低于 15%,且"65 岁及以上"人口年龄占比超过 14%的地区筛选出来。(分别用自动筛选和高级筛选操作)

实训三:根据第七次人口普查相关数据,将 31 个省份的 15 岁及以上人口中的平均受教育年限进行整理,并找出平均受教育年限低于 9 年的省份。

案例背景:九年义务教育制度是国家统一实施的教育制度,所有适龄儿童与少年都享有接受义务教育的权利,是国家必须予以保障的公益性事业。1985 年 5 月,中共中央《关于教育体制改革的决定》进一步提出,不仅要普及小学教育,而且要普及初中教育,把普及九年义务教育作为四化建设的一项根本大业。

1986 年后,《中华人民共和国义务教育法》和《中国教育改革和发展纲要》相继颁布,为义务教育的发展提供了法律保障,指明了前进方向,也提供了前所未有的发展机遇。

2010 年,国务院常务会议审议并通过了《国家中长期教育改革和发展规划纲要(2010—2020 年)》,明确了学前教育、义务教育、高中阶段教育、职业教育、高等教育、继续教育、民族教育和特殊教育等各类教育的发展任务和目标。具体包括:基本普及学前教育;巩固提高九年义务教育水平;普及高中阶段教育,毛入学率达到 90%;高等教育毛入学率达到 40%；扫除青壮年文盲；继续教育参与率大幅提升，从业人员继续教育年参与率达到 50%。《纲要》特别提出：到 2020 年，全面提高普及教育的水平，全面提高教育质量，基本实现区域内均衡发展，确保适龄儿童少年接受良好的义务教育。

为了更好地了解我国教育改革和发展的成效，第七次人口普查对被调查对象的受教育相关项目的数据进行了采集，通过对各省份的被调查对象的受教育年限进行筛选，可以了解教育欠发达地区的分布情况，为后续深化教育改革，推进教育区域间均衡发展的政策制定和实施提供可参考性建议。

操作要求：选定合适的字段，先将第七次人口普查 31 个省份的 15 岁及以上的被调查对象数据筛选出来，然后再在得到的结果中根据调查对象的受教育年限进行筛选，从而找出平均受教育年限低于 9 年的省份。

实训四：数据的分类汇总与合并计算。

实训目标及要求：请根据第七次人口普查各省、自治区和直辖市的相关数据，完成以下操作：

（1）请利用 Excel 中"分类汇总"功能，将"受教育程度"作为关键词对全国不同受教育程度的人员进行汇总。

（2）请利用 Excel 中的合并计算对不同受教育程度的被调查对象进行汇总。

表 6-6　第七次全国人口普查短表

表　　号：　　　　　表

制定机关：国　　家　　统　　计　　局

国务院第七次全国人口普查办公室

文　　号：国　　　　发　　　　号

有效期至：2020 年 12 月

地址：______县（市、区）______乡（镇、街道）______村（居）委会______普查小区______户编号

一、住户项目

H1.户别

1.家庭户

2.集体户

H2.本户应登记人数

2020 年 10 月 31 日晚居住本户的人数________人

户口在本户，2020 年 10 月 31 日晚未住本户的人数________人

H3.本户 2019 年 11 月 1 日至 2020 年 10 月 31 日期间的出生人口

男________人　　　女________人

H4.本户 2019 年 11 月 1 日至 2020 年 10 月 31 日期间的死亡人口

男________人　　　女________人

H5.住房类型

1.普通住房

2.商住公寓

3.集体住所（学生宿舍、职工宿舍、工棚、养老院、福利院、旅馆、宗教机构等）

4.其他住房

5.非居住房屋

6.无住房

(选择 3—6 的,跳至个人项目。)

H6.本户住房建筑面积

__________平方米

H7.本户住房间数

__________间

二、个人项目

每个人都填报的项目

D1.姓名

____

D2.与户主关系

0.户主

1.配偶

2.子女

3.父母

4.岳父母或公婆

5.祖父母

6.媳婿

7.孙子女

8.兄弟姐妹

9.其他

D3.居民身份证号码

□□□□□□□□□□□□□□□□□□

D4.性别

1.男

2.女

D5.出生年月

出生于:__________年__________月

D6.民族

__________族

D7.普查时点居住地

1.本普查小区

2.本村(居)委会其他普查小区

3.本乡(镇、街道)其他村(居)委会

4.本县(市、区)其他乡(镇、街道)

5.其他县(市、区),请填写下面地址

__________省(区、市)

__________地(市)

__________县(市、区)

6.港澳台或国外

D8.户口登记地

1.本村(居)委会

2.本乡(镇、街道)其他村(居)委会

3.本县(市、区)其他乡(镇、街道)

4.其他县(市、区),请填写下面地址

__________省(区、市)

__________地(市)

__________县(市、区)

5.户口待定→D11

D9.离开户口登记地时间

1.没有离开户口登记地→D11

2.不满半年

3.半年以上,不满一年

4.一年

5.二年

6.三年

7.四年

8.五年

9.六年及以上

D10.离开户口登记地原因

0.工作就业

1.学习培训

2.随同迁移

3.房屋拆迁

4.改善住房

5.寄挂户口

6.婚姻嫁娶

7.照料孙子女

8.为子女就学

9.其他

6 周岁及以上(2014 年 10 月 31 日以前出生)的人填报的项目

D11.是否识字

1.是

2.否

D12.受教育程度

1.未上过学

2.小学

3.初中

4.高中

5 大学专科

6.大学本科

7.研究生

练习题

一、单选题

1.若要 Excel 的单元格中输入一个公式，首先应键入(　　)。

A.等号"="　B.冒号":"　C.分号";"　D.感叹号"!"

2.在 Excel 中先后按顺序打开了 A1.xls、A2.xls、A3.xls、A4.xls 四个工作簿文件后，当前活动的窗口是(　　)工作簿的窗口。

A.A1.xls　B.A2.xls　C.A3.xls　D.A4.xls

3.在 Excel 中，工作表的拆分分为(　　)。

A.水平拆分和垂直拆分

B.水平拆分和、垂直拆分和水平、垂直同时拆分

C.水平、垂直同时拆分

D.以上均不是

4.执行如下操作：当前工作表是 SHEET1，按住 SHIFT 键单击 SHEET2，在 A1 中输入 100，并把它的格式设为斜体，正确的结果是(　　)。

A.工作表 SHEET2 中的 A1 单元没有任何变化

B.工作表 SHEET2 中的 A1 单元出现正常体的 100

C.工作表 SHEET2 中的 A1 单元出现斜体的 100

D.工作表 SHEET2 中的 A1 单元没有任何变化，输入一个数后自动变为斜体

5.在 Excel 中，连接两个文本的文字运算符是(　　)。

A. *　B.￥　C.&　D.@

6.在 Excel 中，A1:B4 代表单元格(　　)。

A.A1，B4　B.A1，B1，B2，B3，B4

C.A1，A2，A3，A4，B4　D.A1，A2，A3，A4，B1，B2

7.在 Excel 单元格内输入公式时，表达式必须以(　　)符号作为开头。

A.=　B. $　C.:　D. *

8.在工作表 G4 单元格中输入公式"=A4+D4"，在第 2 行删除一行，删除后原含有公式的单元格中的公式为(　　)。

A.=A4+D4　B.=A3+D3　C.=A2+D2　D.出错

9.在 Excel 中，当单元格中输入的公式出错时，单元格显示以(　　)开头的错误值。

A.#　B.!　C.?　D.@

10.有关表格排序的说法，正确的是(　　)。

A.笔画和拼音不能作为排序的依据

B.排序规则有升序和降序

C.只有数字类型可以作为排序的依据

D.只有日期类型可以作为排序的依据

11.关于筛选,叙述正确的是(　　)。

A.自动筛选可以同时显示数据区域和筛选结果

B.高级筛选可以进行更复杂的筛选

C.高级筛选不需要建立条件区,只有数据区域就可以了

D.自动筛选可以将筛选结果放在指定区域

12.在 Excel 中,(　　)菜单下的子菜单可以改变默认的工作目录。

A.文件　　B.编辑　　C.格式　　D.工具

13.关于 Excel 中的数据筛选,下列说法正确的是(　　)。

A.执行筛选后,不满足条件的数据将被删除

B.使用自动筛选"10 个最大的值"功能,可以筛选出前 30%项记录

C.自定义筛选中,设定条件如果是"或"关系,表明两个条件必须同时满足

D.自定义筛选可允许定义两个以上条件

二、判断题

1.高级筛选数据清单周围不能有其他数据,必须留出空行和空列。(　　)

2.对数据表中不同数据字段间进行"或"运算,只能使用高级筛选,不能使用自动筛选。(　　)

3.高级筛选数据清单必须有列标题,且列标题和第一行数据间要有一行空格。(　　)

4.使用"数据"选项卡中的"分类汇总"命令选项时,有"求和"与"计数"两种汇总方式可供选择。(　　)

5.使用"数据"选项卡中的"分类汇总"命令选项时,必须先对分类字段进行排序。(　　)

6.使用"数据"选项卡中的"分类汇总"命令选项时,所得汇总结果可以使用通常方法复制粘贴到其他位置。(　　)

7.使用"数据"选项卡中的"分类汇总"命令,或"自动建立分级显示"命令选项,都可以实现数据的分级别或分层次显示。(　　)

8.使用"数据"选项卡中的"分类汇总"命令选项时,必须先对分类字段进行排序。(　　)

9.高级筛选的结果可以在原数据区域显示也可以显示在原数据区域外的指定位置。(　　)

10.鼠标单击数据表中的任一单元格,即执行"数据—筛选—自动筛选"菜单命令;鼠标单击想查找列的向下箭头,则可以从下拉菜单中选择筛选项,对其进行筛选。(　　)

第7章　数据透视分析

课程思政案例导入与教学目标

课程思政案例：

电力工业是能源工业的重要组成部分，是国民经济发展战略的重点产业和先行产业。电力为经济社会的发展提供了动力，同时也促进了社会的技术进步和生产效率的大幅提升，为人民生活质量的改善和现代化文明建设提供了重要的物质基础。

一国的发电量和用电量的规模和结构不仅在很大程度上显示出一个国家的电力工业的发展水平，也能从侧面反映一个国家的经济发展状况。从全球发电量占比来看，早在2019年，中国的发电量高达7.50万亿千瓦·时，约为全球总发电量的27.8%，稳居世界第一；到2021年，我国发电量继续增长至8.53万亿千瓦·时。国家发展改革委、中国电力企业联合会公布的数据显示，2021年，我国全社会用电量也高达8.31万亿千瓦·时，同比增长10.3%，且发电量与用电量发展较为均衡。另外，分产业看，2021年，我国三次产业的用电增速也非常明显，第一产业、第二产业、第三产业的用电量同比增长分别达到了16.4%、9.1%、17.8%。其中，第二产业中的高技术及装备制造业用电量增长最快，而四大高载能行业用电量同比增速、两年平均增速均为各大类制造业最低，显示出我国经济结构的优化升级取得了明显成效。

小王同学在看到这些数据时想具体了解一下全国各地区（按照地理位置特点，将全国分为八大区域）不同月份的发电量情况，并据此了解不同地区电力工业的发展情况，以及是否存在季节差异，因此他在国家统计局网站上下载了2021年3—12月的不同省、自治区、直辖市的发电量数据，同时为了更好地了解数据特征，他采用了数据透视表和数据透视图对该数据进行了数据透视分析，得到的结果如表7.1和图7-1所示。

表7.1　2021年3—12月八大地区发电量统计表

地区	地区2021年后10个月发电量总计	地区包含省、自治区数量
北部沿海地区	8479	4
大西北地区	7659.4	5
东北地区	2823.7	3
东部沿海地区	9153	3
黄河中游地区	12420	4
南部沿海地区	8026.3	3
西南地区	11091.2	5
长江中游地区	7705.1	4
总计	67357.7	31

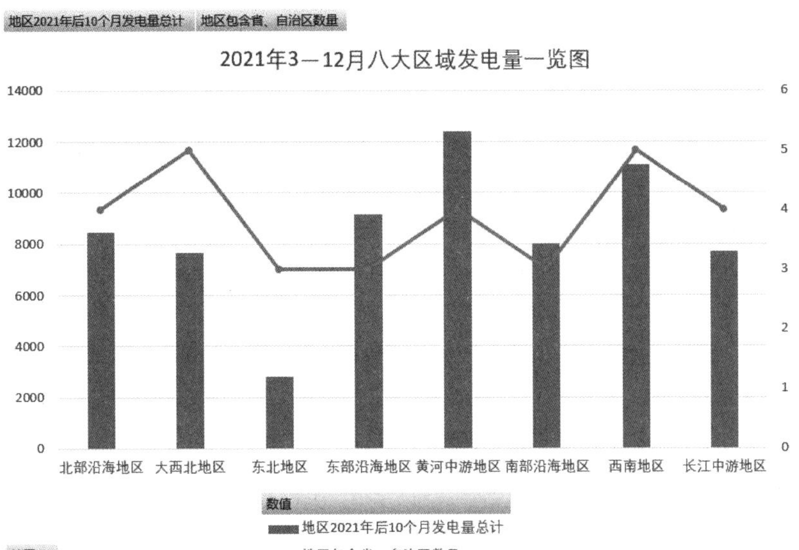

图 7-1　2021 年 3—12 月八大地区发电量一览图

从上述结果不难发现，我国电力工业发展确实存在着地区发展不平衡的现象。总体而言，黄河中游地区、西南地区和东部沿海地区发电量较高，东北地区发电量最低。具体到各个省市（图 7-2），很显然，广东省、内蒙古自治区、江苏省、山东省、新疆维吾尔自治区是电力工业发展较快的省、自治区、直辖市，电力工业的区域发展不平衡的原因有很多，但主要受两方面因素的影响：一是地区的能源资源禀赋，二是经济发展对电力的需求。譬如内蒙古自治区、新疆维吾尔自治区等地区的电力工业发展在很大程度上与其所具有的资源禀赋有很大关系，而广东省、江苏省则更多因为经济发展对电力的需求很高，所以电力工业的投入大幅增加，加之我国“西电东送”工程的推动，催生了东部经济的发展，成就了今天长三角、珠三角的繁荣。

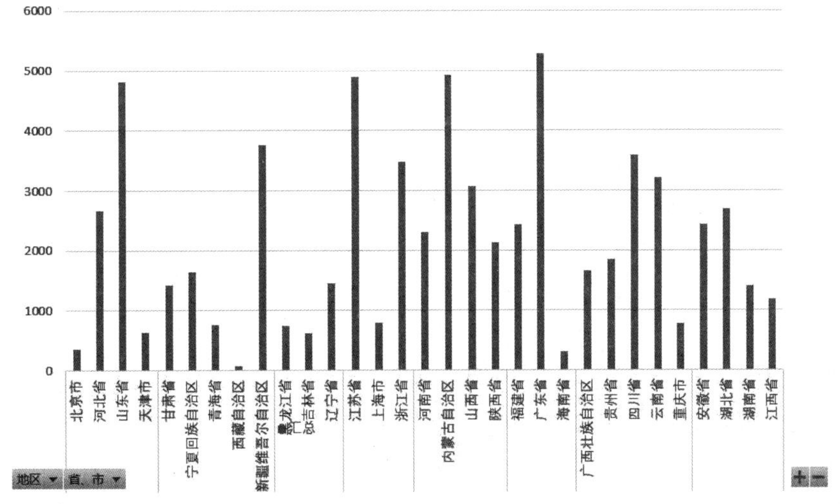

图 7-2　2021 年 3—12 月各省、市、自治区发电量一览图

思考：

1.案例中采用的数据透视表和数据透视图对源数据是否有要求？它们除了对数据汇总外，还有哪些功能？如何实现这些功能？

2.到目前为止，Excel中有哪些工具可以根据不同分析目的对大规模数据进行计算、汇总？它们之间有什么差异？

课程思政教学目标：

通过对不同地区的发电量数据进行数据透视分析，可以让同学们更好地了解为中国经济发展的引擎提供动力的电力工业发展情况，了解“西电东送”伟大工程的意义，让同学们在掌握数据透视分析技能的同时，了解我国能源工业的发展情况和结构变化，了解我国电力工业发展取得的成就和发展趋势，增强学生的制度自信、文化自信，提升学生民族自豪感。

数据透视分析是一种交互式的动态数据分析方法。它主要借助于数据透视表和数据透视图来实现对数据的汇总和分析，并可将分析的结果可视化，便于用户更好地了解数据的特征。

7.1 数据透视表的创建

数据透视表是Excel提供的一种功能强大的数据分析工具，不仅可以帮助用户根据不同的分析目的对数据进行计算、汇总和分析，还可以帮助用户查看源数据不同的汇总结果，进而了解规模庞大的数据的特征、对比情况和趋势。

用户要对数据进行数据透视分析，首先必须确认源数据是否满足要求。拟进行数据透视分析的源数据必须符合如下要求：

首先，源数据区域不能有空行和空列；其次，源数据区域的每列都必须有列标题。

满足上述两个要求的源数据可以创建数据透视表。

具体创建步骤如下：

(1)选择数据区域

在源数据区域任意选择一个单元格。

(2)创建空白的数据透视表

首先，打开创建数据透视表对话框：点击【插入】选项卡，在【表格】选项组中点击【数据透视表】，即可打开【创建数据透视表】对话框，如图7-3所示。

在【选择一个表或区域】下面的【表/区域】框内点击并选择拟进行分析的数据。一般系统会默认选择之前单元格所在的区域数据，用户可以检查是否与目标分析数据一致；如果不是，则可以在【表/区域】框内重新选择修改。

再次，选择放置数据透视表的位置。通常放置数据透视表的位置有两种，一种是新工作表，即系统会打开一个新工作表，专门用来放置数据透视表，此时源数据表和数据透视表是分开的。

另一种是现有工作表。如果选择放置在现有工作表中，则用户需要先在现有工作表

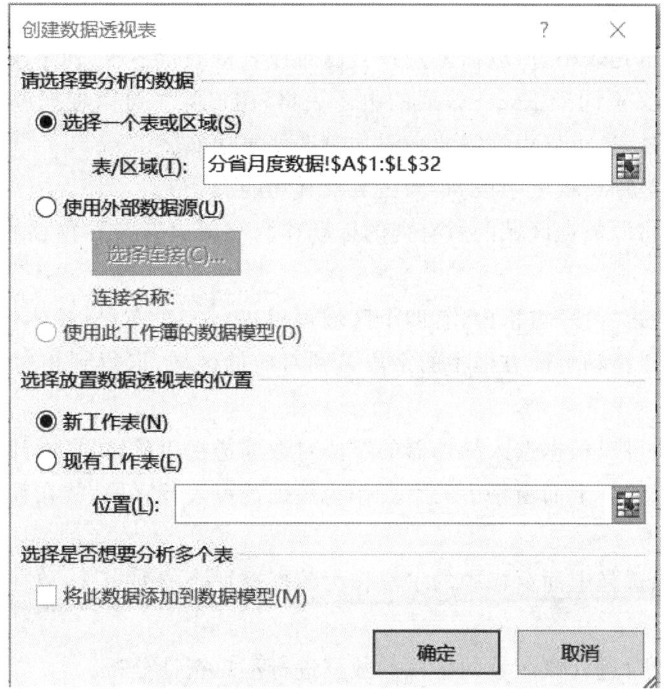

图 7-3　打开创建数据透视表对话框

下面的【位置】框内单击，然后在源数据所在电子表格中选择一个空白区域，或者直接单击该空白区域的第一个单元格，即可将数据透视表放置在指定区域，此时，源数据和数据透视表将同时呈现在同一份电子表格中。

点击【确定】，即可打开一个空白的数据透视表，同时右侧弹出【数据透视表字段】设置的对话窗格。如图 7-4 所示。

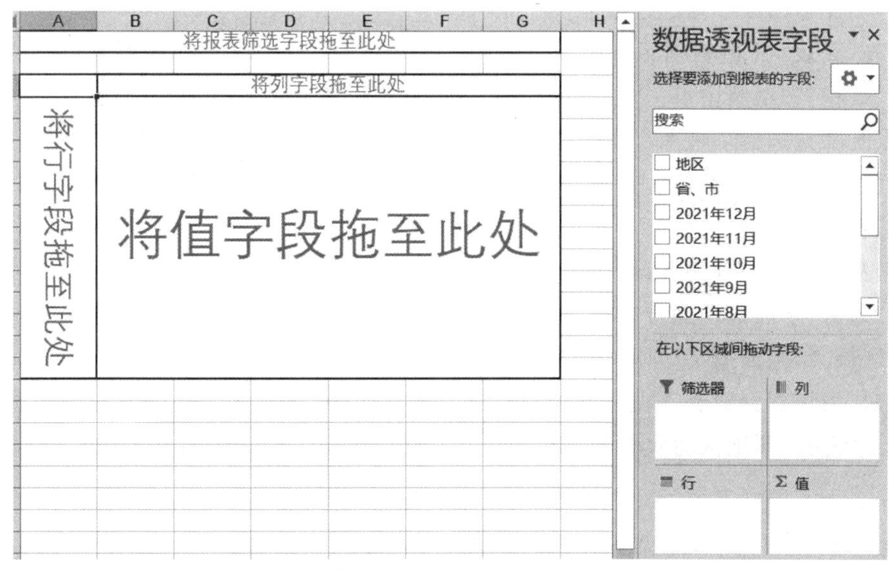

图 7-4　“数据透视表字段”对话窗格示意图

(3)数据透视表字段设置

数据透视表也是表格,所以需要用户自己对该表格的行字段、列字段、值等进行设置。但是数据透视表又不同于Excel普通的电子表格,用户除了可以根据源数据自行设置行字段、列字段、值外,还可以根据需要来添加筛选器等功能。

首先,认识“数据透视表字段”布局区域及其功能。

系统会自动将源数据区域的所有列的标题作为字段名存放在窗格中,便于用户根据需要选择。

在“数据透视表字段”窗格中,有四个区域可以进行字段布局,具体包括:筛选器、列、行和值。用户可以拖动上面方框中的字段名到对应的区域,以得到相对性的数据透视分析结果。

筛选器:用户可以根据选入筛选器的字段对数据透视表的结果进行筛选。

行:用户可以选择上面窗格中的字段作为数据透视表行字段,放在数据透视表的左侧的行中。

列:用户可以选择上面窗格中的字段作为数据透视表的列字段,放在数据透视表顶部的列中。

值:用户可以对选入该区域的字段的数据进行汇总统计分析。

数据透视表的行字段、列字段、值、筛选器等设置可以通过直接将窗格中的字段名拖动到对应区域,用户需要注意的是,筛选器并不是必选项,可以根据需要添加。

例7-1:请根据表7.1的数据进行数据透视分析,要求:汇总统计不同地区2021年3—12月八大地区发电量情况和地区包含的省市数目。

分析:根据题目要求,可以选择“地区”作为行字段,“2021年3—12月八大地区发电量统计”和“省市”作为值字段。

具体操作如下:

(1)创建空白的数据透视表

首先,在表7.1的数据区域中任意选择一个单元格,点击“插入”选项卡,在“插入”选项卡的“表格”选项组中点击“数据透视表”,即可打开“创建数据透视表”对话框;此时可以发现:系统默认选择了表7.1分省月度数据!$A$1:$M$32,然后选择放置数据透视表的位置为“新工作表”,点击确定,即可打开一张新工作表,并在新工作表中有空白的数据透视表。

(2)数据透视表的字段设置

将“地区”字段拖动到行区域,将“2021年3—12月八大地区发电量统计”和“省市”拖动到值区域,结果如图7-5所示。

此时,可以看到数据透视表已经呈现出不同地区2021年3—12的发电量情况,同时也可以了解到不同地区所包含的城市数目。

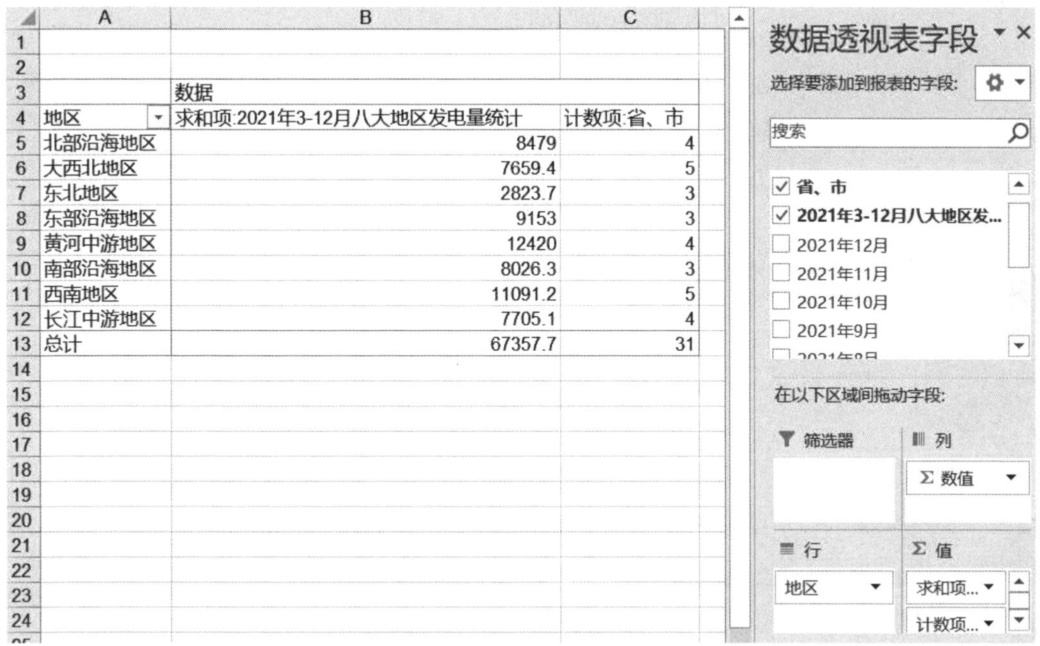

地区	求和项:2021年3-12月八大地区发电量统计	计数项:省、市
北部沿海地区	8479	4
大西北地区	7659.4	5
东北地区	2823.7	3
东部沿海地区	9153	3
黄河中游地区	12420	4
南部沿海地区	8026.3	3
西南地区	11091.2	5
长江中游地区	7705.1	4
总计	67357.7	31

图 7-5　数据透视表字段设置

7.2　数据透视表的编辑

用户在对源数据进行数据透视分析时，有时需要根据不同的分析目的，对数据透视表的字段进行添加、删除，改变值的汇总方式、显示方式等操作，以得到不同的分析结果。

1.数据透视表字段的添加与删除

数据透视表不同于普通表格，不能直接在数据透视表上添加或者删除数据，只能通过“数据透视表字段”窗格重新对字段布局进行相应的操作。

（1）添加字段

数据透视表的字段添加有如下三种方式：

方式一：点击拟添加的字段，将其拖动到目标区域，如可以拖动到“行”区域，即将该字段添加到数据透视表的行字段，其他以此类推。

方式二：右键单击拟添加的字段，打开对话框，用户可以在对话框中根据需要进行相应选择，如“添加到报表筛选”“添加到列标签”“添加到行标签”“添加到值”和“添加到切片器”等。

方式三：直接勾选拟添加字段前面的复选框，字段将自动添加到默认区域中。在 Excel 中，非数值类型的字段会默认添加到“行”区域中，数值类型的字段会默认添加到“值”区域，如果放置区域与用户的目标选择不一致，则用户可以通过点击该字段进行拖动，以得到想要的数据透视分析结果。

例如：在图 7-5 的基础上，在字段列表中找到字段“2021 年 12 月”，勾选其前面的复选框，即可将该字段添加到数据透视表中，即可得到各地区 2021 年 12 月发电量统计结果，如图 7-6 所示。

图 7-6　添加字段的效果图

(2)删除字段

用户可以通过“数据透视表字段”窗格将数据透视表中的字段从表格中删除。数据透视表的字段删除有如下三种方式：

方式一：在相应的字段布局区域中，将拟删除的字段拖动到“数据透视表字段”窗格之外，即可将该字段从数据透视表中删除。

方式二：在相应的字段布局区域中，单击拟删除的字段，在弹出的对话框中选择“删除字段”即可。

方式三：直接在字段列表中找到拟删除的字段，取消勾选该字段前的复选框，即可删除。

例如：若需要将图 7-6 中的字段“2021 年 12 月”从数据透视表删除，则可以将鼠标移到字段布局区域的值区域，点击“求和项：2021 年 12 月”，在弹出的对话框中选择“删除字段”即可。

2.删除总计

有时，数据透视表会在行字段或者列字段中自动添加“总计”，以对数据透视表行字段或者列字段的数据进行汇总统计。用户如果不需要行总计和列总计，则可以按照如下方式删除“总计”。

方式一：右键单击“总计”字段，在弹出的快捷菜单中选择【删除总计】，即可将该总计字段删除。

方式二：在数据透视表中任意选择一个单元格，单击右键，在弹出的快捷菜单中点击

【数据透视表选项】,即可打开【数据透视表选项】对话框,在对话框中选择【汇总与筛选】,在总计中可以看到【显示行总计】和【显示列总计】,取消勾选其前面的复选框,即可删除总计。如图 7-7 所示。

图 7-7　删除总计

7.3　数据透视表分析

1.值汇总方式的修改

Excel 数据透视表在默认情况下,对数值型字段通常采取“求和”方式进行汇总,而对于非数值型字段通常采取“计数”的方式进行汇总。但是在实际数据分析过程中,用户有时需要对不同的字段采取其他不同的运算方式,如求平均值等,此时需要将默认的汇总方式进行修改,具体方法如下:

方式一:在数据透视表上,右键点击要修改汇总方式的字段,在打开的快捷菜单中选择【值汇总依据】,可以看到数据透视表有求和、计数、平均值、最大值、最小值,乘积等多种汇总方式,用户可以根据需要选择对应的汇总方式,即可完成值汇总方式的修改。

方式二:在"数据透视表字段"中的"值"区域找到拟修改的字段,单击该字段名称,即可打开快捷菜单,选择【值字段设置】,即可打开【值字段设置】对话框,在值字段汇总方式中选择用于汇总所选字段数据的计算类型即可。如图 7-8 所示。

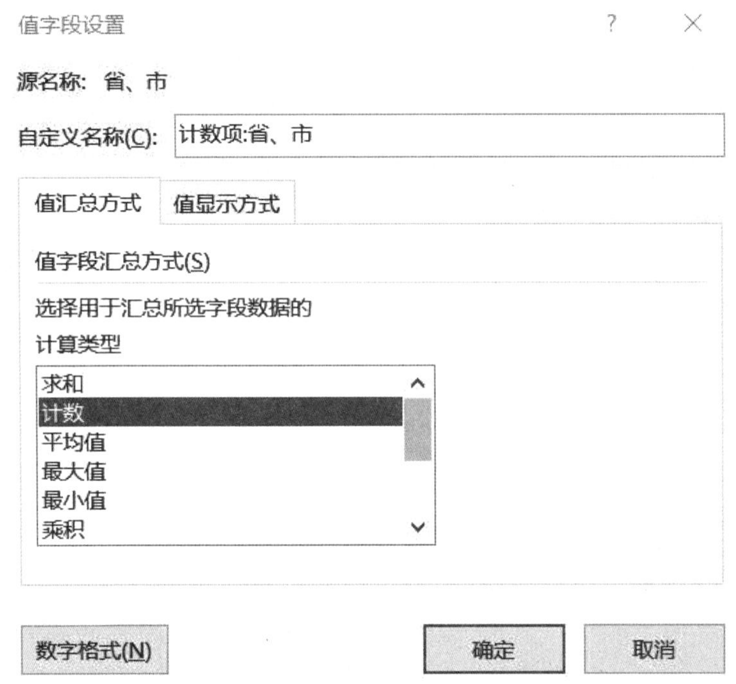

图 7-8 修改值字段汇总方式

2.值显示方式的修改

Excel 数据透视表在默认情况下,对字段的数据都是按照"无计算"方式来显示的。但是在实际工作中,用户有时需要对数据进行比较分析,以便更清晰地了解数据之间的相关性。因此,用户可以根据需要来设定数据透视表的值显示方式,如可以选择用"总计的百分比""列汇总的百分比""行汇总的百分比""百分比""差异""差异百分比"等方式显示数据,具体方法如下:

方式一:在数据透视表上,右键点击要修改值显示方式的字段,在打开的快捷菜单中选择【值显示方式】,可以看到数据透视表有"总计的百分比""列汇总的百分比""行汇总的百分比""百分比""差异""差异百分比"等多种显示方式,用户可以根据需要选择对应的显示方式,即可完成值显示方式的修改。

方式二:在"数据透视表字段"中的"值"区域找到拟修改的字段,左键单击该字段名称,即可打开快捷菜单,选择【值字段设置】,即可打开【值字段设置】对话框,点击【值显示方式】,然后在值显示方式的下拉菜单中选择拟用的显示方式即可。如图 7-9 所示。

图 7-9　修改值显示方式

3.显示明细数据

通常数据透视表显示的是对原始数据进行分类汇总后的汇总数据。用户在查看数据透视表分析结果时如果需要查看汇总数据对应的原数据，就可以按照如下方式进行：

方式一：用户在数据透视表中选择想查看明细数据的单元格，双击左键，则此时系统会自动创建一个新工作表来显示该单元格汇总数据的具体明细数据。

方式二：用户在数据透视表中选择想查看明细数据的单元格，单击右键，然后在弹出的快捷菜单中选择“显示详细信息”，则此时系统会自动创建一个新工作表来显示该单元格汇总数据的具体明细数据。

如图 7-6 中“北部沿海地区”2021 年 3－12 月八大地区发电量统计的汇总数据为 8479（存放在 B5 单元格），用户如果想了解详细数据信息，双击单元格 B5，即可在系统自动创建的新工作表里查看北部沿海地区具体的省市 2021 年 3—12 月八大地区的发电量情况，如图 7-10 所示。

A	B	C	D	E	F	G	H	I	J	K	L	M
地区	省、市	2021年3—12月八大地区发电量统计	2021年12月	2021年11月	2021年10月	2021年9月	2021年8月	2021年7月	2021年6月	2021年5月	2021年4月	2021年3月
北部沿海地区	北京市	362	47.6	42.2	29.7	33.3	44.2	39.7	30.4	26.5	24.7	43.7
北部沿海地区	天津市	639	74.3	61.9	60.6	64.5	71.2	76.3	60.2	53.4	52.2	64.4
北部沿海地区	河北省	2657.7	327.5	269.2	215.3	233.9	262	274.6	268.8	264.1	250.5	291.8
北部沿海地区	山东省	4820.3	536.8	492.1	461.4	449.4	497	503.3	468.1	462.4	459.7	490.1

图 7-10　查看明细数据效果图

4.数据透视表的清除和删除

数据透视表的清除指的是只删除数据透视表区域的所有设置，即删除筛选器、行、列、值区域中字段的设置，但是数据透视表并没有被删除，用户在清除数据透视表后，仍然会在数据透视表位置看到数据透视表框架，用户可以重新在数据透视表字段列表中选择字段进行布局。

数据透视表清除具体操作如下：

(1)在数据透视表中任选一个单元格，即可打开数据透视表工具选项卡，里面包含两个选项卡【分析】与【设计】。

(2)打开【分析】选项卡，在【操作】选项组中选择【清除】(如图 7-11 所示)，点击该按钮，然后选择【全部清除】，即可完成对数据透视表的清除。

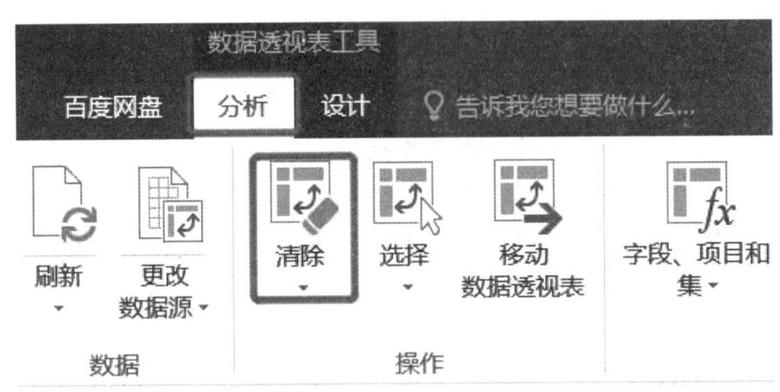

图 7-11 “清除”按钮示意图

数据透视表的删除指的是将整个数据透视表从工作簿中删除，用户如需要删除数据透视表，可以按照以下步骤进行：

(1)在数据透视表中任选一个单元格，即可打开数据透视表工具选项卡，里面包含两个选项卡【分析】与【设计】。

(2)打开【分析】选项卡，在【操作】选项组中单击【选择】按钮，然后选择【整个数据透视表】，按下【Delete】键即可删除。

5.数据透视表的更新

在实际操作中，如果数据透视表的源数据发生变化，数据透视表中的汇总数据不会自动完成同步更新，此时需要手动更新数据透视表，使数据透视表对更新后的数据重新进行汇总计算，具体操作如下：

(1)在数据透视表中任选一个单元格，即可打开数据透视表工具选项卡，里面包含两个选项卡【分析】与【设计】。

(2)打开【分析】选项卡，在【数据】选项组中单击【刷新】按钮，然后选择【刷新】，或者【全部刷新】，即可完成对数据表的更新。

6.数据透视表的筛选

数据透视表具有筛选功能。用户可以通过筛选来显示想要查看的数据，同时隐藏不想显示的数据。数据透视表设置了可以“按标签筛选”、“按值筛选”，或者按选定内容筛选。下面详细介绍数据透视表的筛选功能的具体操作。

(1)按标签筛选

在数据透视表中，单击列标签或者行标签右侧的下拉箭头，在弹出的快捷菜单中可以看到“标签筛选”，点击该选项，即可看到数据透视表提供了“等于”“不等于”“开头是”“介于”“不介于”等多个标签筛选方式，用户可以根据需要选择对应的方式。

(2)按值筛选

在数据透视表中，单击列标签或者行标签右侧的下拉箭头，在弹出的快捷菜单中可以看到“标签筛选”，点击该选项，即可看到数据透视表提供了“等于”“不等于”“大于”“大于或等于”“前 10 项”等多个标签筛选方式，用户可以根据需要选择对应的方式即可。如若想显示图 7-4“中 2021 年 3—12 月八大地区发电量”统计的前 3 项，则可以在“值筛选”中选择“前 10 项”，然后在弹开的对话框中重新选择显示的条件，改默认的“最大 10 项”为“最大 3 项”，如图 7-12 所示。

图 7-12　数据透视表的“按值筛选”

点击“确定”，即可将 2021 年 3—12 月发电量排在前三位的地区显示出来，如图 7-13 所示。从结果可以看到，按地区划分，发电量排在前三位的地区分别是东部沿海地区、黄河中游地区和西南地区。

	数据		
地区	求和项:2021年3-12月八大地区发电量统计	计数项:省、市	求和项:2021年12月
东部沿海地区	9153	3	964.1
黄河中游地区	12420	4	1411.5
西南地区	11091.2	5	1044.7

图 7-13　“按值筛选”效果图

(3)按照选定内容筛选

在数据透视表中，右键单击行标题或者列标题，在弹开的快捷菜单中可以看到“筛选”，点击“筛选”，可以看到“仅保留所选项目”“隐藏所选项目”“前 10 项”选项，用户可以根据需要选择选项。

如仅想显示图 7-5 中“东部沿海地区”的相关数据信息，则可以在“东部沿海地区”对应单元格上单击右键，在弹出的快捷菜单中点击“筛选”，然后点击“筛选”中的“仅保留所选项目”，点击确定，即可得到如图 7-14 所示的结果。

	数据		
地区	求和项:2021年3-12月八大地区发电量统计	计数项:省、市	求和项:2021年12月
东部沿海地区	9153	3	964.1
总计	9153	3	964.1

图 7-14　按照选定内容筛选效果示意图

4.清除筛选

用户如需要删除数据透视表中的所有筛选，可以按如下步骤进行操作：

(1)在数据透视表中任选一个单元格，即可打开数据透视表工具选项卡，里面包含两个选项卡【分析】与【设计】。

(2)打开【分析】选项卡，在【操作】选项组中单击【清除】按钮，然后选择【清除筛选】，即可删除数据透视表中的所有筛选。

7.4 数据透视图的创建与编辑

Excel 软件在创建数据透视表的同时，也可以同时创建一个与该数据透视表相对应的数据透视图。

数据透视图就是用图表的形式来对数据透视表的数据进行呈现，让用户能直观地了解汇总后数据的特征。

7.4.1 数据透视图的创建

Excel 提供了两种创建数据透视图的方法。

方法一：根据数据透视表创建。

用户可以在创建好的数据透视表的基础上创建一个与之对应的数据透视图，具体操作步骤如下：

(1)在数据透视表中任选一个单元格。

(2)打开【插入】选项卡，点击【图表】选项组中的【数据透视图】按钮，然后选择【数据透视图】，即可打开【插入图表】对话框。

(3)在【插入图表】对话框中，根据实际需要选择一种合适的图表类型(柱形图、条形图、折线图等)，点击【确定】，即可得到数据透视图。此时数据透视图的布局与数据透视表的布局一致，其中数据透视表中的“行字段”对应为数据透视图中的“图例(系列)”，数据透视表中的“列字段”对应为数据透视图中的“轴(类别)”。

例 7-2：根据图 7-6 中的数据透视表汇总数据创建数据透视图，并用“簇状柱形图”对 2021 年 3—12 月八大地区发电量汇总值进行呈现。

具体操作步骤如下：

(1)在该数据透视表中任选一个单元格。

(2)打开【插入】选项卡，点击【图表】选项组中的【数据透视图】按钮，然后选择【数据透视图】，即可打开【插入图表】对话框，如图 7-15 所示。

(3)在【插入图表】对话框中，根据实际需要选择“簇状柱形图”，单击“确定”，即可得到如图 7-16 所示的数据透视图。在图 7-16 中，我们可以清楚地看到，数据透视表和数据透视图是相关联的，数据透视图字段的布局与数据透视表字段的布局也是一致的。

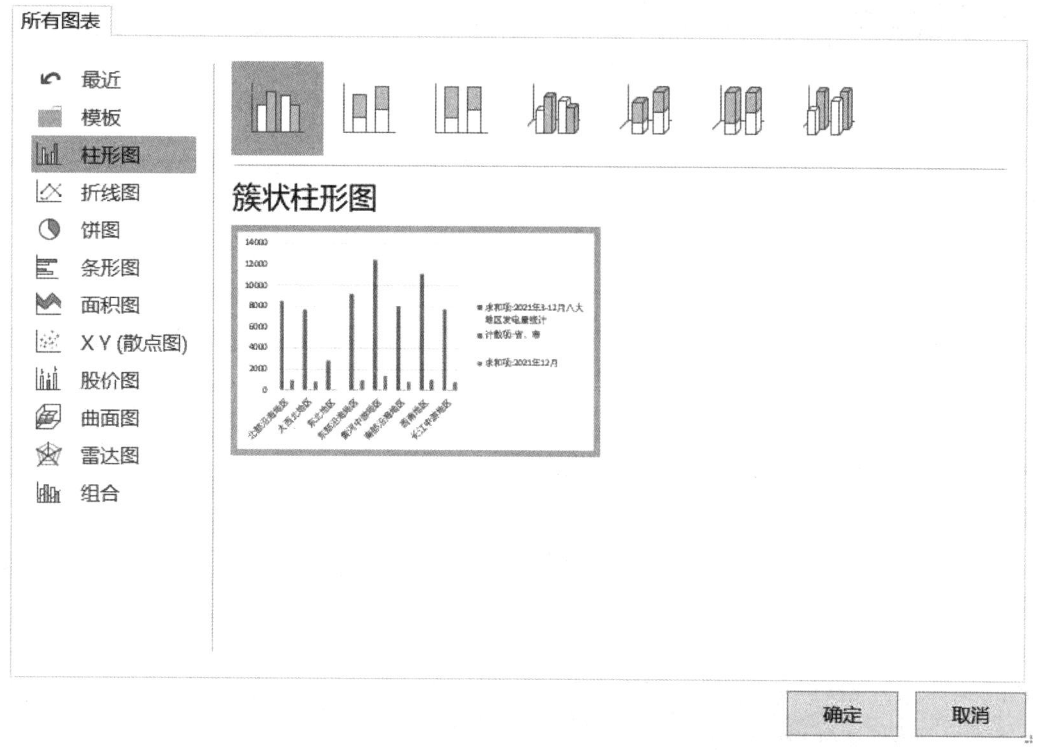

图 7-15　打开“插入图表”对话框

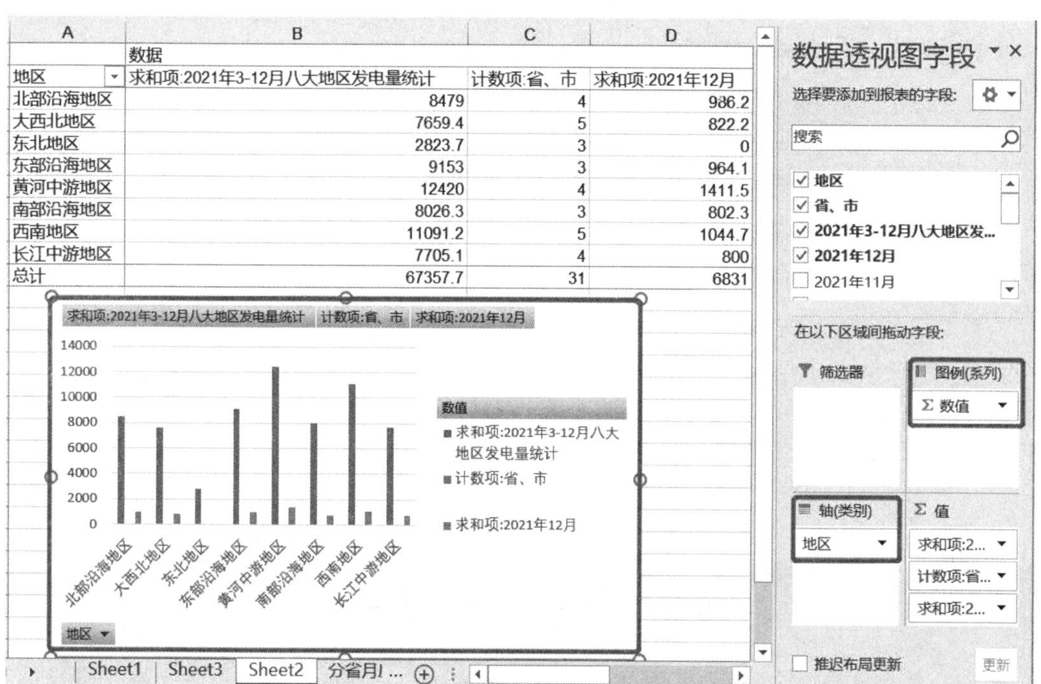

地区	求和项:2021年3-12月八大地区发电量统计	计数项:省、市	求和项:2021年12月
北部沿海地区	8479	4	986.2
大西北地区	7659.4	5	822.2
东北地区	2823.7	3	0
东部沿海地区	9153	3	964.1
黄河中游地区	12420	4	1411.5
南部沿海地区	8026.3	3	802.3
西南地区	11091.2	5	1044.7
长江中游地区	7705.1	4	800
总计	67357.7	31	6831

图 7-16　数据透视表和数据透视图关联关系图

方法二：直接根据源数据创建。

Excel数据透视图也可以根据源数据直接创建，但对源数据区域有一定的要求：

要求一：源数据区域没有空行或者空列。

要求二：源数据区域的每列都必须有列标题。

在满足以上两个条件的基础上，用户可以直接根据源数据创建数据透视图，具体操作步骤如下：

(1)在源数据区域中任选一个单元格。

(2)打开【插入】选项卡，点击【图表】选项组中的【数据透视图】按钮，然后选择"数据透视图"或者【数据透视图与数据透视表】，即可打开【创建数据透视图】对话框，如图7-17所示。

(3)在【创建数据透视图】对话框中，首先要选择要分析的数据，一般情况下，Excel系统默认将源数据整个数据区域作为数据透视图的源数据，如果用户要分析的数据与该数据不同，就可以在"表/区域"文本框中重新选择拟分析的数据区域。

(4)设置存放数据透视图的位置。从图7-17中看到，数据透视图存放位置有两种选择方式"新工作表"和"现有工作表"。

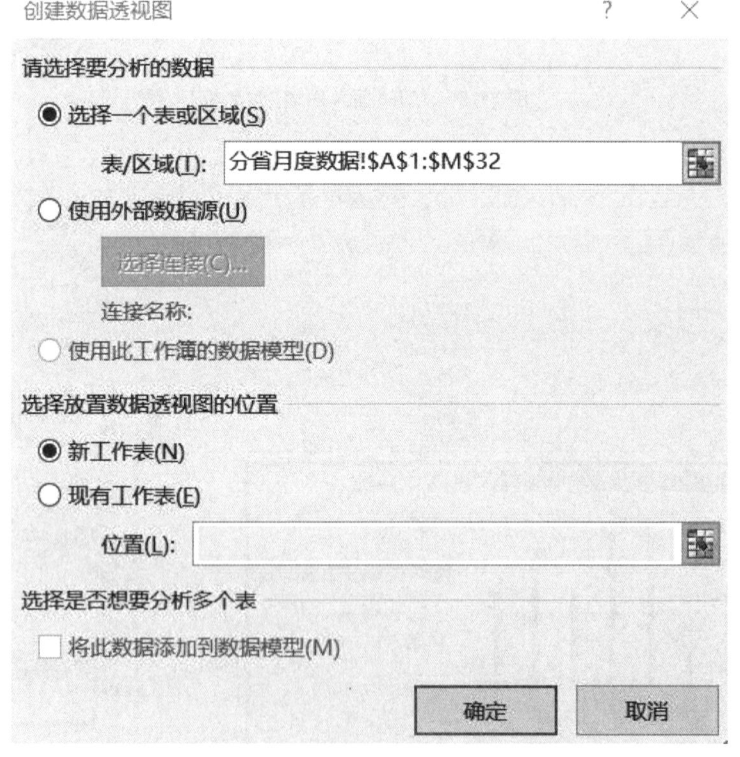

图7-17　打开"创建数据透视图"对话框

用户如果选择"新工作表"，则系统将会自动创建一个新的工作表以存放数据透视图。

用户如果选择"现有工作表"，则需要在"位置"框中将当前工作表拟存放数据透视图区域的第一个单元格位置输入。

(5)完成设置后，点击【确定】，即可在新工作表或者当前工作表指定位置插入一个数据透视图和一个与之相对应的数据透视表，并弹出【数据透视图字段】窗格。如图 7-18 所示。

(6)使用【数据透视图】窗格的字段对数据透视图进行布局：数据透视图的字段布局同样有 4 个区域：筛选器、图例(系列)、轴(类别)、值。用户可以根据需要选择字段放置在指定的区域，此时，在数据透视图显示区域将同步呈现相对应的图形。

需要注意的是，无论用户采取上述哪种方式创建数据透视图，Excel 的数据透视图与同一个源数据创建的数据透视表应该是对应的，也就是说如果用户在数据透视图中改变了字段布局，那么数据透视表也会相应改变。

7.4.2 数据透视图的编辑

1.数据透视图的设置

数据透视图创建完成之后，用户可以像处理 Excel 普通图表一样来对数据透视图进行处理，如可以更改图表类型，切换行和列，移动图表位置，设置图表格式等。

如用户要将图 7-16 中的数据透视图的图形从“簇状柱形图”改为“折线图”。则可按照如下步骤完成操作：

(1)单击数据透视图，即可在 Excel 功能区看到【数据透视图工具】。

(2)在“数据透视图工具”中有三张选项卡【分析】【设计】【格式】，点击【设计】选项卡，在【类型】选项组中单击【更改图表类型】，即可打开【更改图表类型对话框】，里面显示了 Excel 提供的各种图表类型，如图 7-18 所示。

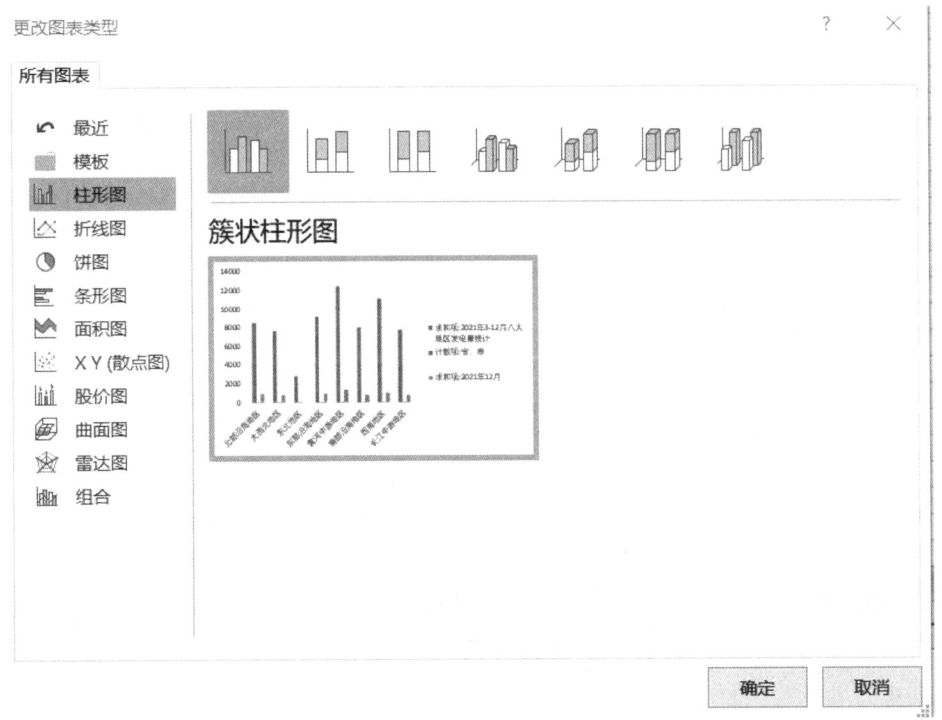

图 7-18　显示所有图表类型

(3)在【所有图表】中选择【折线图】,即可完成对图表类型的更改,效果如图7-19所示。

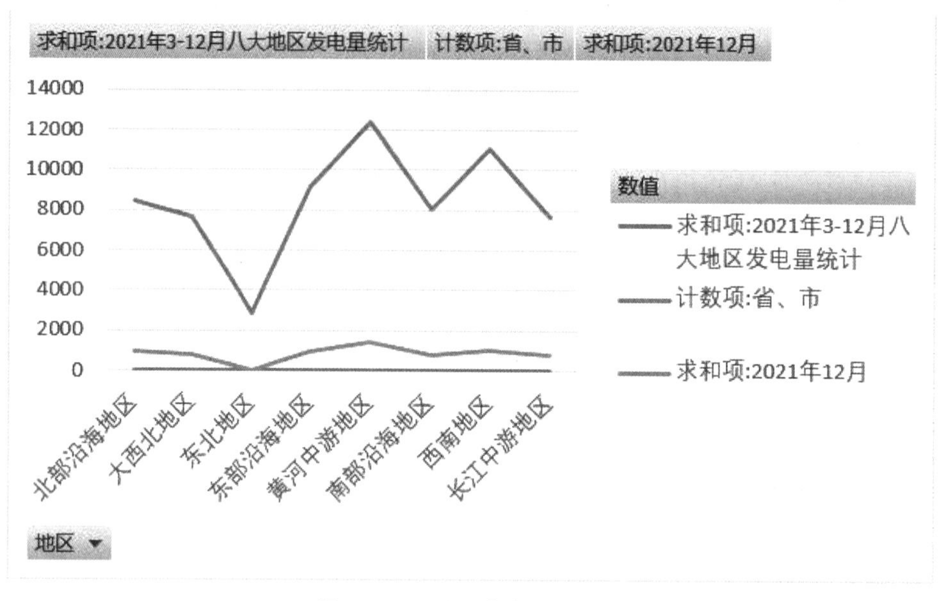

图7-19 更改图表类型效果图

尽管在很多处理上,数据透视图跟普通图表的做法是一样的,但是需要注意的是:与普通图表相比,数据透视图在图表类型的选择、图表元素的添加和修改上是存在一定的限制的。譬如,数据透视图不可以使用散点图、股价图和气泡图等,也无法像普通图表一样调整数据标签、图表标题和坐标轴标题等内容。

2.数据透视图的筛选设置

用户可以在数据透视图中对某些字段进行筛选设置,以便更直观地查看想要的数据,具体操作如下:

方法一:通过设置数据透视表字段列表的"筛选器"和"轴(类别)"的字段进行筛选设置。步骤如下:

(1)右键单击数据透视图,即可打开数据透视表字段列表。

(2)将拟进行筛选显示的字段拖入"筛选器"或者"轴(类别)"区域中,则在数据透视图中同步出现带有下拉箭头的按钮,如图7-20所示,用户点击该下拉箭头,即可打开可以选择的选项进行筛选。

方法二:插入切片器。

数据透视图除了可以对选入"筛选器"和"轴(类别)"的字段提供了筛选功能,还提供了切片器用以筛选。具体做法如下:

(1)单击数据透视图,打开Excel功能区的【数据透视图工具】。

(2)在【数据透视图工具】中,点击【分析】选项卡,在【筛选】选项组中单击【插入切片器】,即可打开【插入切片器】对话框,如图7-21所示。

(3)在"插入切片器"对话框中选择拟要分类查询的字段,如在图7-21上,选择"地区"字段,单击确定,则在数据透视图上就插入了一个切片器,如图7-22所示。

省、市
求和项:2021年3-12月八大地区发电量统计
计数项:省、市
求和项:2021年12月
14000
12000
10000
8000
6000
4000
2000
0
北部沿海地区
大西北地区
东北地区
东部沿海地区
黄河中游地区
南部沿海地区
西南地区
长江中游地区
数值
求和项:2021年3-12月八大地区发电量统计
计数项:省、市
求和项:2021年12月
地区

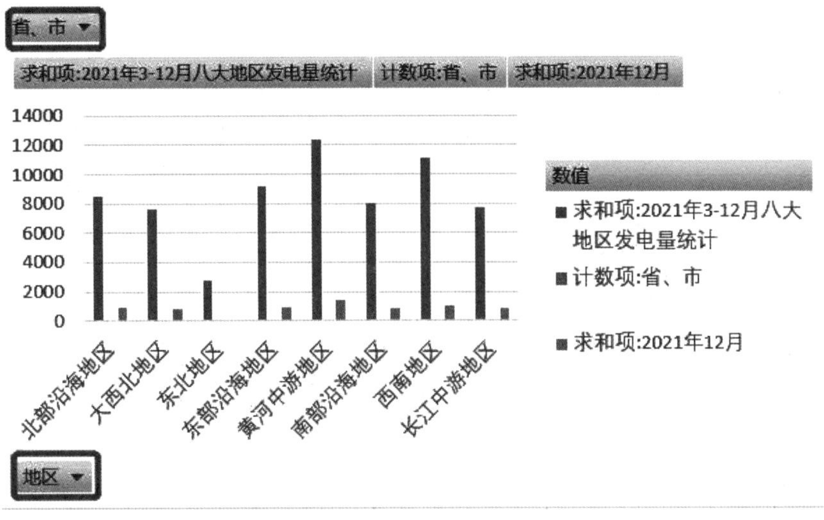

图 7-20　数据透视图的筛选设置

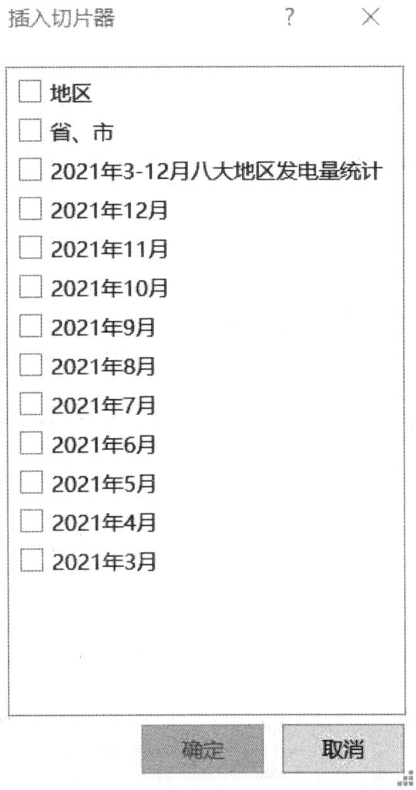

插入切片器
?
地区
省、市
2021年3-12月八大地区发电量统计
2021年12月
2021年11月
2021年10月
2021年9月
2021年8月
2021年7月
2021年6月
2021年5月
2021年4月
2021年3月
确定
取消

图 7-21　打开“插入切片器”对话框

切片器上显示了所有地区，用户想查看某个地区的相关数据信息，只需要点击该地区即可直观查看该地区的数据，而其他地区数据自动隐藏。如点击“北部沿海地区”，则数据透视图将只显示北部沿海地区的数据图。如图 7-23 所示。

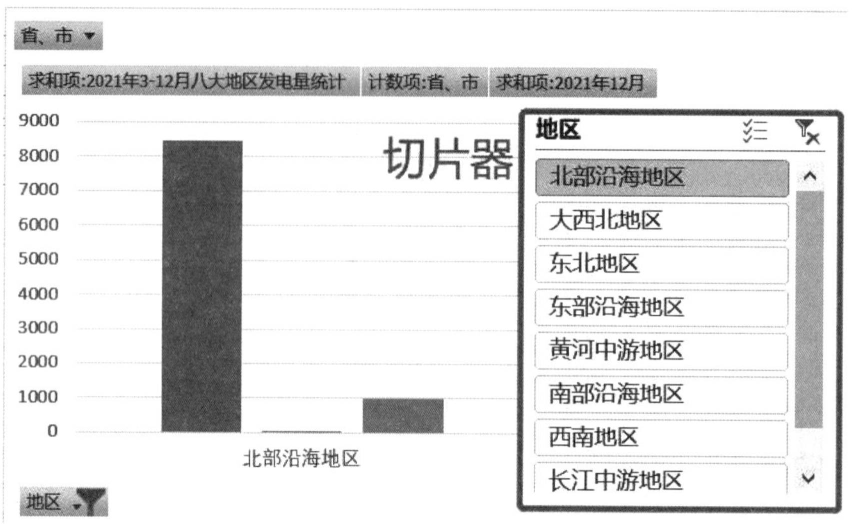

图 7-22 切片器显示效果图

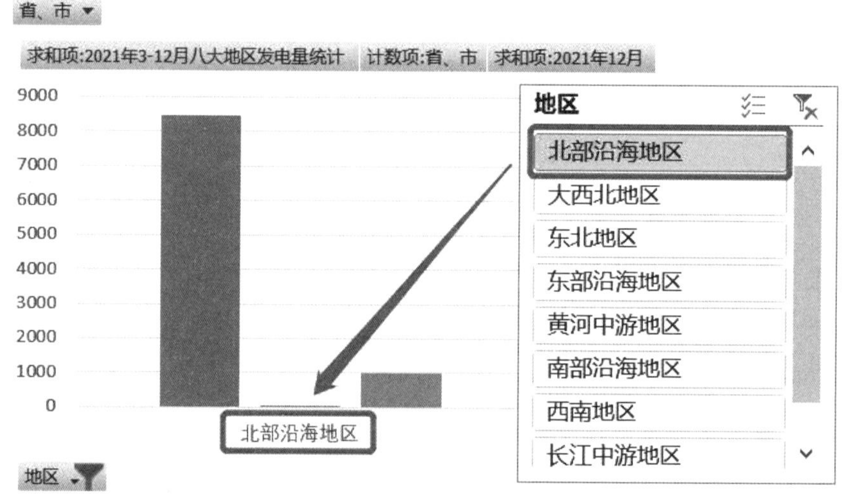

图 7-23 使用切片器只北部沿海地区数据效果图

数据透视图上可以同时插入多个切片器,共同实现多字段查询。如可以同时选择“地区”和“省、市”字段插入切片器,如图 7-24 所示。

用户如点击“北部沿海地区”,则“省、市”切片器上会突出显示北部沿海地区各城市(北京市、河北省、山东省、天津市)的字段名,如图 7-25 所示。

用户在此基础上如果再在“省、市”切片器上点击“北京市”,那么数据透视图上显示的就是“北部沿海地区”的“北京市”的 2021 年 3—12 月的发电量汇总结果,如图 7-26 所示。

在数据透视图中,每一个字段都可以设置一个切片器。通过上面的案例可以看出,用切片器进行筛选要比用下拉列表方式的筛选更为直观。

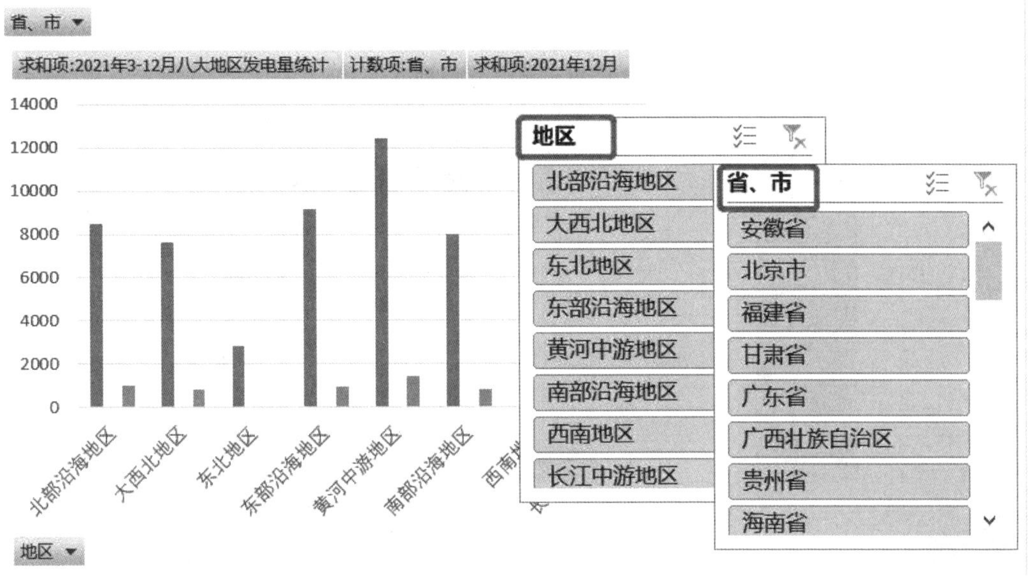

图 7-24　插入多个切片器的效果图

图 7-25　多个切片器的关联筛选

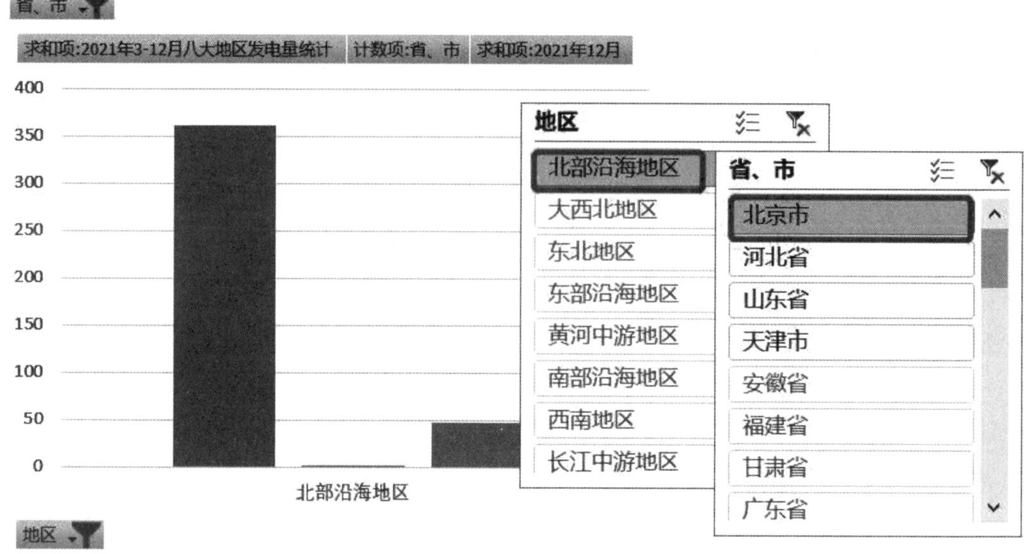

图 7-26 同时使用多个切片器的效果图

7.4.3 数据透视图的删除

用户如果需要删除数据透视图,可以按照如下步骤操作:

(1)单击并选中数据透视图。

(2)按下【Delete】键即可删除。

7.5 综合实训

一、实训目标

1.能根据源数据特征和数据分析需要创建数据透视表和数据透视图。

2.能灵活运用数据透视表工具对数据进行分析。

3.能创建切片器实现单字段或多字段筛选。

二、实训内容

请根据表 7.1 的数据对 2021 年 3—12 月八大地区发电量进行数据透视分析,要求如下:

1.创建数据透视表按照“地区”汇总统计八大地区 2021 年 3—12 月的发电量,并分析各地区发电量的结构占比。

2.计算北部沿海地区几个城市 2021 年 3—12 月发电量的增长量和增长率。

3.创建数据透视图展示八大地区及省市 2021 年 3—12 月的发电量,并添加切片器对地区及省市进行筛选显示。

三、实训操作步骤

任务一:创建数据透视表按照"地区"汇总统计八大地区 2021 年 3—12 月的发电量,并分析各地区发电量的结构占比。

步骤如下:

1.打开表 7.1,在数据区域任意点击一个单元格,在功能区点击【插入】选项卡,在【插入】选项卡的【表格】选项组中点击【数据透视表】,即可打开【创建数据透视表】对话框;选择表 7.1 分省月度数据"! $A$1:$M$32",然后选择放置数据透视表的位置为"新工作表",点击【确定】,即可打开一张新工作表,并在新工作表中有空白的数据透视表。

2.在"数据透视表字段"窗格中,将"地区"字段拖至行区域,将"求和项:2021 年 3—12 月八大地区发电量统计"拖至值区域,即可汇总出八大地区 2021 年 3—12 月的发电量,结果如图 7-27 所示。

3.右键单击数据透视表"求和项:2021 年 3—12 月八大地区发电量统计",在弹出的快捷菜单中选择"值显示方式",选择"列汇总百分比",即可完成各地区发电量的结构占比,如图 7-28 所示。

行标签	求和项:2021年3-12月八大地区发电量统计
北部沿海地区	8479
大西北地区	7659.4
东北地区	2823.7
东部沿海地区	9153
黄河中游地区	12420
南部沿海地区	8026.3
西南地区	11091.2
长江中游地区	7705.1
总计	**67357.7**

图 7-27　八大地区 2021 年 3—12 月的发电量汇总结果图

行标签	求和项:2021年3-12月八大地区发电量统计
北部沿海地区	12.59%
大西北地区	11.37%
东北地区	4.19%
东部沿海地区	13.59%
黄河中游地区	18.44%
南部沿海地区	11.92%
西南地区	16.47%
长江中游地区	11.44%
总计	**100.00%**

图 7-28　八大地区 2021 年 3—12 月的发电量汇总百分比结果图

任务二:计算北部沿海地区几个城市的 2021 年 3—12 月发电量的增长量和增长率。

步骤如下:

1.在图 7-28 中的【数据透视表字段】窗格中,将"省、市"拖入行字段,则数据透视表显示的结果如图 7-29 所示。

2.点击数据透视表行标签旁边的下拉箭头，选择“北部沿海地区”，点击【确定】，即可得到北部沿海地区的 2021 年 3—12 月的发电量统计，如图 7-30 所示。

3.右键单击数据透视表“求和项:2021 年 3—12 月八大地区发电量统计”，在弹出的快捷菜单中选择“值显示方式”，选择“列汇总百分比”，即可完成各地区发电量的结构占比，如图 7-31 所示。

行标签	求和项:2021年3–12月八大地区发电量统计
⊟北部沿海地区	**8479**
北京市	362
河北省	2657.7
山东省	4820.3
天津市	639
⊟大西北地区	**7659.4**
甘肃省	1423.2
宁夏回族自治区	1641.3
青海省	759.4
西藏自治区	73.8
新疆维吾尔自治区	3761.7
⊟东北地区	**2823.7**
黑龙江省	744.5
吉林省	626.2
辽宁省	1453
⊟东部沿海地区	**9153**
江苏省	4885.6
上海市	789.5
浙江省	3477.9
⊟黄河中游地区	**12420**
河南省	2299.1
内蒙古自治区	4915.7
山西省	3070.8
陕西省	2134.4

图 7-29　将“省、市”拖入行字段后的效果图

行标签	求和项:2021年3–12月八大地区发电量统计
⊟北部沿海地区	**8479**
北京市	362
河北省	2657.7
山东省	4820.3
天津市	639
总计	**8479**

图 7-30　北部沿海地区的 2021 年 3—12 月的发电量统计图

行标签	求和项:2021年3–12月八大地区发电量统计
⊟北部沿海地区	**100.00%**
北京市	4.27%
河北省	31.34%
山东省	56.85%
天津市	7.54%
总计	**100.00%**

图 7-31　北部沿海地区的 2021 年 3—12 月的发电量列汇总占比图

任务三：创建数据透视图展示八大地区及省市 2021 年 3－12 月的发电量，并添加切片器对地区及省市进行筛选显示。

步骤如下：

(1)在表格 7.1 数据区域任意选择一个单元格，点击【插入】选项卡，点击【图表】选项组中的【数据透视图】按钮，然后选择点击【数据透视图】，即可打开空白的数据透视表和数据透视图，如图 7-32 所示。

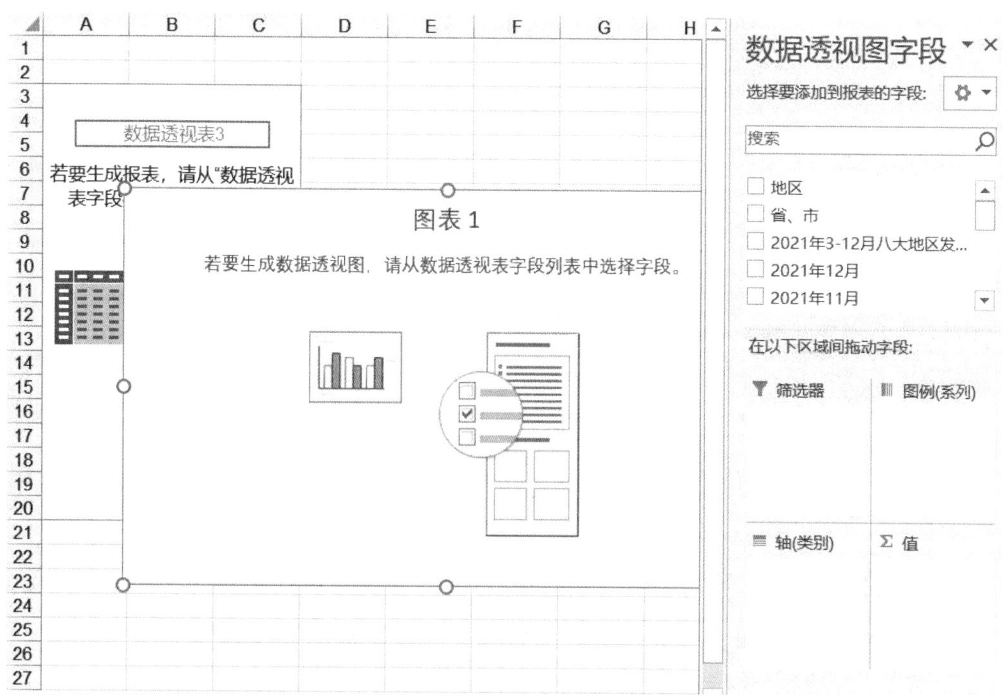

图 7-32　打开空白的数据透视表和数据透视图

(2)在【数据透视图字段】窗格中，将“地区”“省、市”字段拖入“轴(类别)”中，将“2021 年 3—12 月八大地区发电量统计”拖入到值字段，即可直观显示出各地区和对应的各省市的 2021 年 3—12 月的发电量统计结果，如图 7-33 所示。

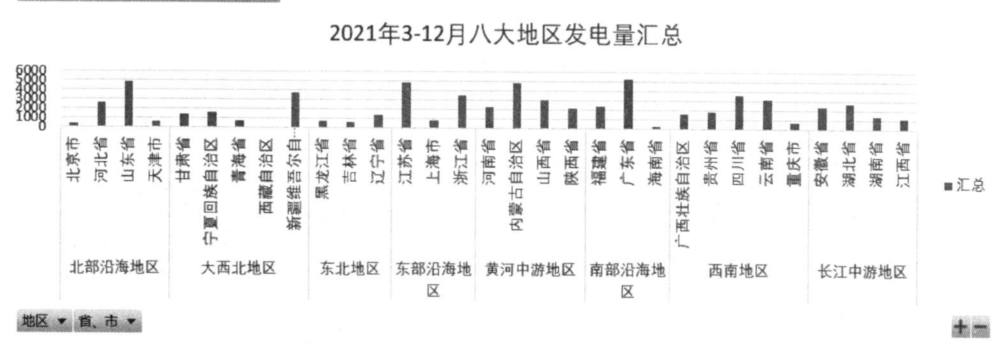

图 7-33　2021 年 3—12 月的发电量统计结果示意图

(3)首先,单击数据透视图,即可在功能区看到【数据透视图工具】;然后在【数据透视图工具】中点击【分析】选项卡,在【筛选】选项组中单击【插入切片器】,打开【插入切片器】对话框;接着在【插入切片器】对话框中选择“地区”“省、市”。

数据透视图上可以同时插入多个切片器来共同实现多字段查询。如可以同时选择“地区”和“省、市”字段插入切片器,如图 7-34 所示,点击【确定】,即可插入两个切片器,结果如 7.35 所示。

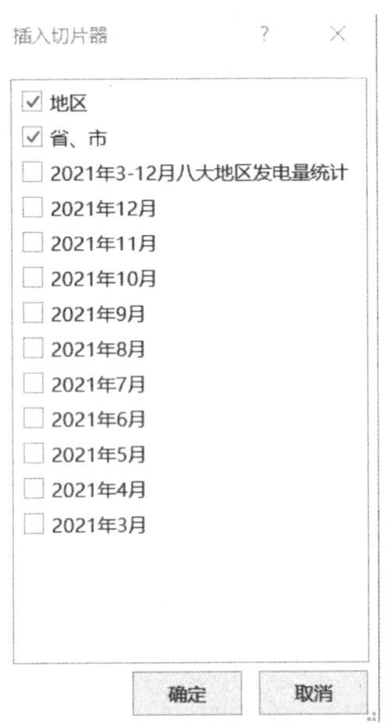

图 7-34　插入切片器

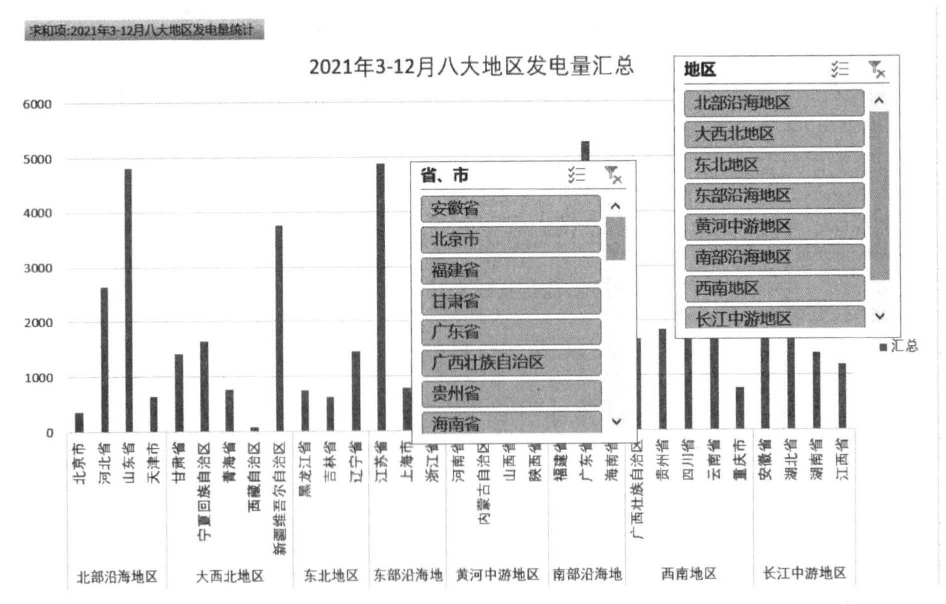

图 7-35　使用切片器效果图

练习题

1.下列关于数据透视表中字段的说法错误的是(　　)。

A.数据透视表中的字段有行字段、页字段、列字段和数据字段四类

B.数据透视表中源字段只能处于行字段、页字段和列字段三个中的一个位置

C.某个源字段在行字段中出现了,也可以同时在页字段中出现

D.数据字段可以重复多次使用

2.要创建数据透视表,第一步应该(　　)。

A.整理数据清单

B.打开数据透视表制作向导

C.将数据从工作表拖放到数据透视表视图中

D.确定想知道什么

3.要将数据清单中的合并单元格还原到未合并前的状态,某人先后进行了如下操作:①选定所有的合并单元格;②对齐方式中撤销合并单元格;③定位选定区域中的空值;④输入公式"=A1"(A1 为合并单元格复原后的第一个单元格位置);⑤按下回车键;⑥按下 Ctrl+回车键;⑦将还原后的数据区域复制;⑧选择性粘贴;⑨回车。正确的顺序是(　　)。

A.①②③④⑤⑥⑦⑧⑨　　B.①②③④⑥⑦⑧⑨

C.①②③④⑤⑥　　D.①②③④⑥

4.删除数据量非常大的数据清单中的空白行时,效率最低的操作是(　　)。

A.逐行删除

B.使用辅助列,先对主要关键字排序,将空行集中删除,然后对辅助列排序,还原数据清单的最初顺序,最后删除辅助列

C.使用自动筛选方法:先选定数据区域,筛选出非空白项,然后定位可见单元格,复制粘贴到目的区域

D.使用辅助列,输入公式 1/count(数值区域),定位公式中的错误值,依次点击"编辑→删除→所在行"

5.数据透视表字段是指(　　)。

A.源数据中的行标题　　B.源数据中的列标题

C.源数据中的数据值　　D.源数据中的表名称

6.要将所设定好的公式复制到计算字段的公式栏内,采取的操作是(　　)。

A.添加　　B.插入字段

C.手工输入　　D.Ctrl+V 键

7.在数据透视表中自定义计算字段是通过对(　　)执行运算得到自定义字段的。

A.数据透视表中的现有字段　　B.数据清单中的现有字段

C.数据透视表中的现有字段项　　D.数据清单中的现有字段项

8.我们在定义名称中编辑公式时，为了使光标在公式栏内移动，需要按(　　)键。

A.F1　　B.F2　　C.F3　　D.F4

9.使用定义名称的方法创建一个动态数据透视表时，关键是(　　)。

A.定义数据区域

B.定义名称

C.使用 OFFSET 函数和 COUNTA 函数定义动态数据区域

D.使用 OFFSET 函数和 COUNT 函数定义动态数据区域

10.在数据透视表中，若想在公式中使用其他字段的数据时，应使用(　　)。

A.计算项　　B.函数　　C.计算字段　　D.名称

11.在一份销售数据清单中，要计算每位销售人员所售货物的笔数，应单击透视表工具栏中的(　　)按钮。

A.字段设置　　B.显示数据明细　　C.表格选项　　D.格式选项

12.在数据透视表中要将同一项目进行合并居中显示，需要使用(　　)功能。

A.跨行合并　　B.格式选项　　C.合并标志　　D.自动套用格式

13.要在数据透视表中分类汇总某个日期的累计值，应该选用的数据显示方式是(　　)。

A.计数　　B.按某一字段汇总　　C.累计值　　D.求和

14.当源数据表和数据透视表不在同一个工作表内时，要想实现数据透视表的内容随源数据变动更新，可以设置(　　)。

A.数据透视表选项　　B.格式选项　　C.数据选项　　D.打开时刷新

15.在数据透视表中对每行数据或每列数据进行汇总，可通过(　　)操作。

A.字段设置　　B.数据源选项　　C.表格选项　　D.格式选项

二、判断题

1.如果要删除某数据清单中的小计栏，可以先选定数据区域，查找“小计”，将查找出的全部结果全选(Ctrl＋A)，关闭查找栏，通过编辑操作删除所在行即可。　(　　)

2.在 Office 2007 中通过使用报表筛选，可以集中关注报表中数据的子集，通常是产品线、时间范围或地理区域。Office 2003 数据透视表中的页字段，按页显示数据，并允许一次查看一项数据(如一个国家或地区)，或者一次查看所有项。报表筛选和页字段二者实质上是一样的。　(　　)

3.一般情形下，数据透视表的结果随源数据的变化而即时更新。　(　　)

4.在数据筛选时要先选定数据区域然后再做自动筛选，这样可以避免因为空白数据行的存在所导致的出错。　(　　)

5.各种创建数据透视表的方式都不是错误的。　(　　)

6.计算项的添加可以在数据区进行操作。　(　　)

7.在向字段中添加计算项时，如果字段中的项已经分组，则需要先取消分组。(　　)

8.对于计算项，可以按单元格逐个输入不同的公式。　(　　)

9.在数据透视表中，分组的情形下也可以添加自定义字段或计算项。 （ ）

10.计算字段的内容必须是现有的字段或添加的计算字段来完成，而不能使用单元格引用的方式来完成。 （ ）

11.在数据透视表中通过某单元格设置的数据格式对所有的数据有效。 （ ）

12.随数据显示方式的不同，基本字段和基本项也不同。 （ ）

13.汇总字段与源字段名相同时，可以使用给汇总字段加一个半角空格的方法来消除错误。 （ ）

14.要对某数据清单中的时间按月汇总显示，需要在数据透视表中“组及显示明细数据”项下的“组合”栏选“月”项目，起始日和终止日均按自动汇总。 （ ）

15.一般情况下，数据透视表的源数据变化后其也随之更新。 （ ）

第8章　商务数据分析案例

课程思政案例导入与教学目标

课程思政案例：数字经济与数字商务

2022年1月，国务院首次印发了一个专门针对数字经济的十四五规划——《“十四五”数字经济发展规划》。数字经济是以数据资源为关键要素，以现代信息网络为主要载体，以信息通信技术融合应用、全要素数字化转型为重要推动力，促进公平与效率更加统一的新经济形态。数字经济是农业经济、工业经济之后的一种新的经济社会发展形态，与农业经济的基础要素是土地、工业经济的基础要素是机器不同之处是：数字经济的基础要素是大数据。数字经济的本质是要实现以数据作为核心的生产力，最终实现新一轮公平与效率的重新配置。截至目前，数字化开始由5G、云计算、AI等技术为基础，慢慢向各产业深度渗透，如数字商务、数字金融等。在2020年中国电子商务大会数字商务分论坛上，商务部电子商务司副司长蔡裕东表示：“数字商务是数字经济在商务领域的具体体现，也是数字经济最活跃最集中的表现形式，必将成为商务发展的新趋势。”另外，中央网络安全和信息化委员会印发的《“十四五”国家信息化规划》（以下简称《规划》）也提出要大力发展数字商务，促进产业数字化转型发展。具体要求包括：以电商大数据促进数据要素深度应用；以农村电商促进乡村振兴；以生产性服务业电商促进制造业数字化转型；以电商新模式带动服务业数字化转型；以电商新规则推动数字领域国际规则建设。显然，数字商务正以电商为核心，通过推进数字生活、助力数字生产、促进乡村振兴、引领开放合作等方面发挥着电子商务的先导作用。

数字商务的发展需要企业积极推动企业数字化转型，充分发挥数据要素的作用。企业要不断完善企业信息化建设，提升硬件基础，提升数据采集能力，同时要将数据作为要素融入业务和管理中，通过提高现有业务流程和客户界面的数字化程度，来发挥数据的要素功能，从而打破组织边界，提高整个供应链、价值链的数字化水平，从而提升效率。目前，很多企业都具备了数据采集能力，此时更重要的是如何对采集到的数据进行整理、分析，从而得出有价值的信息，以提高运营效率，这就需要相关工作人员要具备数据的处理分析能力。

小王在一家电子商务企业担任数据分析师，他需要实时采集企业的相关运营数据，如销售数据、客户数据等，并对其进行处理、分析，诊断运营过程中存在的问题，并根据数据呈现的结果提供给相关岗位工作人员，为相关工作的改进提供科学的依据。

课程思政教学目标：

通过 Excel 数据分析工具对企业的电子商务活动形成的数据进行分析，让同学们在对 Excel 的数据工具灵活运用的同时，了解我国企业电子商务的发展情况，并且充分意识到数据分析在企业开展电子商务活动、有效推进电子商务进一步健康持续发展方面的重要性，充分展示社会主义制度的优越性，增强学生的制度自信，提升民族自豪感。

8.1　运营数据分析

8.1.1 销售数据分析

企业经营情况好不好，销售数据见分晓。企业在日常运营过程中，会产生大量的运营数据，若能及时对其中的销售数据进行采集、分析，就能够客观地评价出企业在一段期间内的运营效果，并能及时诊断出存在的问题，甚至可以根据数据分析结果提供的信息，有针对性地指导企业对相应环节地进行改进、优化，从而实现运营效益最大化。

例 8-1：2022 年的“11.11”年终大促活动结束后，数据分析师小王所在的电子商务企业部门经理安排小王对本次活动所产生的销售数据进行处理、分析，从而为之后的运营优化和员工的业绩考核提供依据。

任务分析：

对销售数据进行处理分析，至少可以达到如下几个方面的效果：首先，可以衡量企业的销售目标是否有效达成；其次，可以客观了解、监控企业商品的实际销售状况；第三，可以作为对工作人员进行业绩评价和考核的参考。

要想了解销售情况，就必须要获取销售核心指标的数据，销售核心指标主要包括浏览量、访客数、成交客户数、支付件数、商品单价、优惠金额、销售额及销售成本等。因此，小王先从店铺系统后台勾选了以上相关指标，将对应活动期间的销售数据进行下载，并导出为 Excel 文件，然后通过分类整理查看企业各商品的销量情况。此外，还添加了两个指标“成交转化率”和“毛利率”，通过数据分析计算，了解各类商品具体的成交转化情况和盈利情况。

具体操作如下：

(1)获取数据

小王通过生意参谋获取了企业本次大促活动的销售数据表“8.1.1 源数据：企业销售数据表”，如图 8-1 所示。

(2)数据清洗

对企业销售数据进行处理的主要目的是总结、分析经营过程中各个商品的实际销售情况和盈利情况，在源数据表中，“偏远地区邮费补拍”不是真正的商品，因此属于无价值数据，需要先清洗掉。一般来说，无价值的数据清洗只需要直接删除即可，清洗后的效果如图 8-2 所示。

商品ID	商品分类	商品名称	浏览量	访客数	成交客户数	支付件数	商品单价	优惠金额	销售额	销售成本
20220001	其他	偏远地区邮费补拍	5636	4123	3625	20355	1.00	0.00	20355	0.00
20220002	女士鞋	女士单鞋	18479	14975	8260	8922	289.00	515,691.60	2062766	472826
20220003	女士鞋	女士皮靴	15636	13564	4899	5023	350.00	351,610.00	1406440	214382.5
20220004	女士鞋	女士休闲鞋	9040	6952	1896	2001	240.00	96,048.00	384192	164203
20220005	女士鞋	女士凉鞋	10454	8347	2489	2862	260.00	148,824.00	595296	146355
20220006	女士鞋	女士雪地靴	15943	13055	6235	6412	299.00	383,437.60	1533750	321195
20220007	女士鞋	女士拖鞋	8500	6230	1820	1863	32.00	0.00	59616	16000
20220008	男士鞋	男士休闲鞋	14381	12862	8522	8900	358.00	637,240.00	2548960	253040
20220009	男士鞋	男士商务鞋	15062	13444	6235	6300	468.00	589,680.00	2358720	460366
20220010	男士鞋	男士靴子	18873	16005	7520	7602	652.00	991,300.80	3965203	258096.5
20220011	男士鞋	男士凉鞋	17375	14495	2233	4718	320.00	301,952.00	1207808	166884.5

图 8-1 企业销售数据表一览图

商品分类	商品名称	浏览量	访客数	成交客户数	支付件数	商品单价	优惠金额	销售额	销售成本
女士鞋	女士单鞋	18479	14975	8260	8922	289.00	515,691.60	2062766	472826
女士鞋	女士皮靴	15636	13564	4899	5023	350.00	351,610.00	1406440	214382.5
女士鞋	女士休闲鞋	9040	6952	1896	2001	240.00	96,048.00	384192	164203
女士鞋	女士凉鞋	10454	8347	2489	2862	260.00	148,824.00	595296	146355
女士鞋	女士雪地靴	15943	13055	6235	6412	299.00	383,437.60	1533750	321195
女士鞋	女士拖鞋	8500	6230	1820	1863	32.00	0.00	59616	16000
男士鞋	男士休闲鞋	14381	12862	8522	8900	358.00	637,240.00	2548960	253040
男士鞋	男士商务鞋	15062	13444	6235	6300	468.00	589,680.00	2358720	460366
男士鞋	男士靴子	18873	16005	7520	7602	652.00	991,300.80	3965203	258096.5
男士鞋	男士凉鞋	17375	14495	2233	4718	320.00	301,952.00	1207808	166884.5

图 8-2 数据清洗效果图

(3)数据排序

接下来,将对其他有价值的数据进行分析。我们可以通过对"支付件数"字段排序来查看企业各个商品的销量情况,快速找到销量最高和最低的商品,结果如图 8-3 所示。很显然,该企业销量最高的是商品 ID 为"20220002"的女士单鞋。

商品ID	商品分类	商品名称	浏览量	访客数	成交客户数	支付件数	商品单价	优惠金额	销售额	销售成本
20220002	女士鞋	女士单鞋	18479	14975	8260	8922	289.00	515,691.60	2062766	472826
20220008	男士鞋	男士休闲鞋	14381	12862	8522	8900	358.00	637,240.00	2548960	253040
20220010	男士鞋	男士靴子	18873	16005	7520	7602	652.00	991,300.80	3965203	258096.5
20220006	女士鞋	女士雪地靴	15943	13055	6235	6412	299.00	383,437.60	1533750	321195
20220009	男士鞋	男士商务鞋	15062	13444	6235	6300	468.00	589,680.00	2358720	460366
20220003	女士鞋	女士皮靴	15636	13564	4899	5023	350.00	351,610.00	1406440	214382.5
20220011	男士鞋	男士凉鞋	17375	14495	2233	4718	320.00	301,952.00	1207808	166884.5
20220005	女士鞋	女士凉鞋	10454	8347	2489	2862	260.00	148,824.00	595296	146355
20220004	女士鞋	女士休闲鞋	9040	6952	1896	2001	240.00	96,048.00	384192	164203
20220007	女士鞋	女士拖鞋	8500	6230	1820	1863	32.00	0.00	59616	16000

图 8-3 销量排序效果图

(4)数据计算

为了更好地了解各个商品的成交转化情况和盈利水平,我们可以在表格中添加新字段"成交转化率"和"毛利率",然后利用公式计算出各个商品的成交转化率和毛利率,具体计算结果如图 8-4 所示。

商品ID	商品分类	商品名称	浏览量	访客数	成交客户数	支付件数	商品单价	优惠金额	销售额	销售成本	成交转化率	毛利率
20220002	女士鞋	女士单鞋	18479	14975	8260	8922	289.00	515,691.60	2062766	472826	55.16%	77.08%
20220008	男士鞋	男士休闲鞋	14381	12862	8522	8900	358.00	637,240.00	2548960	253040	66.26%	90.07%
20220010	男士鞋	男士靴子	18873	16005	7520	7602	652.00	991,300.80	3965203	258096.5	46.99%	93.49%
20220006	女士鞋	女士雪地靴	15943	13055	6235	6412	299.00	383,437.60	1533750	321195	47.76%	79.06%
20220009	男士鞋	男士商务鞋	15062	13444	6235	6300	468.00	589,680.00	2358720	460366	46.38%	80.48%
20220003	女士鞋	女士皮靴	15636	13564	4899	5023	350.00	351,610.00	1406440	214382.5	36.12%	84.76%
20220011	男士鞋	男士凉鞋	17375	14495	2233	4718	320.00	301,952.00	1207808	166884.5	15.41%	86.18%
20220005	女士鞋	女士凉鞋	10454	8347	2489	2862	260.00	148,824.00	595296	146355	29.82%	75.41%
20220004	女士鞋	女士休闲鞋	9040	6952	1896	2001	240.00	96,048.00	384192	164203	27.27%	57.26%
20220007	女士鞋	女士拖鞋	8500	6230	1820	1863	32.00	0.00	59616	16000	29.21%	73.16%

图 8-4　"成交转化率"和"毛利率"计算结果一览图

(5)分类统计

最后，我们可以按照"商品分类"对商品的销量和销售额进行汇总统计。对数据进行分类汇总统计有两种方法，一是利用【数据】选项卡中【分级显示】中的【分类汇总】；另一种是利用【数据透视表】进行透视分析。本例分别采用了如上两种方法对数据进行了分类汇总统计，其中使用分类汇总的方法得到的统计结果如图 8-5 所示，使用数据透视分析方法得到的统计结果如图 8-6 所示。

商品ID	商品分类	商品名称	浏览量	访客数	成交客户数	支付件数	商品单价	优惠金额	销售额	销售成本
	男士鞋 汇总					27520			10080691	
	女士鞋 汇总					27083			6042060.8	
	总计					54603			16122752	

图 8-5　使用"分类汇总"的统计结果

商品分类	求和项:支付件数	求和项:销售额
男士鞋	27520	10080691.2
女士鞋	27083	6042060.8
总计	**54603**	**16122752**

图 8-6　使用"数据透视表"的统计结果

8.1.2 销量趋势预测

通过对企业商品的销量进行趋势分析和预测，可以帮助运营人员优化选品，调整销售策略，调整商品库存以及调整采购数量，提升企业运营效率。

例 8-2：某店铺为了拓宽销售市场，近几年来也不断尝试经营各类酒品销售，产品包括葡萄酒、啤酒等，部门经理为了了解这两款商品的销量趋势，从而为制定第二年的采购计划做准备，要求数据分析师小王对这两款商品的销售趋势进行分析，具体分析任务如下：

(1)已知啤酒近四年各季度销量数据，计划在 2022 年提高 20%的销量，预测出啤酒 2022 年各季度的销量。

(2)已知葡萄酒近两年各月的销量数据，分析葡萄酒的销量趋势。

任务分析：要对一定时期内的商品销量及趋势进行预测，通常的做法是利用时间序列预测法，对历史数据进行统计分析，通过总结、呈现历史数据的规律，并将历史数据序列外推，从而预测对象未来的发展趋势。根据本例的内容可知，该企业在酒类商品中主要经营的商品是啤酒和葡萄酒，但这两种商品有明显的区别，啤酒具有典型的季节性特征，其销量在不同季节会有明显区别；而葡萄酒的销量相对比较平稳，不存在季节性因素的影响。因此，要根据商品的销量特征选择合适的方法进行商品的销量趋势分析。对于啤酒这样具有季节性特点的商品，应该采用季度波动法进行分析。而葡萄酒尽管没有明显的季节性波动，但是每个月的销量也有随机性波动，为了有效地消除预测中的随机波动，可以选择移动平均法对其销量趋势进行分析。

任务操作步骤如下：

(1)使用季节波动法对季节性商品啤酒进行销量趋势分析与预测

步骤一：数据获取与数据整理。

小王首先从店铺的历史销售数据中找到该企业啤酒销售数据，由于原始数据是按月汇总统计的，为了便于计算季节比率，小王将原始销售数据整理成按季度汇总的数据，结果如图 8-7 所示。

年份	第一季度	第二季度	第三季度	第四季度
2018	2663	7305	6949	4680
2019	3629	11080	12025	8600
2020	5001	13586	14585	10500
2021	5226	15823	17936	12500

图 8-7　企业近 4 年按季度汇总的啤酒销量数据一览图

步骤二：数据计算。

为了了解商品销量的季节性特征，需要计算出季节比率。具体做法如下：

首先，计算出同季度的销量平均值。

根据图 8-7 所示的数据计算 2018—2021 年各季度的同季度销量平均值，所得结果如图 8-8 所示。

某店铺啤酒连续四年季度销量统计				
年份	第一季度	第二季度	第三季度	第四季度
2018	2663	7305	6949	4680
2019	3629	11080	12025	8600
2020	5001	13586	14585	10500
2021	5226	15823	17936	12500
同季度平均值	4130	11949	12874	9070

图 8-8　同季度啤酒销量平均值一览图

其次，计算总季度平均值。

然后将 4 年 16 个季度的啤酒销量数据进行算术平均，求得这 4 年总的季度平均值，结果如图 8-9 所示：

某店铺啤酒连续四年季度销量统计				
年份	第一季度	第二季度	第三季度	第四季度
2018	2663	7305	6949	4680
2019	3629	11080	12025	8600
2020	5001	13586	14585	10500
2021	5226	15823	17936	12500
同季度平均值	4130	11949	12874	9070
季度平均值	9506			

图 8-9　总季度平均值计算结果图

然后，计算季度比率，绘制季度比率折线图。

商品季节性销售特征可以通过季度比率来判断，季度比率的计算可以按照如下公式进行：

$$季度比率=\frac{同季度平均值}{季度平均值}$$

小王根据前面计算出的数据来计算啤酒的季度比率，结果如图 8-10 所示。从结果中不难看出：第二季度和第三季度为啤酒的销售旺季，第一季度和第四季度为啤酒的销售淡季。为了更好地呈现这一结果，小王将季度比率的结果用图表进行了展示，结果如图 8-11 所示。

某店铺啤酒连续四年季度销量统计				
年份	第一季度	第二季度	第三季度	第四季度
2018	2663	7305	6949	4680
2019	3629	11080	12025	8600
2020	5001	13586	14585	10500
2021	5226	15823	17936	12500
同季度平均值	4130	11949	12874	9070
季度平均值	9506			
季度比率	0.43	1.26	1.35	0.95

图 8-10　啤酒的季度比率计算结果

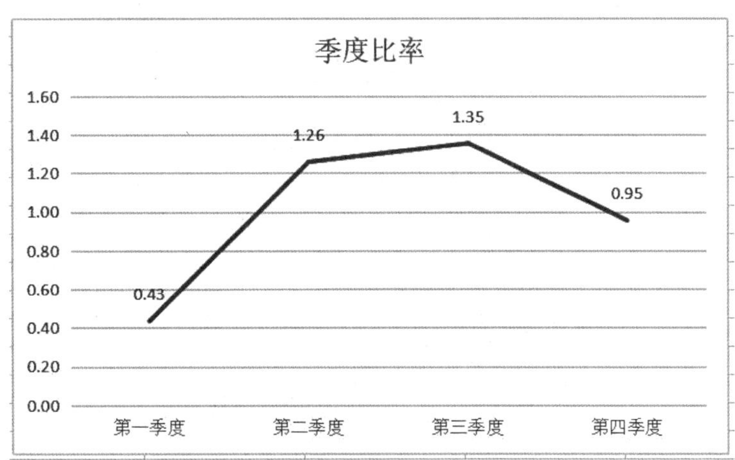

图 8-11　啤酒的季度比率折线图

最后，计算各年份的啤酒销量，并根据要求计算出 2022 年啤酒销量预测值。

根据源数据计算出 2018—2021 年各年的全年销量合计，结果如图 8-12 所示。

某店铺啤酒连续四年季度销量统计					
年份	第一季度	第二季度	第三季度	第四季度	合计
2018	2663	7305	6949	4680	21597
2019	3629	11080	12025	8600	35334
2020	5001	13586	14585	10500	43672
2021	5226	15823	17936	12500	51485

8.12　啤酒各年销量合计

因为按照任务要求，2022 年该商品的销售目标是提高 20% 的销量，因此可以计算出啤酒 2022 年的预测总值和各个季度的销量预测值，结果如图 8-13 所示。

某店铺啤酒连续四年季度销量统计					
年份	第一季度	第二季度	第三季度	第四季度	合计
2018	2663	7305	6949	4680	21597
2019	3629	11080	12025	8600	35334
2020	5001	13586	14585	10500	43672
2021	5226	15823	17936	12500	51485
同季度平均值	4130	11949	12874	9070	
季度平均值	9506				
季度比率	0.43	1.26	1.35	0.95	
2022年预测值	6710	19415	20918	14738	61782

图 8-13 计算 2022 年啤酒销售量预测值

这样，店铺的采购人员就可以根据图 8-13 所示的 2022 年各个季度啤酒销量预测值来安排采购数量，从而最大限度减少采购数量与销售数量的偏差，降低店铺的成本和经营风险。

(2)使用移动平均法分析非季节性商品葡萄酒的销量趋势

首先，获取数据。小王从店铺后台获取了该店铺 2021 年和 2022 年的葡萄酒月销量数据，并将数据添加至 Excel 表格中，得到的结果如图 8-14 所示。

某企业2021-2022年各月份葡萄酒销量数据	
月份	销量（单位：件）
2021年1月	9868
2021年2月	13185
2021年3月	14410
2021年4月	16261
2021年5月	15842
2021年6月	15138
2021年7月	14660
2021年8月	15690
2021年9月	15259
2021年10月	17692
2021年11月	23105
2021年12月	16869
2022年1月	17231
2022年2月	17652
2022年3月	16821
2022年4月	15623
2022年5月	14899
2022年6月	15780
2022年7月	15820
2022年8月	16110
2022年9月	16250
2022年10月	16286
2022年11月	16890
2022年12月	17255

图 8-14 2021—2022 年葡萄酒各月份的销量数据一览图

其次，利用 Excel“移动平均”分析工具预测葡萄酒销量。

打开 Excel 中的【数据】选项卡中的【数据分析】工具，选择【移动平均】分析工具，如图 8-15 所示；再根据源数据表数据位置对【移动平均】对话框中的参数进行设置，如图 8-16 所示；最后输出移动平均数值及趋势线。效果详见图 8-17 和图 8-18。

某企业2021-2022年各月份葡萄酒销量数据	
月份	销量（单位：件）
2021年1月	9868
2021年2月	13185
2021年3月	14410
2021年4月	16261
2021年5月	15842
2021年6月	15138
2021年7月	14660
2021年8月	15690
2021年9月	15259
2021年10月	17692
2021年11月	23105
2021年12月	16869
2022年1月	17231
2022年2月	17652
2022年3月	16821
2022年4月	15623
2022年5月	14899
2022年6月	15780
2022年7月	15820
2022年8月	16110
2022年9月	16250
2022年10月	16286
2022年11月	16890
2022年12月	17255

数据分析　?　×

分析工具(A)

方差分析：无重复双因素分析
相关系数
协方差
描述统计
指数平滑
F-检验 双样本方差
傅利叶分析
直方图
移动平均
随机数发生器

确定　取消　帮助(H)

图 8-15　选择“移动平均”分析工具

移动平均　?　×

输入
输入区域(I): $B$2:$B$26
☑ 标志位于第一行(L)
间隔(N): 12

输出选项
输出区域(O): $C$3
新工作表组(P):
新工作薄(W)
☑ 图表输出(C)　☑ 标准误差

确定　取消　帮助(H)

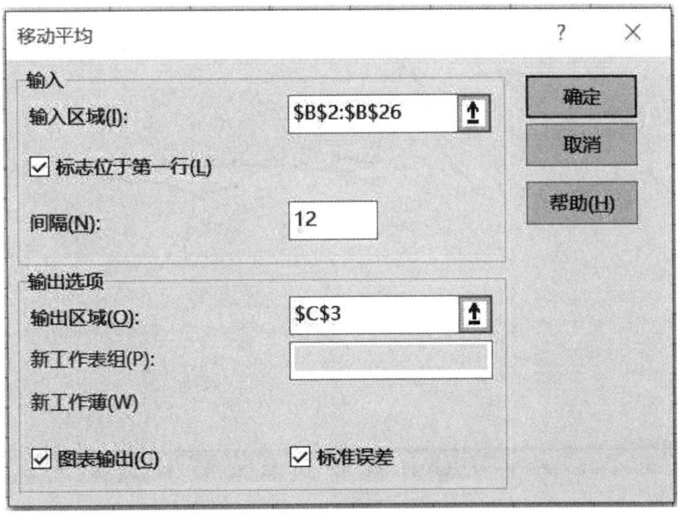

图 8-16　“移动平均”参数的设置

某企业2021-2022年各月份葡萄酒销量数据			
月份	销量（单位：件）	移动平均	标准误差
2021年1月	9868	#N/A	#N/A
2021年2月	13185	#N/A	#N/A
2021年3月	14410	#N/A	#N/A
2021年4月	16261	#N/A	#N/A
2021年5月	15842	#N/A	#N/A
2021年6月	15138	#N/A	#N/A
2021年7月	14660	#N/A	#N/A
2021年8月	15690	#N/A	#N/A
2021年9月	15259	#N/A	#N/A
2021年10月	17692	#N/A	#N/A
2021年11月	23105	#N/A	#N/A
2021年12月	16869	15664.91667	#N/A
2022年1月	17231	16278.5	#N/A
2022年2月	17652	16650.75	#N/A
2022年3月	16821	16851.66667	#N/A
2022年4月	15623	16798.5	#N/A
2022年5月	14899	16719.91667	#N/A
2022年6月	15780	16773.41667	#N/A
2022年7月	15820	16870.08333	#N/A
2022年8月	16110	16905.08333	#N/A
2022年9月	16250	16987.66667	#N/A
2022年10月	16286	16870.5	#N/A
2022年11月	16890	16352.58333	998.0969772
2022年12月	17255	16384.75	968.7573354

图 8-17　移动平均数值计算结果

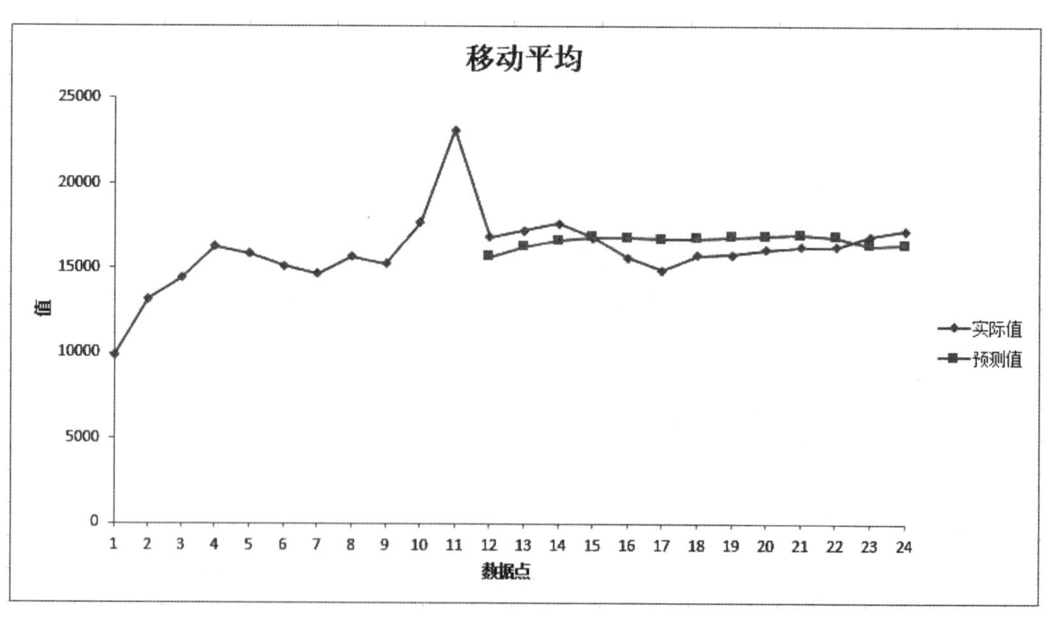

图 8-18　移动平均趋势线图

8.1.3 销售量比较分析

在企业经营销售过程中，会产生大量的销售数据，这就需要企业根据前期的销售数据和市场变化及时调整销售策略，帮助销售部门实现销售目标。销量是销售数据中需要重点分析的数据指标，企业需要对每个月的销量进行比较分析，及时发现销量增长或减少的情况，进而结合销售数据，具体找出数据变动的原因，从而调整相关营销策略，改善销售情况。

在企业的销量比较分析中，常见的方法有环比分析法和同比分析法。环比分析法是用某一期的数据和前一期的数据进行比较，通过计算两期数据的差异和差异百分比(即环比增长值和环比增长率)来观察销量的增减变化情况。同比分析法则是指用某年某一期的数据与上一年同一时期的数据进行比较，通过计算两期数据的差异来分析不同年份同一时期的数据变化情况。

例 8-3：已知某箱包企业 2022 年各月份某商品的销量数据，管理人员希望数据分析师小王能对同一年内不同月份销量的情况进行分析，从而客观地了解销售情况，进而优化销售策略。

任务分析：根据上述信息，可以选择环比分析法对该企业各月份的销量数据进行分析。通过环比分析可以直观了解本月销量相比上月销量的变化情况，如本月销售情况不错，下月还可延续本月的销售方案，如销售情况不理想，则需要进一步优化销售方案。

具体操作步骤如下：

(1)获取数据

下载 2022 年某产品各月份销量数据，并将数据添加至 Excel 软件中，如图 8-19 所示。

某箱包品牌销售企业2022年各月份销量数据	
月份	销量（单位：件）
2022年1月	251
2022年2月	335
2022年3月	365
2022年4月	411
2022年5月	401
2022年6月	324
2022年7月	371
2022年8月	597
2022年9月	245
2022年10月	447
2022年11月	627
2022年12月	427

图 8-19　某箱包企业 2022 年各月份销量数据

(2)创建数据透视表

环比分析可以借助数据透视表功能来完成。首先，选定要分析的数据及放置数据透视表的位置,完成数据透视表的创建,如图8-20所示。然后,将需要分析的字段拖到"数据透视图字段"下方对应的区域,如图8-21所示。确认后将得到如图8-22所示的数据透视图表。

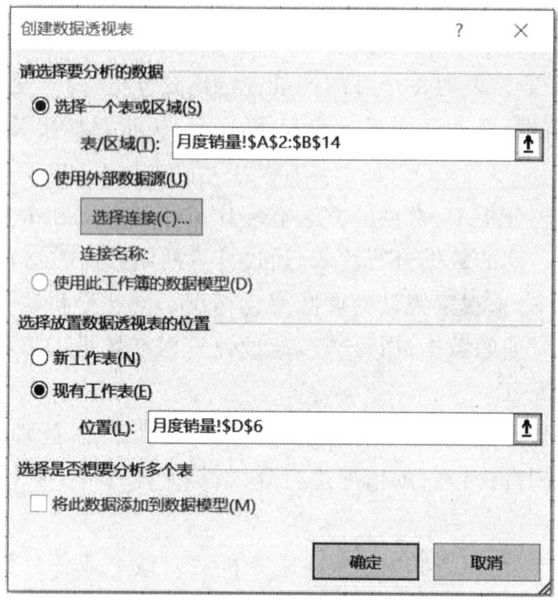

图8-20 打开"创建数据透视表"窗格

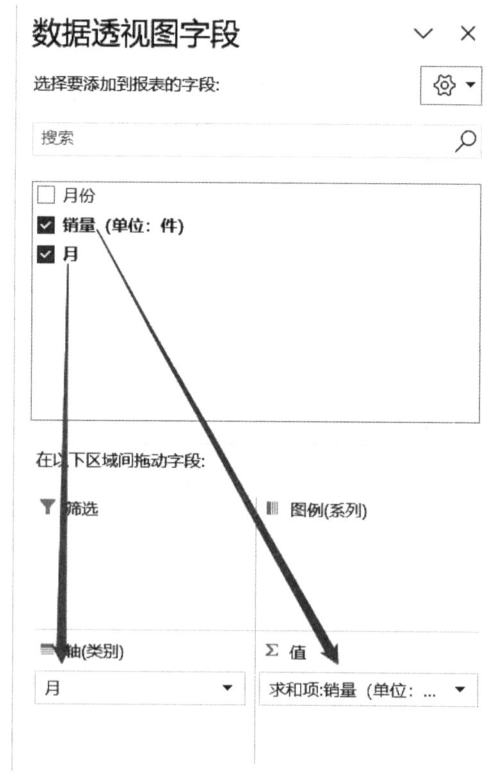

图8-21 设置数据透视表字段

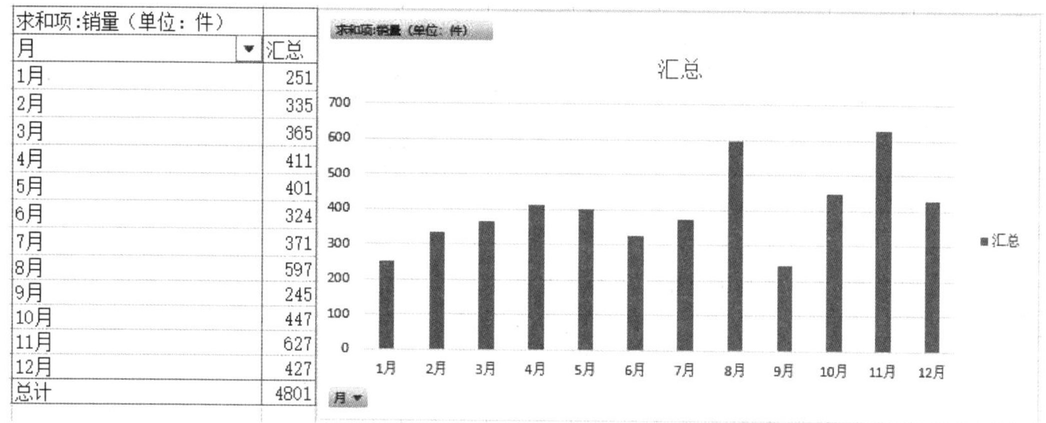

求和项:销量（单位：件）	
月	汇总
1月	251
2月	335
3月	365
4月	411
5月	401
6月	324
7月	371
8月	597
9月	245
10月	447
11月	627
12月	427
总计	4801

图 8-22　数据透视图表示意图

(3)计算环比增长值与环比增长率

图 8-22 呈现的是原始数据对应的图表，为了计算出销量环比增长值与环比增长率，可以在这个基础上修改“值显示方式”，即在数据透视表中，选中汇总的列中某一个单元格，如 D2，点击鼠标右键，在打开的菜单中选择“值显示方式”，如图 8-23 所示，然后点击“差异”按钮，在“值显示方式”编辑框的“基本字段”选择“月”，“基本项”选择“上一个”，如图 8-24 所示，即可得出月销量环比增长值。同理，当选择“差异百分比”按钮时，在“值显示方式”编辑框完成基本字段和基本项的设置，即可得出月销量环比增长率。

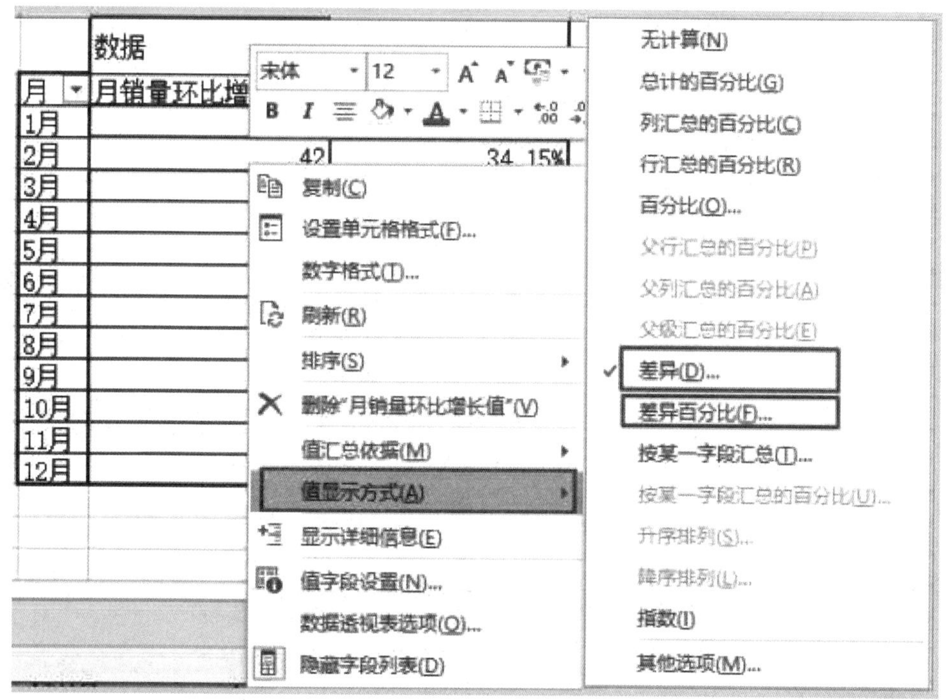

图 8-23　“值显示方式”的设置

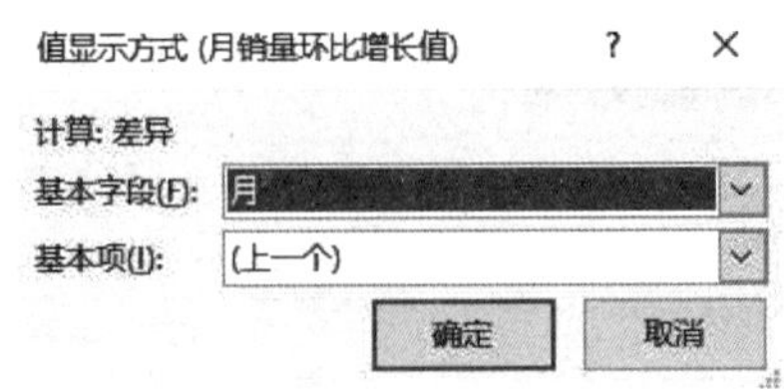

图 8-24 “值显示方式”基本字段、基本项的设置

点击【确定】后，在原有的表格中会自动生成企业 2021 年各月销量的环比增长值、环比增长率数值以及对应的图表，见图 8-25 和图 8-26。从图标上可以看出，该企业 2 月、8 月、10 月、11 月都较之前月份销量有明显的增长，而 6 月、9 月和 12 月的销量较之前月份有大幅度的下跌，销售人员应该去了解这些月份的销售环境，以及销量大幅度变动的原因，从而为后期销售策略的调整优化提供依据。

	数据	
月 ▾	月销量环比增长量	月销量环比增长值
1月		
2月	84	33.47%
3月	30	8.96%
4月	46	12.60%
5月	-10	-2.43%
6月	-77	-19.20%
7月	47	14.51%
8月	226	60.92%
9月	-352	-58.96%
10月	202	82.45%
11月	180	40.27%
12月	-200	-31.90%
总计		

图 8-25 企业 2021 年各月销量环比增长值、增长率结果一览表

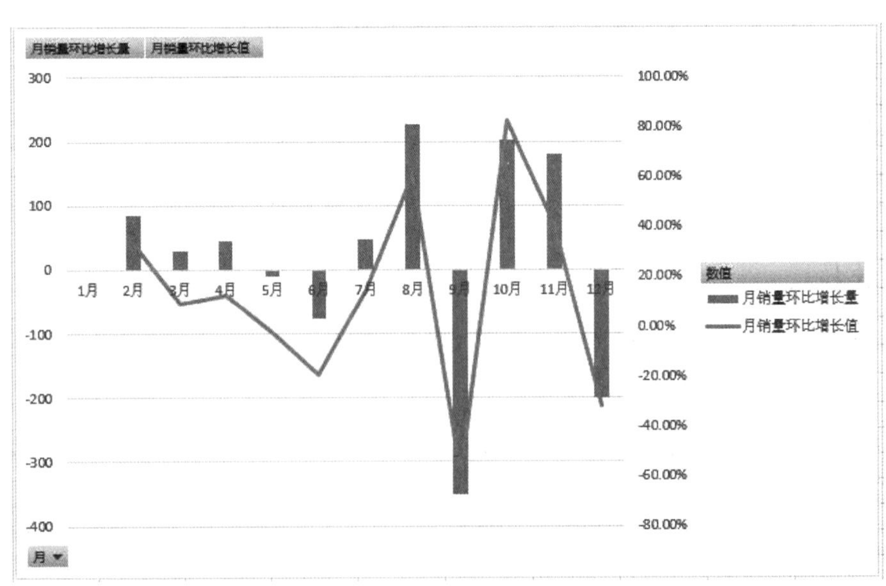

图 8-26 月度销量环比分析图

例 8-4：已知某旅行箱销售企业近两年的销售量数据，部门经理要求小王对两年同一时期的销售量进行分析，考察销售量的增长速度，分析销售量的变动情况，从而规划下一年的销售工作安排。

任务分析：选择不同年的相同时期，进行相同事物的对比，可以采用同比分析法，用某一期的数据和上期的数据进行比较，计算趋势百分比，观察数据的增减变化情况，从而分析数据变化原因。本任务中需对比不同年同月的利润，从对比结果可看出本年某月利润相比上一年相同月份利润的变化情况，如有所下滑，则需调整运营方案；如分析出在一年中 6 月销售利润最大，增长率最高，便可在下一年增加 6 月的运营投入。

任务操作：借助同比分析法分析年度利润，其操作步骤及关键节点成果展示如下：

(1)数据获取与数据整理

获取小王所在企业 2021—2022 年各月份利润数据(见 8.1.5 源数据：利用数据透视分析方法进行销售量同比分析)，获取数据表后，对数据进行整理并将其添加至 Excel 表格中，如图 8-27 所示。

某旅行箱企业近两年月销量统计		
年份	月份	销量（单位：件）
2021年	1月	1737
2021年	2月	1881
2021年	3月	2313
2021年	4月	2279
2021年	5月	2379
2021年	6月	2529
2021年	7月	2368
2021年	8月	2172
2021年	9月	2205
2021年	10月	2505
2021年	11月	3885
2021年	12月	2279
2022年	1月	2351
2022年	2月	2332
2022年	3月	2685
2022年	4月	2728
2022年	5月	2961
2022年	6月	2985
2022年	7月	2899
2022年	8月	2973
2022年	9月	2937
2022年	10月	2985
2022年	11月	4521
2022年	12月	3065

图 8-27　某企业 2021—2022 年各月份销售数据

(2)创建数据透视表

对该企业 2021 年、2022 年各季度的销售额进行同比分析，也可以借助数据透视表功能来完成。首先，选择要分析的数据及放置数据透视表的位置，完成数据透视表的创建，如图 8-28 所示；然后，在右侧“数据透视图字段”编辑区选择需要呈现在数据图中的指标，如图 8-29 所示；最终形成的数据透视图表如图 8-30 所示。

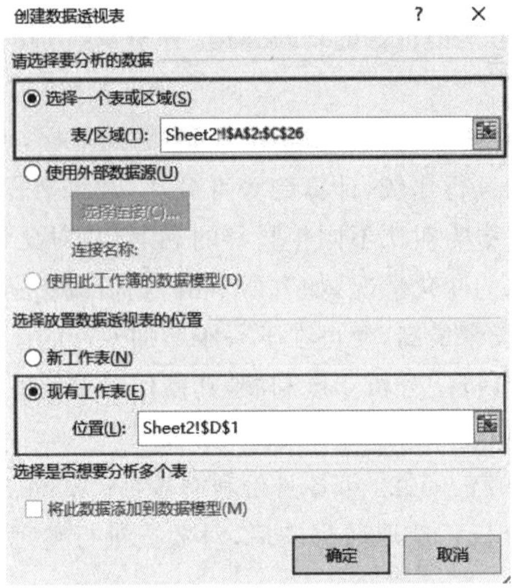

图 8-28　创建数据透视表窗格

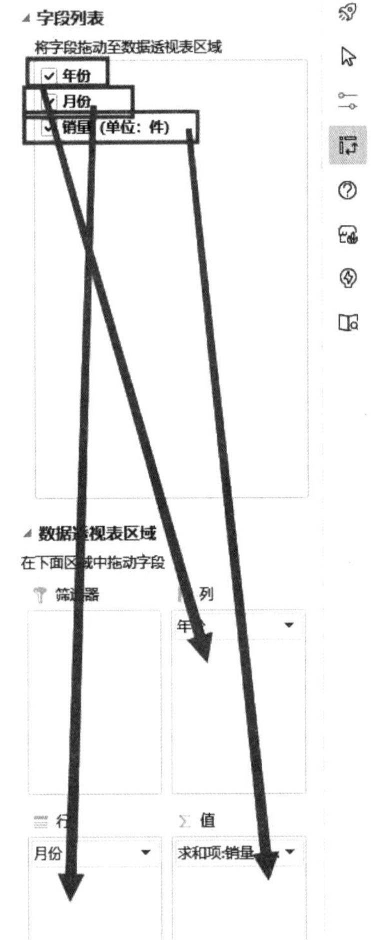

图 8-29　数据透视表字段

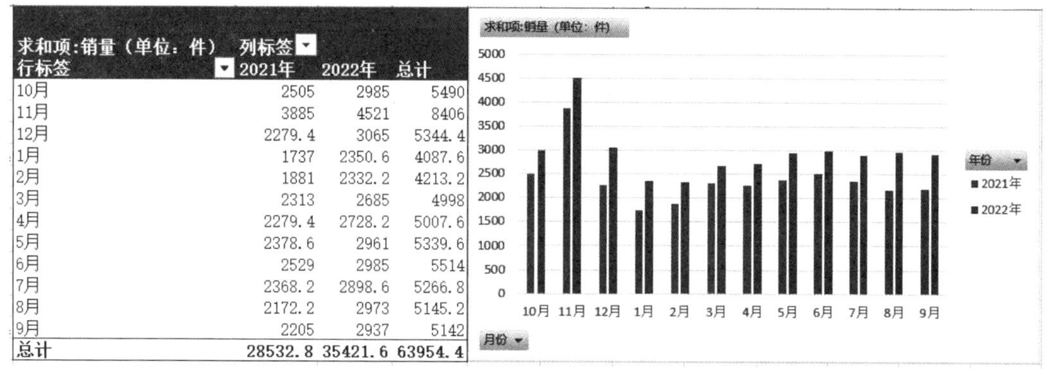

求和项:销量（单位：件）	列标签		
行标签	2021年	2022年	总计
10月	2505	2985	5490
11月	3885	4521	8406
12月	2279.4	3065	5344.4
1月	1737	2350.6	4087.6
2月	1881	2332.2	4213.2
3月	2313	2685	4998
4月	2279.4	2728.2	5007.6
5月	2378.6	2961	5339.6
6月	2529	2985	5514
7月	2368.2	2898.6	5266.8
8月	2172.2	2973	5145.2
9月	2205	2937	5142
总计	28532.8	35421.6	63954.4

图 8-30　数据透视图表

(3)计算同比增长值与同比增长率

在数据透视表中选中汇总的某一个数值并点击鼠标右键，然后点击【值显示方式】按钮，点击【差异】按钮，如图 8-31 所示，在【值显示方式】编辑框的【基本字段】选择“年”，【基本项】选择“上一个”，如图 8-32 所示，即可得出年度利润同比增长值。同理，当选择【差异百分比】按钮时，在【值显示方式】编辑框完成基本字段和基本项的设置即可得出年度利润同比增长率。

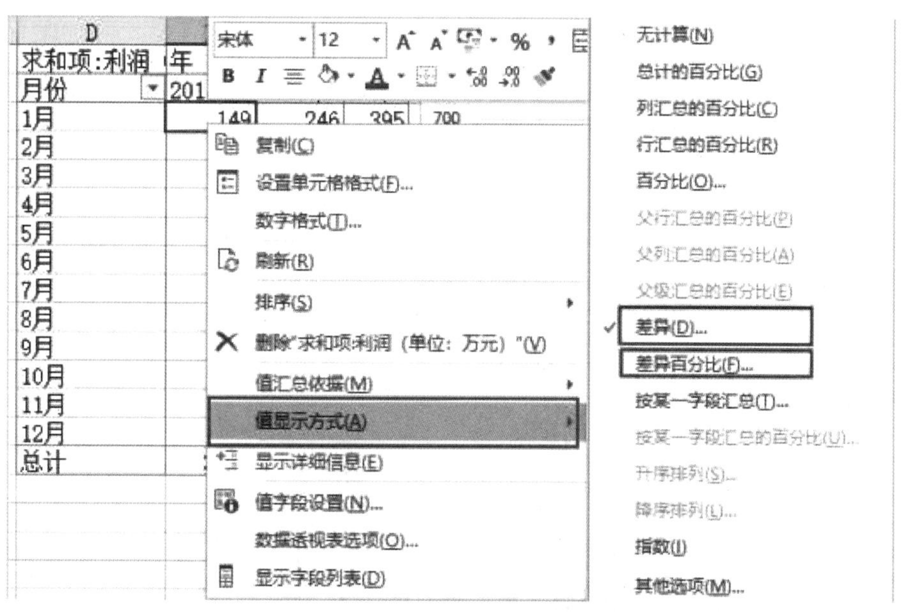

图 8-31　值显示方式设置

经过以上操作，会自动生成企业 2021 年、2022 年年度利润同比增长值和同比增长率的数值及图表，为了方便区分，可以对透视表里同比增长值和同比增长率对应的表头重新命名，效果如图 8-33、图 8-34 所示。

值字段设置

源名称：销量（单位：件）

自定义名称(C)：求和项:销量（单位：件）

值汇总方式　值显示方式

值显示方式(A)

差异

基本字段(F)：年份、月份、销量（单位：件）

基本项(I)：(上一个)、(下一个)、2021年、2022年

数字格式(N)　确定　取消

图 8-32　基本字段、基本项选择

行标签	列标签 2021年 月销量同比增长值	月销量同比增长率	2022年 月销量同比增长值	月销量同比增长率
10月			480	19.16%
11月			636	16.37%
12月			785.6	34.47%
1月			613.6	35.33%
2月			451.2	23.99%
3月			372	16.08%
4月			448.8	19.69%
5月			582.4	24.48%
6月			456	18.03%
7月			530.4	22.40%
8月			800.8	36.87%
9月			732	33.20%
总计			**6888.8**	**24.14%**

图 8-33　企业 2021 年利润同比增长值、增长率

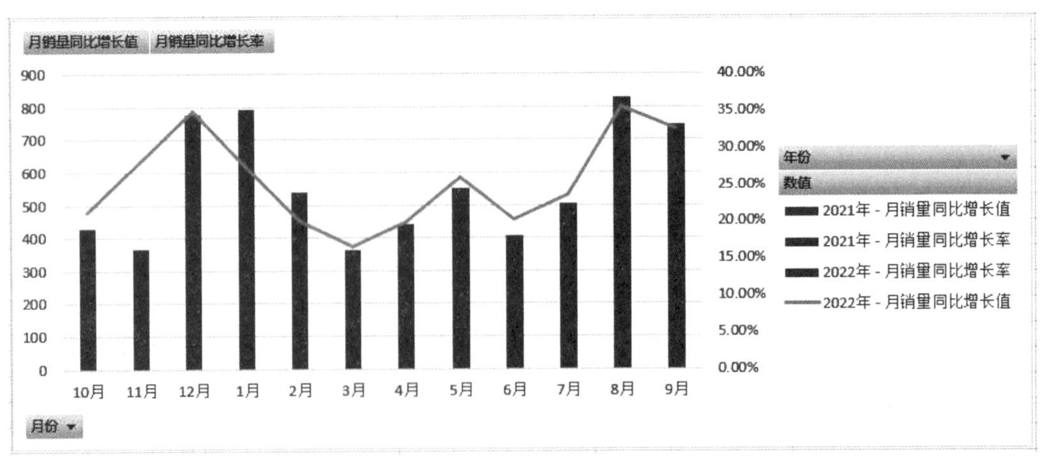

图 8-34　年度利润同比分析图

(4)年度利润同比分析

通过查看图 8-33、图 8-34 的产品销售年度利润同比分析结果，可以判断企业 2021 年和 2022 年利润的变化情况，为制定下一年的销售计划和投入支出计划提供科学的依据。

8.1.4 商品结构数据分析

例 8-5：某食品类电子商务企业想要选择几款主推商品，用来带动企业商品的整体销量，于是企业运营部经理安排数据分析师小刘对几款核心商品近期的销售数据进行分析，并根据分析结果选出可以用来主推的三款商品。

任务分析：想要从若干商品中筛选出三款主推商品，需要对商品的成交量进行着重分析，明确各商品成交量在整体的占比情况，了解各商品在企业商品群的作用。要想分析出这些内容，需要采用结构分析法进行分析，以得出各商品在整体商品的地位和结构分布情况。商品结构数据分析是对企业商品销售过程中产生的相关数据进行分析，能够帮助企业了解商品的整体销售情况、不同商品的销售情况、同类商品的销售情况等信息，指导企业进行经营决策的优化。

确定好分析方法后，小刘决定采用 Excel 工具进行操作，首先通过结构占比计算公式计算出各商品销售量等指标在整体的占比数据，然后使用饼状图整体展现占比效果，最后通过分析选出三款主推商品。

任务操作具体步骤如下：

(1)数据获取和数据整理

小刘首先收集了企业 2022 年产品的销售数据(8.1.6 源数据：商品销售数据结构分析)，并将数据添加至 Excel 工具中，如图 8-35 所示。

产品名称	成交量
麻辣萝卜干香辣	4850
小旺场纯香肉肠	1895
黑椒牛肉馅饼	1826
水煮牛肉	1230
爆浆糍粑	789
毛血旺	568
香碳烧椒酱	518
馋嘴牛蛙	458
酸菜鱼	423
胡椒猪肚鸡	420
蒜蓉辣酱	212
提拉米苏大福	328
梅菜扣肉	243
宫保鸡丁	263
鱼香肉丝	124
酱香板鸭	108

图 8-35　企业商品销售情况一览图

(2)数据求和

由结构分析的公式可以推导出各商品成交量的占比公式是：

各商品成交量结构占比=(各商品的成交量÷成交总量)×100%。

因此需要在 Excel 中对各商品的成交量进行求和操作，并将求和结果放在单元格 B18，求和后的效果如图 8-36 所示。

产品名称	成交量
麻辣萝卜干香辣	4850
小旺场纯香肉肠	1895
黑椒牛肉馅饼	1826
水煮牛肉	1230
爆浆糍粑	789
毛血旺	568
香碳烧椒酱	518
馋嘴牛蛙	458
酸菜鱼	423
胡椒猪肚鸡	420
蒜蓉辣酱	212
提拉米苏大福	328
梅菜扣肉	243
宫保鸡丁	263
鱼香肉丝	124
酱香板鸭	108
成交量求和	14255

图 8-36 成交量求和效果图

(3)成交量结构占比计算

在单元格 C1 中添加"成交量结构占比"字段，运用求和公式直接计算每款商品的占比数据(小数点后保留两位数字)，完成操作后，将对应数据填写对应单元格中，如图 8-37 所示。

产品名称	成交量	成交量结构占比
麻辣萝卜干香辣	4850	34.02%
小旺场纯香肉肠	1895	13.29%
黑椒牛肉馅饼	1826	12.81%
水煮牛肉	1230	8.63%
爆浆糍粑	789	5.53%
毛血旺	568	3.98%
香碳烧椒酱	518	3.63%
馋嘴牛蛙	458	3.21%
酸菜鱼	423	2.97%
胡椒猪肚鸡	420	2.95%
蒜蓉辣酱	212	1.49%
提拉米苏大福	328	2.30%
梅菜扣肉	243	1.70%
宫保鸡丁	263	1.84%
鱼香肉丝	124	0.87%
酱香板鸭	108	0.76%
成交量求和	14255	100.00%

图 8-37 计算成交量结构占比

(4)结构分析图形制作

利用结构分析法已经计算出了各商品成交量的相对占比，为了更好地展示各商品销量的占比情况，可以制作一个饼状图来对数据进行展示，如图 8-38 所示。

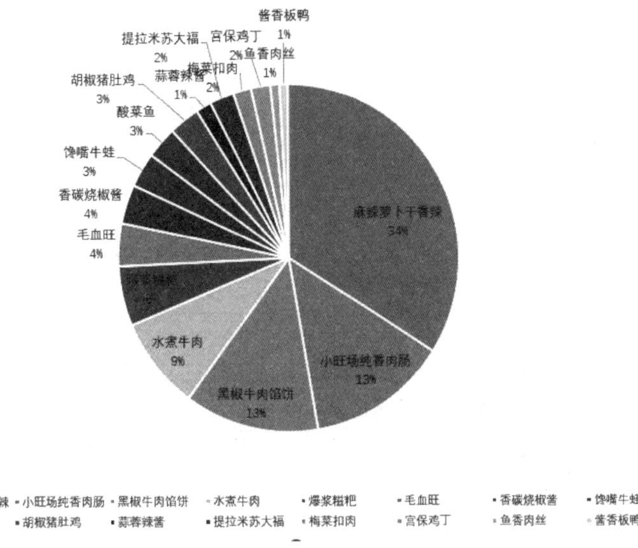

图 8-38　饼状图展示数据的效果

(5)推广数据分组分析结论

通过对该企业 2022 年 12 月各商品在总体的占比情况进行分析结果可知："麻辣萝卜干香辣""小旺场纯香肉肠""黑椒牛肉馅饼"的销售量占比较大，若企业接下来要选择主推商品，可以选择这三款商品作为主推商品。

8.2　客户数据分析

8.2.1 用户画像

例 8-6：某电子商务企业打算在近期举办一场营销活动，以推广其上架的新产品，为了顺利推出新产品并取得优质的营销效果，该企业负责人安排员工小宁对企业客户特征进行整体分析，了解客户的特征和消费偏好，绘制客户画像，为企业精准营销提供数据基础。

任务分析：

描绘客户画像，首先需要明确客户画像涉及的分析维度有哪些，一般来说，描绘客户画像需要分析的维度主要有：客户年龄、客户地域、客户消费层级、客户产品偏好、客户来源终端、客户性别、客户职业等。因此,小宁决定先从这几个主要维度展开分析,然后汇总分析结果形成客户画像,进而形成分析结论并提出合理的客户营销策略指导新产品推广。

任务操作:客户画像就是根据不同的分析维度将客户进行分类,然后根据分类结果抽象出企业客户的特征,具体操作步骤如下:

(1)获取客户数据

小宁首先收集了所在企业的客户相关数据,然后将数据添加至 Excel 软件中,添加后的效果如图 8-39 所示。

客户编号	年龄	访客来源	性别	常住地区	客户职业	产品名称	产品价格(元)
NO1002119	30	PC端	男	湖北	护士	篮球鞋	329
NO1002015	23	PC端	女	湖北	企业员工	跑步鞋	169
NO1002100	20	移动端	女	福建	不详	跑步鞋	169
NO1002023	19	移动端	男	江苏	企业员工	篮球鞋	329
NO1002028	22	移动端	女	福建	护士	篮球鞋	329
NO1002024	26	移动端	女	海南	企业员工	篮球鞋	329
NO1002071	55	PC端	女	福建	护士	跑步鞋	169
NO1002109	30	PC端	不详	湖北	公司职员	跑步鞋	169
NO1002077	43	PC端	女	福建	学生	篮球鞋	329
NO1002014	32	移动端	不详	江苏	护士	运动休闲鞋	189
NO1002034	27	移动端	不详	上海	学生	运动休闲鞋	189
NO1002087	28	移动端	男	福建	学生	运动休闲鞋	189
NO1002027	28	移动端	女	上海	护士	篮球鞋	329
NO1002010	31	PC端	不详	江苏	护士	篮球鞋	329
NO1002084	31	PC端	女	江苏	其他	跑步鞋	169
NO1002130	20	移动端	女	福建	企业员工	篮球鞋	329
NO1002044	29	移动端	男	上海	学生	运动配饰	69
NO1002108	42	移动端	男	江苏	学生	篮球鞋	329
NO1002033	31	移动端	女	江苏	学生	篮球鞋	329
NO1002049	50	PC端	男	福建	学生	篮球鞋	329
NO1002009	26	移动端	女	福建	公务员	时尚运动靴	569
NO1002051	42	移动端	女	福建	教师	篮球鞋	329
NO1002060	29	移动端	男	福建	其他	篮球鞋	329
NO1002042	32	移动端	男	湖北	护士	时尚运动靴	569
NO1002063	32	PC端	女	海南	教师	运动配饰	69
NO1002012	44	移动端	女	湖北	护士	时尚运动靴	569
NO1002094	22	移动端	女	海南	教师	运动凉鞋	159
NO1002031	31	移动端	女	福建	其他	篮球鞋	329
NO1002101	36	移动端	男	江苏	护士	运动休闲鞋	189
NO1002072	37	移动端	女	福建	护士	运动休闲鞋	189
NO1002069	37	移动端	不详	福建	学生	运动配饰	69
NO1002112	21	PC端	女	福建	教师	篮球鞋	329

图 8-39 数据添加至 Excel 后的效果图

(2)客户地域、性别分析

选中数据表中性别单元列内容,插入数据透视表(“行”与“值”均设置为“性别”),得到性别占比数据并制作性别占比饼状图,操作后的效果如图 8-40 和图 8-41 所示。

(3)客户产品偏好、价格偏好分析

选中数据表中“产品价格”“产品名称”对应的区域,插入数据透视表,以分析客户产品偏好、价格偏好。

具体操作时,可将“产品价格”“产品名称”在“行”与“值”中各设置一次,并将“产品价格”的值显示方式设置为“平均值”,得到数据透视表,如图 8-42 所示。

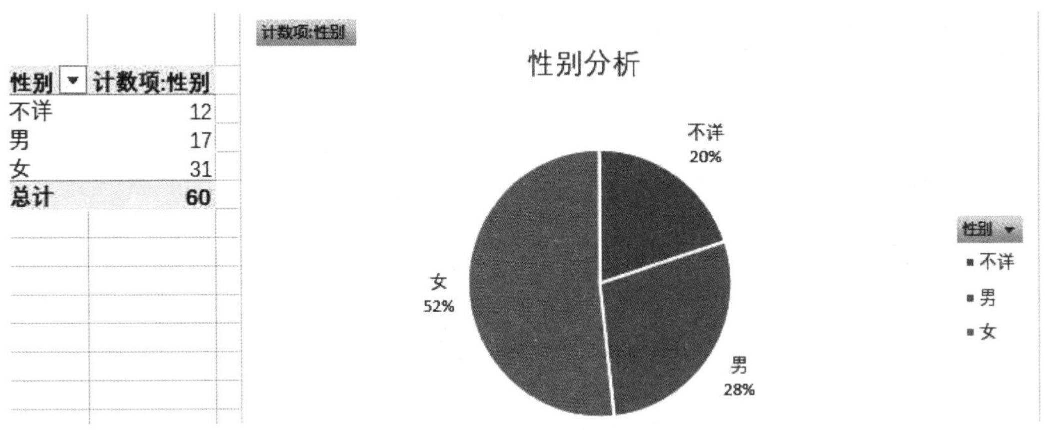

性别	计数项:性别
不详	12
男	17
女	31
总计	**60**

图 8-40　客户性别分析

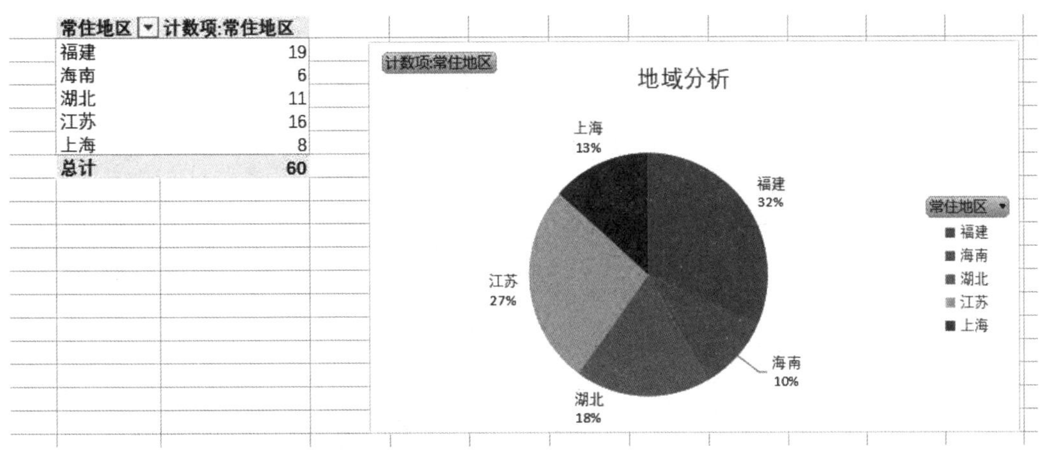

常住地区	计数项:常住地区
福建	19
海南	6
湖北	11
江苏	16
上海	8
总计	**60**

图 8-41　客户地域分析

产品名称	计数项:产品名称	平均值项:产品价格（元）
篮球鞋	26	329
跑步鞋	8	169
时尚运动靴	3	569
运动凉鞋	4	159
运动配饰	7	69
运动休闲鞋	12	189
总计	**60**	**250**

图 8-42　产品偏好、价格偏好数据透视表

选中数据透视表，点击“插入”选项卡，选择“组合图”，将“产品价格”设置为折线图，“产品名称”设置为柱形图，得到分析图形，如图 8-43 所示。

(4)客户年龄分析

对客户年龄进行分析，需要采用分组分析法。首先可以将客户年龄进行分组，具体可以分为：1～18 岁、18～24 岁、25～31 岁、32～38 岁、39～45 岁、46～50 岁、50 岁以上，完成操作后，效果如图 8-44 所示。

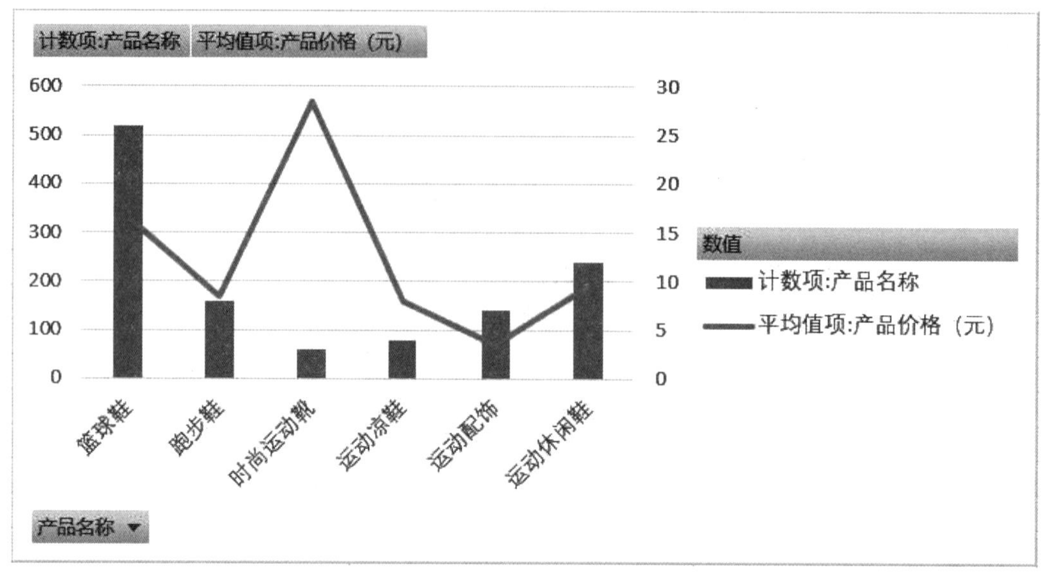

图 8-43　产品偏好、价格偏好分析图

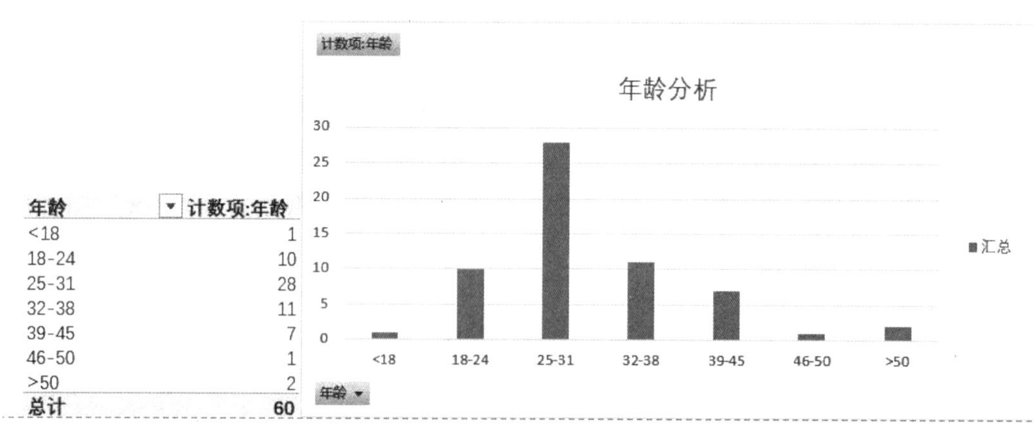

年龄	计数项:年龄
<18	1
18-24	10
25-31	28
32-38	11
39-45	7
46-50	1
>50	2
总计	60

图 8-44　客户年龄分析图表

(5)客户端分析

选中数据表中访客来源单元列内容，插入数据透视表，在数据透视表字段布局时将“行”与“值”均设置为“访客来源”，得到客户端占比数据并制作客户端占比饼状图，操作后的效果如图 8-45 所示。

(6)客户职业分析

选中数据表中客户职业单元列内容，插入数据透视表(“行”与“值”均设置为“客户职业”)，得到客户职业数据透视图表，操作后的效果如图 8-46 所示。

(7)绘制客户画像

综合以上分析结果，可以初步抽象出客户的商业全貌：主要为来自江苏、福建和上海的女性客户；产品偏好为篮球鞋和运动休闲鞋；客户比较年轻化，年龄主要集中在 25～38 岁之间，护士和学生居多，更多时候通过移动端访问店铺。

访客来源	计数项:访客来源
PC端	21
移动端	39
总计	**60**

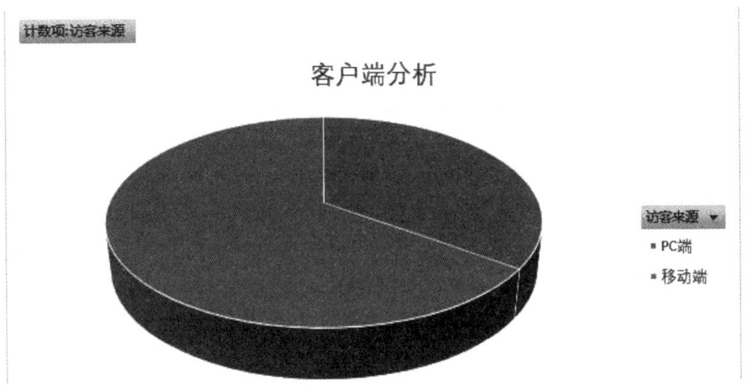

图 8-45　客户端分析图

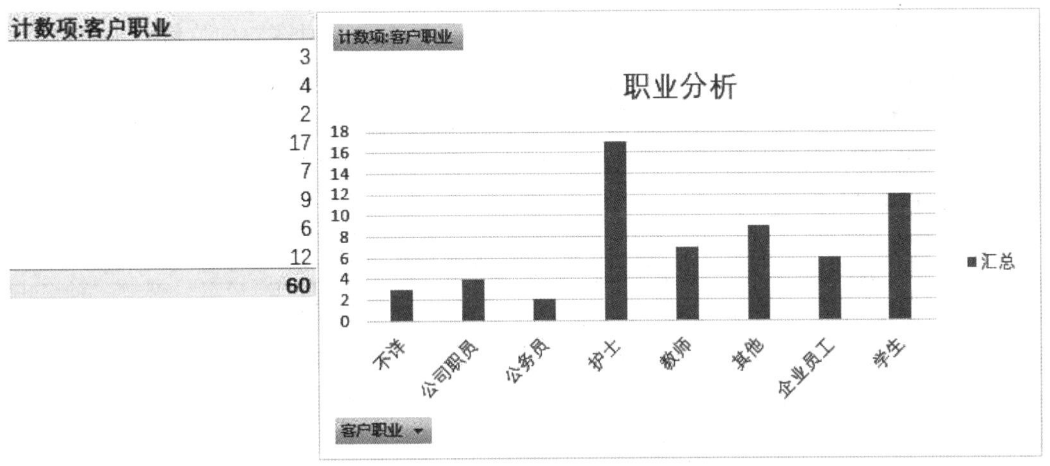

计数项:客户职业
3
4
2
17
7
9
6
12
60

图 8-46　职业分析数据透视图表

一般情况下，通过如上分析后，也可以通过建立和填写用户特征信息表来绘制用户画像，如图 8-47 所示。通过用户画像总结企业整体客户特征，并分析该企业客户购买趋势和需求趋势，从而为后续客户营销策略的优化提供较为科学的依据。

标签	客户画像	标签类型
地域		
性别		
年龄		
价格偏好		
产品偏好		
客户端		
职业		

图 8-47　绘制客户画像

8.2.2 客户价值分析：RFM 模型

例 8-6：目前，企业的营销焦点已逐渐从以产品为中心转变为以客户为中心。客户是企业生存发展的生命所在，如何维护好“客户关系”也成为企业经营的核心问题之一。事实上，企业的客户给企业带来的贡献并不相同，客户分类也遵从“二八法则”，即 20%的核心客户承担了整个贡献额的 80%，而另外 80%的普通客户则承担了大约 20%的贡献。因此，在进行客户维护、客户营销等工作时，不能对所有的客户采取相同的方案，而是应该先对客户进行价值区分，然后再针对不同价值的客户制定个性化的营销策略。某企业为了制定有效的个性化营销策略，委派分析师小王对企业客户进行客户价值分析。

任务分析：

客户价值分析也即通过客户历史行为数据识别客户的价值类型。常见的识别客户价值的方法是建立 RFM 模型。小王接到任务后，首先根据企业对客户的价值要求，借助 R（Recency，最近消费时间间隔）、F（Frequency，消费频率）、M（Monetary：消费金额）将客户细分为八类：重要价值客户、重要发展客户、重要保持客户、重要挽留客户、一般价值客户、一般发展客户、一般保持客户和一般挽留客户，如表 8.1 所示。然后根据客户订单数据的内容计算、分析客户价值。

表 8.1　客户细分指标特征

客户细分	指标特征		
1.重要价值客户	R 值＞4(高)	F 值＞4(高)	M 值＞4(高)
2.重要发展客户	R 值＞4(高)	F 值＜4(低)	M 值＞4(高)
3 重要保持客户	R 值＜4(低)	F 值＞4(高)	M 值＞4(高)
4.重要挽留客户	R 值＜4(低)	F 值＜4(低)	M 值＞4(高)
5.一般价值客户	R 值＞4(高)	F 值＞4(高)	M 值＜4(低)
6.一般发展客户	R 值＞4(高)	F 值＜4(低)	M 值＜4(低)
7.一般保持客户	R 值＜4(低)	F 值＞4(高)	M 值＜4(低)
8.一般挽留客户	R 值＜4(低)	F 值＜4(低)	M 值＜4(低)

具体操作步骤如下：

(1)数据获取与数据整理

小王首先将企业 2022 年 4 月至 6 月订单数据导出到 Excel 表格（源数据 8.2.2：应用 RFM 模型进行客户价值分析）中，订单数据具体包含订单编号、买家会员名、买家实际支付金额、订单付款时间等指标。

(2)计算 R、F、M 值

根据企业经营特点，小王对 R、F、M 值的计算方法做了如下规定：R 值用客户最后成交时间数据和采集点时间差作为标准（表中按照 6 月 30 日计算），F 值根据客户 3 个月消费频次计算，M 值根据客户实际支付金额进行计算。

小王根据订单数据通过数据透视表对 R、F、M 三个指标进行了数值计算，并将数值填入制定的店铺会员 RFM 数值表（如表 8.2 所示）。

表 8.2　店铺会员 RFM 数值表

序号	买家会员名	R	F	M
1				
2				
3				
4				
5				
6				
7				
8				
9				
10				
11				
12				
13				
14				
15				
16				
17				
18				
19				
20				

(3)分配权重

在完成 RFM 数值计算后，我们要针对 RFM 数据进行指标分段，我们将 RFM 分为三段，分别对应得分为 1、3、5 分，其中客单价以平均价格为准，依据客单价的 1/2 和 1 倍为分段标准，将 M 划分为 3 个区间。之后通过 VLOOKUP 函数分组分析，判断各会员 R、F、M 得分，并填入事先制定的店铺会员 RFM 得分表中(表格形式参见表 8.3)。

表 8.3　店铺会员 RFM 得分表

序号	买家会员名	R	F	M	R 分	F 分	M 分
1							
2							
3							
4							
5							
6							
7							

续表

序号	买家会员名	R	F	M	R分	F分	M分
8							
9							
10							
11							
12							
13							
14							
15							
16							
17							
18							
19							
20							

(4)识别客户类型

根据客户 R、F 和 M 三个维度的权重值将客户细分为八个分类，依据公式：=IF(G2>4,"重要","一般")&IF(AND(E2>4,F2>4),"价值客户",IF(AND(E2>4,F2<4),"发展客户",IF(AND(E2<4,F2>4),"保持客户","挽留客户")))对会员进行归类，具体可以填入表 8.4。

表 8.4　店铺会员 RFM 客户细分表

序号	买家会员名	R	F	M	R分	F分	M分	客户细分
1								
2								
3								
4								
5								
6								
7								
8								
9								
10								
11								
12								
13								
14								

续表

序号	买家会员名	R	F	M	R 分	F 分	M 分	客户细分
15								
16								
17								
18								
19								
20								

(5)针对不同的客户类型,制定营销策略,如表 8.5 所示。

表 8.5　各客户类型的营销策略

客户分类	营销策略
1.重要价值客户	
2.重要发展客户	
3 重要保持客户	
4.重要挽留客户	
5.一般价值客户	
6.一般发展客户	
7.一般保持客户	
8.一般挽留客户	

8.2.3 客户忠诚度分析

例 8-7:企业对客户进行忠诚度分析的目的主要体现在两个方面:一是能够检验企业客户忠诚度管理的成果;二是及时预警和优化客户忠诚度管理办法。企业通过优化客户忠诚度管理方法,有效提高客户忠诚度,将能够在一定程度上减少客户流失,从而为企业带来更高的销量和利润。某企业销售部门经理通过数据直观发现近三个月的客户忠诚度有所下降,为了进一步了解客户忠诚度下降的程度,及时优化客户忠诚度管理办法,该部门经理安排数据分析师小王对企业客户忠诚度进行分析,了解目前企业的客户忠诚度情况。

任务分析:

对客户忠诚度最直接的理解是客户对企业的产品或者服务有一定的黏性,其直接表现就是会重复购买该企业的产品。因此,要分析客户忠诚度,就必须要分析核心客户购买频次和客户重复购买率,通过分析客户购买频次,可以了解客户整体的忠诚度情况,并能区分出客户忠诚度的高低;通过分析客户重复购买率,可以了解客户对企业产品或服务购买的次数,通过购买次数的多少也可以进一步判断企业客户整体忠诚度的高低。小王拟打算依次分析客户购买频次和客户重复购买率两个分析指标,然后结合两个指标的分析结果来判断出企业客户的忠诚度,然后再根据具体忠诚度情况提出相应的忠诚度管理优化策略。

具体操作步骤如下：

(1)数据获取与数据整理

小王下载了所在企业2022年9月的包含了用户名的交易数据，形成客户忠诚度源数据，并将数据添加至Excel工具中。

(2)客户购买频次分析

点击选中客户忠诚度源数据区域，点击插入“数据透视表和数据透视图”，在设置数据透视表字段布局时将“行”与“值”均设置为“用户名”，即可得到客户购买频次分析表和购买频次分析图，效果图如图8-48所示。通过客户购买频次分析图可以很清楚地区分客户忠诚度的高低。

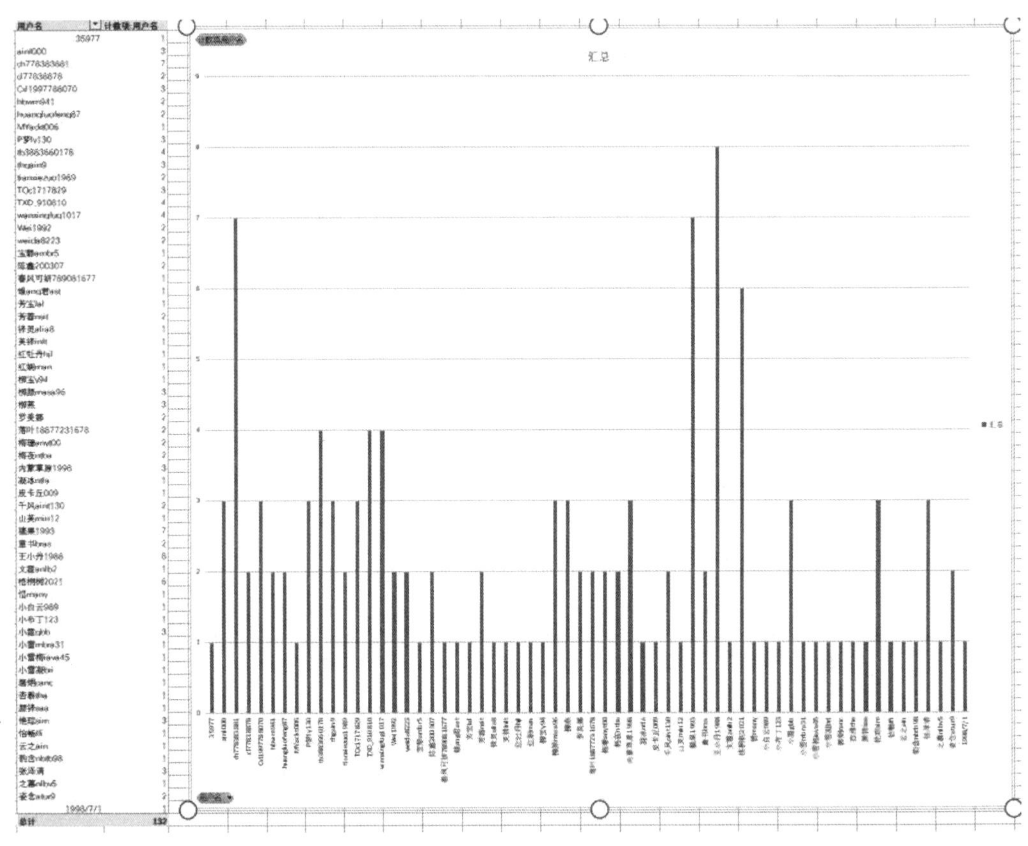

图8-48　客户购买频次分析

(3)客户重复购买率分析

接下来，小王将客户购买频数透视表中的“行标签”进行“值筛选”，并设置为“大于等于2”，筛选出有重复购买记录的客户，重复购买次数越多的客户可以视为忠诚度高的客户，分析结果如图8-49所示。

同时，也可以选择点击插入数据透视图，即可得到如8.50所示的效果图。从数据透视图上更直观地区分客户的忠诚度高低。

(4)综合结果，提出优化策略

小王在综合以上分析结果后，可以结合企业未来发展目标，提出合理、可行的优化策略。

用户名	计数项:用户名
ainl000	3
ch778383881	7
cl77838878	2
Cxl1997788070	3
hbwm941	2
huangluofeng87	2
P梦ly130	3
tb3883660178	4
thgain9	3
tianxiezuo1989	2
TOc1717829	3
TXD_910810	4
wanxingfug1017	4
Wei1992	2
weida8223	2
陈鑫200307	2
芳蓉nsit	2
柳颜masa96	3
柳燕	3
罗美娜	2
落叶18877231678	2
梅珊anyt00	2
梅夜ntba	2
内蒙草原1998	3
千风aint130	2
糖果1993	7
童书bras	2
王小丹1988	8
梧桐树2021	6
小霞gbb	3
艳琮sim	3
张泽清	3
姿念atur9	2
总计	**103**

图 8-49　客户重复购买率数据透视表

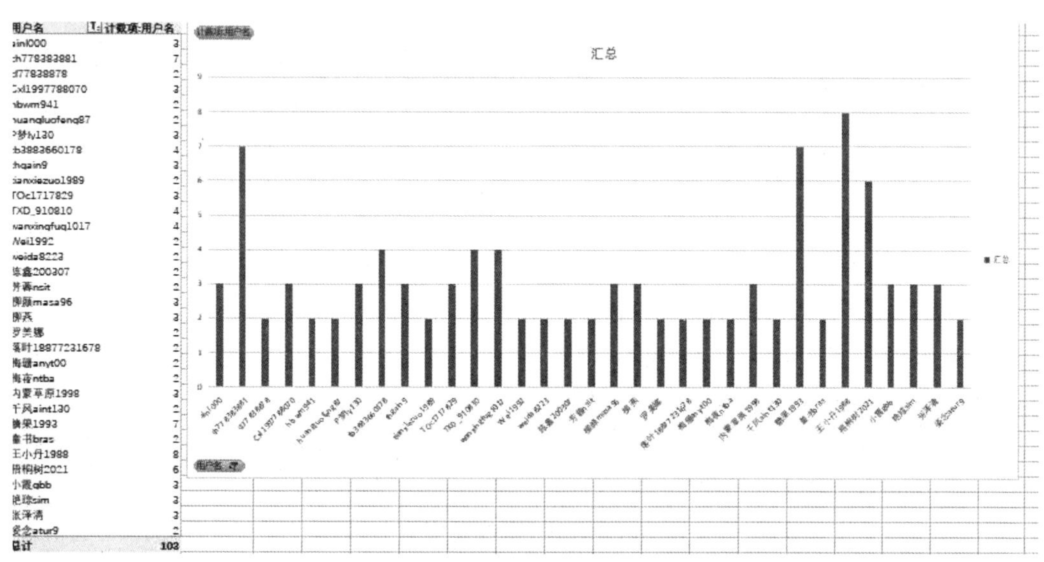

图 8-50　值筛选后的数据透视表

综合练习题

综合练习题一

一、选择题

1.关于工作簿,下列说法正确的是(　　)。

A.工作簿是由单元格组成的　　B.工作簿是由工作表组成的

C.工作表可以单独存盘　　D.一个工作簿只能由三个工作表组成

2.在 Excel 中打印的内容不可以是(　　)。

A.选定区域　　B.整个工作簿　　C.选定工作表　　D.Word 文档

3.在 Excel 不属于设置文本框格式中包含的选项有:(　　)。

A.保护　　B.页边距　　C.方向　　D.对齐

4、在 Excel 中,每一个单元格具有对应的参考坐标,称之为(　　)。

A.单元格绝对地址　　B.单元格引用位置

C.单元格相对地址　　D.单元格工作区域

5.选定整行的操作只需在工作表上单击该行(　　)。

A.列号　　B.行号　　C.工作表　　D.工作簿

6.全部单元格的选取的组合建是(　　)。

A.Ctrl+C　　B.Ctrl+V　　C.Ctrl+A　　D.Ctrl+Z

7.在单元格中输入 6/7,则 Excel 认为是(　　)。

A.日期　　B.小数　　C.分数　　D.表达式

9.在 Excel 工作表单元格中,输入下列表达式(　　)是错误的。

A.=(15-A1)/3　　B.=A2/C1

C.SUM(A2:A4)/2　　D.=A2+A3+D4

10.在 Excel 工作表的 A1、A2、A3、B1、B2 的单元格中分别有数值或函数:3、2、=AVERAGE(A1:A2)、6、10,若按正常操作方式将 A3 单元格复制到 B3,则此时 B3 的值是(　　)。

A.5　　B.2.5　　C.16　　D.8

二、填空题

1.在单元格中输入公式和函数前必须先输入(　　)。

2.在单元格输入分数前,要在分数前面添加(　　)。

3.在单元格输入电话号码,避免输入的数字作为文本处理,需在开头输入(　　)。

4.在 Excel 公式中,若单元格的引用随公式所在单元格位置的变化而改变,则称之为(　　)。

5.当向 Excel 工作表单元格输入公式时,使用单元格地址 D$6 引用 D 列 6 行单元格,该单元格的引用称为(　　)。

6.当向 Excel 工作表单元格输入公式时,使用单元格地址 $B$2 引用 B 列 2 行单元格,该单元格的引用称为(　　)。(4 个汉字)

7.输入公式时,由于键入错误,使系统不能识别键入的公式,此时会出现一个错误信息,#NAME! 表示(　　)。

8.编辑栏包括哪四部分____________________。

9.一个工作簿可包含__________张工作表,每张工作表包含__________个单元格。

三、判断题

1.高级筛选数据清单必须有列标题,且列标题和第一行数据间要有一行空格。(　　)

2.使用“数据”选项卡中的“分类汇总”命令选项时,有“求和”与“计数”两种汇总方式供选择。(　　)

3.使用“数据”选项卡中的“分类汇总”命令选项时,必须先对分类字段进行排序。(　　)

4.counta (　　)函数可以用于统计非空数值型单元格的个数。(　　)

5.表达式“=IF((1>2),1)”,返回值为 0。(　　)

6.使用 LOOKUP (　　)函数查找时,必须对定位区域按升序排列。(　　)

7.SUM(OFFSET(B7:D7,2,2))是对区域 B7:D7 的数值求和。(　　)

8.修改单元格中的数据时,不能在编辑栏中修改。(　　)

9.使用“分类汇总”功能对数据进行分类汇总操作,要先对数据按分类字段进行排序操作。(　　)

10.要对 A1 单元格进行相对地址引用,形式为:$A$1。(　　)

综合练习题二

一、选择题

1.在数据透视表中,若想在公式中使用其他字段的数据时,应使用(　　)。

A.计算项　　B.函数　　C.计算字段　　D.名称

2.在一份销售数据清单中,要计算每位销售人员所售货物的笔数,应单击透视表工具栏中的按钮(　　)。

A.字段设置　　B.显示数据明细　　C.表格选项　　D.格式选项

3.在数据透视表中要将同一项目进行合并居中显示,需要使用如下功能(　　)。

A.跨行合并　　B.格式选项　　C.合并标志　　D.自动套用格式

4.要在数据透视表中分类汇总某个日期的累计值,应该选用的数据显示方式是(　　)。

A.计数　　B.按某一字段汇总　　C.累计值　　D.求和

5.输入公式时,由于键入错误,使系统不能识别键入的公式,此时会出现一个错误信息"＃REF!",表示(　　)。

A.没有可用的数值　　B.在不相交的区域中指定一个交集

C.公式中某个数字有问题　　D.引用了无效的单元格

6.在 Excel 数据表中,查询满足条件如:"年龄＞18 或年龄＜50"的数据记录时,应使用"数据"菜单下的(　　)。

A.排序　　B.筛选　　C.分类汇总　　D.智能填充

7.在数据透视表中对每行数据或每列数据进行汇总,可通过(　　)操作。

A.字段设置　　B.数据源选项　　C.表格选项　　D.格式选项

8.Excel 图表是动态的,当修改了数据序列的值时,在图表中的数据(　　)。

A.出现错误值　　B.不变　　C.自动修改　　D.用特殊颜色显示

9.在 Excel 图表中,如果对图表区进行体设置,那么会影响(　　)中的字体。

A.图表标题　　B.图例　　C.分类轴　　D.数值轴

10.Excel 图表的显著特点是工作表中的数据变化时,图表(　　)。

A.自动更新　　B.自动更新　　C.不出现变化

11.下列关于 Excel 图表说法中,错误的是(　　)。

A.图表使数据分析结果变得生动,直观

B.图表与数据源可放在同一个工作表中

C.图表在工作中的位置是固定的

D.图表格式的调整不影响数据

12.以下不属于 Excel 统计函数的是:(　　)。

A.IF　　B.MODE　　C.LARGE　　D.SMALL

13.Excel 中,一个完整的函数包括(　　)。

A."＝"和函数名　　B.函数名和变量

C."＝"和变量　　D."＝",函数名和变量

14.使用公式"＝OFFSET(A5:C5,2,2)"得到的是(　　)。

A.单元格 C7 的值　　B.区域 C7:E7

C.区域 C7:E7 的值的和　　D.区域 A5:E7

15.下列函数中,(　　)函数不需要参数。

A.DATE　　B.DAY　　C.TODAY　　D.TIME

二、判断题

1.SUM(OFFSET(B7:D7,2,2))是对区域 B7:D7 的数值求和。(　　)

2.使用 VLOOKUP(　　)函数查找时,必须对定位区域按升序排列。(　　)

3.DAY("2020—6—18")返回值为 2020—06—18。(　　)

4.除了 SUM 数组函数,SUMIF 函数也可以通过构建辅助列的方式实现多条件求和功能。(　　)

5.计算项的添加,可以在数据区进行操作。(　　)

6.在向字段中添加计算项时,如果字段中的项已经分组,则需要先取消分组。(　　)

7.对于计算项,可以按单元格逐个输入不同的公式。(　　)

8.在数据透视表中,分组的情形下也可以添加自定义字段或计算项。(　　)

9.计算字段的内容必须是现有的字段或添加的计算字段来完成,而不能使用单元格引用的方式来完成。(　　)

10.在数据透视表中通过某单元格设置的数据格式对所有的数据有效。(　　)

11.随数据显示方式的不同,基本字段和基本项也不同。(　　)

12.使用"筛选"功能对数据进行自动筛选时必须先进行排序。(　　)

13.修改单元格中的数据时,不能在编辑栏中修改。(　　)

14.使用"分类汇总"功能对数据进行分类汇总操作,要先对数据按分类字段进行排序操作。(　　)

15.在 Office 2007 中通过使用报表筛选,可以集中关注报表中数据的子集,通常是产品线、时间范围或地理区域。Office 2003 数据透视表中的页字段,按页显示数据,并允许一次查看一项数据(例如,一个国家或地区),或者一次查看所有项。报表筛选和页字段二者实质上是一样的。(　　)

三、简答题

1.图表由哪七部分组成?

2.创建名称常用的四种方法有什么?

3.在 Excel 表中,已知员工的出生日期数据,列出计算员工年龄的公式。

4.取绝对值的函数是哪个?

5.一个工作簿可包含__________张工作表,每张工作表包含__________个单元格。